资金支持：国家社科基金重大项目
"国际能源新形势对中国发展与战略环境影响研究"
（项目编号：15ZDA059）

资源型城市转型新动能

——基于内生增长理论的经济发展模式与政策

李虹　等著

商务印书馆
The Commercial Press

2018年·北京

图书在版编目（CIP）数据

资源型城市转型新动能：基于内生增长理论的经济
发展模式与政策 / 李虹等著. —北京：商务印书馆，
2018

ISBN 978-7-100-14683-8

Ⅰ.①资… Ⅱ.①李… Ⅲ.①城市经济－转型经济－
研究－中国 Ⅳ.①F299.27

中国版本图书馆CIP数据核字（2017）第136439号

资源型城市转型新动能
——基于内生增长理论的经济发展模式与政策

李虹 等著

商 务 印 书 馆 出 版
（北京王府井大街36号 邮政编码 100710）
商 务 印 书 馆 发 行
三河市尚艺印装有限公司印刷
ISBN 978-7-100-14683-8

2018年4月第1版 开本 710×1000 1/16
2018年4月第1次印刷 印张 21

定价：92.00元

丛书顾问

序 一

资源型城市转型发展一向是我国经济社会体制改革研究的前沿阵地，面对日趋严峻的资源环境约束，如何构建一套符合我国资源型城市转型发展特点的理论体系，指导资源型城市培育转型发展新动能和形成绿色发展新机制，成为当前摆在学界和专家智库面前的新的任务和要求。此书的出版是对我国资源型城市转型理论研究的重大贡献，对此我表示衷心祝贺！

政府与市场关系是经济学的一个永恒争论的话题。习近平总书记多次讲到"五大发展理念"：创新、协调、绿色、开放和共享，我认为这五大理念要解决的核心问题就是公平和效率的问题，一是要保障市场私权，应该让市场在资源配置的微观领域起决定作用，提高资源配置效率；二是要规范政府公权，在社会长期发展的宏观领域起主导作用，让发展成果更多惠及全体人民。该研究成果沿着市场—企业—政府的维度，以资源型城市转型评价系列指数研究为基础，把对市场、企业和政府三者关系的探讨与新增长理论关于要素投入的分析有机地结合，深入分析了市场环境及行为主体对资源型城市转型的影响和作用，并通过案例分析有效地挖掘了资源型城市转型发展的内生动因，在理论层面找到资源型城市转型的基本规律和机理，构建了基于内生增长理论的转型模式与路径，为分类指导资源型企业、资源型产业和资源型城市转型发展指明了方向。

发展壮大新动能是供给侧结构性改革的重要内容。在建设中国特色的社会主义新时代，供给侧结构性改革是具有中国特色的重大战略举措，它是构建现代化经济体系的主线，将在实践中逐步解决政府与市场的统一问题，推动形成中国特色的社会主义政治经济学的体系。创新是新时代五大发展理念之一、之首，主要就是要解决在新条件下经济发展新动能的问题，即从过去主要靠要素投入量的扩大转变为靠要素效率和全要素生产率提高驱动。资源型城市的转型最核心的出路在于制度创新，在培育新动能基础上实现产业优化和升级，通过创新引领实现经济增长动能由要素投入转向要素效率和全要素生产率的提高，这是供给侧结构性改革的最基本要求。

最后，祝贺该专著的阶段成果已融入到一些地方的政府报告和转型发展战略及规划之中，得到许多资源型城市相关部门领导的肯定，部分资源型城市已将转型指数评价结果作为衡量其转型现状、效果的重要参考。

刘伟
中国人民大学校长
2017年12月

序 二

在新中国发展的历程中，资源型城市为国家实现工业化、现代化提供了能源和矿产，做出了历史性的贡献。即使到今天，资源在促进经济发展、保障经济安全方面的作用机制与过去已经有了很大的不同，但我们必须要认识到，无论经济发展到了什么阶段，资源在经济发展中提供基础保障作用的功能都不能缺位。随着国家经济发展进入新的阶段，比较优势发生了彻底的转变，资源型城市经济和社会发展普遍陷入了困境，对此，国家给予了相当高的重视，不断出台促进资源型城市转型发展的政策，取得了阶段性的成效。尤其是在当前我国经济进入高质量发展阶段、增长动能加速转换的背景下，资源型城市经济发展方式转型问题，实际上是我国经济转型矛盾的集中体现。

经过多年的政策探索和积累，国家对促进资源型城市全面转型的思路和政策有了很大的发展。从 2017 年开始，更加强调分门别类，根据不同种类资源型城市面临的不同问题，通过差异化的政策导向，促进各资源型城市加快建立创新驱动的产业转型升级内生动力机制。在宏观布局上，还结合了中国区域发展进入城市群、城市带驱动的全新格局，形成政策合力、产业合力、集群合力，让资源型城市和中国经济增长模式向创新驱动、协调互动的方向同步转型。

在这样的背景下，北京大学国家资源经济研究中心持续开展对我国资源型城市转型的研究。这本书是其城市经济系列研究的第四本著作，在前三本著作——《中国资源型城市转型指数：各地级市转型评价 2016》、《中国资源型城市创新指数：各地级市创新能力评价 2017》、《中国资源型城市预警指数：各地级市转型预警评价 2017》的基础上，本书将研究视角深入延伸到资源型城市经济发展模式和发展机制的层面，全面、深入剖析我国资源型城市发展面临的困境，从根本上认识和剖析资源型城市转型与发展的问题。建立和运用资源型城市内生增长的分析范式，从要素、市场、企业、政府多个层面研究资源型城市经济发展模式和内生驱动机制。基于内生增长导向，总结提出了资源型城市转型的模式与政策，以及转型动因动力。应该说，已经切入了问题的核心区域，相信能为促进我国资源型城市转型，乃至中国经济的创新转型、可持续发展做出贡献。

刘燕华

国务院参事、科技部原副部长

2017年12月

序 三

资源型城市是我国经济发展基础能源和重要原材料的来源地，对国民经济发展做出了突出的贡献。但是，由于长期以来采取粗放的产业发展模式，导致诸多资源型城市出现资源枯竭和经济困难，同时面临环境污染、生态破坏和失业严重、财政紧张等一系列经济社会环境问题，严重制约资源型城市的经济发展和社会稳定。随着我国经济发展步入新常态，能源、原材料等行业产能过剩问题凸显，大宗资源性产品价格低位震荡，进一步加剧了资源型城市转型的困难和压力。当前，如何夯实城市转型基础，增强可持续发展活力，健全可持续发展长效机制，推动资源型城市在经济发展新常态下发展新经济、培育新动能，加快实现转型升级，已成为一项重要的研究课题。

党的十九大报告明确提出：贯彻新发展理念，建设现代化经济体系。建设现代化经济体系的核心是推动高质量发展，其内容主要包括两大方面：一是在质量变革、效率变革、动力变革和提高全要素生产率的基础上，建设实体经济、科技创新、现代金融、人力资源协同发展的产业体系；二是在坚持社会主义市场经济改革方向的基础上，构建市场机制有效、微观主体有活力、宏观调控有度的经济体制。根据 2018 年的政府工作报告，发展壮大新动能已是当前供给侧结构性改革的重点和首要任务，实现新旧动能转换关系到新时代经济发展向高质量转换。培育资源型城市转型发展新动能是实现资源型城市转型升级和可持续发展的必由之路，亦是贯彻新发展理念、建设现代化经济体系的内在要求和深化供给侧改革的重要内容。

本书的研究遵循理论与实证相结合、宏观与微观相统一、政策梳理与案例分析相配合、国内发展与国外经验相对比的研究思路，通过定性与定量方法的有机结合，在对国内资源型城市、行业和企业发展现状和遇到的问题进行详细分析的基础上，从政府和市场的维度对培育资源型城市转型新动能问题进行了深入思考，在理论层面找到资源型城市转型的基本规律和机理，对资源型城市的未来转型升级和可持续发展提出政策建议。相信此书的出版可以为关心资源型城市转型和资源型企业发展问题的各界人士提供重要参考，为培育资源型城市转型新动能提供新思路。

张国宝

国家发改委原副主任、国家能源局原局长

2017年12月

内容提要

2017年1月，国家发展和改革委员会发布《关于加强分类引导培育资源型城市转型发展新动能的指导意见》，要求引导资源型城市逐步摆脱对传统发展模式的依赖，促进成长型城市有序发展、推动成熟型城市跨越发展、支持衰退型城市转型发展、引导再生型城市创新发展。4月，首批老工业城市和资源型城市产业转型升级示范区确定，国家发展和改革委员会、科学技术部、工业和信息化部、国土资源部、国家开发银行等五部门通知要求加快建立创新驱动的产业转型升级内生动力机制，在产业政策、创新政策、投资政策、金融政策、土地政策等方面加大支持力度，形成政策合力，构建特色鲜明、竞争力强的现代产业集群，带动城市转型发展。

培育资源型城市转型发展新动能是供给侧改革的要求，也是实现资源型城市转型升级的必由之路。内生增长理论脱胎于新古典经济理论，它认为实现经济增长和影响潜在增长率非常重要的长期因素是技术因素。内生增长理论认为，实现经济增长不单要靠要素投入的增加，还要通过经济增长，推动资本、劳动力、技术、资源等生产要素的积累和升级，从而引致经济实现自我增长。中国资源型城市转型发展需要依托技术进步和知识积累提高其要素生产率和产品附加值，这是资源型城市转型的最终出路，也是资源型城市转型的症结所在。本研究通过分析推动资源型城市经济增长的因素，梳理经济增长推动要素转型升级的作用机制，从而建立资源型城市内生增长理论体系。在此基础上结合具体案例，构建基于内生增长理论的转型模式与发展路径，对于指导中国资源型城市的可持续发展与转型具有重要的现实意义。

资源型城市转型发展不仅要靠各种投入要素的推动，各行为主体也起到了至关重要的作用。市场、企业和政府以及它们之间的相互作用，是决定资源型城市能否转型成功、获得可持续发展的重要因素。第一，市场机制应发挥决定性作用，利用市场机制配置资源，可以提高资源使用效率，使资源利用价值最大化；第二，作为城市经济中微观主体的企业，在资源型城市转型升级发挥着核心作用，通过改革可以激发企业活力，加快企业兼并重组和资源整合，龙头企业通过发挥引领和示范作用，在转型升级中可以带动企业集团的整体跃升；第三，政府在资源型城市可持续发展中扮演着关键角色，政府在其中发挥的职能和出台的政策，对资源型城市企业的生死存亡、城市转型升级以及区域经济发展有着深远影响。另外，三者之间的互动，也在很大程度上决定着资源型城市的未来，处理好三者之间的关系，推动市场、企业和政府主体的良性互动，可以为城市转型发展带来最大的协同效应。

本书遵循理论和实证相结合、宏观与微观相统一、政策梳理与案例分析相配合、国内发展与国外经验相对比的研究思路，通过定性与定量方法的有机结合，在对国内资源型城市、行业和企业发展现状和遇到的问题进行详细和深入分析的基础上，对资源型城市的未来转型升级和可持续发展提出政策建议。

本书首先介绍了我国资源型城市的发展历程，剖析了资源型城市发展中遇到的困境，通过构造资源型城市转型指数对城市的转型成效进行了科学的评价。基于评价结果，本书进一步从投入要素和行为主体展开分析。在要素投入方面，主要考虑了资源型城市具有相对优势的自然资源，其中产权制度的完善、自然资源资产负债表的推行都将有助于节约利用有限资源和保护环境，最终实现资源型城市可持续的绿色发展。另外，矿业资本市场的发展能够更好地提高资源配置效率和分散市场风险，保障资源型城市经济健康稳定。针对我国矿业资本市场仍然不成熟的现状，政府应进一步完善中国多层次矿业资本市场，规范矿业相关法律法规的政策环境，建立国家矿业权统一交易登记制度，制定并完善中国矿产资源勘查开发信息披露准则、矿产资源财务制度准则等诸多标准规则体系，形成中国在国际矿业领域标准规则的国际话语权。

从市场的角度看，国内的市场化程度、国际市场分工格局和产业生命周期演变是影响资源型城市转型发展的重要因素。市场化改革对于中国资源型城市的转型升级具有全局性的重大意义。市场化改革，不仅可以激发各个微观主体的经济活力，提高资源使用和配置效率，带来经济的可持续发展，而且还可以通过市场定位，确定转型战略和路径，帮助企业找准在国际分工格局中的地位，快速适应国际资源型产业的格局变动，并通过对外投资等方式转移国内过剩产能，实现企业资源在全球的有效配置，推动中国企业在全球产业链和价值链的延伸拓展，增强企业的国际竞争力。在生命周期视角下，资源型企业需要坚持因地制宜、多元发展、主动转型和积极寻求外部资金技术支持的原则，挖掘可替代资源，发展循环经济，推动技术创新，整合优势资源，探索产业链的横向拓展和纵向延伸，发掘资源的多种价值，实现企业多元化发展。

政府是中国资源型城市转型发展的重要参与者，对资源型城市的进一步转型与未来的可持续发展具有不同的作用和影响。在分析政府的作用时，我们发现税费制度和环境规制对于资源型城市的转型发展有重大意义。在"政府篇"中，本书梳理了我国资源税的改革历程，分析了我国资源税改革中存在的问题，指出我国资源税改革的下一步方向。同时，本书总结了我国环境规制的发展过程，通过研究环境规制对经济结构和产业的重要影响，对环境规制的转型效应进行评价。评价结果显示，政府政策对于城市的发展有显著影响。政府在城市转型过程中具有引导作用，资源税制度和环境规制等政策措施对资源型产业具有直接和长期的影响，良好的制度环境和公共服务水平对提升内生增长动力至关重要。同时，政府应做好政策规划、提高服务意识以及强化监督管理，推进创新驱动发展和增长动能转换，重视科技、知识和教育在城市转型中发挥的重要作用。

最后，本书对一些重要的资源型城市进行具体案例分析。通过将资源型城市分为成长型、成熟性、衰退型和再生型四大类，以探究资源型城市的转型模式和内生动力。在对比分析的基础上，本书发现资源型城市转型没有统一的模式，应针对不同的城市发展情况因城施策，这样才可以有重点和有针对性地促进资源型城市的良好健康发展。

目　录

第四部分　政府篇

第五部分　总结篇

第一部分　概述篇

第一章　中国资源型城市转型背景与路径

一、新常态背景下的资源型城市转型

资源型城市发展依赖自然资源禀赋的优势，产业结构单一，产品附加值低，生产技术落后，影响了城市的可持续发展能力。1990年以来，在市场经济体制的确立和互联网浪潮的推动下，资源型城市的优势也在逐渐减少，与此同时，由于对各种矿产资源的不合理开采，加以产业粗放型的发展模式，严重破坏了现有的水、土地等资源的生态功能，环境污染问题不断积累，从而加重了城市可持续发展的压力。在经济形势恶化和增速下滑的同时，城市就业难以保证，社会保障压力沉重。中国资源型城市开始在资源、环境、经济、社会各方面均面临严峻的发展问题。

自资源枯竭型城市转型试点项目于2001年由国务院正式开始实施以来，一系列针对资源型城市转型的政策便相继出台。国务院于2013年发布了《全国资源型城市可持续发展规划（2013—2020年）》中提出，到2020年资源枯竭城市的遗留问题及转型难点得到基本解决，城市可持续发展能力显著提升，基本实现城市转型规划；使资源富集地区的资源开发与社会经济发展、生态环境保护相协调互增进；经济增长方式得到根本转变，资源型城市可持续发展的长效机制得以建立健全。

2017年新年伊始，国家发改委针对当前经济新常态下能源行业产能过剩的问题，出台了《关于加强分类引导培育资源型城市转型发展新动能的指导意见》（下称《指导意见》），面对当前大宗资源性商品价格呈低位震荡，以及资源型城市转型压力进一步加剧的现状，创新性地提出分类指导原则和特色发展原则，与此同时，大力促进资源型城市在经济新常态下对于新动能的培育和对于新经济的发展，并加快实现转型升级方面的进程。《指导意见》中还提到，预计到2020年，成长型城市的资源将采取更加科学的开发模式，资源开发与城市发展协调进行；同时，更加健全和完善成熟型城市之下的多元化产业体系，并显著提升城市的内生发展动力；同时，针对衰退型城市，应该做到可以大体上解决历史遗留问题，从而能够为衰退型城市的转型发展打牢根基；最后对于再生型城市，应该努力在新旧动能转换方面得到明显推进，并使得城市的社会经济沿着良性轨道向前发展。

目前，中国经济发展进入新常态，经济增长方式逐渐由投资和出口拉动变为消费主导，科技创新也在推动经济持续发展方面发挥越来越重要的作用。中央审时度势，据此提出供给侧结构性改革的方案。作为工业经济增长的首要驱动力以及中国城市体系中重要构成部分的资源型城市，应积极把握新常态下的新机遇、新特征和总趋势，主动适应新常态，通过不断改革创新实现城市转型。新常态背景下的资源型城市发展，需要重新审时度势，摒弃原来粗放式的经济发展道路，改善并优化经济增长与资源环境可持续利用的关系，把握转型机遇，寻找新的经济增长点，实现城市复兴。

二、内生增长理论与资源型城市转型路径

（一）内生增长模型理论综述

内生增长理论源于新古典经济理论，其发展过程是技术进步由影响经济发展的外生因素向内生因素转变的过程。罗默（1986）和卢卡斯（1988）是内生增长理论的主要建立者。罗默最早建立了一个含有内生技术进步要素的完全竞争均衡模型，其理论基点是认为知识具有递增的边际生产力，且对于知识或者技术的投资会产生正的外部性，这使得政府能够通过政策调整推动社会进步和总体效用最大化。卢卡斯的主要贡献是提出了以人力资本外部效应为核心的内生经济增长模型，使生产具有递增效应，而正是外部效应成为经济不断发展的内生动力。罗默和卢卡斯的内生增长理论为资源型城市转型新动能的培育提供了理论基础，也就是说，根据其内生增长理论，中国资源型城市转型发展需要依托技术进步和知识积累提高其要素生产率和产品附加值，在市场环境下，政府和企业等行为主体促进科技创新的政策和投资则能够引导增长动能的转换，实现城市和经济转型升级。

在内生增长理论的发展过程中，不同要素投入对经济增长产生的影响是研究的重点，不同学者所关注的要素类型和侧重点也不尽相同，但总的来说，是强调了技术进步和人力资本的贡献。要素投入对经济增长的讨论可以追溯到斯密时期，斯密（1776）在《国富论》中就强调了劳动分工通过对劳动生产率的提高来实现经济增长的目标。劳动分工理论是最早有关于经济内生增长的理论雏形，斯密关于劳动分工对经济增长带来的推动作用的讨论给后世学者带来了启发，他指出：劳动分工促进专业化程度的积累和提升，提高劳动生产率，不断促进经济的增长；劳动分工是通过"干中学"实现经济增长的重要前提和驱动力。马歇尔（1890）在其经济学经典著作《经济学原理》中，对劳动分工对于经济增长的作用也做了详细阐述，指出了分工和机械改良之间的良性循环关系：分工促进机械改良，机械改良深化分工，同时首先指出了教育对人力资本积累的重要性，强调知识和技术进步对经济增长的推动作用，这便对

之后的研究有重要引导作用。对于劳动分工作用更加深入的研究是将其与技术进步等同起来，在这一方面扬（1928）做出了突出贡献，发展了斯密和马歇尔的理论，在企业和工人两个层面上讨论了分工问题，并提出了"生产迂回"的概念。斯密、马歇尔和扬的思想都在之后的现代内生增长理论中留有痕迹，比如干中学、劳动分工、技术进步等，三者的思想总结了企业内部和企业间两个层面上的劳动分工，企业内部的劳动分工使得机器设备和劳动技术专业化，专业化带来了技术进步，而企业间的劳动分工，也带来了有序的经济结构。

在 1912 年出版的《经济发展理论》一书中，熊彼特首次提出了"创新理论"，之后他又在《经济周期》和《资本主义、社会主义和民主主义》两本著作中对"创新理论"加以完善，形成了一套"创新理论体系"。熊彼特强调创新对于经济增长的重要性，也就是通过技术进步实现经济的内生增长，相对于斯密、马歇尔和扬的理论体系，明确了和强调了技术创新是一种经济增长不可或缺的条件。熊彼特的"创新理论"借鉴了 19 世纪的雷（1834）和马克思（1867）对于经济增长理论的研究，这将内生增长理论的研究向技术要素投入的方向引导。

阿罗（1962）首先将技术进步因素内生化，将前人干中学的思想进行模型化。弗兰克尔（1962）提出了一种基于柯布道格拉斯生产函数的经济增长模型，指出投资率是决定增长率的最关键要素。这一阶段的经济增长理论已经发展到与新内生增长理论及其接近的时期，研究趋向于细化和模型化，目的是寻找经济增长的客观规律和内在要素。

20 世纪 80 年代，内生增长理论由罗默和卢卡斯正式提出，技术进步和人力资本积累等要素对经济增长的内生促进作用已经受到了广泛的认可。20 世纪 90 年代后，学界对内生经济增长理论的研究在更加广泛的领域进行，巴苏（1999）等对原有理论不断细化，提出经济的两要素驱动模型：干中学驱动要素和技术进步、资本积累驱动要素；唐顿（2001）等对原理论的不足之处加以修正，解释了"二战"之后科研人员大量增加但却不存在规模效应的原因，认为这种看似与内生增长理论相悖的现象归因于日益昂贵的国际技术扩散。时至今日，内生经济增长理论已经成为重要的经济工具，用于分析城市、国家乃至整个人类社会的经济发展规律和发展的内在逻辑，而我们要研究的问题 —— 资源型城市的转型问题就是近年来对它的一个应用。

一个城市经济的内生增长不单单与要素投入有关，与行为主体的初始禀赋与资源配置方式也联系密切，行为主体主要是通过影响要素投入的效果来间接对经济增长产生作用，而与要素直接接触的最主要的行为主体是政府、市场和企业。政府要以市场经济机制为基础，促进要素流动，增进各方利益共赢，制定区域发展战略。如果行为主体的自身特点与所投入要素不匹配，或者区域发展战略不适用于经济转型的现阶段发展，会严重阻碍城市转型和区域发展，甚至会带来严重的资源问题和环境问题，因此合理的行为主体结构和区域发展战略通常比要素的投入更为关键。

（二）政府与城市经济转型

政府是一个国家或地区的主要行政机构，其存在的意义在于维护特定的公共秩序，当今政府与市场之间的协调配合，以及两者在经济运行过程中的互相补充，是经济能够平稳发展的重要因素。在斯密理论盛行的很长一段时间里，关于市场这个"看不见的手"的迷信在经济学界统治了很多年。直到20世纪20年代末经济危机爆发，人们才发现：市场并不完美，在信息不对称、非理性行为等问题存在时，市场会因为缺乏管制而出现资源配置效率低下和环境污染等问题，这就是所谓的"市场失灵"。学者们从不同角度来揭露所谓的市场失灵，比如庇古（1920）在其著作《福利经济学》中就从外部性角度讨论了市场失灵。为了解决市场失灵的问题，有越来越多的学者研究市场在资源配置方面的不足以及补救措施，政府作为对市场有强制约束手段的行为主体，其作用被重新审视和探讨，"政府理论"应运而生。

在凯恩斯所著的《就业、利息和货币通论》中强调了作为重要主体的政府对经济的整体作用，改变了斯密以来的古典经济学对于政府作用的忽视，自此，城市转型过程中的政府所起到的作用就被学界广泛地重视了起来。斯蒂格利茨（1980）指出，市场和政府在经济调控方面各有不足，需要相互补充，这为政府在经济增长过程中定位了新的角色。鲍莫尔（1989）也指出，政府在经济增长和转型中有重要作用，影响经济增长的根本因素是政府制定的经济政策正确与否，强调了政府的地位。

我国著名经济学家林毅夫是政府在经济增长与转型中发挥积极作用的忠实倡导者。他提出：政府的作用至少与市场同样重要，有效市场和有为政府协同调节经济、调配资源，才能助力于经济发展，推动经济转型。林毅夫并不否认政府在发挥作用时可能出现政府失灵的现象，但是他认为这些问题可以得到妥善的解决，甚至通过有效的手段进行预防，并认为这才是当代经济学界应当讨论的重点问题。林毅夫从产业政策的角度来剖析政府的作用，指出经济的发展和转型必须依赖成体系的、有效的产业政策来实现，推动技术进步和产业升级，不仅需要企业家的努力，还要借助政府的强有力的政策来解决企业在经营过程中产生的外部性问题以及公共基础设施建设等问题。林毅夫教授为我国政府在城市经济转型方面的作为提供了新的思路。

政府作为城市转型的掌舵者和区域经济建设的指导者，在推动区域经济向前发展过程中扮演着举足轻重的角色，对于投入的人力、资本、知识等要素如何发挥最大作用有深远影响。政府对区域经济的影响主要在以下三个方面：

第一，制定城市经济转型战略。城市经济战略是指在很长一段时间内得以延续的有关城市经济发展的方针政策，对下一阶段城市的平稳发展或者城市转型有着重要意义，是城市进行一切投资、建设、转型和产业结构调整的指导纲领，同时也是政府影响城市发展的最根本、影响最深远的手段。一个城市的转型发展战略一般是由当地政府，通过结合城市自身特点和资源禀赋，遵循城市发展的一般规律所制定的。好的城市经济转型战略必然是与城市自身的要素投入相匹配，换句话说，就是政府所制定的长期方针是支持要素在城市转型中发挥最大作用的。

在资源型城市转型阶段，资源型城市需要好的转型策略，以德国鲁尔区为例，我们就可以很容易明确其重要性。被称为"德国工业的引擎"的鲁尔区曾经是德国西部占地面积最广阔的重要工业区之一。然而，"二战"后，德国煤钢工业大幅衰退，经济严重仰赖煤钢工业、以资源型城市为定位的鲁尔区经济地位快速下降，与之而来的是资源的浪费和不断恶化的环境污染，因此城市战略转型必须马上进行。此时，国家所制定的城市转型战略是决定鲁尔区城市定位和发展方向的关键，当地的各级政府通力协作、各司其职，通过制定有效的产业全面升级和科技创新转型等战略，实现了鲁尔区迅速而成功转型的奇迹，实现了城市的可持续发展，并成为转型成功的经典案例。德国鲁尔区的成功转型不仅仅是要素投入的贡献，也是政府通过制定发展战略进行宏观干预，刺激当地经济顺利内生增长的结果。

政府制定的发展或转型战略会对要素投入和城市经济内生增长产生有利或者不利的影响。显然，因地制宜、符合城市发展规律的战略就会促进城市发展和转型。若采取了违背城市发展规律的战略，就会妨碍城市的进一步发展和顺利转型，比较典型的就是当前国内部分城市既没有优美的自然风光，也没有具备历史气息的名胜古迹，却盲目打造旅游城市，造成了大量的资源浪费。虽然要素投入到位，但由于缺少好的发展战略，最终只能带来劳民伤财的后果。

第二，参与城市日常运营管理。政府对于人力、资本、知识等要素在城市转型过程中所发挥的作用有重要影响，这是通过政府日常的行政命令和行政手段实现的，政府用这种方式参与到城市日常运营过程中，对所使用要素的种类、数量、范围和来源均进行详尽的干预，所以这是政府干预城市经济内生增长的最具体的方式。在制定了城市转型战略之后，城市经济转型的具体事务就变得碎片化、日常化，这需要相关政府部门有清晰的思路和正确的方法，并通过这样的方式来支持要素在城市经济转型过程中发挥最大价值。

再以德国鲁尔区的经济转型为例，在鲁尔区的经济转型过程中，德国北威州政府、鲁尔区政府和各市政府均在区域经济发展中起到了较大的作用。当地政府在充分审视了鲁尔区发展水平、资源禀赋、自身优势等特点之后，明确了政府工作的思路和原则。首先，在转型初期，政府并没有因噎废食，放弃自身的资源优势，而是通过财税补贴和一系列优惠政策，促进煤钢产业转型，更加注重煤钢产业的科研创新、人才培养和可持续化发展；在保持经济的平稳之后，政府努力寻求新的经济增长点，配合政府制定的产业升级的发展战略，在日常运营过程中，加大了对教育的投入，注重配合城市转型需要的高素质人才培养，同时关注就业引导和增强技术创新的资本投入，为城市的后续发展做铺垫；之后就是沿着城市产业升级的路线进行发展，大力发展第三产业，扶持中小企业，比如多特蒙德市就曾采取了大力发展以贸易为主的第三产业，在这过程中，政府的日常行政干预对各种要素在城市发展中效率的提高有极大的促进作用，鲁尔区就是这样的成功案例。

第三，通过监督和制定规章来使要素的日常运作规范化、合理化。一个城市其经济的规范化发展必须要有高效、透明的行政监督体系以及行之有效、有约束力的经济运行规章，高效的监督是确保所投入要素在既定运行轨道上发挥最大作用的保障，合理的经济运行规章不仅仅能够约束城市中其他行为主体的行为，同时也是企业和市场正常运行的行动指导。

如果没有强有力的监管体系和规章，那么所制定的发展路径很可能变成一纸空文，本应有效发挥作用的要素也会变成一盘散沙。比较典型的反面案例就是我国东三省老工业区的部分城市，它们在发展的过程中也遇到了资源型城市如何转型的困难，其要素投入不可谓不大，其发展思路不可谓不明确，但是在实际执行过程中却举步维艰、不见成效，其核心原因还是监管不力。

从众多事例我们可以看出，若想实现城市经济的内生有序增长，政府至少要扮演好掌舵人、服务者、监督者三个角色，配合多种要素发挥作用，助推经济增长和产业升级，实现城市发展。

我国在改革开放前就存在政府管得过宽、过严、过死的问题，同时没有有效的监管机制等问题与之并行，资源配置效率严重低下，导致经济增长迟滞、产业层级落后等问题。改革开放以后，经过不懈的探索和努力，我国各级政府根据各要素发挥作用的特点以及城市发展规律，制定了明确可行的发展方向和行之有效的监管体系，在配合经济要素发挥最大作用方面有了很大进步。但是，政府作为发挥核心作用的行为主体，在与其他的行为主体的配合方面仍存在不足，在要素投入的把握和综合管理水平方面仍有不小差距，因此认清自身角色、积极做好各要素的引导和监督工作，政府是实现城市经济内生稳步增长和实现城市产业升级与转型的关键所在。

（三）市场与城市经济转型

市场作为"看不见的手"所发挥的独特作用，早在斯密的《国富论》中就被反复提及，市场理论作为古典经济学的重要理论，在很长时间内，统治了经济学思想，时至今日，"发挥市场在资源配置和在经济中的指导作用"仍然具有很大的理论价值。

20世纪活跃的芝加哥学派倡导自由主义的经济哲学，推崇"大市场，小政府"的思想，是对古典经济学理论的发展与延续。其代表人物弗里德曼的著作《资本主义与自由》于1962年问世，书中表现出弗里德曼市场自由化与发挥主导作用的思想，他认为政府应当全面地放开管制，尤其是通过行政手段干预价格，提倡市场自由化运作，期望最小化政府的干预。"唯政府论"和"唯市场论"在实践检验中均不具有说服力，斯蒂格利茨和林毅夫正视政府和市场各自的不足，倡导两者在经济发展和转型过程中的依存和互补，是当代经济学界普遍认为较为适用的观点。

在党的十八届三中全会审议通过的文件《中共中央关于全面深化改革若干重大问题的决定》中指出：全面深化改革应该把重点放到经济体制的改革上面，与此同时，还应处理好政府与市场的关系，从而使市场的决定性作用和政府作用可以在资源配置的过程中得以更加充分的发挥，这也是经济体制改革的核心问题。由此可见，作为中国特色社会主义经济建设起决定性作用的行为主体，市场将会对经济发展产生非常重要的影响。

当前我国市场在城市经济发展和资源配置方面面临着许多阻力。首先，在与同样作为重要行为主体的政府的协调和配合中，市场时常处于弱势地位，政府对于市场失灵的调整常常"矫枉过正"或者"无病呻吟"，对市场配置生产要素的效率产生了不利影响。其次，我国许多城市，尤其是老牌的资源型城市，在进行发展或者是实现转型的过程中，通常是面临薄弱的产业基础和低下的技术水平，无法形成有效的市场机制和规范，往往导致产业升级在初期就因为市场不健全、公信力低下等问题早早夭折。最后，市场在本身存在很大不足的发展初期，得不到有效的监管，不适应城市发展和资源合理配置的现象时有发生。以我国的老牌林业资源城市伊春市为例，伊春市在城市转型的过程中，在市场的资源配置方面存在多方阻力，比如产权不明晰导致社会资本的流动受阻，产业升级的配套基础设施建设薄弱制约了经济发展和转型等。解决这些问题的关键是确立完善的市场机制，理顺市场进行资源配置的体系，保障在市场框架内解决问题，应当加强对市场的适当引导与有效监管，并发挥市场在要素流动中所起到的信号传递作用，同其他行为主体进行更好的交流与配合。

我国逐渐从政府主导的计划经济发展成为由市场主导的社会主义市场经济，产权逐渐明晰，市场发挥的作用也越来越明显，这些变化是城市内生经济增长的必要环境形成的良好信号，但是在许多城市，尤其是亟待转型的资源型城市仍然存在很多突出问题，因而加强市场在城市经济发展中对要素调控的作用任重道远。

(四) 企业与城市经济转型

企业作为城市经济发展的最微观、最具体的行为主体，是多种要素的实际运用者，是创造经济财富的源头和实现经济增长或者产业转型的攻坚力量；并且企业还承担着部分科技创新和研发创造的责任，是各类要素产生的主要源头也是主要归宿。其在城市经济内生增长过程中，与生产要素结合发生反应的好坏是决定城市经济增长水平的高低或者转型成功与否的关键性问题。因此，企业对城市经济内生增长起到的是不可替代的基础性作用。

1937年，科斯发表了《企业的性质》这本著作，开始对企业的内部运行以及企业与其他经济行为主体之间的交互进行探索。科斯最突出的贡献在于发现并解释了交换成本和产权在经济中的重要作用，以及在制度结构和经济组织中的地位。同为20世纪30年代，伯利和米恩斯针对企业中普遍存在的问题，提出委托代理理论，并将其运用到其他行为主体的运行管理当中，是企业理论为经济发展做出的突出贡献。我国经济学者张五常在其撰写的《企业的契约性质》一文中，对科斯的理论进行了深化和完善，并充分肯定了企业作为重要的行为主体在经济发展中的作用。企业理论后来又出现了"企业可持续发展理论"、"企业的社会责任理论"和"企业家精神理论"等前沿思想及理论，为企业如何更好地在经济增长和转型过程中扮演好自身角色提供了充分的理论依据。

不同类型的企业在城市经济发展过程中扮演的角色、发挥的作用和受到的阻力也各不相同。对于大型国有企业而言，一般来说是把握城市发展的关键性资源，也是城市财政税收的主要来源和城市经济发展的主要推动力。往往在一些资源型城市中，大型国有企业掌握着资源开发或者土地利用的特许权，同时也是不同领域企业层面科技创新的主力，对区域内同类型企业和上下游企业的发展，以及与投入要素之间的结合有着重要的影响。但是，当前我国许多城市中的大型国有企业存在产权不明确、效率低下、严重冗员和腐败等问题，严重阻碍了城市资本正常流动以及资源的有效配置，不仅对自身造成了不利影响，同时对整个行业亦或是产业链造成潜在威胁。尤其是不少资源型城市在转型过程中，当地大型国有企业时常出现效率低下、坐吃山空的现象，这不仅阻碍了经济发展和产业升级，还对其他行业起到负面的引导作用。因此加强对城市中大型国有企业的综合治理与监督，做好国企的混合所有制改革是城市经济发展的重要前提。

城市中的中小企业调头快、调整快，是城市经济发展和产业转型中新产业布局的后备力量，但是中小企业相较于大型国有企业，自身存在着一些不足，比如缺少资金、招不到科技人才以及科研条件相对匮乏等问题，这会造成科研能力严重缺失，最后会制约城市的技术创新和资本的充分流动。作为中小企业，应当发挥自身优势，积极争取和创造适合自己的资源和生产要素，走科技创新制胜的路子，形成自身的竞争优势，努力为城市经济发展、就业和产业升级所需的科技进步贡献自己的力量。

　　城市经济实现有序内生增长的良性循环，不但要注意三大行为主体各自发挥应有的作用，同时也要注重三者之间的通力配合与协调。政府在提供公共服务和制度建设的同时，要注意对市场及时地进行宏观调控，避免因市场失灵引起的不利影响，注重经济的可持续发展，同时也要对企业进行有力的监督，使各要素在全社会合理配置、平稳运行。市场既要发挥好对资源配置的决定性作用，又要注意结合城市主要的企业性质和政府的规章制度并及时做出调整。企业要在生产过程中及时进行经济信号的反馈，加快高新技术的研发和应用，提高市场竞争力和产品附加值，实现产业转型升级。

三、资源型城市转型的理论探索与实践问题

　　近年来，北京大学国家资源经济研究中心先后发布了"中国资源型城市转型指数"、"中国资源型城市转型预警指数"和"中国资源型城市创新指数"等系列成果，分别从城市转型效果、转型压力、转型能力、技术创新等方面建立了评价方法框架，对资源型城市的转型内涵、评价内涵方面进行了开创性探索，以相对科学的方法建立整套评价指标体系，形成了较为完整的中国资源型城市转型评价体系。在此基础上，分别对全国地级资源型城市的转型效果、转型压力、转型能力和创新水平四个方面进行综合评价，客观呈现中国地级资源型城市于当前时点上在探索转型中的特性及所面临的共同问题，为推动各资源型城市的下一步转型寻找突破口与发力点。

　　在此基础上，我们希望进一步建立资源型城市实现持续自我增长的理论体系，在理论层面找到资源型城市转型的基本规律和机理，并以此分类构建资源型城市转型的模式与路径，从而能够通过理论指导实践，建立科学的资源型城市持续自我增长，实现转型发展。

　　内生增长理论由古典增长理论的现代增长理论发展而来，其特点在于将技术等推动经济增长的因素作为经济增长的内生变量，从而通过经济学方法解释增长因素的变化问题。所谓内生增长，指的是不但通过单纯的要素投入实现经济增长，而且借助经济增长，进而推动资本、劳动力、技术、资源等生产要素的增长和升级，在经济与要素的相互促进中实现经济的自我增长，这是资源型城市转型的最终出路，也是资源型城市转型的症结所在。本书通过分析推动资源型城市经济增长的因素，并明确经济增长对其要素推动的机理，从而建立资源型城市内生增长理论体系，在此基础上结合具

体案例，构建基于内生增长理论的转型模式与路径，将对中国资源型城市转型有提纲挈领的意义。

　　本书基于内生增长理论，从要素和行为主体解释资源型城市转型，通过理论或实证研究分析其对资源型城市转型发展的作用及影响。要素方面，主要考虑了资源型城市具有相对优势的自然资源，分析了产权制度、自然资源资产负债表和矿业资本市场的发展，这些将影响资源的利用、环境的保护以及经济发展的绿色健康和可持续性。行为主体方面，考虑了企业、政府以及市场环境，分析国内的市场化程度和国际市场分工格局对资源型城市转型发展的影响，分析生命周期视角下资源型企业的转型战略和路径，以及资源税改革和环境规制等政策措施对资源型产业影响。

　　本书结合典型城市案例分析，通过明确转型效果与要素动因的相互作用中存在的不足，从而发现资源型城市转型存在的体制机制问题，从而在更深层次给出转型建议，通过改善发展机制，实现城市的持续发展；并在此基础上提出基于内生增长理论的资源型城市转型模式与路径，对资源型城市转型提出普遍性的指导框架，从而有较为广泛的现实意义。

第二章　中国资源型城市转型发展与政策演变

一、资源型城市转型内涵

（一）资源型城市的定义和类型

2013 年国务院发布的《全国资源型城市可持续发展规划（2013—2020 年）》中指出："资源型城市是以本地区的各种矿产、森林等自然资源开采、加工为主导产业的城市。"按照其资源禀赋，资源型城市可被区分为矿业城市和森林工业城市，其中矿业城市又可以分为石油城市、煤炭城市、有色金属城市、钢铁城市等；根据资源型城市所处的生命周期发展阶段，又可将其划分为成长型、成熟型、衰退型和再生型的资源型城市。

（二）资源型城市转型

英国经济学家克拉克曾给出这样的结论，一个城市的经济发展，其实质是产业结构不断高级化的过程。在这个定义之下还可以区分两种定义，即狭义的资源型城市和广义的资源型城市。一般来说，狭义的资源型城市转型是指随着原有自然资源逐步枯竭，资源型城市通过产业结构调整，实现产业升级，从而推动城市经济向前发展的过程。而广义的转型方式是指转变资源型城市发展模式，从而推动其可持续发展，这涉及城市的整个生命周期和经济社会发展的各个方面。基于以上理论成果，北京大学国家资源经济研究中心针对全国地级以上资源型城市的转型效果给出了科学的评价。在此基础上，我们将试图分析城市转型的动因及其对城市转型效果的影响机理。城市转型的动因可以分为两个部分，一方面是城市面临的由于资源开发产生的，需要转型才能解决的发展问题，我们称之为转型压力；另一方面是城市具有的，解决资源开发中产生的问题、实现城市转型的能力，我们称之为转型能力。

（三）资源型城市经济转型的相关概念

资源型城市的发展主要依托于矿产等自然资源的可开采量，在这类城市中，城市经济的繁荣和社会生活的安逸稳定绝大程度上取决于资源采掘数量的高低，如果资源产出衰竭，不可再生资源的开采出现问题，将直接导致企业亏损甚至破产，该产业就业人员的工资和社会保障将下降，甚至将产生大量失业人员，那么城市经济必然面临垮台或崩溃的风险。在这之下，资源型城市转型就是指城市运行中要逐步摆脱对于资源禀赋优势的过度依赖，从而解决不可再生资源约束问题，实现资源节约。

由城市转型可知，资源型城市经济转型是指那些以不可再生资源开采作为支柱产业的城市，以实现经济的全面协调可持续发展为原则，在社会发展进程中，逐渐减少不可再生资源，并逐渐降低对自然资源的依赖程度，同时支柱产业逐渐向资源深加工或其他产业过渡，最后实现经济增长动能从自然资源消耗向科技进步转换，进而提高要素生产率和产品附加值。

总的来说，资源型城市转型主要有产业结构和机制体制两个方面的转型。产业结构转型指由于资源配置的不合理，外部环境发生巨大变化，导致产业发展遭遇众多阻碍，必须通过产业素质的提升，优化和完善产业结构，形成新的产业链来满足产业持续发展的要求。产业结构的优化升级是经济转型的关键，必须根据城市自身的优势，以主导产业为基点，培育接续产业，使得经济结构逐渐成长为多种产业共同发展的多元化产业结构，从而优化升级产业结构。机制体制转型是指为了改善资源衰竭的困境，完善机制体制，从计划经济体制逐渐向市场经济体制过渡的过程。机制体制转型主要包括社会福利制度、财税制度、金融制度等机制体制的战略升级。

（四）城市经济转型的目标和意义

经济转型的关键内容是产业结构的优化，降低资源型产业的比例，提高非资源型产业以及低污染、低能耗、高附加值资源相关产业的比例，逐渐形成民营经济与高新技术产业为主导的经济结构。以此角度分析，经济转型的目标可以概括为以下四点：一是发展壮大接续替代产业，并一步步地形成低能耗、低污染的多元化产业集群，有效支撑经济发展；二是形成具有融合性、创新性、可持续性的新型产业体系，优化产业结构；三是使产业自主创新能力普遍增强，技术、人才、资本、信息、管理成为产业支撑，以科技进步促进产业链延伸；四是优化经济机制体制，创立和完善资源使用机制。如果想要使经济社会的发展突破自然资源产出的限制，那么一元化的主导产业必须逐渐转型过渡至支柱产业多元化或去自然资源化发展，即实施经济转型的策略。不管是优化产业结构还是产业链延伸，抑或是经济机制体制的创新，均是为了改善因资源的匮乏所造成的社会经济困境，并最终实现城市的持续健康发展。

资源型城市主要依靠开采利用现有资源来促进自身经济发展，然而随着不可再生资源的减少，可能会出现产业链断裂，城市经济的发展进步也会受到严重阻碍。积极发展接续替代产业，通过技术进步推进经济转型，可以很大程度上提高资源的利用效率，从而增加资源相对于城市的服务年限。中国的产业布局不平衡、地区发展参差不齐、区域差距较大，各地区必须因地制宜，在认识自身增长优势的同时带动同地区城市发展，为其提供资金、人才、科技、物资等重要物质基础，积极实行经济转型策略，摆脱资源衰竭抑制经济的场面，促进中国多元化产业集群的迅速成长，并争取早日实现中国全面建成小康社会的宏伟目标。

二、中国资源型城市发展历程

（一）资源型城市发展历程

1. 新中国成立前的资源型城市

中国的资源开采历史悠久。大约 2 万年前，已经出现了采集黏土制造陶器的活动，到 4000 多年前的新石器晚期，开始开采金属进行冶炼。从战国时期开始，我国逐渐出现以矿产开采与加工为主的城市，如楚国冶铁中心宛（今河南南阳）、魏国盐业中心解（今山西运城）等。到封建时代晚期，淮南、自贡、景德镇等资源型城市经济日趋发达，在国内外有较高的知名度。

鸦片战争之后，一批以矿业城市为主的近代资源型城市兴起，通过洋务运动得到发展。1876 年，我国第一个近代矿业企业 —— 开平煤矿诞生，为当时洋务派创立的轮船招商局、天津机器制造局供应燃料，并在市场上销售。1912 年，开平煤矿与新创办的滦州煤矿联合，建立开滦矿务局，该矿区至今仍进行着正常生产。1908 年，清政府批准合并汉阳铁厂、大冶铁矿和江西萍乡煤矿，同时政府还成立了汉冶萍煤铁厂矿公司。它是中国第一代新式钢铁联合企业，并由此产生了近代矿业城市大冶和萍乡。据统计，从鸦片战争开始直至 1949 年，我国已拥有各类矿业城市 22 座，包括大同（煤炭）、徐州（煤炭）、鞍山（铁矿）等。

2. 新中国成立后资源型城市发展历程

（1）快速发展时期。从 1949—1957 年，这段时期由于苏联的援助，我国通过进行全国型工业体系建设，提出要优先发展重工业的经济战略。而随着大型重工业项目建设进程的推进，国家对于能源和原材料需求也迅速增加。同时，这些重点项目里边有相当一部分，如抚顺、阜新、鹤岗等地的大型煤矿项目，本身就是资源产业项目。在这个大背景下，一大批作为原材料工业基地的资源型城市应运而生，为中国现代工业体系的建立和发展奠定了物质基础。个旧（1951，有色金属）、马鞍山（1956，钢铁）均为这一时代形成的资源型城市。

（2）缓慢发展时期。从 1958 年"大跃进"开始到 1965 年"文化大革命"前夕。"大跃进"严重破坏了国民经济的运行，使得国民经济内部各部门之间出现了严重的失衡，导致了三年经济困难时期，经济社会发展遭遇了巨大挫折；随后，中央采取了"调整、巩固、充实、提高"的方针，大幅压缩工业项目，以保证国民经济恢复平衡。由于经济大环境的影响，我国城市化进程出现了波动，1965 年底全国人口城镇化率仅为 14%，城市总数 169 个，从 1957—1965 年，城市数量不但没有增加，还减少了 7个。资源型城市的发展也开始变缓，东川（1958，铜矿）、大庆（1960，石油）等城市产生于这一阶段。

（3）停滞时期（1966—1976 年）。受"文化大革命"的影响，经济建设出现了停滞和波动，对资源型城市发展构成了一定程度的干扰，同时，大三线建设使得资源型城市建设的精力主要集中在西南方向，这一方面影响了资源产业的经济效益，另一方面，大规模的工业建设极大程度上促进了西部地区的开发。冷水江（1969，有色金属）就是这一时期建成的。

（4）恢复发展时期（1977—1996 年）。改革开放以来，全社会的共识转移到以经济建设为中心上，经济开始快速发展，能源需求迅速增长，从而带动资源型城市快速发展。这一段时间，由于多数资源型城市已经建立，所以更多的是规模的扩大和技术的更新，新的资源型城市较少产生。依托中美合资的平朔煤矿建市的朔州（1989，煤炭）是这段时间建立的代表性资源城市。

（5）转型与可持续发展时期（1996 年以来）。20 世纪 90 年代中后期以后，经济持续快速发展使得国内矿藏开始不能满足经济对于资源日益膨胀的需求，国外资源进口大幅增加。而国内资源型城市由于数十年甚至上百年的大规模开发，部分城市逐步进入了资源枯竭期，长期积累的问题开始显现，可持续发展理念深入人心。至此资源型城市的发展遇到了严重的转型障碍，必须设法向可持续的经济发展模式转变。

由于越来越多的资源型城市出现资源匮乏的困境，中国政府也开始重视这一问题，先后颁发《国务院关于促进资源型城市可持续发展的若干意见》与《全国资源型城市可持续发展规划（2013—2020 年）》这两个指导性文件。在 2007 年文件颁发之后，国家发改委于 2008 年开始划定资源枯竭城市名单，首批包括 12 个资源枯竭城市，2009 年确立第二批 32 个资源枯竭城市，2011 年确立第三批 25 个资源枯竭城市。对于资源枯竭城市，财政部将给予财政方面的转移支付，以帮助其进行转型。除此之外，中国政府也在对各地区的发展指导意见中提到上述问题，例如在 2014 年颁布的《国务院关于近期支持东北振兴若干重大政策举措的意见》中特别强调："促进资源型城市可持续发展。在东北地区启动资源型城市可持续发展试点，健全资源开发补偿机制和利益分配共享机制。以黑龙江省鸡西、双鸭山、鹤岗、七台河这四大煤城为重点，研究布局若干现代煤化工及精深加工项目，实施资源型城市产业转型攻坚行动计划。"除国家的政策之外，各地区也纷纷颁布相关文件，支持本地区的资源枯竭城市进行转型，许多资源型城市也将转变经济发展方式、解决环境污染问题写入"十二五"、"十三五"发展规划当中。

（二）主要矿产资源的开发历程

煤炭工业方面，在建国初期，为支援工业建设，采取了"五统一"的方式，对煤炭生产、交易的各个方面进行规范与统一，这样的政策初期起到了较好的作用，但逐渐限制了煤炭行业的成长，也使得企业丧失了生产的积极性。20世纪80年代左右，政府采取了"两个一起上"的政策以解决长期煤炭不足的问题，允许国家、集体、农民等开采煤矿。之后，随着国家对于煤炭行业进行市场化改革与税制改革，中国煤炭行业面临较为严重的危机。90年代以来，随着市场经济体制的建立和国企改革的推进，中央政府加大了对煤炭行业的改革，提高了行业的生产效率；经济增长带动了煤炭行业的快速发展，同时也带了诸多资源环境问题。

钢铁工业方面，可以分为三个阶段。第一阶段是新中国成立至1978年改革开放之前，中国在这段时间为解决钢铁产量不能够满足需要的问题，提出了"以钢为纲"的工作方针，采取了"大跃进"、"大炼钢铁"行动，这一阶段中国钢铁产量出现较大幅度的增长，至1978年，我国钢铁产量达到世界第四位的水平。改革开放后，中国的钢铁工业迎来了快速发展，钢铁工业的现代化建设速度不断加快，其组织形式也发生了变化，由放权让利变为了承包经营责任制，中国钢铁行业获得了较快的发展。1996年，中国钢铁生产量超过美、日，越居世界第一位。"十五"期间，中国钢铁工业进入了高速发展的阶段，产量不断上升，然而随着近些年来对于资源环境与可持续发展方面的考虑，中国钢铁行业也开始面临去产能的问题。

石油产业方面，新中国成立后，经过三年的恢复生产，中国石油工业开始逐渐恢复，特别是玉门油矿，原油产量就占到了当时全国总产量的80%以上，这一时期的石油生产主要集中于中国的西部和中部。自1955年起，中国开始对华北平原和松辽平原的石油资源进行勘探与挖掘，至1963年，中国石油已经基本实现自给自足。60年代后，中国开始对东部地区的油田进行勘探与挖掘工作，先后发现了胜利油田、大港油田等，中国石油工业从此迈入了新的发展阶段。

（三）中国资源型城市的历史贡献

新中国成立以来，中国资源型城市为国家经济建设保证原材料供应的同时，为国家带来了大量的利税，促进了区域和城市的发展，提供了各种就业岗位以及社会保障，提高了当地人民生活水平，为国家发展做出了巨大贡献。

1. 提供了充足的工业原料

新中国成立之后，相继建成大庆等石油基地，大同等煤炭基地，鞍山等钢铁基地，铜陵等有色金属基地，为中国的经济建设创建了成熟的能源与原材料供应体系，累计生产了原煤529亿吨、原油55亿吨、铁矿石58亿吨、木材20亿立方米。中国矿产资源的开采利用为中国提供了95%的一次能源、80%的工业原材料、30%以上的农田灌溉用水和饮用水、75%以上的农业生产资料。其中，矿业城市为国家提供了94%的煤炭、80%以上的铁矿石、90%以上的石油、70%以上的天然气。鞍山钢铁产量占全国的1/7，大庆市提供全国原油产量的45%，攀枝花生产的钒、钛产品分别占全国的78%和60%，金川市则贡献了全国绝大部分的镍和铂。[①] 资源型城市为发展提供了雄厚的物质基础，已经成为中国工业原料的主要生产来源。

2. 增强了国家和地区综合经济竞争力

首先，资源型城市的发展对推动中国经济社会快速发展起到了重大作用。中国资源型城市总数达到全国城市总数的1/3左右，资源型城市的发展，对于国民经济整体发展具有极为重要的作用。"一五计划"时期中国重点建设的156个重大项目中，有53个项目在资源型城市建设，投资额占到重大项目总投资的将近一半。其次，资源型城市的成长对区域起到了组织和带动的作用，主导和塑造了区域经济的空间分布。由于资源开发，资源型城市为周围的生产带来了大量的市场需求，从而促进了周边经济的发展；同时，通过集聚经济，加快了区域总体的发展速度。由于中国资源型城市多数分布于中西部地区、贫困地区和山区，资源型城市的发展，对改善当地经济社会面貌，促进区域均衡发展方面产生重大影响。最后，资源型城市及资源型企业为国家提供了大量的利税，为全国的经济建设做出了直接贡献。

3. 加快了城市化进程

中国的城市化具有起点低、基础薄的特点。建国初期全国城市化率仅有10.6%。随着大规模的资源开发，一批新型的资源型城市兴起，中国城市化的进程被加快。中国现有城市中，约有三分之一是资源型城市，这些城市在发展过程中，带动了一批新型城镇的关联发展，为城市化提供了强大的动力。随着资源开发的进一步深入，还会产生新的资源型城镇，尤其是在中西部贫困地区，这将为当地城市化提供最直接的推动。

4. 提供了大量的就业机会

资源的开发对劳动力产生了较大的需求，资源产业本身提供了许多的就业岗位。据测算，全国资源型城市中就业的资源型产业劳动者约有827万。此外，资源产业的

---

① 刘玉宝：《我国资源型城市的现状特点及其历史贡献评述》，《湖北社会科学》2006年第4期。

发展带动了矿物加工等大量关联产业的发展，而围绕这些产业链又为居民服务业等配套产业提供了就业机会。最后，资源型产业往往属国有性质，承担了很重的社会保障责任，为劳动者提供了各种福利，提高了人民群众的物质与文化生活水平，保证了社会稳定。

三、中国资源型城市转型政策演变和制度制约

（一）政策演变

第一个时期是初步探索阶段，这个阶段主要规定个别城市为经济转型的试点，国家相关部门并未提出具体的城市转型的政策建议，在此阶段，试点城市开始探索经济转型的路径。

20世纪80年代初，国家有关部门开始关注经济转型。此时，东北地区资源型城市产业结构单一，造成这些城市发展后劲不足，前进步伐减缓，尤其是自1990年以来，随着矿石和森林资源的储量，以及可供开采量的下降，一些原本的资源型城市以肉眼可见的速度进入衰落期，这就使得资源问题成为越来越多的一些老工业区的资源型城市所遇到的发展困境，而且一些资源型企业也慢慢走向衰落。由此，一些资源型城市开始探讨如何进行经济转型以摆脱对于资源的依赖。对此，1988年8月政府实施了天然林保护工程，为城市向可持续的经济发展模式转型提供了间接的政策扶持。

2001年12月，国务院下发《听取辽宁省阜新市资源枯竭型城市转型等有关情况的会议纪要》，确定将辽宁省阜新市作为全国资源枯竭型城市的经济转型试点市。阜新市以结构调整为主线，迅速实施经济转型、改变发展路径的重大决策，同时促进产业的多元化发展，以农业促工业，使产业发展生态化，生态建设产业化，这一举措很好地解决了因资源枯竭所造成的失业问题，促进城市经济转型。

第二个时期是中期战略阶段，这个阶段国家提出了有效的转型的政策建议，此时的政策开始注重产业结构的优化升级、接续产业的培育以及机制体制的完善。

2002年11月，党的十六大报告指出："支持资源开采型城市和地区发展接续产业，支持东北地区等老工业基地加快调整和改造。"这是中央首次提出支持以资源开采为主的城市发展接续替代产业，从政治层面提出加快经济转型的要求，从全面建设小康社会着眼做出的重大战略决策，逐渐重视接续产业的培育，有效地解决失业再就业问题，缓解社会经济发展矛盾。

2003年10月，中共中央、国务院发布《关于实施东北地区等老工业基地振兴战

略的若干意见》，对资源枯竭型城市经济转型要求做出了以下重要规定：对资源仍然比较丰富的，要注意发展链条的延伸，加强资源的深加工；对资源比较枯竭的，要注重接续替代产业。该意见战略性地将产业链延伸和接续替代产业的发展结合考虑，二者相互影响，促进城市经济转型，同时首次提出了经济机制体制的创新，为中国目前解决资源型城市的转型提供了一个创新性的、战略性的政策建议。

2007 年 12 月，《国务院关于促进资源型城市可持续发展的若干意见》中指出，要发展接续替代产业，综合利用各资源，建立可持续发展的准备金制度等政策措施，完善可持续发展的长效机制，并着力解决就业等问题，初步形成了转型进程中可持续发展的政策措施。但是由于政策规划的不合理、资源下降等原因，许多问题仍然没有得到很好地解决。

第三个时期是战略调整阶段，这个阶段国家在注重产业结构优化、接续产业的培育以及机制体制的完善的同时，开始针对日益突出的环境问题提出可持续发展的举措，转型城市将维护生态的稳定发展列入转型议程。

2010 年 4 月，《国务院关于进一步加强淘汰落后产能工作的通知》公布，要求注重经济发展方式的转变和产业结构的优化升级，加快淘汰落后产能。但针对落后产能退出的相应政策措施不够完善，产业结构性矛盾仍旧比较突出，并未引起部分地区对淘汰落后产能工作的重视，近几年中国许多行业产能落后的问题仍然比较严重，严重制约社会的可持续发展和工业整体水平的提高。

2013 年 12 月，国务院发布了《全国资源型城市可持续发展规划（2013—2020 年）》，在全国首次确定 262 个资源型城市，指导并促进其可持续发展。2014 年 8 月，"资源型城市经济转型与可持续发展"高层研讨会指出，经济转型的根本出路是科技创新，应当树立正确的资源开采利用观念，同时强调，城市经济转型的重点就是自身要加大改革力度，推动市场体制、产业形态等进行转变，从而实现可持续发展。2015 年 10 月，在中国国际矿业大会期间，主题为"新常态下资源型城市转型及可持续发展"的分论坛同期举行，会议强调因地制宜，从自身出发、多方协调，寻找转型对策，而不是单纯地模仿其他城市的转型模式。另外，该论坛也强调了绿色转型，较多地关注了转型进程中生态环境的维护和改善问题。

国家发改委等五个部门于 2016 年 9 月发布《关于支持老工业城市和资源型城市产业转型升级的实施意见》，要求建立以创新驱动为内生动力的产业转型升级机制，通过运用市场化的解决方法，着力构建综合技术创新体系，做到以市场为导向、企业为主体、增强产学研相结合发展。逐步优化经营投资环境，强化企业在市场中的主体地位，推动产业转型升级，由依靠要素驱动向依靠创新驱动的发展方式转变，不断激发老工业城市与资源型城市的内生动力、发展活力和整体竞争力。

2017 年 1 月，国家发改委发布《关于加强分类引导培育资源型城市转型发展新动能的指导意见》要求，引导资源型城市逐步摆脱对传统发展模式的依赖，促进成长型城市有序发展、推动成熟型城市跨越发展、支持衰退型城市转型发展、引导再生型城市创新发展。首批老工业城市和资源型城市产业转型升级示范区于 2017 年 4 月确定，国家发改委等五部门通知要求加快建立创新驱动的产业转型升级内生动力机制，形成以园区主体为核心载体的平台体系，构建具备鲜明特色与强大竞争力的现代产业集群。国家发展改革委、工业和信息化部、科技部、国家开发银行、国土资源部五部门要在产业政策、创新政策、投资政策、金融政策、土地政策等方面加大对示范区和示范园区建设的支持力度，形成政策合力。

（二）制度性制约因素

从 20 世纪 80 年代起至今，由于政府及社会各界的努力，我国部分资源衰退型城市已经成功转型，但是仍有诸多城市转型失败。在转型中，中国的体制创新一方面推动了经济迅速发展，另一方面却也引发了环境污染、公共产品发展滞后、国有企业活力不足等问题。从体制上反思我国转型中的问题，发现市场经济体制改革不到位，即我国经济体制转型的方向出现偏差，这显然是制度性制约因素产生的结果，目前经济转型仍然面临一系列制度性制约因素。

第一，城市转型主要受制于政治体制改革。在社会主义经济转型的过程中，要遵循经济运行机制的变革与以政治力量为主的变革相辅相成、互相促进的原则。经济发展决定上层建筑，上层建筑变化的根本在于经济发展制度的转变，政治体制的转变从根本性上制约了经济机制体制转型的顺利推进。经济体制的顺利转变得力于政治体制改革的成功。

第二，经济转型在一定程度上受供求机制的影响。首先，供给与需求若由获利机会引致，将导致经济转型中体制创新实施成本增加；其次，市场规模制约，市场规模是改变供求变化的重要因素，直接影响新的市场机制的形成进程。同时，政策性金融的供需矛盾在很大程度上制约着城市转型的进程。产业结构的升级和替代产业的发展都需要金融机构提供大量的资金支持，但目前我国的投融资体制尚不完善，资金供给的短缺问题严重制约多元化产业模式的形成。

第三，中国作为发展中国家，在经济转型进程中，不健全的计划经济在市场经济的冲击下，导致国家的行政权力逐渐进入市场。这一个阶段整个社会的旧经济体制逐渐解体，但新经济体制却尚未健全，新旧体制并存造成大量腐败行为的漏洞，进而导致大规模的腐败问题，权钱交易、官商勾结严重制约中国经济转型的进程。

第四，经济机制的不完善严重制约城市经济发展方式的顺利转型。随着经济转型的进行，越来越多的问题暴露出来，生态环境的破坏、收入的不平衡、就业压力持续增大等，这些问题从根本上影响了经济转型的效果。与此同时，生态补偿和资源开发制度不完善、就业人员流动配置机制不合理等体制问题，更加速了诸多转型问题的恶化。

应当看到，我国经济转型的现状不容乐观，资源的过度开采利用，直接导致以资源开采为主的支柱产业的破产，产业结构失衡，就业人员对传统支柱产业高度依赖。同时，接续产业的不完善发展，使得城市经济发展缓慢，经济增长高度依赖原有资源产业。随着资源衰竭，人们的生存环境和城市生态问题突出，严重阻碍我国工业化和经济转型进程。

作为世界第二大经济体的中国，在解决因资源枯竭引发的系列问题时，还要继续推进工业化，诸多的制度性制约因素要求我们须认真分析国内外资源型城市成功实现经济转型的典型案例，总结国内外产业结构优化的经验的同时，从中积极探寻完善经济机制体制的符合我国国情的一套创新转型模式。

四、中国资源型城市的发展困境及转型目标

（一）发展困境

1. 经济增长方式的"资源诅咒"困境

依托丰富的自有资源优势，大多数资源型城市主要是以矿产开采及初加工为主要产业结构。据 2014 年的全国统计数据显示，大多数资源型城市的产业结构中，采掘业占第二产业的比重超过五分之一，而附加值较高的加工制造、自主创新等产业发展迟缓。在此种经济结构下，资源型城市的发展经常会陷入"资源诅咒"的困境，这主要表现在：一是资源型城市的产业结构普遍具有相对单一、产业链过短、附加值偏低且易受资源价格波动影响、抵御风险的能力较弱、经济发展存在缺乏后劲的问题；二是由于资源性产业的发展多处于初级阶段，高耗能、高污染、高排放项目多，具有相似资源的地区存在着较为突出的重复建设问题，由此导致经济积累能力弱，配套条件差，造成新兴产业发育缺陷；三是中国资源型城市主要分布在自然资源禀赋较高的内陆地区，这些地区交通区位优势较差，气候环境比较恶劣，不利长期发展。中国绝大部分矿业城市都存在不同程度的资源耗竭问题，渐渐出现工业增长不景气。大庆也出现了主力油田油气产量衰减的情况。

2. 大宗商品市场低迷加剧经济走低

近年来国际大宗商品的价格一路走低。由于一些资源型城市产业结构单一、层级

较低，城市经济发展对资源的开采和低端加工依赖严重，资源价格下跌导致经济走低，相关产业受到影响。例如，中国市场的煤炭价格，连续下跌两年后，在 2015 年仍然保持走低态势，使得山西省 2013 年财政收入因此减少 1000 亿元。鄂尔多斯政府 2004 年以来斥巨资兴建的康巴什新城，当地房价一度超过 1 万元每平方米，但随着近几年煤炭价格过山车式的走势，房地产的繁荣转瞬即逝，康巴什新城成为一座"空城"。

3. 人力资本积累不足导致内生动力缺乏

在采掘业等资源初级加工产业占据主导地位的单一产业结构之下，资源型城市人力资源多样性不足，高端人才储备欠缺，导致城市内生能力不足，阻碍了城市产业升级与经济的可持续增长。

多数资源型城市的劳动力主要集中在采掘、加工、维修等工作岗位，结构性人才相对短缺，特别是具有较强经营管理能力的高端人才；大部分工人知识水平较低，劳动技能单一拉低了整个资源型产业的职工技术水平和工资水平；由于历史原因，中国高等教育资源集中在省会城市，而受限于自身的生活水平、交通条件、社会福利等因素，资源型城市缺乏对高端人才的吸引力，导致其转型升级的高层次人才匮乏。

从资本积累来看，对于需要资金发展的新建城市和处于亏损状态的衰退型城市而言，难以从资源型产业中抽出资金发展其他产业。对于投入产出比增加的成长型城市和稳定的成熟型城市来说，不愿意将资金转向其他行业。

4. 制度不健全导致发展长期背离市场规律

受到产权制度不清晰、市场规则不健全等因素影响，在资源型城市的发展中，往往存在大量"资源错配"以及"寻租"行为，从而导致市场扭曲，甚至出现"僵尸"企业。在计划经济时代和在市场经济时代，这种问题都曾出现。

在计划经济体制下，通常国家会根据既有计划以较低的价格向资源型城市购买资源产品，而又通过高价返销轻工产品，僵硬的体制不仅制约了转型的内在动力，并且这种存在明显剥夺特点的宏观经济政策，导致了利益的双重流失。

伴随着市场经济体制改革的是中国在资源价格机制方面进行了大量的尝试，初步形成了以市场定价为主体的资源交易机制。但仍然存在大量资源价格扭曲的现象，导致资源产业结构难以根据产品价格的变化形成相应的动态调整。同时，多数资源型企业，尤其是产值规模较大的企业往往是资源型城市的经济主体，多受垂直管理体系的制约，这导致资源型城市的城市体系与矿业经济长期游离于国家工业化体系之外。

5. 可持续发展的综合规范严重欠缺

资源型城市"因矿而生"、"因矿而建"，城市功能区划分不清，导致城市面貌相对落后。旧城沿矿而建，环境条件较差，基础设施普遍落后；而新城建设受到矿区分布的制约，地质条件复杂，甚至出现采空塌陷等危险，因此资源型城市的转型升级往往受到城市建设规划的制约，削弱了城市可持续发展能力。

（二）转型目标

资源型城市的重要特征之一就是主要依托资源的开采利用，随着不可再生资源的不断减少，可能导致产业链的断裂，这对城市经济的发展进步造成了阻碍。积极发展接续替代产业，通过技术进步开展经济转型的战略，可以提高资源的利用效率，延长资源的使用寿命和对城市的服务年限。中国产业布局不平衡、地区发展参差不齐、区域差距较大，各地区必须因地制宜，在充分理解自身条件的时候发挥自身优势，同时鼓励本区域的资源型城市带动本区域其他城市发展，为其提供资金、人才、科技、物资等重要物质基础，积极实行经济转型策略，摆脱资源衰竭抑制经济的局面，促进中国多元化产业集群的快速发展。资源型城市的转型是以经济转型为中心，最终实现其城市自身在经济、社会、环境等方面的持续健康发展。以此角度分析发现，资源型城市转型的目标可以概括为以下五点：

一是经济发展活力增强。接续替代产业逐渐发展壮大，逐渐形成低能耗、低污染的多元化产业集群，有效支撑经济发展；形成具有融合性、创新性、可持续性的新型产业体系，优化产业结构；使产业自主创新能力普遍增强，技术、人才、资本、信息、管理成为产业支撑，以科技进步促进产业链延伸。

二是完善公共服务水平，改善居民生活；

三是修复治理、优化生态环境，形成健康、友好的宜居环境；

四是转变政府职能，完善市场机制、激发市场活力，提高政府效率和市场效率，提供促进增长方式转型的制度保障；

五是经济增长动能转换。逐步摆脱对传统发展模式的依赖，促进传统动能改造提升，培育发展新动能，增强可持续发展活力，加快实现转型升级的步伐。

（三）转型内容

在对中国资源型城市现状的深入研究的基础上，《全国资源型城市可持续发展规划（2013—2020年）》对资源型城市转型的规划目标进行了首次提出和定义："到2020年，资源枯竭型城市历史遗留问题基本解决，可持续发展能力显著增强，转型任务基本完成。资源富集地区资源开发与经济社会发展、生态环境保护相协调的格局基本形成。转变经济发展方式取得实质性进展，建立健全促进资源型城市可持续发展的长效机制。"

第一，经济转型方面。资源型城市转型的首要政策目标，是实现以产业转型为核心的经济转型。通过培育多元化产业体系，发展高技术产业、现代服务业，培育新的接续产业；在原有产业结构基础上，通过技术改造和提升、延伸产业链等多种方式，提升经济发展的技术水平和价值链；通过提供优惠政策和经济转型发展来吸引人才，保障经济发展的人才供给。降低经济发展、财税收入对资源直接使用的依赖性，形成新的经济增长活力。

第二，社会转型方面。以经济转型发展为基础，促进就业、提升居民收入，完善社会保障体系、提升社会保障水平，改善居民住房条件，通过提升公共服务和居民生活水平，促进社会转型；推动再就业，推动劳动力结构化调整，加大对"大众创业"、"全民创新"的支持力度，同时完善基本社会保障体系，充分发挥社保"兜底能力"。

第三，环境转型方面。在经济、社会转型发展的同时，对采空区、沉陷区以及土壤污染、水污染等历史遗留的生态环境问题进行修复治理，逐步改善和提高地区环境质量，实现环境友好的发展目标。

第四，制度转型方面。优化经济机制体制，创立和完善资源使用制度。如果想要使经济社会的发展突破自然资源产出的限制，则一元化的主导产业必须逐渐转型过渡至支柱产业多元化或去自然资源化发展，即实施经济转型的策略。不管是优化产业结构还是产业链延伸，抑或是经济机制体制的创新，均是为了改善因资源的枯竭所造成的社会经济的问题，切实实现资源型城市的经济社会可持续发展。

第三章　中国资源型城市转型评价

为更好地服务于资源型城市转型的政府决策和产业的需求，北京大学国家资源经济研究中心建立了中国资源型城市的转型系列指数，借助于一套具有全面性、针对性和适用性的综合指标体系，利用该指数评估资源型城市转型效果、能力等内容，并在此基础上进一步探索资源型城市转型中的"拐点"、"阈值"等问题，为未来资源型城市转型指明重点、方向，提出科学、可操作的政策和产业发展建议。

有关资源型城市转型评价的研究，当前政府管理部门和学术界进行了有益的探索。从官方层面来看，国家发改委建立了资源枯竭城市转型年度绩效考核评估办法，分别从定量评价（指标体系）、定性评价、社会评价三个层面对资源枯竭城市的转型绩效进行判定。其中在定量评价时，分别选取了经济发展指标、民生改善指标、环境治理指标作为共同指标，而把反映城市资源特点的，如煤炭、金属、油气等作为特殊指标进行评价。在学术层面，往往从经济、社会、环境、资源四个层面构建分级指标进行评价，每种方法都有带有学者的主观认识和特殊的知识结构，并且大多数是对某一地区转型情况进行初步评价，未形成体系。

鉴于此，本书在吸收和借鉴前人经验的基础上，探索建立一套可以充分体现中国当前资源型城市转型需求、特点、目标的立体化、多维化的评价体系，并在此基础上形成对资源型城市转型内涵、路径、阶段等系统研究，服务于政府管理需要，服务于资源型城市转型需要，同时也供研究同行探讨。

一、基于压力与能力的资源型城市预警评价

城市转型的动因可以分为两个部分，一是城市面临的由于资源开发产生的，需要转型才能解决的资源、环境、经济、社会等方面的客观问题与困难，我们称之为转型压力；另外一方面是城市具有的解决资源开发中产生的问题、实现城市转型的能力，我们称之为转型能力。在本研究中，我们将对全国地级资源型城市的转型压力与能力进行分类研究，找出城市转型存在的问题及其深层原因，在此基础上通过分析资源型城市转型的压力指数和能力指数的相互关系，构建资源型城市转型预警指数，对资源

型城市可能出现的转型问题给予预警。并通过分析，对资源型城市实现长效发展给出更有针对性的分类政策建议。这将对资源型城市提前发现转型问题，把准自身转型问题根源，对症下药，提升转型质量，从而实现顺利转型和可持续发展起到切实的指导作用，具有更强的可操作性。

（一）相关概念

1. 资源型城市转型压力

资源型城市转型压力是指资源型城市由于资源开发以及资源枯竭而产生的，迫使资源型城市进行转型的困难和问题，它既是城市可持续发展的障碍，也是促使资源型城市转型的原动力。资源型城市转型压力表现在资源、环境、社会、经济各个方面，比较突出的资源型城市转型压力问题包括环境破坏、经济衰退、大规模失业、社会治安恶化等。

2. 资源型城市转型能力

资源型城市转型能力是指资源型城市自身所具备的解决资源开采导致的困难与问题，进而实现城市转型发展的能力。将城市转型能力分为城市的经济发展能力、创新驱动能力、资源利用能力、环境治理能力以及民生保障能力等方面。

3. 资源型城市转型预警指数

从理论上讲，当城市面临的转型压力较大，而城市自身拥有的转型能力较弱时，城市转型将会出现严重的问题。因此，通过分析资源型城市转型的压力指数和能力指数的相互关系，可以构建资源型城市转型预警指数，对资源型城市可能出现的转型问题给予预警。

（二）相关研究

1. 转型压力指数研究进展

加拿大统计学家 David J.Rapport 和 Tony Friend（1979）提出了"压力—状态—响应"指标体系框架，后由经济合作与发展组织（OECD）和联合国环境规划署（UNEP）于 20 世纪八九十年代用于研究环境问题的框架体系。压力—状态—响应模型使用"原因—效应—响应"这一思维逻辑，体现了人类与环境之间的相互作用的关系。人类通过各种活动从自然环境中获取其生存与发展所必需的资源，同时又向环境排放废弃物，从而改变了自然资源储量与环境质量；而自然和环境状态的变化，又反过来影响人类的社会经济活动和福利；继而社会通过改变环境政策、经济政策和部门政策，以及通过意识和行为的变化而对这些变化做出反应。如此循环往复，构成了人类与环境之间的压力—状态—响应的关系。该模型区分了 3 类指标，即压力指标、状态指标和响应指标。其中，压力指标表征人类的经济和社会活动对环境的作用，如资源索取、物质消费以及各种产业运作过程所产生的物质排放等对环境造成的破坏和扰动。

1996 年由联合国可持续发展委员会与联合国政策协调和可持续发展部牵头，联合国统计局、联合国开发计划署（UNDP）、联合国环境规划署、联合国儿童基金会（UNICEF）和亚太经社理事会（ESCAP）参加，在经济、社会、环境和机构四大系统的概念模型和驱使力（Driving force）—状态（State）—响应（Response）概念模型（DSR 模型）的基础上，结合《21 世纪议程》中的各章节内容提出了一个初步的可持续发展核心指标框架。

上述可持续发展指标体系中提到的压力与资源型城市转型压力有相关指数，即都是表征可持续发展面临的挑战。不同之处在于，可持续发展指标体系中的压力，指的是生态环境面临的、人类活动造成的挑战，主题是生态环境；而城市转型压力指数的压力，是城市面临的有必要通过转型解决的问题和挑战，主体是资源型城市。但即使如此，压力—状态—响应模型仍是资源型城市转型压力概念的重要来源，相关研究也为资源型城市转型压力研究提供了有益的探索。

2003 年，Illing 和 Liu 提出了金融压力的概念，即金融市场的预期损失或不确定性施加在经济体的压力。他们并且从金融风险、外贸风险、债务风险和股市风险四个方面，构建了金融压力指数。2005 年任志远等人通过计算区域内总人口的生态足迹，求得区域生态压力总量与区域生态承载力的比值构建了生态压力指数，用来衡量人类活动对生态环境的影响程度。2007 年朱红波、张安录构建了耕地压力指数，通过计算实际人均耕地面积与理论人均最小耕地面积的比值，反映耕地资源的紧张程度。卫海燕、王威、杨芳在 2008 年提出了城市资源压力指数，通过建立包含水资源压力、土地资源压力、能源压力和人力资源压力四个子系统的指标体系，来评价城市所面临的资源压力。胡炳清、覃丽萍、柴发合等在 2013 年提出了环境压力指数，其定义为：人类的社会经济活动对环境产生的不利影响与作用进而产生的环境压力的综合指数。可以分为绝对环境压力指数和相对环境压力指数。绝对环境压力指数，是指单位面积上人类经济社会活动产生环境污染物的强度；相对环境压力指数，是指单位面积上人类经济社会活动产生环境污染物的强度与表征环境质量优劣的无量纲指数（权重）的乘积。所有以上关于压力指数的研究，反映的是某类因素对某个主体的客观影响程度，或者两者关系的紧张程度。这也为建立资源型城市转型压力指数提供了参照。

2. 转型能力指数研究进展

从 20 世纪 90 年代末期以来，随着可持续发展理念的引入，开始出现了对资源型城市的可持续发展能力评价。李堂军、曹靖宇（1999）划分经济、社会、资源、环境四个子系统，建立了资源型城市可持续发展评价指标体系。此后，学者们利用因子分析、模糊隶属度等方法，通过建立指标体系的方式对资源型城市可持续发展能力进行了研究。虽然这些研究不是直接针对城市转型问题，但对资源型城市转型能力评价的研究提供了有益的借鉴。陶晓燕（2013）首次建立了资源型城市产业转型能力评价指标体系，利用主成分分析法，对河南省 13 个资源型城市的产业转型能力进行了评价。杜吉明（2013），吴雅云、高世葵（2015）分别通过不同的指标体系，对内蒙古煤矿类资源型城市的产业转型能力进行了评价。这些研究更加侧重产业转型。然而城市转型的概念涵盖经济、社会、环境、制度等各个方面，有些研究虽然已经向综合转型能力评价转变，但是没有真正建立一套资源型城市转型的综合能力评价体系。

3. 预警体系研究进展

预警体系的研究始于对水资源和国家经济安全的预警分析。White 在 20 世纪 70 年代建立的洪水泛滥预警体系，在洪水泛滥的风险决策中发展了单项预警体系，取得了显著的经济效益和生态效益。年志远、李丹（2008）根据完备性原则、主要性原则、可测性原则和独立性原则构建了包括财金安全预警指标、社会安全预警指标、外经安全预警指标、资源安全预警指标和产业安全预警指标等子系统的国家经济安全预警指标体系。鲍超、方创琳（2008）对河西走廊城市化水资源约束子系统和城市化发展子系统，对河西走廊城市水资源对城市化的约束进行了预警研究。黄小容（2009）利用层次分析法，通过水环境污染、水环境治理、水环境保护和社会经济发展水平四个方面，构建了水环境预警指数，并对三峡库区水环境进行了预警分析。所有这些预警指数研究，虽然不针对资源型城市转型，但是其研究思路与方法框架依然为资源型城市转型预警指数的构建提供了启迪和借鉴。21 世纪以来，随着资源型城市问题的日益突出，预警分析被引入了资源型城市的可持续发展研究。李贤功、李新春（2007）从发展阶段、发展水平和资源依赖程度三个维度，对 25 个煤炭资源型城市发展做了预警分析。索贵彬、王哲（2016）利用突变级数法，从活力、组织结构、生态系统服务功能三个方面，构建了资源型城市的生态安全预警指数。这些都从不同的角度对资源型城市转型发展提供了有益的分析，然而到目前为止，尚未有针对资源型城市转型的较为全面的预警分析。

本研究将通过深入分析资源型城市转型的动因，分别建立衡量资源型城市面临的转型困难程度的转型压力指数和衡量实现资源型城市转型能力的转型能力指数，在此基础上构建反映资源型城市转型问题严重性的转型预警指数，进而对全国资源型城市面临转型问题的严重性进行判断和预警分析，并通过国家发改委的区域经济划分方法和《全国资源型城市可持续发展规划（2013—2020 年）》的生命周期阶段划分，将地级资源型城市分别划分为东部、中部、西部、东北四大区域和成长型、成熟型、衰退型、再生型四个发展阶段分类，通过区域和生命周期阶段划分，对不同分类的资源型城市的预警水平以及它们的转型压力、能力特点进行分析，并分类给出有针对性的建议。

（三）方法与数据

1. 指标体系

将转型压力指数按其领域分为资源、环境、经济、社会四个子系统，建立三级指标层。其中资源压力子系统分为主体资源压力和其他资源压力两个标准层，分别反映资源型城市主要开采的矿产资源的压力以及遍在性资源如土地资源、水资源、能源的压力；环境压力子系统则分为大气环境压力、水环境压力、居住环境压力和矿山环境压力四个标准层，以期全面衡量资源型城市环境压力的特点；经济压力子系统分为经济发展压力、经济结构压力、经济区位压力和财政压力四个标准层；社会压力子系统则分为就业压力、社会保障压力和社会安全压力三个子系统。综合相关研究成果，选取反映面临转型客观困难的 17 个指标。

表3-1 资源型城市转型压力指数

	子系统	标准层	指标层	指标方向	计算方法
资源型城市转型压力指数	资源压力	主体资源压力	预期开采年限	正向	保有可采储量 / 年开采量
		其他资源压力	国土开发强度	正向	建成区面积 / 土地总面积
			市辖区人均用电量	正向	能源消耗总量 / 人口数
	环境压力	大气环境压力	单位 GDP 废气排放量	正向	废气排放量 /GDP
		水环境压力	单位 GDP 废水排放量	正向	污水排放量 /GDP
		居住环境压力	人均绿地面积	逆向	城市绿地面积 / 人口
		矿山环境压力	采矿破坏土地面积占比	正向	采矿破坏土地面积 / 土地总面积
	经济压力	经济发展压力	GDP 增长率	逆向	统计数据
		经济结构压力	资源产业占 GDP 比例	正向	资源产业增加值 /GDP
		经济区位压力	交通区位条件	逆向	到省会城市铁路时间距离（无铁路则用公路时间距离代替）
		财政压力	财政收入增长率	逆向	统计数据
			人均税负	正向	税收总额 / 人口
			财政自给率	逆向	财政支出 / 地方财政收入
	社会压力	就业压力	城市失业率	正向	统计数据
			资源产业从业人员比	正向	资源产业从业人数 / 总从业人数
		社会保障压力	低保人数比例	正向	低保人数 / 人口总数
		社会安全压力	单位产值安全生产事故死亡率	正向	安全事故死亡率 /GDP（安全生产监督局网站）

将城市转型能力分为城市的经济发展能力、创新驱动能力、环境保护能力、资源

利用能力以及民生保障能力五个子系统，其经济发展能力子系统分为经济增长、经济规模、经济结构转换能力和经济效率四个标准层，创新驱动能力子系统分为创新资金投入、创新人才投入和创新基础设施三个标准层，环境保护能力子系统分为大气环境保护能力、水环境保护能力、居住环境保护能力和矿山环境保护能力四个标准层，资源利用能力子系统分为主体资源利用能力和其他资源利用能力两个标准层，民生保障能力子系统则分为选取反映城市转型能力的指标，建立三级指标体系对城市转型的总体能力进行综合度量。

表3-2　资源型城市转型能力指数

	一级指标	二级指标	三级指标	指标方向	获得方法
资源型城市转型能力指数	经济发展能力	经济增长	GDP 增长率	正向	统计数据
		经济规模	人均 GDP	正向	统计数据
			人均消费支出	正向	社会消费总额 / 人口
			人均社会总投资	正向	社会资本形成总额 / 人口
			人均储蓄额	正向	储蓄总额 / 人口
			人均固定资产投资	正向	固定资产投资 / 人口
		经济结构转换能力	非资源产业财政收入占比	正向	非资源产业财政收入 / 财政总收入
			服务业 GDP 占比	正向	服务业增加值 /GDP
		经济效率	规模以上企业利润率	正向	统计数据
			劳动生产率	正向	GDP/ 从业人员总数
			单位固定资产投资效益	正向	GDP/ 上年固定资产投资总额
			进出口占 GDP 比例	正向	进出口总额 /GDP
	创新驱动能力	创新资金投入	科技支出 GDP 占比	正向	科技投入 /GDP
		创新人才投入	专业技术人员比例	正向	专业技术人员数 / 人口
		创新基础设施	互联网普及率	正向	统计数据
	环境保护能力	大气环境保护能力	废气综合处理率	正向	统计数据
		水环境保护能力	污水综合处理率	正向	统计数据
		居住环境保护能力	固体废弃物综合处理率	正向	统计数据
		矿山环境保护能力	矿山复垦率	正向	已治理面积 / 应治理面积
	资源利用能力	主体资源利用能力	共伴生资源综合利用率	正向	统计数据
		其他资源利用能力	单位 GDP 耗水	逆向	耗水量 /GDP
			单位 GDP 耗电	逆向	能源消耗总量 /GDP
			单位建设用地产出率	正向	GDP/ 城市建设用地

	一级指标	二级指标	三级指标	指标方向	获得方法
资源型城市转型能力指数	民生保障能力	居民收入保障能力	居民人均可支配收入	正向	统计数据
			城乡居民收入比例	逆向	城镇人均可支配收入 / 农民人均纯收入
			最低生活标准	逆向	统计数据
		基础设施保障能力	人均道路里程	正向	公路总里程 / 人口
		医疗卫生保障能力	人均医疗卫生技术人员数	正向	医疗卫生人员数 / 总人口
			人均卫生机构床位数	正向	卫生机构床位数 / 人口
		基础教育保障能力	每万人大学生人数	正向	统计数据
			每万人中等职业学校学生数	正向	统计数据
		文化体育服务保障能力	每万人公共图书馆藏书数	正向	公共图书馆藏书数 / 人口
			每万人文化场馆数	正向	文化场馆数 / 人口

通过相关性分析，剔除同一标准层内信息重复 90% 以上的指标。

2. 计算方法

（1）权重确定

本研究通过以层次分析为框架，将指标体系设为三级，由于子系统和标准层按领域分，互相之间逻辑上相互独立，因此对各子系统以及每个子系统的标准层平均赋权，对指标层，则根据主成分分析进行筛选后，按照主成分分析中指标包含信息量进行客观赋权。

（2）数据标准化处理

采用模糊隶属度方法进行无量纲化处理，对正向指标，采用半升梯度隶属度函数：

$$\Phi_{(e_{ij})} = \frac{M_{ij} - e_{ij}}{M_{ij} - m_{ij}} = \begin{cases} 1, e_{ij} \leq m_{ij} \\ \frac{M_{ij} - e_{ij}}{M_{ij} - m_{ij}}, m_{ij} < e_{ij} < M_{ij} \\ 0, e_{ij} \geq M_{ij} \end{cases}$$

对逆向指标，采用半降梯度模糊隶属度函数：

$$\Phi_{(e_{ij})} = \frac{M_{ij} - e_{ij}}{M_{ij} - m_{ij}} = \begin{cases} 1, e_{ij} \leq m_{ij} \\ \frac{M_{ij} - e_{ij}}{M_{ij} - m_{ij}}, m_{ij} < e_{ij} < M_{ij} \\ 0, e_{ij} \geq M_{ij} \end{cases}$$

式中，e_{ij} 代表第 i 个区域的第 j 个指标的原始数值，其中 i 表示区域序号，j 代指标序号；M_{ij}、m_{ij} 分别代表第 i 区域第 j 个指标原始指标的理论最大值和理论最小值；

$\Phi_{e_{(ij)}}$ 则表示最终得出的模糊隶属度数值。

（3）指数计算方法

有了各指标的熵化权系数和隶属度值，就可以采用加权平均法分别计算各标准层、子系统，进而计算转型压力和转型能力两个综合指数。限于篇幅，只列出直接计算压力和能力综合指数的公式：

$$F_i = \sum_{j=1}^{m} \sum_{k=1}^{n} \left[\omega_j \times \omega_k \times \Phi_{e_{(ij)}} \right]$$

式中，F_i 为转型压力或能力综合指数，ω_j 为 j 指标相对标准层的熵化权重，ω_k 为标准层对总体层的熵化权重，$\Phi_{e_{(ij)}}$ 为 i 区域 j 指标以总体层为目标的隶属度，m、n 分别为指标层和标准层里评价水资源或城市化系统状况的指标个数。

转型预警指数的基本内涵：资源型城市转型压力指数和资源型城市转型能力指数分别代表了城市面临的转型压力和城市自身转型的能力。它们的加权求和，也就是资源型城市转型预警指数，则综合反映了资源型城市转型问题的严重性。预警指数越高，表明即将面临的转型问题严重性越突出。

对于转型预警指数来说，转型压力指数是正向指标，转型能力指数是逆向指标。需先采用半降梯形模糊隶属度函数模型计算其隶属度值，然后采用加权平均法即可求得：

Fa= ω1× Fp+ ω2×（1-Fc）

式中，Fa 是资源型城市转型预警指数，Fp 是资源型城市转型压力指数，Fc 是资源型城市转型能力指数，ω1、ω2 分别为转型压力指数和能力指数的权重，ω1+ ω2=1。在本研究中，考虑到转型能力是矛盾的主要方面，按照黄金分割法，ω1 取值 0.618，ω2 取值 0.382。因此预警指数将介于 0 到 1 之间，当 Fp-Fc>0，亦即预警指数超过 0.5 时，即可认为转型能力不足以克服面临的压力，城市转型将面临严重困难。

3. 数据来源

本研究选择的地级资源型城市是指《全国资源型城市可持续发展规划（2013—2020 年）》中资源型城市名单中的地级市，所需的数据全部来源于《中国城市统计年鉴 2015》、《中国区域经济统计年鉴 2015》以及各省市 2015 年统计公报。区域划分标准来自国家发改委区域司，生命周期阶段划分标准来自《全国资源型城市可持续发展规划（2013—2020 年）》。

（四）计算结果与分析

1. 全国地级资源型城市转型预警指数分析

根据计算，全国地级资源型城市的转型预警指数均值为 0.467，最高为黑龙江省双鸭山市，预警指数为 0.642，最低为内蒙古包头市，预警指数为 0.316。转型预警指数高于 0.5 警戒线的城市有 34 个，是近期转型难度比较突出的城市，占到地级资源型城市总数的约十分之三；其中转型预警指数高于 0.6 的城市有 3 个，分别是双鸭山市（0.611）、七台河市（0.597）、鸡西市（0.594），是转型难度极为突出的城市。三个城市均为东北城市，这一定程度上反映了东北地区转型问题的严重性。分指数来看，全国地级资源型城市转型压力指数均值为 0.337，最高为宁夏石嘴山市，压力指数为 0.524，最低为陕西省咸阳市，压力指数为 0.164。压力指数在平均值以上的有 51 个，占全国地级资源型城市的 43.9%，在 0.5 以上的城市有 4 个，分别是石嘴山市（0.524）、七台河市（0.512）、铜陵市（0.508）、乌海市（0.505）；这些城市由于资源枯竭、资源依赖性强、资源价格下跌等因素，面临着最为严重的转型问题，应考虑通过外力协助减轻其转型的困难。全国地级资源型城市转型能力指数均值为 0.453，最高为安徽省铜陵市，能力指数为 0.714，最低为黑龙江省鸡西市，能力指数为 0.252。转型能力指数低于平均值的城市共 59 个，占到全国地级资源型城市的 50.8%，其中低于 0.3 的城市有 3 座，分别为鸡西市（0.252）、双鸭山市（0.255）、南充市（0.278），这些城市由于社会经济发展落后、产业结构单一、科技创新能力弱等原因，转型能力极为欠缺，难以靠本身的力量推动城市转型发展，需要通过国家扶持等手段，增强城市的自我发展能力。

2. 分地区资源型城市转型压力与能力指标分析

分区域来看，东北地区情况最为严重，转型预警指数均值达 0.488。东部资源型城市转型条件则普遍较好，预警指数均值较低，为 0.431（表 3-3）。通过 T 检验可知，中西部资源型城市的预警指数没有显著区别，但是东部和其他三个地区之间存在显著差异，而东、中、西部和东北之间也存在显著差异（表 3-4）。

细分指标来看，东部地区资源型城市转型压力指数均值排名第三，表现中等。继续细分指标，东部地区资源型城市资源压力指数均值为 0.400，四个区域中排名第一；环境压力指数均值为 0.405，排名第二；经济压力指数均值为 0.229，排名第四；社会压力指数均值为 0.305，排名第三。可以看出，虽然东部资源型城市转型的经济、社会压力都较小，但是由于人口密度大、工业密集，对资源需求较大，资源与环境压力较为突出。东部地区资源型城市转型能力指数均值为 0.509，排名第一，分项看，所有五个标准层全部排名第一，这意味着东部地区资源型城市转型能力普遍较强，总体上可依靠自身能力实现城市转型。

中部地区资源型城市转型压力指数均值为 0.340，排名第二，意味着中部地区面临的转型压力仅次于东北地区，较为突出。进一步细分，中部地区资源型城市的资源压力指数均值为 0.284，在四个区域中排名第三；环境压力指数均值为 0.485，排名第一；经济压力指数均值为 0.320，排名第三，社会压力指数均值为 0.271，排名第四。可以看出中部地区资源型城市由于资源丰富、生活成本较低，资源压力、经济压力、社会压力均较为平缓，但是由于资源产业较为集中，环境压力最为突出。中部地区资源型城市转型能力指数均值为 0.461，四个区域中排名第二，跟压力排名相同。进一步细分，经济发展能力指数均值为 0.456，排名第三，仅好于东北，这说明虽然中部地区面临的经济压力不是特别大，但是经济发展能力更弱，未来发展前景较差；创新驱动能力指数均值为 0.385，排名第二，说明中部地区资源型城市有一定的创新能力，在转型过程中要充分发挥创新能力对经济结构调整的作用；环境保护能力指数均值为 0.582，排名第二，说明虽然东部地区环境治理能力不弱，但是依然不足以解决所面临的环境压力，需要继续增强；资源利用能力指数均值为 0.520，排名第二，说明中部地区在资源综合利用效率方面效果不错，同时还有上升空间；民生保障能力指数均值为 0.360，四个地区中水平最低。这说明虽然东部地区社会压力总体尚不突出，但是保障能力弱，一旦资源产业形势恶化，将会遇到严重的问题。

西部地区资源型城市转型压力指数均值为 0.314，是四个地区中压力最小的，说明西部地区资源开发尚处于早期，资源丰富，可开采年限较长，枯竭城市较少，资源开采所带来的问题积累有限。继续细分，西部地区资源型城市资源压力指数均值为 0.201，四个区域中最低，说明西部地区资源丰富，消耗量小；环境压力指数均值为 0.390，低于东、中部，排名第三，这说明由于西部地区资源型城市在工业化发展水平相对较低的情况下，环境尚有余量，有利于进一步发展；经济压力指数均值为 0.344，仅次于东北，排名第二，这说明西部地区资源型城市由于区位偏远，资源依赖性强，经济压力较大；承受风险的能力不足；社会压力指数均值排名第二，说明在社会保障和就业等方面尚存在差距。西部地区资源型城市转型能力指数为 0.439，仅高于东北，排名第三，说明西部地区虽然转型压力较小，但是转型能力也较弱，尤其是自我发展能力不强。进一步细分，西部地区资源型城市的经济发展能力指数均值为 0.489，仅次于东部，排名第二，说明西部地区虽然经济基础薄弱，但是发展能力尚好，未来有进步的空间；创新驱动能力指数均值为 0.294，四个地区中最弱，说明西部地区资源型城市发展主要靠要素投入而非创新，发展方式粗放，后劲不足，未来应着力加强创新能力；环境保护能力指数均值为 0.559，排名第三，说明由于西部地区资源型城市环境保护设备缺乏，重视程度不足，在环境压力较大的同时，环境保护能力较弱，如果不加以重视，在未来可能出现严重的环境问题；资源利用能力指数均值为 0.487，排名第三，这说明虽然西部地区资源型城市资源丰富，但是资源利用效率差，资源开发技术水平较低，改进空间较大；民生保障能力指数均值为 0.367，排名第二，说明西部地区在社会保障方面有一定基础，但是仍有进步空间。

东北地区资源型城市转型压力指数均值为 0.383，在四个地区中名列第一，并且与其他三个地区都在 1% 的水平上有差异，这说明东北地区转型压力极为突出，显著高于其他三个地区。标准层指标中，东北地区资源型城市资源压力指数均值为0.337，在四个区域中排名第二，说明东北地区资源型城市由于长时间高强度的开发，资源枯竭现象严重，接续资源不足，同时资源开发方式较为粗放；环境压力指数均值为0.361，在四个地区中最低，这说明东北地区生态条件较好，环境承载力尚有余量，有利于继续支撑经济社会发展；经济压力指数均值为0.455，排名第一且远高于其他三个地区，说明东北地区由于体制机制问题、产业结构、经济区位等原因，经济发展乏力；社会压力指数均值为0.379，排名第一且远高于其他三个地区，说明东北地区在资源枯竭和国企改革大背景下，社会负担极为沉重，社会保障压力极大，需要引起高度重视。东北地区资源型城市转型能力指数均值为0.406，是四个地区中最低的，从分项指标来看，东北地区资源型城市经济发展能力指数均值为0.443，创新驱动能力指数均值为0.305，环境保护能力指数均值为0.466，资源利用能力指数均值为0.458，民生保障能力指数均值为0.360，除了创新驱动能力和民生保障能力指数均值排名倒数第二以外，其他均为倒数第一，说明东北地区资源型城市自身具备的完成城市转型的能力极弱，无法依靠自身力量完成转型，迫切需要外部扶持，减轻城市转型压力，培养城市自身发展能力，以实现东北地区资源型城市的整体转型，如果不及时介入，问题将会更加恶化。

表3-3   分地区地级资源型城市预警指数均值

	预警指数	转型压力指数	转型能力指数	资源压力	环境压力	经济压力	社会压力	经济发展能力	创新驱动能力	环境保护能力	资源利用能力	民生保障能力
全国	0.467	0.337	0.453	0.284	0.418	0.335	0.311	0.487	0.348	0.565	0.500	0.365
东部	0.431	0.335	0.509	0.400	0.405	0.229	0.305	0.583	0.427	0.638	0.525	0.374
中部	0.463	0.340	0.461	0.284	0.485	0.320	0.271	0.456	0.385	0.582	0.520	0.360
西部	0.466	0.314	0.439	0.201	0.390	0.344	0.320	0.489	0.294	0.559	0.487	0.367
东北	0.513	0.383	0.406	0.337	0.361	0.455	0.379	0.443	0.305	0.466	0.458	0.360

表3-4   地区间预警指数均值差异显著性系数

Sig 值	东部	中部	西部	东北
东部	——	0.028	0.023	0.000
中部	0.028	——	0.809	0.011
西部	0.023	0.809	——	0.019
东北	0.000	0.011	0.019	——

3. 分生命阶段资源型城市压力能力指标分析

分生命周期阶段来看，总体上说，衰退型资源城市转型困难最为突出，预警指数均值为0.489；再生型资源城市转型压力最小，为0.444（表3-5）。通过 T 检验可知，衰退型资源城市预警指数均值跟再生型城市都有在5%水平上有显著差异，但是其他类型城市互相之间区别均不显著（表3-6）。这主要是由于成长型资源城市转型能力极为薄弱，而成熟型资源城市能力、压力不匹配，因此也遇到了较大的困难。

分指标来看，成长型资源城市转型压力指数均值为0.294，不仅低于成熟型和衰退型资源城市，也低于再生型资源城市，这说明在资源开发初期，资源带来的经济社会发展缓解了城市原有的压力，使得城市经济社会发展水平进一步提高。继续细分来看，成长型资源城市资源压力指数均值为0.146，排名最低，说明成长型资源城市资源丰富，压力尚未显现；环境压力指数均值为0.374，略高于再生型资源城市，排名第三，说明虽然成长型资源城市环境容量较大，但是由于资源产业的特殊性，环境污染压力依然大于再生型资源城市，要在资源开发初期就注重预防和及早治理，以防积重难返；经济压力指数均值为0.362，仅低于衰退型城市，排第二，这是由于新开发的成长型资源城市往往较为偏远，多数原为贫困地区，脱贫压力大，非资源产业发展困难，需要着力改善经济区位条件；社会压力指数均值为0.292，仅高于再生型资源城市，排名第三，说明成长型资源城市社会保障负担尚轻，未出现明显问题。成长型资源城市转型能力指数均值为0.418，是四个地区中最弱的，说明成长型资源城市起步时间短，自身积累非常有限，抵御风险能力较差，需要引起重视，增强城市自身发展和抵御风险的能力。进一步细分来看，成长型资源城市经济发展能力指数均值为0.493，仅次于再生型城市，排名第二，说明在资源开发驱动下，成长型资源城市经济增长迅速，财政充裕，有利于晋级进一步发展；创新驱动能力指数均值为0.240，是四种城市中最低的，说明成长型资源城市的发展更多的是依赖资源禀赋，靠要素投入实现快速发展，城市创新能力很弱，这将对城市长远发展带来较大隐患，需要引起注意，及时培养创新环境，加大创新投入；环境保护能力指数均值为0.509，依然是最低，说明成长型资源城市虽然生态环境尚有余量，但是治理能力不足，随着资源产业的进一步发展，有可能出现严重问题，需要及早预防；资源利用能力指数均值为0.542，为四种城市中最强，这是由于成长型资源城市往往资源开发起始时间较晚，开发方式较为先进，资源采出率和综合利用率均较高；对矿产资源利用较为充分；民生保障能力指数均值为0.308，排名也是四种城市最低，说明成长型资源城市民生保障系统尚不健全，保障能力较低，在经济发展良好的表象之下，这个问题被掩盖，一旦经济或资源产业发展出现衰退，将会面临严重的社会问题，应当及早加强。

成熟型资源城市转型压力指数为0.329，高于成长型城市，低于衰退型和再生型城市，这说明随着资源开发的推进，造成的问题也在逐步突显。细分来看，成熟型资源城市资源压力指数均值为0.235，同样排名第三，这是由其所处的资源开发阶段决定的；环境压力指数均值为0.437，仅次于衰退型城市，排名第二，说明随着资源的大规模开采与加工，污染物产生与排放量巨大，环境污染压力十分突出，应当针对性地配套污染治理措施；经济压力指数均值为0.332，仅高于再生型城市，排名第三，说明成熟型资源城市随着资源开采的发展，财富积累较为雄厚，然而考虑到资源开发已进入顶峰，发展已无余量，应趁资金宽裕，尽早推进产业结构调整，谋求新的发展之路；社会压力指数均值为0.310，仅次于衰退型城市，排名第二，说明成熟型资源城市由于发展时间较长，社会负担已经较为沉重，应通过发展第三产业等方式，促进就业，并推进职工社保的社会化，减轻老企业负担。成熟型资源城市转型能力指数均值为0.451，仅次于再生型城市，排名第二，与压力指数升序排名相当，说明成熟型资源城市如果及早准备，提前开始转型，总体上还是基本可以靠自身的力量完成转型的。细分来看，经济发展能力指数均值为0.473，仅高于衰退型城市，名列第三，说明成熟型资源城市虽然经济发展水平较高，但是由于产业结构单一，产生了较大的资源依赖，而资源产业已发展到顶峰，后继乏力，经济总体发展前景堪忧，需要下决心转变发展方式；创新驱动能力指数均值为0.342，仅高于成长型资源城市，这是由于成熟型城市由于资源经济水平较高，问题较小，既无压力也无动力发展科技创新能力导致的，将会严重影响城市长远发展；环境保护能力指数均值为0.573，仅次于再生型资源城市，排名第二，说明随着环境压力的增长，成熟型资源城市的污染治理能力有所提升，但是仍不能满足环境污染防治的需求，需要继续加强；资源利用能力指数均值为0.513，排名第二，可见成熟型资源城市在资源利用方面积累了较为丰富的经验，利用较为充分，这有利于延缓资源产业衰退的到来，延伸产业链，实现相关产业的转型；民生保障能力指数均值为0.353，排名第二，说明成熟型资源城市的民生保障能力基本能够满足需要，但是需要为资源逐渐枯竭后出现的民生保障压力做好充分准备。

衰退型资源城市转型压力指数为0.389，转型压力最大，细分来看，资源压力指数均值为0.394，环境压力指数均值为0.443，经济压力指数均值为0.367，社会压力指数均值为0.353，除资源压力以外，其他三项指标均排第一。说明衰退型资源城市的压力是全方位的，其中经济社会压力更加严重。衰退型资源城市的转型能力指数均值为0.450，高于成长型资源城市，排名第三，表明虽然衰退型资源城市具备一定的转型能力，但是与面临的压力完全不能匹配，无法依靠自身力量完成转型。细分来看，衰退型资源城市经济发展能力指数均值为0.466，创新驱动能力指数均值是0.378，环境保护能力指数均值是0.557，资源利用能力指数均值是0.438，民生保障能力指数均值是0.409，其中经济发展能力指数均值和资源利用能力指数均值排名都是倒数第一,可见衰退型城市能力最为短缺的环节是经济发展和资源深度利用,环境保护能力指数均值排名第三,基本能够维持环境现状,但是由于历史欠账较多,仍需国家对历史遗留环境问题治理给予支持;民生保障能力排名第二,仅次于再生型城市,可见衰退型资源城市在社会保障覆盖方面相对成熟,但是面对巨大的社会压力,仍然是捉襟见肘,不能相匹配,需要通过扶持加强保证民生保障制度落实的能力;创新驱动能力指数均值排名第一,说明衰退型资源城市在压力迫使下,创新能力得到了较大的提升,在未来发展中要充分利用创新优势。

再生型资源城市转型压力指数为0.337,仅次于衰退型城市,排名第二,这说明现阶段再生型资源城市虽然完成了产业转型,但是依然有许多遗留问题,为进一步发展带来压力。细分来看,资源压力指数均值为0.462,为四类城市中最高,这是因为再生型资源城市由于资源枯竭,原先遗留的资源相关产业遇到较大问题,迫切需要重新组织原料产地,满足产业需求;环境压力指数均值为0.342,经济压力指数均值为0.268,社会压力指数均值为0.275,排名均为四类城市最低,说明摆脱资源产业之后,城市环境污染问题有了根本好转,随着产业结构的调整和社会保障负担的下降,再生型资源城市获得了良好的发展前景。再生型资源城市发展能力指数均值排名第一,完成资源产业转型后城市发展后劲足,前景广阔。细分来看,再生型资源城市经济发展能力指数均值为0.572,创新驱动能力指数均值为0.432,环境保护能力指数均值为0.597,民生保障能力指数均值为0.404,均为四类城市第一,只有资源利用能力稍弱,排第三。

表3-5　分生命周期阶段地级资源型城市转型预警指数均值

	预警指数	转型压力指数	转型能力指数	资源压力	环境压力	经济压力	社会压力	经济发展能力	创新驱动能力	环境保护能力	资源利用能力	民生保障能力
全国	0.467	0.337	0.453	0.284	0.418	0.335	0.311	0.487	0.348	0.565	0.500	0.365
成长型	0.472	0.294	0.418	0.146	0.374	0.362	0.292	0.493	0.240	0.509	0.542	0.308
成熟型	0.463	0.329	0.451	0.235	0.437	0.332	0.310	0.473	0.342	0.573	0.513	0.353
衰退型	0.489	0.389	0.450	0.394	0.443	0.367	0.353	0.466	0.378	0.557	0.438	0.409
再生型	0.444	0.337	0.500	0.462	0.342	0.268	0.275	0.572	0.432	0.597	0.495	0.404

表3-6　分生命周期阶段资源型城市转型预警指数均值差异显著性系数

Sig 值	成长型	成熟型	衰退型	再生型
成长型	——	0.623	0.442	0.164
成熟型	0.623	——	0.148	0.166
衰退型	0.442	0.148	——	0.026
再生型	0.164	0.166	0.026	——

（四）结论与建议

1. 结论

据评价结果，中国有 34 座地级资源型城市转型预警指数超过 0.5 警戒线，占到全部资源型城市的约七分之一，值得注意的是，其中不仅有衰退型资源城市，也有成长型和再生型城市。可见面临转型困难的不仅是衰退型资源城市，而是贯穿资源型城市生命周期的全过程。

从区域来看，东北地区资源型城市的转型预警指数均值显著高于其他地区，东部地区显著低于其他地区，中西部地区没有显著差别。分项来看，东部地区面临的转型压力较低，面临的主要压力是资源压力，其次是社会压力；转型能力最强，总体能够实现自我转型发展。中部地区转型压力较大，最突出的压力是环境和资源压力，转型能力一般，较为缺乏的能力方面是经济发展能力和社会保障能力。西部地区压力最小，但是经济压力和社会压力相对突出；转型能力较差，其中创新驱动能力最差，其次是资源利用能力和环境保护能力。东北地区转型压力最大，各项压力均较为突出，转型能力最弱，各分项指标表现均较差。

分生命周期阶段来看，衰退型城市转型预警指数均值最高，并且与其他三者均有显著差异，再生型资源城市最低，但是跟成长型和成熟型资源城市没有显著差异。分项来看，成长型资源城市转型压力最小，但是由于是发展初期，经济压力较大；转型能力也最小，尤其是创新驱动能力、环境保护能力和民生保障能力，需要及早培养。成熟型资源城市面临的转型压力较大，但是环境压力较为突出，其次是经济和社会压力；转型能力也较强，如果及早动手，总体上可以依靠自身力量完成转型，但是创新驱动能力和民生保障能力相对较弱，需要特别加强。衰退型资源城市转型压力最大，分项指标也全面突出，转型能力较弱，尤其在经济发展和资源利用方面能力最弱。再生型资源城市转型压力依然较大，尤其是社会问题遗留依然较为严重，另外由于资源枯竭和资源相关产业规模较大，资源压力较大；转型能力最强，假以时日，大多可以自主完成转型。

2. 政策建议

（1）区域政策建议

东部地区资源型城市转型情况较好，压力较轻，能力最大，但是资源和社会压力相对突出。对东部地区，更多地是给予更宽松的政策环境，使得城市本身的发展能力得以充分发挥。另外应支持东部地区城市加大节能减排力度，提高资源利用效率，增强资源利用能力，缓解资源压力；应支持东部资源型城市进一步完善社会保障体系，逐步消除社会压力。

中部地区资源型城市转型情况一般，压力较大，能力中等，其中资源环境压力较为突出，经济发展和社会保障能力不足。因此对中部地区资源型城市，一方面要对资源利用和环境治理给予专项政策支持，另一方面要支持东部地区资源型城市改善经济发展环境，提高经济效率，提升民生保障能力，保证城市顺利转型。

西部地区资源型城市转型情况较差，虽然面临的压力最轻，但是转型能力较弱，尤其是创新驱动能力、资源利用和环境保护能力弱。因此国家应该通过政策倾斜，支持西部地区加强科技创新，提升资源利用效率和清洁生产能力，保证城市可持续发展。

东北地区资源型城市转型情况最为严峻，面临的转型压力最大，经济社会压力较重，而转型能力较差，尤其是经济发展能力、环境保护能力和资源利用能力较差。对于东北城市，国家应当给予全方位的扶持，尤其对于经济基础设施建设与社会保障负担，应建立专项资金扶持；另外，应鼓励东北地区资源型城市推进体制机制改革，形成更有效率的经济发展环境；应支持东北地区资源型城市发挥技术创新优势，调整产业结构，发展高技术产业，提升传统产业技术水平，提升资源利用水平，促进经济转型发展。

（2）生命周期阶段政策建议

成长型资源城市面临的总体压力最轻，但是由于处于发展初期，经济压力较重；转型能力最弱，尤其是创新驱动能力、民生保障能力和环境保护能力最弱。对于成长型资源城市，一方面要积极支持发展经济，提高社会发展与人民生活水平，另一方面，应出台政策促进成长型资源城市提升科技水平，实现集约发展；健全社会保障机制，抵御未来的风险；加强环境保护能力，防止污染物积累。

成熟型资源城市总体压力较轻，但是环境压力较重，另外社会压力逐渐开始显现；转型能力中等，但是经济发展能力和创新驱动能力相对较弱，未来将面临较明显的发展难题。对于成熟型资源城市，应当在环境治理上给予专项政策与资金支持，另外应当支持成熟型城市转变发展方式，调整产业结构，提升科技创新水平，实现多元化发展。

衰退型资源城市全方位的压力都较重，尤其是经济社会压力更为突出；转型能力较差，尤其是经济发展能力欠缺。对于衰退型资源城市，国家应当从经济发展、社会保障、环境治理与恢复等方面出台系统性的政策，帮助衰退型资源城市解决所遇到的问题，走出困境；同时应当协助衰退型资源城市改善经济发展条件，进一步调整产业结构，加强经济基础设施建设，培养城市的自我造血能力。

再生型资源城市压力并不小，尤其是资源压力与社会压力遗留仍然较重；但是再生型资源城市转型能力全面突出，因此能够实现转型。对于再生型资源城市，国家一方面应当在一段时间内继续对社会保障遗留问题予以资助，另一方面应当出台政策支持相关资源产业在更广阔范围内组织原料来源，提升资源利用效率，降低资源压力。

（3）进一步深入研究方向

本书在构建全国地级资源型城市转型能力和压力指数的同时，建立了地级资源型城市预警系统，并针对全国地级资源型城市进行了预警研究。在此基础上对全国地级资源型城市进行了分地区、分生命周期阶段的转型压力和能力特点分析，并给出了相应的政策建议。基于压力与能力指数分析的资源型城市预警系统，对资源型城市研究有创新意义，并且对资源型城市转型政策实践有一定的指导意义。本书仅对资源型城市的能力和压力因素进行了静态分析，对各因素对城市转型效果的作用机理和作用强度并未深入涉及，另外没有涉及长时间尺度资源型城市的转型动态分析。这些领域将会作为继续研究的方向。

二、基于投入与产出的资源型城市创新评价

（一）创新指数

目前中国经济已经进入中低速高效增长的新常态阶段。新常态下，保持高质量的稳定增长更加需要持续而强劲的动力源泉。同时，在供给侧改革的进程中，"三驾马车"的作用逐渐淡化，拉动经济增长需凭借新的活力和要素，创新的作用日益凸显。创新能在很大程度上提高劳动生产效率，大大提高社会生产力，促进经济发展。早在2006年，中国便提出了建设创新型国家的战略目标，并且希望于2020年进入创新型国家行列。2012年党的十八大做出了实施创新驱动发展战略的重大部署，提出了科技创新是提高社会生产力和综合国力的战略支撑，必须摆在国家发展全局的核心位置。

作为能源资源的重要战略保障基地，资源型城市为推动中国经济持续健康发展做出了巨大贡献。但从目前来看，较多资源型城市遇到了经济转型的瓶颈，面临较大的风险与挑战。探索资源型城市创新驱动发展新动力，是加快推进国家创新驱动发展和加快转变经济发展方式的关键所在，也是资源型城市实现可持续发展的现实之需。中国经济社会的持续健康发展离不开资源型城市的贡献，当前在全球化与信息化浪潮的冲击下，中国资源型城市纷纷面临转型的关键时期。加快经济结构转型，顺利完成产业升级，并保持良好的经济增长态势，这些都离不开创新的支持。因此，对中国资源型城市的创新能力进行研究具有十分深刻的现实意义。

创新能力可以采用"创新指数"进行定量的描述与比较，创新指数旨在科学客观地衡量企业、地区、国家的创新能力，为决策提供具体的参考指标。综观已有文献，主要从国家层面或城市层面来对创新能力进行评价。具体来看，比较有代表性的包括：

第一，全球创新指数（Global Innovation Index，GII）：由杜塔教授于 2007 年在英士国际商学院启动。该指数通过多方面的综合评价来衡量创新能力，具体来看，包括：创新驱动、创新制度与政策环境、企业创新、知识创造、知识产权、技术应用和人力技能。

第二，欧洲创新记分牌（European Innovation Scoreboard，EIS）：是国际上最具影响力的国家创新能力评价体系之一。每年 EIS 通过检测和评估欧盟整体创新绩效、欧洲各国的创新表现以及欧盟与世界其他主要创新国家的差距，创新表现经各项指标评估合成得出一个综合创新指数（Summary Innovation Index，SII）。根据得分结果将国家划分为四类，分别为：创新领导型、强力创新型、中等创新型和一般创新型国家。

第三，中国创新指数（China Innovation Index，CII）：是由国家统计局社科文司"中国创新指数（CII）研究"课题组研究设计的，并对中国创新指数及 4 个分指数进行了初步测算。中国创新指数评价体系框架包括三个层次：第一层次，创新总指数，用于刻画中国创新发展总体情况；第二层次，分领域指数，反映了 4 个领域的创新发展情况，即创新环境、创新投入、创新产出和创新成效；第三层次，通过 21 个评价指标的测算，从而得到创新能力各方面的具体状况。

第四，国家创新指数：为了监测和评价创新型国家建设进程，中国科学技术发展战略研究院通过构建指标体系，率先对创新型国家评价指标体系开展了系统研究，对中国的创新资源、知识创造、企业创新、创新绩效和创新环境进行评价。其研究成果体现在 2011—2013 年发布的三份《国家创新指数》系列报告中。国家创新能力评价指标体系主要用于评价世界主要国家的创新能力，揭示中国创新能力变化的特点和差距。

第五，中国区域创新指数报告（2015）：该指数是由四川省社会科学院于 2016 年 3 月发布的，并首次构建了中国区域创新评价指标体系。该评价体系包括三个维度，分别为创新环境、创新投入和创新产出，并以各类统计年鉴、统计公报为依据，以中国区域经济发展中的关键区域和热点地区为研究对象，从而对区域创新活动进行了评价。

除此之外，还包括：中国创新指数研究报告，该报告直接服务于政府、企业、社会和学术研究，是中国人民大学面向经济社会发展咨询性研究的重要成果；孙中震和田今朝（2003）建立的国家创新指数等。一些省市则通过结合自身的发展特征构建了省级或城市层面的创新指数评价指标体系，用以衡量和评价本区域的创新发展水平和创新能力。如：杭州创新指数、济南市创新型城市建设综合评价体系、陕西创新指数等。

创新指数，对资源型城市的创新能力进行评价有着非常重要的现实意义。中国共有 262 个资源型城市，其中包括：126 个地级行政区（包括地级市、地区、自治州、盟等），62 个县级市，58 个县（包括自治县、林区等），16 个市辖区（开发区、管理区）。而资源型城市创新指数，能够较为科学准确地反映众多资源型城市目前的创新水平，为政府评估地区创新能力、制定地区转型政策提供可靠的材料。另外，资源型城市创新指数的发布，也能够对地区创新氛围产生良好的影响，激励当地政府加大创新投入，培育创新土壤，促使当地企业在创新中实现产业结构的改革与升级。

从对已有文献的梳理可以看出，虽然已有文献从国家或城市层面对创新能力进行了评价，但未有文献专门针对中国的资源型城市进行研究。本研究在吸收和借鉴前人经验的基础上，探索建立了一套可以充分体现中国当前资源型城市创新能力评价的指标体系，并在此基础上形成对中国资源型城市创新环境、创新投入、创新产出和创新绩效情况进行了系统研究，从而服务于政府管理需要，服务于资源型城市转型需要。本研究的特色和创新点主要体现在：

一是首次从城市群层面对资源型城市的创新能力进行系统评估。过去大多数的研究聚焦于国家创新或单个城市的创新问题，而资源型城市创新指数将问题的范围从国家范畴缩小，但又不至于仅仅针对某一城市而使得问题失去普遍意义。研究资源型城市的创新指数，能够更大地发挥创新指数的定量含义，为资源型城市的转型问题提供科学的借鉴。

二是评价指标的选取更具针对性、全面性和科学性。在构建指标体系时，在借鉴国家层面和城市层面创新指数评价指标体系的基础上，将创新指数的测算分为了 4 个一级指标，分别为：创新环境指数、创新投入指数、创新产出指数、创新绩效指数。在此基础上，引入了 11 个二级指标和 56 个三级指标。指标体系的构建充分考虑了研究对象的特点，选择了能够突出衡量资源型城市创新发展情况的特征指标。这样的评价体系对资源型城市更加具有针对性，并且多层次多维度的评价体系使得结果更具科学性和客观性。

三是对中国 116 个资源型城市的数据搜集和创新能力评价。资源型城市研究的难点之一在于数据的搜集工作，为了对这些城市的创新能力进行全面、客观和科学地评价，通过多种渠道我们搜集到了能反映资源型城市特征的第一手数据，并结合熵值法等赋权方法对中国 116 个资源型地级城市的创新发展情况进行了综合评价，研究对象覆盖河北、山西、内蒙古、辽宁、山东、新疆、广东等 24 个省（自治区），占全国地级城市的 39% 以上。评价涵盖了成长型、成熟型、衰退型、再生型资源城市，涵盖了东、中、西部，东北地区和南方、北方地区的差异性，涵盖了享受区域性政策（京津冀一体化）、民族性政策（新疆克拉玛依）等多个层面。通过评价，得到了 115 个地级资源型城市的创新发展情况、存在问题和改进措施。

（二）指标体系构建、数据来源及处理

1. 指标体系构建

与一般城市相比，资源型城市的创新能力评价指标体系既有共性也有特性，研究其指标体系，不仅要对创新评价的一般诉求进行考虑，同时还要结合资源型城市的典型特征，在引入创新评价体系的一般指标的基础上，加入能反映资源型城市独有特征的创新评价指标，从而使中国资源型城市创新评价结果更为科学和准确，构建的评价指标体系如表3-7所示。

表3-7 中国资源型城市创新指数评价指标体系

一级指标	二级指标	三级指标
创新环境	宏观经济环境	GDP
		人均GDP
		贸易开放度
		实际利用外资额
		资源储采比
	创新市场环境	私营企业发展情况
		上市公司数目
		创新创业服务机构数
		高新技术企业数
		企业孵化器数
		有研发机构的企业所占比重
		开展产学研合作的企业所占比重
		非国有资源型企业发展情况
	创新人才环境	每万人高校在校学生数
		每万人专业技术人员数
		企业科技活动人员数
		资源型产业从业人员人均受教育年限
	基础设施环境	基础设施密度
		货运总量
		机场航线数
		每万人拥有公共汽车数
		每百人公共图书馆藏书量
		每万人商业银行网点数

一级指标	二级指标	三级指标
创新环境	基础设施环境	资本形成总额在 GDP 中的占比
		互联网普及率
		每百人移动电话用户数
创新投入	人才投入情况	每万人研究与实验发展（R&D）人员全时当量
		每万人教师数
		大专及以上受教育程度人口占比
	资金投入情况	R&D 经费支出
		基础研究人员人均经费
		R&D 经费占主营业务收入的比重
		教育支出占财政支出的比重
		政府科技投入占财政支出比重
		企业科技创新投入占科技创新投入的比重
创新产出	科技产出情况	每万人科技论文数
		每万名 R&D 人员专利授权数
		专利申请授权量
		发明专利授权数占专利授权数的比重
		每百家企业商标拥有量
		每万名科技活动人员技术市场成交额
		资源型产业专利授权数
	产业产出情况	战略性新兴产业增加值占 GDP 的比重
		战略性新兴产业税收占税收总收入的比重
		资源循环利用产业总产值
		资源型产业产品附加值
		服务业增加值占 GDP 的比重
创新绩效	资源利用效率	劳动生产率
		能源消费弹性系数
		单位 GDP 能耗
		主要再生资源回收利用率
		资源产出率

续表

一级指标	二级指标	三级指标
创新绩效	科技创新绩效	科技进步贡献率
		科技成果转化率
	产品结构优化	新产品销售收入占主营业务收入的比重
		高技术产品出口额占货物出口额的比重

该指标体系中，共包含了 4 个一级指标，11 个二级指标，56 个三级指标。在包含的 56 个三级指标中，有 2 个逆向指标，分别为能源消费弹性系数和单位 GDP 能耗，当指标值越大时，代表资源利用效率越低，从而对应的创新绩效也越低。具体来看，构建的指标体系特点如下：

第一，紧扣创新型城市建设这个中心目标。创新环境一级指标下，在包含了基础性的经济社会、综合环境指标（如：宏观经济环境、基础设施环境）的同时，也包含了创新创业环境，如创新市场环境下的创新创业服务机构数、企业孵化器数，创新人才环境下的每万人专业技术人员数、企业科技活动人员数等指标均体现了城市创新创业环境。

第二，充分体现了创新对经济社会发展的影响。指标体系重视贯彻科学发展观，在一级指标中，创新产出和创新绩效均包含了能集中反映创新影响经济社会发展的三级指标，如：资源循环利用产业总产值、劳动生产率、能源消费弹性系数、单位 GDP 能耗、资源产出率等。

第三，充分体现了企业作为创新主体的地位。在本书的指标体系中，能反映企业创新的指标包括有研发机构的企业所占比重、开展产学研合作的企业所占比重、高新技术企业数、企业科技创新投入占科技创新投入的比重、每百家企业商标拥有量等，从而使企业的创新主体地位得到了充分体现。

第四，充分体现了人才对创新发展的引领支撑作用。创新驱动发展战略的实施，必须注重加快创新型人才队伍的建设，努力推动人才创新能力的提升，在创新发展过程中充分发挥人才的引领作用。因此在构建指标体系时，引入了每万人专业技术人员数、企业科技活动人员数、资源型产业从业人员人均受教育年限、每万人教师数等能体现人才对创新发展的支撑引领作用的指标。

第五，充分体现了具有资源型城市特点的特征性指标。与一般城市相比，大多数资源型城市的经济增长对矿产资源开采和加工业依赖程度较高，因此，在构建指标体系时引入了资源型城市特色的指标，如：资源储采比、非国有资源型企业发展情况、资源型产业从业人员人均受教育年限、资源型产业专利授权数、资源型产业产品附加值、资源产出率等。

第六，引入了政府对推动城市创新发展的作用方面的指标。指标体系在体现企业作为创新主体地位的同时，也引入了政府对推动创新发展的作用方面的指标，如教育支出占财政支出的比重、政府科技投入占财政支出比重，均能很好地反映政府对创新的推动作用。

2. 数据来源

本书的原始数据主要来自于 2015 年《中国城市统计年鉴》、2015 年《中国统计年鉴》、各省市自治区 2015 年统计年鉴以及其他各类统计年鉴、统计公报，财政部、发改委、国土资源部、科技厅、知识产权局、国家工商总局、科技部火炬中心、Wind 资讯等有关部门公布的官方数据，部分数据由原始数据计算得来。

3. 数据处理

（1）数据标准化处理

在测算前，首先对各个指标进行了标准化处理，即将各指标规范化、标准化，消除量纲影响。标准化处理增强了不同指标的可比性，方便对不同指标的相对权重进行赋值。同时一定程度上消除了异常值的影响。具体计算公式如下：

对于正向指标，标准化处理的公式为：

$$z_{ij} = \frac{x_{ij} - \min\{x_{ij}\}}{\max\{x_{ij}\} - \min\{x_{ij}\}}$$

对于逆向指标，则为：

$$z_{ij} = \frac{\max\{x_{ij}\} - x_{ij}}{\max\{x_{ij}\} - \min\{x_{ij}\}}$$

其中，z_{ij} 表示标准化值，x_{ij} 表示指标值，$\min\{x_{ij}\}$ 表示最小值，$\max\{x_{ij}\}$ 表示最大值。

（2）指标权重的确定

本书中一、二、三级指标均采用客观赋权法进行赋权。其中，一级指标和二级指标均采用等权重进行赋权，三级指标则采用熵值法进行赋权。其中，熵值法确定权重主要依据各指标传递给决策者的信息量大小，是在综合考虑各因素提供信息量的基础上给出权重的一种方法。根据信息熵理论，信息不确定性可用信息熵来进行度量，熵值越大，所蕴含的信息量越小。因此，如果某个属性的熵值越大，则说明应赋予该属性较小的权重，否则相反。用该方法确定指标权重，既可以对多指标间信息的重叠问题进行有效解决，还可以克服主观赋权法中无法避免的臆断性、随机性问题。具体步骤如下：

第一步：将各指标同度量化，计算城市 i 指标 j 占该指标的比重 p_{ij}：

$$p_{ij} = z_j \bigg/ \sum_i z_j$$

第二步：计算第 j 项指标的熵值 e_j：

$$e_j = -k \sum_i p_j \ln(p_j), \quad k = 1/h \, N$$

其中，N 代表城市个数，N=116。

第三步：计算指标 j 的差异系数 g_j：

$$g_j = 1 - e_j$$

第四步：归一化处理差异化系数 g_j，从而的抽指标 j 的权重系数 w_j：

$$w_j = g_j \bigg/ \sum_j g_j$$

（三）中国资源型城市创新指数及分析

按照前述资源型城市转型评价指标体系，根据搜集到的数据对中国资源型城市中 116 个地级市 2014 年的创新能力进行综合评价。

1. 全国创新指数

从分析结果来看，2014 年 116 个资源型地级城市的创新指数的均值为 0.417，其包含的一级指标中，创新环境指数、创新投入指数、创新产出指数、创新绩效指数的均值分别为 0.335、0.410、0.338 和 0.588。资源型城市创新评价一级指标的全国平均值、最大值和最小值具体见图 3-1。从理论上来说，所有评价指标经过标准化处理后

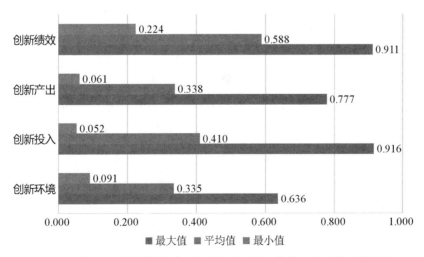

图 3-1　资源型城市创新指数一级指标的全国平均值、最大值和最小值

的值应在（0，1）之间，越接近于 1 说明城市的创新成果越好或越突出。按照这一思路来对照总体创新指数和各分项指标，可以看出 2014 年中国资源型地级城市整体的创新能力并不突出，其均值低于 0.500。从各分项指数来看，资源型城市平均得分最好的一级指标为创新绩效，相比之下创新环境和创新产出的平均得分很低，均小于 0.400。

具体来看，2014 年各地级市创新指数中，排名第一的是淄博市，得分为 0.731，排名最后一名的是鹤岗市，得分仅为 0.184，两者相差 0.547，说明各城市间实际的创新效果差异较大。在 116 个被评价城市中，有 50 个城市的创新指数高于全国平均水平，占评价城市总数的 43.103%。总体创新指数排名见表 3-8。

表3-8　创新指数得分及排名情况

排名	城市	得分	排名	城市	得分	排名	城市	得分	排名	城市	得分
1	淄博市	0.731	30	宣城市	0.470	59	延安市	0.400	88	鹤壁市	0.354
2	东营市	0.669	31	枣庄市	0.466	60	武威市	0.399	89	张掖市	0.350
3	徐州市	0.664	32	邢台市	0.466	61	朔州市	0.398	90	广元市	0.349
4	包头市	0.659	33	临汾市	0.461	62	广安市	0.396	91	吕梁市	0.345
5	洛阳市	0.655	34	牡丹江市	0.459	63	庆阳市	0.393	92	临沧市	0.344
6	唐山市	0.638	35	衡阳市	0.458	64	邵阳市	0.391	93	安顺市	0.341
7	湖州市	0.631	36	郴州市	0.458	65	抚顺市	0.391	94	宿州市	0.340
8	济宁市	0.609	37	自贡市	0.449	66	南充市	0.390	95	普洱市	0.337
9	大庆市	0.596	38	鞍山市	0.448	67	曲靖市	0.384	96	淮南市	0.336
10	马鞍山市	0.586	39	三门峡市	0.447	68	濮阳市	0.383	97	乌海市	0.334
11	泰安市	0.574	40	赤峰市	0.442	69	淮北市	0.383	98	娄底市	0.334
12	宿迁市	0.562	41	南阳市	0.441	70	泸州市	0.382	99	呼伦贝尔市	0.333
13	临沂市	0.551	42	宜春市	0.438	71	雅安市	0.381	100	承德市	0.328
14	吉林市	0.540	43	莱芜市	0.434	72	亳州市	0.381	101	忻州市	0.321
15	鄂尔多斯市	0.519	44	晋中市	0.433	73	渭南市	0.379	102	昭通市	0.318
16	滁州市	0.512	45	本溪市	0.429	74	陇南市	0.377	103	达州市	0.310
17	龙岩市	0.511	46	通化市	0.425	75	张家口市	0.377	104	石嘴山市	0.310
18	三明市	0.509	47	攀枝花市	0.425	76	盘锦市	0.375	105	贺州市	0.309
19	克拉玛依市	0.508	48	黄石市	0.420	77	云浮市	0.374	106	平凉市	0.301

续表

排名	城市	得分	排名	城市	得分	排名	城市	得分	排名	城市	得分
20	韶关市	0.503	49	景德镇市	0.419	78	大同市	0.373	107	阜新市	0.299
21	运城市	0.502	50	毕节市	0.417	79	葫芦岛市	0.373	108	百色市	0.299
22	焦作市	0.500	51	萍乡市	0.414	80	保山市	0.372	109	金昌市	0.291
23	铜陵市	0.500	52	丽江市	0.414	81	河池市	0.371	110	铜川市	0.268
24	新余市	0.499	53	辽源市	0.408	82	白银市	0.369	111	黑河市	0.252
25	咸阳市	0.495	54	松原市	0.408	83	榆林市	0.368	112	伊春市	0.226
26	宝鸡市	0.485	55	晋城市	0.407	84	白山市	0.367	113	双鸭山市	0.202
27	赣州市	0.485	56	池州市	0.407	85	阳泉市	0.358	114	鸡西市	0.202
28	邯郸市	0.484	57	平顶山市	0.404	86	鄂州市	0.356	115	七台河市	0.185
29	南平市	0.472	58	长治市	0.401	87	六盘水市	0.355	116	鹤岗市	0.184

创新指数的主要特点表现在：

第一，创新指数排名较高和较低的城市在地理上存在着较为明显的集聚现象。从区域分布来看，创新指数排名前 15 位的城市中，东部、中部、西部和东北地区城市分别有 9 个、2 个、2 个和 2 个；东部城市较多，包括淄博、东营、徐州、唐山、湖州、济宁、泰安、宿迁、临沂，所占比重为 60%，分布于山东、江苏、河北和浙江 4 省；前 15 名城市中尤其在山东省表现较为集中，共占据了 5 座城市，在地域上呈现一定的集聚趋势。而创新指数排名后 15 位城市则全部位于西部或东北地区，其中，西部地区城市有 8 个，分别为：昭通、达州、石嘴山、贺州、平凉、百色、金昌、铜川；东北地区城市则有 7 个，分别为：阜新、黑河、伊春、双鸭山、鸡西、七台河、鹤岗。上述城市分布于云南、四川、宁夏、广西、甘肃、陕西、辽宁、黑龙江 8 省，尤其是在黑龙江省表现较为集中，占据了其中的 6 座城市，在地域上也呈现出一定的集聚趋势。

第二，评分较高的城市往往具备较好的经济发展条件。这在一定程度上反映出资源型城市既有经济基础以及经济发展的外部环境对于其创新存在着重要的积极影响。2014 年排名前 15 位城市的 GDP、人均 GDP、GDP 增长率均值分别为 3444.983 亿元、84933.200 元和 8.465%；而排名后 15 位城市的 GDP、人均 GDP、GDP 增长率均值分别为 499.314 亿元、29437.067 元和 3.060%。因此，可以看出排名前 15 位城市的 GDP、人均 GDP、GDP 增长率的均值分别是排名后 15 位的 6.899 倍、2.885 倍、2.766 倍。

第三，优先获得财政资金支持（资源枯竭型城市财政转移支付）的资源型城市创新效果未必优于其他城市。自 2007 年起，中央财政设立资源枯竭型城市一般转移支付，当年的资金规模为 8.32 亿元，2008 年为 34.8 亿元，2009 年为 50 亿元，此后逐年增长，2013 年达 168 亿。但从城市创新的总体评价排名来看，这些受到更多中央财政转移支付支持的资源枯竭型城市的创新成就并未显著优于其他资源型城市。针对本研究选取的样本城市，最早享受资源枯竭型城市财政转移支付的 9 个城市中，除焦作以外，其他城市排名多在 50 名以后，而且有 3 个城市的排名在 100 名开外，具体得分及排名情况见表 3-9。造成这种情况的原因可能是这些城市的历史遗留问题较多，转型包袱沉重，从而导致中央财政资金对资源枯竭型城市创新能力的整体助推作用有限。

表3-9　享受中央财政转移支付支持的资源枯竭型城市的创新指数得分及排名情况

省份	首批被确立为资源枯竭型的城市	该城市创新指数评价得分	排名
辽宁	盘锦	0.375	76
辽宁	阜新	0.299	107
吉林	辽源	0.408	53
吉林	白山	0.367	84
黑龙江	伊春	0.226	112
江西	萍乡	0.414	51
河南	焦作	0.500	22
甘肃	白银	0.369	82
宁夏	石嘴山	0.310	104

第四，不同成长阶段的城市创新指数存在较大的差别。针对不同发展类型的资源型城市，再生型城市的创新指数平均得分最高，而衰退型城市的创新指数得分最低。按城市发展类型分类的创新指数及一级指标的得分及排名情况见表 3-10。由该表可知：再生型、成熟型、成长型和衰退型城市创新指数得分的均值分别为 0.525、0.417、0.392、0.366。从一级指标来看，再生型 4 个一级指标的平均得分均高于其余 3 种类型的城市，由于再生型城市作为资源型城市转变经济发展方式的先行区，其经济社会发展已经步入良性轨道，并已基本摆脱了资源依赖路径，它们已基本形成新的发展路径，对资源的较低依赖使这些城市在创新发展方面取得的成效也较为凸显。而对于衰退型城市，其排名情况与再生型城市则正好相反，无论是综合创新指数还是 4 个一级指标，其平均得分均低于其余 3 种城市类型。对于这些城市而言，由于资源开发进入了后期、晚期或末期阶段，即资源开采已经进入枯竭阶段，因此从目前来看这些城市面临着较大的转型压力。与此同时，虽然中央财政资金对这些城市的支持力度

较大，但它们在创新方面取得的成效也是最差的。

表3-10　按城市发展类型分类的创新指数及一级指标的得分及排名情况

	成长型	成熟型	衰退型	再生型
城市个数	15	63	23	15
创新指数得分均值	0.392	0.417	0.366	0.525
创新环境得分均值	0.305	0.336	0.299	0.434
创新投入得分均值	0.407	0.405	0.356	0.513
创新产出得分均值	0.262	0.344	0.257	0.510
创新绩效得分均值	0.595	0.584	0.557	0.643
创新指数排名均值	66.867	58.349	71.000	31.667
创新环境排名均值	69.333	57.619	70.043	33.667
创新投入排名均值	58.000	59.889	67.435	39.467
创新产出排名均值	75.933	55.333	76.609	26.600
创新绩效排名均值	59.867	58.619	65.478	45.933

2. 创新指数及一级指标得分分析

（1）创新环境指数

从得分结果来看，创新环境指数排名第一的是包头市，其得分为0.636，最后一位是七台河市，得分为0.091，分数差距相对较大。在被评价的城市中，创新环境指数得分在平均值0.335及以上的城市有49个，占样本城市的比重为42.241%，说明超过半数的被评价城市其创新环境劣于平均水平。创新环境指数排名位于前15、后15位的城市分别见表3-11和表3-12。

表3-11　创新环境指数排名前15位城市的得分情况

排名	城市	创新环境指数	排名	城市	创新环境指数
1	包头市	0.636	9	铜陵市	0.510
2	马鞍山市	0.619	10	新余市	0.492
3	淄博市	0.594	11	滁州市	0.491
4	湖州市	0.576	12	济宁市	0.484
5	唐山市	0.541	13	宝鸡市	0.470
6	大庆市	0.536	14	宿迁市	0.466
7	洛阳市	0.531	15	衡阳市	0.465
8	徐州市	0.511			

表3-12　创新环境指数排名后15位城市的得分情况

排名	城市	创新环境指数	排名	城市	创新环境指数
102	晋城市	0.229	110	黑河市	0.203
103	白山市	0.227	111	平凉市	0.189
104	吕梁市	0.224	112	伊春市	0.176
105	葫芦岛市	0.223	113	双鸭山市	0.164
106	亳州市	0.220	114	鸡西市	0.143
107	贺州市	0.212	115	鹤岗市	0.093
108	铜川市	0.212	116	七台河市	0.091
109	石嘴山市	0.203			

创新环境指数的主要特点表现在：

第一，创新环境指数排名较高和较低的城市在地理上存在着较为明显的集聚现象。创新环境指数得分前15名城市主要集中在东、中部地区，东部、中部、西部和东北地区城市个数分别为6个、6个、2个和1个，东中部地区城市所占比重达到80%。而创新环境指数得分后15位的城市中，东部、中部、西部和东北地区分别包含了0个、3个、4个、8个城市，除晋城、吕梁和亳州以外，其余均为西部和东北地区城市，西部和东北地区城市所占比重为80%。并且，城市在地理分布上呈现出集聚现象，东北地区除白山、葫芦岛市以外，其余全部集中于黑龙江省，中部地区则主要集中于山西和安徽两省。由于资源型城市在黑龙江等地区所占的比重相对较大，以资源为主的资源型行业在当地经济中所占的比重相对较高，这一定程度上增加了创新环境建设的负担和压力，导致创新环境评分效果欠佳，因此黑龙江省被评价的城市创新环境得分多在平均值以下。

第二，创新环境较好的城市往往具备较好的经济发展条件。这一定程度上反映出资源型城市的既有经济基础对于其创新环境的优化有着重要的积极影响。2014年排名前15位城市的GDP、人均GDP、GDP增长率均值分别为2807.177亿元、69844.933元和8.825%；而排名后15位城市的GDP、人均GDP、GDP增长率均值分别为540.600亿元、30893.667元和2.253%。因此，可以看出排名前15位城市的GDP、人均GDP均值分别是排名后15位的5.193倍、2.261倍，而且GDP增长率也是后15位城市的3.917倍。

（2）创新投入指数

2014年，116个资源型城市创新投入指数的总体得分普遍偏低，平均得分为0.410，反映出当前资源型城市对创新方面的投入重视程度不够。并且，不同城市间的创新投入差距较大，例如，排名第 1 位和最后 1 位的城市分别是东营、伊春，两者创新投入指标的得分分别为 0.916 和 0.052，分值差距为 0.864，另有近 47.414% 的城市创新投入得分在平均值以上。从省份和区域分布来看，创新投入指数得分较高和较低的城市也呈现出一定的区域集聚现象。创新投入指数排名位于前 15 位、后 15 位城市分别见表 3-13 和表 3-14。

表3-13 创新投入指数排名位于前15位城市的得分情况

排名	城市	创新投入指数	排名	城市	创新投入指数
1	东营市	0.916	9	包头市	0.652
2	淄博市	0.845	10	洛阳市	0.648
3	克拉玛依市	0.765	11	白银市	0.645
4	攀枝花市	0.722	12	运城市	0.635
5	唐山市	0.682	13	本溪市	0.618
6	焦作市	0.673	14	大同市	0.617
7	铜陵市	0.671	15	晋城市	0.617
8	晋中市	0.653			

表3-14 创新投入指数排名位于后15位城市的得分情况

排名	城市	创新投入指数	排名	城市	创新投入指数
102	普洱市	0.205	110	广安市	0.136
103	衡阳市	0.203	111	鸡西市	0.113
104	泸州市	0.195	112	双鸭山市	0.102
105	南充市	0.154	113	邵阳市	0.100
106	达州市	0.144	114	鹤岗市	0.091
107	宿州市	0.143	115	七台河市	0.062
108	亳州市	0.141	116	伊春市	0.052
109	阜新市	0.138			

具体来看，创新投入指数的主要特点表现在：

第一，创新投入排名靠前和靠后的城市均呈现出一定的区域集聚现象。从省份分布来看，指数得分前 15 位城市在山西省较为集中，共有 4 座城市位于该省；从区域分布来看，上述 15 个城市中，东部、中部、西部和东北地区城市个数分别为 3 个、7

个、4个、1个，即在创新投入方面，中部城市反而占据绝对优势。排名后15位城市从省份上来看非常集中，样本城市共涉及24个省，但创新投入指数排名后15名的城市中，仅集中于其中的6个省，分别为黑龙江、四川、湖南、安徽、云南和辽宁，包含的城市个数分别为5个、4个、2个、2个、1个和1个，并且，东部、中部、西部和东北地区城市个数分别为0个、4个、5个、6个。上述15个城市中没有一个是东部地区城市，排名靠后的主要是西部和东北老工业基地的城市，所占比重为73.333%，而东北地区则主要分布于黑龙江省。

第二，外在力量（财政支持）并没有明显推动资源型城市的创新投入水平。享受资源枯竭型城市转移支付较多的黑龙江、辽宁、吉林三省的资源型城市在创新投入方面的排名远低于其他省份，说明了中央财政的支持没有明显改进受援助城市的创新投入。同时，这些城市的创新环境和总体创新排名又普遍偏低，反映出中央财政安排的资源枯竭型城市转移支付在城市用于推动创新发展的资金中所占比重较低或创新投入所产生的总体效果不够突出，从而对城市总体创新的推动作用不显著。

（3）创新产出指数

在116个被评价的资源型城市中，创新产出指数排名第1的是徐州市，得分为0.777，排名最后1名的是铜川市，得分为0.061，不同城市间创新产出差异较大，得分最高的徐州与得分最低的铜川，两者之间的差距达到0.716。在116个被评价城市中，有43个城市的创新产出指数高于全国平均水平（0.338），占评价城市总数的比重仅为37.069%。创新产出指数排名位于前15位、后15位城市分别见表3-15和表3-16。

表3-15 创新产出指数排名位于前15位城市的得分情况

排名	城市	创新产出指数	排名	城市	创新产出指数
1	徐州市	0.777	9	赣州市	0.612
2	湖州市	0.766	10	邢台市	0.568
3	淄博市	0.742	11	马鞍山市	0.545
4	洛阳市	0.732	12	唐山市	0.544
5	济宁市	0.728	12	吉林市	0.523
6	临沂市	0.691	14	鞍山市	0.517
7	宿迁市	0.622	15	鄂尔多斯市	0.509
8	泰安市	0.613			

表3-16　创新产出指数排名位于后15位城市的得分情况

排名	城市	创新产出指数	排名	城市	创新产出指数
102	双鸭山市	0.178	110	临沧市	0.153
103	百色市	0.176	111	庆阳市	0.152
104	金昌市	0.173	112	克拉玛依市	0.144
105	乌海市	0.170	113	鹤壁市	0.141
106	白山市	0.169	114	延安市	0.137
107	榆林市	0.166	115	平凉市	0.112
108	鄂州市	0.161	116	铜川市	0.061
109	石嘴山市	0.159			

创新产出指数的主要特点表现在：

第一，创新投入强度越大的城市未能支撑较高的创新产出水平。从对创新投入与创新产出指数的交叉分析来看，创新投入、创新产出指数均位于前15名内的城市仅有3个，分别为淄博、唐山和洛阳。这说明在现阶段，影响资源型城市创新产出的因素较多，创新投入较高的城市未必对应较高的创新产出，在今后应注意提升创新人才和创新资金的利用效率。

第二，创新产出与创新环境之间存在较为显著的正相关关系。虽然较高的创新投入并未支撑较高的创新产出水平，但创新环境的改善却有利于提升资源型城市的创新产出水平。从对两者间的相关系数分析可以得出，上述两者间的相关系数为0.600，并且在1%的水平下通过显著性检验。从对创新环境与创新产出指数的交叉分析来看，创新环境、创新产出指数均位于前15名内的城市就有7个。

第三，创新产出指数存在着明显的区域集聚现象。创新产出前15名城市在东部呈现出明显的集聚现象。东部、中部、西部和东北地区城市数目分别为9个、3个、1个、2个，东部城市所占比重为60%。创新产出指数排名后15位的城市在区域上也存在着一定的集聚现象，其中，东部、中部、西部和东北地区城市数目分别为0个、2个、11个、2个，即绝大部分城市集中在西部地区，所占比重为73.333%。从省份的层面来看，陕西和甘肃省表现尤为集中，上述两个省份均有3个城市排在后15位。

（4）创新绩效指数

从得分结果来看，创新绩效指数排名第1的是大庆市，其得分为0.911，与理论最高值1较为接近，说明大庆市在创新绩效方面的表现较为突出；最后一位是忻州市，得分为0.224。在被评价的城市中，创新绩效指数得分在平均值0.588及以上的城市共有 62 个，说明半数以上的被评价城市取得的创新绩效高于平均水平。创新绩效指数排名位于前 15 位、后 15 位城市分别见表 3-17 和表 3-18。

表3-17　创新绩效指数排名前15位城市的得分情况

排名	城市	创新绩效指数	排名	城市	创新绩效指数
1	大庆市	0.911	9	牡丹江市	0.790
2	东营市	0.905	10	唐山市	0.787
3	包头市	0.873	11	郴州市	0.777
4	自贡市	0.872	12	新余市	0.771
5	松原市	0.860	13	滁州市	0.768
6	广安市	0.840	14	克拉玛依市	0.760
7	辽源市	0.833	15	徐州市	0.758
8	三明市	0.794			

表3-18　创新绩效指数排名后15位城市的得分情况

排名	城市	创新绩效指数	排名	城市	创新绩效指数
102	长治市	0.375	110	黑河市	0.331
103	双鸭山市	0.365	111	大同市	0.327
104	白银市	0.358	112	攀枝花市	0.327
105	晋中市	0.352	113	阳泉市	0.270
106	淮南市	0.351	114	吕梁市	0.258
107	平凉市	0.344	115	鹤岗市	0.227
108	金昌市	0.338	116	忻州市	0.224
109	鸡西市	0.332			

从创新绩效指数的得分结果来看，主要有以下特点：

第一，创新绩效较好的城市往往具备较好的经济发展条件。这在一定程度上反映出资源型城市的经济基础对于其创新绩效有着重要的推动作用。2014 年创新绩效指数排名前 15 位城市的 GDP、人均 GDP、GDP 增长率均值分别为 2288.885 亿元、77933.800 元和 7.768%；而排名后 15 位城市的 GDP、人均 GDP、GDP 增长率均值分别为 674.430 亿元、33508.467 元和 3.141%。因此，可以看出排名前 15 位城市的 GDP、人均 GDP、GDP 增长率均值分别是排名后 15 位的 3.394 倍、2.326 倍和 2.473 倍。

第二，创新绩效与创新环境之间存在较为显著的正相关关系。这说明创新环境的改善有利于提升创新绩效。从对两者间的相关系数分析可以得出，上述两者间的相关系数为0.527，并且在1%的水平下通过显著性检验。

第三，创新绩效排名前15位城市的分布较为分散，排名后15位的城市则较为集中。排名前15位的城市无论是省份层面还是区域层面都较为分散。从省份分布来看，指数得分高的15个城市共分布于12个省份，占据样本省份的比例为50%；从区域分布来看，上述15个城市中，东部、中部、西部和东北地区城市个数分别为4个、3个、4个、4个，即从区域层面来看也较为分散。而排名后15位的城市无论是省份还是区域层面来看都呈现出较为明显的集聚现象。从省份层面来看城市分布非常集中，样本城市共涉及24个省，但创新绩效指数排名后15名的城市中，仅分布于其中的5个省，分别为山西、黑龙江、甘肃、四川和安徽，各个省包含的城市个数分别为6个、4个、3个、1个和1个；并且，上述15个城市从区域层面来看也非常集中，东部、中部、西部和东北地区城市个数分别为0个、7个、4个和4个，没有一个是东部地区的城市，而中部城市接近占了一半的数量。东北地区所有城市集中在黑龙江省；除淮南外，中部地区城市则全部集中在陕西省；除攀枝花以外，西部城市则全部集中于甘肃省。

（四）结论与政策建议

1. 研究结论

在借鉴国内外有关国家层面和城市层面的创新指数评价指标体系的基础上，构建了本书的创新能力评价指标体系，在指标体系中注重引入资源型城市的特征指标，以便更准确地反映资源型城市的创新能力。在此基础上运用该指标体系对中国116个资源型地级城市的创新能力进行了评价，客观呈现了2014年中国资源型城市的创新环境、创新投入、创新产出、创新绩效以及综合创新指数的得分情况。得到的主要结论包括：

第一，资源型城市总体创新效果不突出。从得分来看，评价城市的综合创新指数均值仅为0.417，低于0.500，这表明中国资源型城市在创新方面取得的效果不理想。

第二，一级指标平均得分的差异较大。其中，创新环境指数、创新投入指数、创新产出指数、创新绩效指数的均值分别为0.344、0.420、0.343和0.595。由此可知，资源型城市在创新绩效方面取得的效果最为明显，该指标对提升整体创新指数的得分贡献最大，相对而言，评价城市在创新环境方面和创新产出两方面得分均较低，在今后应大力加强城市创新环境建设，同时应注重提升创新人才投入和资金投入的效益，努力提高资源型城市的创新成果产出水平。

第三，排名靠前、靠后的城市具有明显区域集聚现象。创新指数排名前15位的城市中，东部城市较多。而排名后 15 位的城市中，绝大部分位于西部和东北地区。

第四，较好的经济发展条件对创新效果的提升具有一定的推动作用。这在一定程度上反映出资源型城市既有的经济基础以及经济发展的外部环境对于其创新存在着重要的积极影响。从排名结果来看，创新指数排名位于前 15 位城市的 GDP、人均 GDP、GDP 增长率指标的均值均比后 15 位的城市高出许多。

第五，不同成长阶段的城市创新指数存在较大的差别。无论是综合创新指数还是 4 个一级指标，再生型城市的平均得分均高于其余 3 种类型的城市。而对于衰退型城市其排名情况与再生型城市则正好相反，其平均得分均低于其余 3 种城市类型。

2. 政策建议

创新是推动人类社会进步、推动一个国家和民族发展的重要力量。在中国，20 世纪 80 年代中期以来，较多资源型城市的资源开采业相继进入了成熟期和衰退期，一些城市甚至出现了"矿竭城衰"、"矿竭城亡"的困境，这对资源型城市的可持续发展产生了严重的消极影响。因此，对于这些城市而言，依靠创新来带动地区经济发展，即通过实施创新驱动发展战略来大力推动经济发展方式的转变显得尤为重要。通过提升产业技术创新水平，运用先进技术、高新技术等对传统产业和资源型行业进行改造升级，这既可以改变资源过度消耗、污染环境的发展模式，又可以促进资源型城市产业竞争力的提升。具体措施包括：

第一，培育壮大创新主体。加强有利于创新发展的各项优惠政策的实施，引导各种创新资源向科研机构、企业等创新主体聚集，强化企业创新主导作用和主体地位，加快多层次、多元化创新主体的培育壮大。

第二，建设特色人才汇聚地。创新驱动实质上是人才驱动。实施创新驱动发展战略，各资源型城市应加快推进高端人才队伍建设，如通过强化本地人才培养、加强高端人才引进、加快新型智库建设等方式来不断完善人才培养、引进、使用、评价和激励机制，从而增强对人才的吸引力。

第三，营造大众创业、万众创新的良好环境。坚持以市场为导向，强化政策集成，加强机制体制创新，增强金融支撑能力，并提高其服务水平，营造良好的创业创新环境，为资源型城市发展注入新活力。

第四，搭建创新创业平台和载体。聚焦重点行业的创新需求，围绕政策激励、要素保障等关键环节，加快推进中国资源型城市各类科技型园区的建设，通过引进、重组、共建等方式，搭建科技创新公共服务平台，大力培育发展科技资源共享平台，夯实发展硬支撑。

三、中国资源型城市转型指数综合评价

（一）构建综合指标体系

资源型城市转型的效果评价是非常复杂的问题，研究其指标体系，不仅要对其可持续发展的一般诉求进行考虑，还要结合不同城市的具体特征，把主观与客观、定量与定性进行联系。同时，指标体系还应服务于中国资源型城市的转型发展，为其实现"均衡协调资源开发与社会经济发展，以及生态环境保护，转变经济发展方式达到实质性进展，建立完备的促进资源型城市可持续发展的长效机制"的转型目标提供基础。

本书从经济转型、社会转型、环境转型、制度转型四个方面，建立起综合评价指标体系，如表3-19所示，来评价中国资源型城市的转型效果。指标体系共包含4个一级指标，10个二级指标，46个三级指标。在三级指标中，有5个负向指标，即指标值越大，转型效果越差，分别为采掘业增加值GDP占比、传统制造业增加值GDP占比、棚户区居住人口比例、恩格尔系数，空气质量指数（PM2.5）。

表3-19　中国资源型城市转型综合评价指标体系

一级指标	二级指标	三级指标
经济转型	产业结构	采掘业增加值 GDP 占比
		传统制造业增加值 GDP 占比
		现代服务业增加值 GDP 占比
		高技术产业增加值 GDP 占比
		非资源型产业财税收入占比
	劳动力结构	人口增长率
		劳动力年龄分布
		劳动力产业分布
		户籍人口城镇化率
	技术进步	R&D 经费投入
		专利授权数
		互联网普及率
		单位工业增加值能耗
		资源产出率
		技术创新贡献率

一级指标	二级指标	三级指标
经济转型	经济增长	GDP 增长率
		人均 GDP
		人均可支配收入
		文化娱乐消费占比
		医疗保健产业消费占比
社会转型	公共服务	社保支出 GDP 占比
		教育经费 GDP 占比
		每万人教师数
		每千人病床数
		每千人执业医师数
	居民生活	棚户区居住人口比例
		人均住房面积
		恩格尔系数
		预期寿命
环境转型	环境治理	环境治理经费投入
		地质环境治理
		绿色矿山比例
		工业污染物排放治理
		工业固体废物综合利用率
	环境友好	空气质量指数（污染指数）
		森林覆盖率
		地表水质
		地下水质
		人均公共绿地
制度转型	政府效率	行政审批事项
		社会安全指数
		生产安全事故死亡率
	市场效率	社会投资规模比例
		产权保护强度
		市场竞争程度
		金融支持力度

1. 经济转型

经济转型是资源型城市转型的首要目标。经济转型的本质是指经济发展方式的转变，中国宏观经济和城市经济发展所处背景的主要特征是经济发展方式的转型升级。从城市经济的层面看，本报告主要考察资源型城市产业结构、劳动力结构、技术进步、经济增长四方面的因素。

（1）产业结构。这是经济转型的核心问题。资源型城市产业结构方面存在的主要问题在于经济发展严重依赖于资源开采和使用，故资源型城市经济转型在产业结构方面的导向即为降低资源依赖程度。但是，资源型城市经济转型不能人为地偏离比较优势，即可以是发展接续产业和新兴产业，也可以是原有产业链的延伸。因此，本报告用采掘业增加值 GDP 占比、传统制造业增加值 GDP 占比（逆指标）、现代服务业增加值 GDP 占比、高技术产业增加值 GDP 占比、非资源型产业财税收入占比 5 个指标衡量资源型城市产业结构转型能力。

（2）劳动力结构。其转型主要体现资源型城市的经济活力。一方面，经济发展依赖于人的劳动，劳动力数量和结构直接影响劳动供给和消费潜力；同时，经济转型和发展有利于吸引人口，尤其是年轻劳动力流入。本报告采用人口增长率、劳动力年龄分布、劳动力产业分布、户籍人口城镇化率 4 个指标衡量资源型城市劳动力结构转型能力。

（3）技术进步。"科学技术是第一生产力"，技术进步是资源型城市经济转型，尤其是接续产业发展和产业链延伸的根本驱动力。本报告采用 R&D 经费投入、专利授权数、互联网普及率、单位工业增加值能耗、资源产出率、技术创新贡献率 6 个指标衡量资源型城市技术进步水平。

（4）经济增长。经济转型应能促进经济增长，并且，经济增长是转型的主要目的。本报告采用 GDP 增长率、人均 GDP 衡量资源型城市经济增长水平的同时，还采用人均可支配收入、文化娱乐消费占比、医疗保健产业消费占比的指标从居民福利的角度衡量经济增长水平。

2. 社会转型

社会转型是资源型城市转型最为迫切的任务。由于特殊的发展历史，资源型城市与非资源型城市相比，在公共服务、居民生活等社会领域的问题更为突出，尤其是职工医疗、教育、棚户区改造、社会稳定等问题亟待解决。因此，资源型城市的转型不仅包含经济转型，还应包含社会转型。从资源型城市存在的突出社会问题出发，本报告主要考虑公共服务、居民生活两方面的因素。

（1）公共服务。与非资源型城市相比，资源型城市的压力尤为明显。公共服务的范畴非常广泛，但与非资源型城市相比，资源型城市公共服务最迫切、最亟待改善的问题主要在社会保障、教育、医疗方面。本报告采用社保支出 GDP 占比、教育经费 GDP 占比、每万人教师数、每千人病床数、每千人执业医师数 5 个指标衡量资源型城市公共服务水平。

（2）居民生活。由于资源型产业式微或转型，居民生活受到直接影响。尤其是低收入人均生活水平亟待改善，甚至有的城市大量职工失业，基本生活水平失去保障，成为中国全面建成小康社会必须重点关注的问题。为了突出资源型城市居民生活的主要问题，本报告采用棚户区居住人口比例作为特征指标，同时，采用人均住房面积、恩格尔系数、预期寿命衡量资源型城市居民生活水平。

3. 环境转型

在技术条件的约束下，资源型产业尤其是采矿业往往难以避免地造成严重的环境污染和破坏，如空气污染、土壤与水污染、地表塌陷与沉降等。资源型城市的转型与发展，必须重视生态地质环境治理。本报告主要考虑环境治理、环境友好两方面的因素。

（1）环境治理。主要是资源型城市针对突出的生态环境和地质灾害问题所做的投入和改善。本报告采用环境治理经费投入、地质环境治理、绿色矿山比例、工业污染物排放治理、工业固体废物综合利用率5个指标衡量资源型城市环境治理状况。

（2）环境友好。建设资源节约型、环境友好型社会是中国的重大战略选择，同样是资源型城市转型的重要目标之一。环境友好指资源型城市提高环境质量，使环境宜人宜居，主要体现为良好的空气质量、水质、绿地。本报告采用空气质量指数（污染指数）、森林覆盖率、地表水质、地下水质和人均公共绿地率5个指标衡量资源型城市环境状况。

4. 制度转型

在转轨背景下，政府与市场的功能同样重要。对资源型城市而言，由于计划经济的体制色彩较浓，市场效率较低，政企关系和政府服务经济发展的职能有待提高。本报告主要考虑以下政府效率、市场效率两方面的因素。

（1）政府效率。政府在中国资源型城市转型与发展中承担着极其重要的角色。尤其在社会、环境等领域，政府是当前中国资源型城市公共服务、居民基本保障、环境治理、环境优化的主要提供者；在经济转型与发展中，也与市场各自发挥职能，起着弥补市场不足、保障发展公平与效率等作用。但是，政府效率的量化评价相当，可供选择的指标非常少。为此，本报告选取行政审批事项指标，并针对中国资源型城市社会安全、生产安全问题，选取社会安全指数、生产安全事故死亡率对资源型城市政府效率进行评价。

（2）市场效率。在中国资源型城市转型中，市场能否发挥决定、主导作用，尚不可知。但激发微观主体活力，让市场发挥资源配置的功能，无疑是当前中国资源型城市面临的重大任务。考虑到数据的可取性，本报告选取社会投资规模比例、产权保护强度、市场竞争程度、金融支持力度4个指标衡量资源型城市市场效率。

（二）数据来源及处理

1. 负影响指标处理

资源型城市效率评价指标体系中对评价结果有负影响的指标进行正向化处理，即取负值。例如本书中空气质量指数（PM2.5）对于环境转型效果具有负影响，因此通过（1-数值）的方式，将其影响正向化。这样处理的好处是使所有指标影响方向一致，便于后期数据处理。

2. 数据标准化处理

在进行计算前，首先对指标进行标准化处理。标准化处理增强了不同指标的可比性，方便对不同指标的相对权重进行赋值。同时一定程度上消除了异常值的影响。具体计算公式如下：

正向指标标准化：指标观测值越大说明该项绩效越好，

$$X_S=（X-Vmin）/（T-Vmin）$$

负向指标标准化：指标观测值越小说明该项绩效越好，

$$Xs=（T-X）/（T-Vmin）$$

Xs 表示标准化值，X 表示指标值，Vmin 表示最小值，T 表示最大值。

3. 指标权重处理

以往的研究，通过主观测算或客观测算对各个指标的权重进行测算，然后通过加权平均法得出最后的评价数，以体现不同指标对评价对象重要程度的不同。由于本次对资源型城市转型的指标设定是初次尝试，在未明确掌握不同指标可能产生的影响大小的前提下，本报告采用算数平均方法进行处理。

4. 数据来源

本书的原始数据主要来源于《中国城市建设统计年鉴2014》、《中国统计年鉴2014》以及其他各类统计年鉴、统计公报，财政部、发改委、国土资源部等有关部门公布的官方数据。部分数据由原始数据计算得来。对于无法从官方直接获取的数据，将采取相关指标替代或估算。

（三）资源型城市的转型指数及分析

按照前述资源型城市转型评价指标体系，本书对国务院国发〔2013〕45号文件中界定的中国资源型城市中126个地级市2014年的转型情况进行综合评价[①]，覆盖河

[①] 文件中给出的资源型地级城市有126个，考虑到数据的可获取性，本书剔除了部分存在数据缺失的城市，实际评价城市总数为115个。

北、山西、内蒙古、辽宁、山东、新疆、广东等 24 个省（自治区），占全国地级城市（293 个）的 39.25%。评价对象包括了成长型、成熟型、衰退性、再生型资源型城市，涵盖了东、中、西部地区和南方、北方地区的差异性，涵盖了享受区域性政策（京津冀一体化）、民族性政策（新疆克拉玛依）等多个角度。

1. 全国指数

若将所有城市的某一分项转型指数进行算术平均后的结果作为全国指数，那么 2014 年地级资源型城市的全国转型指数为 0.537，其中经济转型指数为 0.561，社会转型指数为 0.371，环境转型指数为 0.729，制度转型指数为 0.304。

从理论上来说，所有评价指标经过标准化处理后的值应在（0，1）之间，越接近于 1 说明转型的效果越好或越突出。按照这一思路来对照全国总的转型指数和各分项转型指数，可以看出 2014 年全国转型指数不突出，一定程度反映出地级资源型城市的总体转型效果不够突出。从各分项指数来看，资源型城市的环境转型和经济转型效果普遍较好，相比之下社会转型和制度转型的效果欠佳。

从三级指标来看，全国市场竞争程度指数、R&D 经费投入强度指数普遍偏低，分别为 0.029 和 0.056，限制了市场和科技在推动资源型城市转型中的作用，也直接拉低了经济转型和制度转型两项指标的全国水平。指标得分数较高的是工业、生活污染物的处理率，如 SO_2、工业烟粉尘、生活废水等，是决定全国环境转型指数偏高的主要原因，同时也间接地提高了全国总体转型指数。此外，作为已经处理过的负向指标，采掘业传统增加值比重和传统制造业增加值比重的得分数较高，实际代表的是两者产值比重低，形成了以产业结构调整带动经济转型的路径。

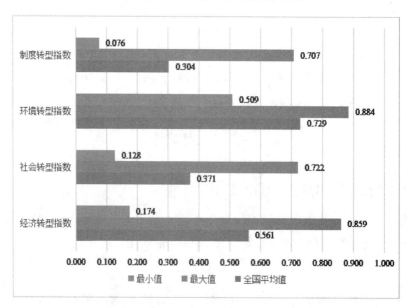

图 3-2　资源型城市转型评价指数的最小值、最大值和全国平均值

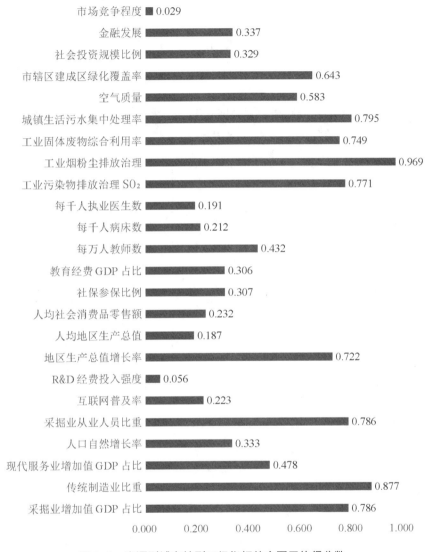

图 3-3　资源型城市转型三级指标的全国平均得分数

2. 各地级市转型指数

由于不同的城市之间所依赖的资源和发展阶段不同，不具备直接比较的可比性。本部分之所以要对 115 个资源型城市的转型指标进行比较，重点是要找出资源型城市在转型中呈现出的共性问题，以及在地域上所呈现出的主要特点。

（1）各地级市综合转型指数

2014 年，各地级市综合转型指数中，排名第一的是包头市，得分为 0.773，得分排名最后一名的是七台河市，得分为 0.339，两者相差 0.434，说明不同城市间的综合转型效果差异较大。在 115 个被评价城市中，有 58 个城市的综合转型指数高于全国平均水平，占评价城市总数的 50.4%。从区域分布来看，综合转型指数较高的城市多集中在西北地区的包头一带，华北地区的东营等，华南地区龙岩、三明一带，在地域上呈现一定的聚集趋势。

表3-20　综合转型指数排名位于前、中、后10位的城市及得分

城市	综合转型指数	排名	城市	综合转型指数	排名	城市	综合转型指数	排名
包头	0.773	1	武威	0.542	55	平顶山	0.425	106
三明	0.696	2	运城	0.541	56	鸡西	0.424	107
铜陵	0.694	3	贺州	0.539	57	鄂州	0.423	108
湖州	0.675	4	亳州	0.539	58	濮阳	0.419	109
池州	0.667	5	大同	0.536	59	双鸭山	0.417	110
乌海	0.667	6	三门峡	0.535	60	陇南	0.410	111
龙岩	0.666	7	宝鸡	0.534	61	南阳	0.406	112
南平	0.648	8	南充	0.530	62	鹤岗	0.387	113
韶关	0.642	9	自贡	0.528	63	六盘水	0.374	114
广元	0.639	10	济宁	0.528	64	七台河	0.339	115

通过进一步归纳，综合转型指数及排名有以下显著特点：

第一，城市转型总体评分结果居中，总体转型效果不突出。在 115 个城市中，综合指数位于 0.400 至 0.599 间的城市数达到 91 个，占城市总数的 79.1%，表明多数城市的综合指数分布在中间位置，总体转型效果不够突出。出现这一现象的原因在于评价综合转型效果时，选取了经济、社会、环境、制度等 4 个层面的指标进行综合考量，其中社会、制度领域的分数普遍偏低，一定程度上拉低了综合指数。再进一步说，这个问题背后蕴含了如何看待资源型城市"转型"内涵的问题，因为本书对资源型城市转型的考量是多方面的，既考虑了经济、社会、资源的协调发展的因素，也考虑到政府、市场关系和各自作用等体制机制的因素，着重突出了当前资源型城市发展所面临的"经济、社会、环境"协调发展问题，以及政府、市场层面的体制机制改革问题。

第二，排名靠前、靠后的城市在地理上具有比较明显的地区集聚现象。如在排名靠前的城市中，包头、乌海、石嘴山集中于内蒙古宁夏一带；池州、滁州、东营、淄博等位于山东、安徽一带；评分靠后的城市中，七台河、鹤岗、鸡西、双鸭山集中在东北，六盘水、曲靖、保山、昭通等集中在云贵。

通过进一步分析，发现前述存在聚集特征的地区中，通常有几个排名相对靠前的城市，如在西北地区有包头等，华北地区有东营等，华南地区有龙岩、三明等。一定程度上说明了在资源型城市转型过程中，转型效果相对较好的城市对周边地区的转型发展具有促进作用，这种作用通对周边地区所形成的榜样示范和转型紧迫压力等途径产生效果。

第三，评分较高的城市往往具备较好的经济发展条件。这一定程度上反映出资源型城市的既有经济基础以及经济发展的外部环境对于其转型存在着重要的影响。这里所指的经济发展条件可以从两个层面进行考虑：

一是较好的经济发展既有基础，包括交通条件较好、所处省份经济较发达，为城市转型提供了较好的基础条件。如得分排名前5位的包头、三明、湖州等城市，经济总量相对偏高，2014年的增长速度均超过本省和全国水平；而在排名后几位的城市中，多数经济总量偏低且增长速度相对较低。

二是较好的经济制度条件和环境，包括在政府行为和市场机制培育方面所进行的有效的探索。如转型总体评价得分排名第3位的铜陵市，在转型过程中，由政府主导，加大工业技术改革投资力度，大力推进产业循环发展，并且较早地探索PPP模式来引入社会资本，这些尝试为经济转型提供了较好的外部环境。

表3-21　综合转型指数排名靠前、靠后的城市2014年经济总量及增长情况

城市名称	综合转型指数	GDP（亿元）	增长速度
包头	1	3636.3	8.50%
三明	2	1621.21	9.6%
铜陵	3	716.3	10%
湖州	4	1956	8.40%
池州	5	503.7	9.2%
乌海	6	600.18	8.8%
龙岩	7	1621.21	9.7%
南平	8	1232.56	9.6%
韶关	9	1111.54	9.5%
广元	10	566.19	9.2%
吕梁	102	1101.3	-2.0%
鸡西	107	516	1.0%
双鸭山	110	450.3	-11.5%
鹤岗	113	259	-9.70%
七台河	115	214.26	2.40%

第四，优先获得财政资金支持（资源枯竭型城市转移支付）的城市转型效果未必优于其他城市。自2007年起，中央财政设立资源枯竭型城市一般转移支付，当年的资金规模为8.32亿元、2008年为34.8亿元，2009年为50亿元，此后逐年增长，2013年达168亿。但从城市转型的总体评价排名来看，这些受到更多中央财政转移支付支持的资源枯竭型资源型城市的转型成就并未显著优于其他资源型城市，如在本报告选取的评价城市中，最早享受资源枯竭型城市财政转移支付的9个城市中，除伊春、萍乡和石嘴山外，其他城市排名多在40名开外。造成这种情况的原因可能是中央财政资金对资源枯竭型城市的支持主要集中在社会领域，外部支持对资源型城市转型的整体助推作用有限，或者这些城市的历史遗留问题较多，转型包袱沉重，有限的外部支持不足以促进城市转型。有关具体的作用机制有待进一步研究。

表3-22　享受中央财政资源枯竭型城市一般转移支付的城市的转型总体评价得分及排名情况

省份	首批被确立为资源枯竭型的城市	该城市转型总体评价得分	排名
辽宁	盘锦	0.522	68
辽宁	阜新	0.524	66
吉林	辽源	0.547	51
吉林	白山	0.582	30
黑龙江	伊春	0.588	26
江西	萍乡	0.621	18
河南	焦作	0.491	84
甘肃	白银	0.546	52
宁夏	石嘴山	0.627	16

（2）各地级市经济转型指数

在评价资源型城市的经济转型方面，本书分别从产业结构、劳动力结构、技术进步、经济增长四个角度，选取三级指标进行评价。从结果来看，经济转型指数排名第一的是云浮，其得分为0.859，最后一位的是七台河，得分为0.174，分差相对较大。在被评价的城市中，经济转型指数在平均值0.448及以上的城市有69个，说明超过半数的被评价城市其经济转型效果优于平均水平。从区域分布来看，东部地区的经济转型指数要普遍高于内陆地区。

表3-23　经济转型指数排名位于前、中、后10位的城市及得分

城市	经济转型指数	排名	城市	经济转型指数	排名	城市	经济转型指数	排名
云浮	0.859	1	济宁	0.576	55	吕梁	0.407	106
包头	0.759	2	榆林	0.574	56	淮北	0.406	107
韶关	0.749	3	郴州	0.574	57	六盘水	0.402	108
三明	0.749	4	普洱	0.570	58	淮南	0.364	109
龙岩	0.737	5	南阳	0.570	59	晋城	0.361	110
贺州	0.732	6	葫芦岛	0.569	60	阳泉	0.353	111
赣州	0.723	7	莱芜	0.569	61	双鸭山	0.343	112
湖州	0.714	8	临沧	0.567	62	鸡西	0.339	113
铜陵	0.709	9	亳州	0.567	63	鹤岗	0.287	114
南平	0.698	10	娄底	0.565	64	七台河	0.174	115

各城市在经济转型中所呈现出的主要特点是：

第一，产业结构、劳动力结构转变对经济转型的贡献作用较为突出，但技术进步的作用不显著。从三级指标来看，降低采掘业、传统制造业的产值比重，增加现代服务业产值比重以及降低采掘业从业人员比重是多数城市经济转型的主要动力，反映出在资源型城市转型中，以调整经济结构促进资源型城市的经济转型已成为普遍共识。由于科技研发投入强度普遍较低，导致技术进步在促进资源型城市转型中的作用并不显著，一定程度上还成为拉低经济转型总体效果的因素。此外，相对于经济转型排名靠后的城市来说，排名靠前的城市所采取的促进经济转型的各类手段均发挥了一定程度的作用，而前者则多集于某几种手段，也是导致其转型效果欠佳的原因。如排名第1位的云浮，无论是产业结构、劳动力结构调整、技术进步还是经济增长，对其经济转型均发挥了推动作用，而排名最后1位的七台河对经济转型的推动力量主要来源于传统制造业转型和地区经济增长。

第二，经济转型程度越低的城市往往总体评价排位也相对偏低。通过对各个城市经济转型评价排位和综合评价排位的交叉分析可以看出，当经济转型程度较高时，经济转型评价排位与总体评价排位间并不存在相关关系。如，经济转型位列第1位的云浮市，在总体评价中的排名仅位列第23位，其原因在于云浮市在社会转型、环境转型和制度转型方面排名相对靠后，拉低了其总体转型的得分。存在类似情况的还有赣州、贺州、临沂、宿迁、鞍山等。而在总体评价中排名第1的包头市，其经济转型排

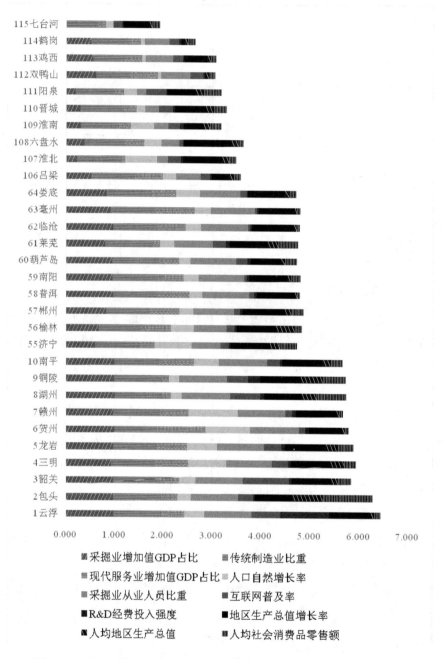

图 3-4 经济转型得分位居前、中、后 10 位的城市三级指标的得分情况

（注：其中城市前面的数字为经济转型得分的排名）

名位列第 2 位。其他总体评价排名相对靠前的城市，既有在经济转型中排名依然靠前的，如三明、湖州、铜陵等地，也有在经济转型中排名相对靠后的，如池州、乌海、广元、大庆等。但当经济转型效果欠佳时，往往总体转型的排位也相对靠后，如东北三省的七台河、鹤岗、鸡西、双鸭山，贵州的六盘水等城市，不仅总体排名靠后，经济转型排名同样靠后。

第三，某一省份资源型城市或资源型产业比重较小其经济转型效果越佳。从地区分布来看经济转型评价，经济转型评价得分相对靠前的城市分别集中在广东、福建、浙江、山东等地。在这些省份中，资源型城市所占的比重相对较低，因此所面临的经济转型压力较小，通过产业结构、技术进步等方式来推动经济转型的效果显著，几乎所有纳入评价的城市，其经济转型得分均在平均值以上。而经济转型评价得分相对靠后的城市则集中在黑龙江、辽宁、山西、陕西等地区，资源型城市在该地区所占的比重相对较大，以资源为主的传统工业在当地经济中所占的比重相对较高，一定程度上增加了经济转型的负担和压力，导致经济转型效果欠佳，因此被评价城市的经济转型得分多在平均值以下。

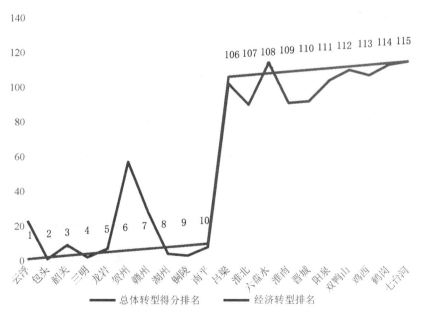

图 3-5　经济转型指数排名前 10 位和后 10 位的城市及其总体转型指数排名的情况

表3-24　广东等省份所选取的评价城市中经济转型评价得分在均值以上的城市数

省份	该省选取的评价城市数	经济转型评价得分在平均值以上的城市数	均值以上城市的比重
广东	2个	2个	100%
福建	3个	3个	100%
江苏	2个	2个	100%
浙江	1个	1个	100%
黑龙江	8个	2个	25.00%
辽宁	6个	3个	50.00%
山西	10个	1个	10.00%
陕西	6个	2个	33.33%
内蒙古	5个	2个	40.00%

（3）各地级市社会转型指数

资源型城市问题引起社会和国家的广泛关注最早源于社会问题，包括棚户区居民安置问题、下岗职工及其再就业问题等多个方面。2014年，115个城市社会转型的总体得分普遍偏低，平均得分仅为0.371，反映出当前资源型城市的社会转型效果普遍欠佳。其中，排名第一位和最后一位的分别是铜陵、亳州，两者社会转型的得分分别为0.722和0.128，另有近44.3%的城市社会转型得分在平均值以上。从区域分布来看，指数得分较高的城市多分布于陕甘宁以及东北一带。

表3-25　社会转型指数排名位于前、中、后10位的城市及得分

城市	社会转型指数	排名	城市	社会转型指数	排名	城市	社会转型指数	排名
铜陵	0.722	1	新余	0.356	55	南阳	0.222	106
东营	0.676	2	牡丹江	0.353	56	池州	0.217	107
攀枝花	0.648	3	鹤岗	0.353	57	滁州	0.209	108
榆林	0.638	4	庆阳	0.347	58	娄底	0.202	109
大庆	0.636	5	临沧	0.347	59	邵阳	0.199	110
延安	0.631	6	葫芦岛	0.346	60	达州	0.156	111
包头	0.621	7	唐山	0.341	61	自贡	0.149	112
克拉玛依	0.608	8	阜新	0.341	62	宿州	0.149	113
乌海	0.579	9	鹤壁	0.335	63	广安	0.139	114
鄂尔多斯	0.572	10	昭通	0.331	64	亳州	0.128	115

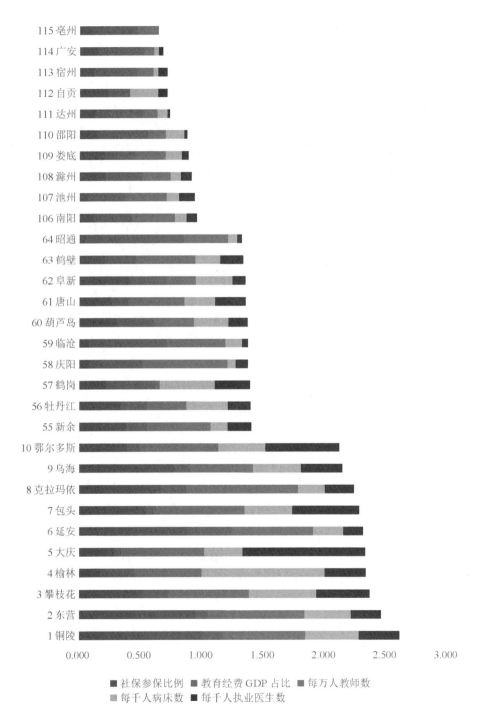

图 3-6 社会转型得分位居前、中、后 10 位的城市三级指标的得分情况

（注：其中城市前面的数字为社会转型得分的排名）

　　从社会转型的指标构成结构和社会转型与经济转型的交叉关系等层面来看，当前资源型城市在社会转型中的突出特点表现在：

　　第一，解决好基本生活问题是促进社会转型的主要因素。对于社会转型得分较高的城市来说，如铜陵、东营、延安、克拉玛依、乌海等地，提高居民参保比重、病床数和医生数是促进其社会转型的主要因素，这些都属于基本生活保障的问题，有助于化解当前资源型城市在经济转型中所产生的社会不安定因素，促使其社会转型的成效更为显著。对于社会转型排名相对靠后的地区来说，教育投入和教师配置是促进其转型的主要因素。这种现象一定程度上反映了增加教育投入对社会转型的促进作用要弱于社会保障、医疗卫生等。

　　第二，经济转型所形成的效益未能有效支持社会转型。从社会转型排名与经济转型、总体转型的交叉分析来看，云浮、韶关、三明、赣州、龙岩、贺州等地，虽然经济转型排名靠前，但其经济转型的效益并未有效支持社会转型。而铜陵、东营、攀枝花、榆林、大庆，社会转型分别位列前五位，但经济转型明显落后于社会转型排名。这说明在现阶段，通过资源型城市的经济转型形成带动社会转型的内在动力机制尚未建立，即资源型城市的社会转型还不能完全依赖自身经济转型来实现，仍需要外在力量，如中央及省一级政府的政策和财力支出。

　　第三，外在力量（财政支持）有助于资源型城市的社会转型。从推动社会转型的外在因素来看，享受资源枯竭型城市转移支付较多的黑龙江、辽宁、吉林三省在社会转型方面的排名远高于其他地区，说明了中央财政的支持有力地改进了受援助城市的社会状况。但同时，这些城市的经济转型和总体转型排名又普遍偏低，反映出中央财政安排的资源枯竭型城市转移支付，资金总体效果不够突出，对城市总体转型的推动作用不显著，甚至可能存在类似"资源诅咒"的"财政支援诅咒"[①]现象。

　　（4）各地级市环境转型指数

　　与其他地区相比，资源型城市转型发展中面临的最重要的问题是如何实现经济、社会与环境之间协调发展、良性循环。从评价结果看，在115个被评价的资源型城市中，排名第一的克拉玛依，得分为0.884，接近于理论最高值1，说明环境转型的效果较为突出。但不同城市间环境转型差异较大，得分最高的克拉玛依与得分最低的陇南，两者之间的差距达到0.375。

---

① "财政支援诅咒"是本书提出的假设性观点，还需要进一步进行研究加以验证。

表3-26　环境转型指数排名位于前、中、后10位的城市及得分

城市	环境转型	排名	城市	环境转型	排名	城市	环境转型	排名
克拉玛依	0.884	1	辽源	0.738	55	达州	0.614	106
龙岩	0.868	2	松原	0.736	56	伊春	0.611	107
新余	0.858	3	云浮	0.736	57	邢台	0.608	108
池州	0.846	4	长治	0.736	58	焦作	0.604	109
三明	0.844	5	金昌	0.735	59	南阳	0.603	110
景德镇	0.837	6	马鞍山	0.732	60	呼伦贝尔	0.601	111
韶关	0.837	7	萍乡	0.728	61	牡丹江	0.599	112
朔州	0.834	8	宝鸡	0.726	62	武威	0.594	113
宜春	0.824	9	乌海	0.726	63	鞍山	0.582	114
大庆	0.822	10	宿迁	0.724	64	陇南	0.509	115

环境转型指数的主要特点表现在：

第一，污染治理是推动环境转型的主要动力，且治理的效果关乎转型的效果。资源型城市在面对环境转型时，首要解决的是以资源开采、利用为主的产业模式对环境所造成的污染问题，因此治理环境污染是环境转型的首选路径，也是促进环境转型的主要动力。在以环境污染治理为主要手段推动环境转型时，不同城市的转型效果差异较大，如克拉玛依、龙岩、新余等地环境转型得分接近于0.9，而鞍山、牡丹江等地徘徊在0.6及以下。这种现象是由于污染治理技术和管理的严格程度所带来不同的污染治理效果所造成的。如克拉玛依在污染工业废弃物治理方面的得分接近于1，而排名靠后的陇南等地，得分低于0.7。

第二，当环境治理和友好环境建设两者同步推进时，对环境转型的促进作用最大。通过分析评价环境转型的二级指标可以看出，在环境转型排名相对靠前的城市中，环境治理和友好环境建设的效果都比较突出，而在排名靠后的城市中，两个指标间差距加大，并且友好环境建设的成效不佳，影响了总体环境转型的效果。这反映当前资源型城市对环境污染治理普遍较重视，但对于友好环境的建设，包括森林覆盖率、人均公共绿地面积等的投入不足。实际上只有当环境污染治理和友好环境建设同步推进时，合力才能达到最大。

第三，经济转型效果的提升并未有效带动环境转型。经济发展不可避免的需要付出环境成本，但随着产业结构优化、科技研发能力提升等所带来的经济转型，将一定程度上减缓对环境的破坏程度，有助于促进环境的转型。因此，从理论上来说，经济转型应有利于环境转型，反映在指标关系上即经济转型应与环境转型正相关。但在

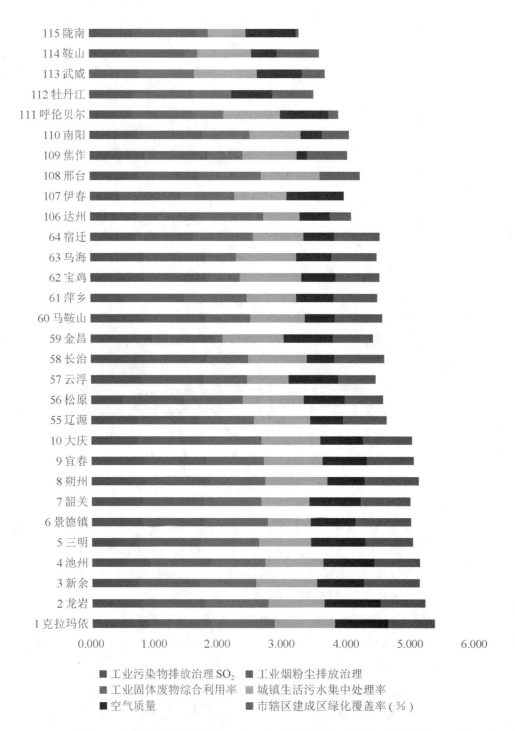

图 3-7　环境转型指数位居前、中、后 10 位的城市三级指标的得分情况

（注：其中城市前面的数字为环境转型得分的排名）

本书评价结构中，经济转型和环境转型并未呈现明显正相关关系。其中，经济转型排名靠前的城市中，云浮、包头、赣州等地，在环境转型方面表现一般。在经济转型排名靠后的城市中，如六盘水、阳泉、七台河在环境转型方面表现亦一般；而鹤岗、鸡西在环境转型方面表现则较佳。因此当经济转型效果欠佳时，环境转型的效果未必不佳，二者不存在绝对的联系。造成这种现象的原因，很可能是由于我国资源型城市转型尚未进展到经济发展方式实质性改变阶段所造成的。

（5）各地级市制度转型指数

在资源型城市制度转型方面，本书从政府效率和市场效率两个角度进行评价。从制度转型评价的结果来看，排名第1的伊春市，经济转型排名、社会转型排名、环境转型排名均表现一般，主要依靠制度转型的优异表现，将总体排名拉升至第26位。而排名最后1位的鄂州市，经济转型和环境转型的排名相对靠前，但由于制度转型得分仅为0.076，将其总体转型评价排名拉至第108位，严重影响了其总体转型效果。从区域来看，东北和中南部地区的制度转型指数较高。

表3-27　制度转型指数排名位于前、中、后10位的城市及得分

城市	制度转型	排名	城市	制度转型	排名	城市	制度转型	排名
伊春	0.707	1	呼伦贝尔	0.275	55	金昌	0.119	106
广安	0.706	2	焦作	0.273	56	吕梁	0.115	107
牡丹江	0.705	3	渭南	0.261	57	盘锦	0.108	108
池州	0.682	4	淮南	0.261	58	鹤岗	0.106	109
滁州	0.666	5	攀枝花	0.259	59	东营	0.103	110
宣城	0.625	6	长治	0.257	60	延安	0.101	111
邵阳	0.584	7	大庆	0.254	61	榆林	0.096	112
亳州	0.581	8	百色	0.245	62	鹤壁	0.087	113
三明	0.566	9	忻州	0.244	63	陇南	0.081	114
南平	0.563	10	唐山	0.244	64	鄂州	0.076	115

从制度转型的评价结果来看主要呈现出以下特点：

第一，较好地利用社会资本有助于提高市场效率，促进制度转型。在资源型城市转型中，面临着如何利用好政府、市场两种手段。当一个城市能更好地调动社会资本参与经济、社会建设时，如广安、牡丹江、宣城等城市，其市场效率则相应较高，有助于推动制度转型，为经济、社会、环境的转型营造良好的发展空间。反之亦然，如榆林、鹤壁、陇南等地社会投资规模得分偏低，其市场效率和制度转型的得分排在末

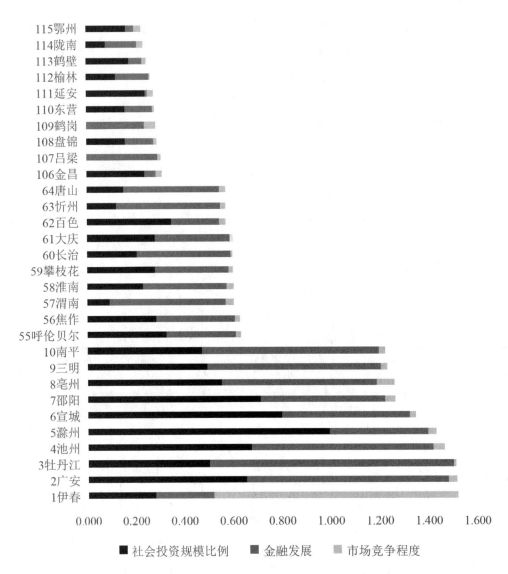

图3-8　制度转型得分位居前、中、后10位的城市三级指标的得分情况

（注：其中城市前面的数字为制度转型得分的排名）

尾。值得注意的是，多数城市的市场竞争程度偏低，一定程度上限制了市场效率，制约了制度转型并间接地影响总体转型成效。这从侧面反映出，建立完善的资源产权制度，培育竞争性市场是未来资源型城市探索制度转型的方向。

第二，制度的转型与经济转型的排位之间存在着正相关关系，说明市场制度的完善有利于促进经济转型。理论上，市场效率的提高，应有利于经济转型。通过对制度转型和经济转型的排位进行比较发现，除伊春、广安和云浮（经济转型评分最高的城市）外，其他城市的经济转型和社会转型均呈正相关关系，说明以社会投资规模比例、产权保护强度、市场竞争程度、金融支持力度为标准的市场效率，能有效促进资源型城市的经济转型。

第三，部分城市中制度转型与社会转型间存在着负相关关系。广安、池州、滁州、邵阳、亳州、自贡、达州等制度转型（市场效率）排名靠前的城市，社会转型排名靠后；而制度转型排名靠后的淄博、金昌、吕梁、盘锦、鹤岗、东营、延安、榆林、鹤壁、陇南等城市，社会转型排名则向中、上等升高，呈负相关关系。制度转型仅考虑了市场效率，这反映了市场效率提高与社会转型（公共服务、居民生活）之间，在部分城市存在一定程度的排斥关系。

3. 按城市分类的转型指数

我国资源型城市转型的探索和实践，主要从 2001 年资源枯竭型城市转型开始分阶段实施。2013 年，《全国资源型城市可持续发展规划（2013—2020 年）》将全国资源型城市划分为成熟型、成长型、衰退型、再生型四个类别，按照不同类型进行分类引导。

表3-28　各类型城市中综合转型排名前5位的城市及其他转型指标比较

类型	城市	经济转型	社会转型	环境转型	制度转型	总分排名
成熟型	三明	4	81	5	9	2
	湖州	8	21	15	34	4
	池州	32	107	4	4	5
	龙岩	5	86	2	17	7
	南平	10	91	28	10	8
成长型	鄂尔多斯	21	10	14	82	17
	朔州	103	30	8	23	24
	毕节	12	67	52	36	33
	榆林	56	4	32	112	38
	武威	70	34	113	28	55
衰退型	铜陵	9	1	20	77	3
	乌海	83	9	63	13	6
	韶关	3	26	7	70	9
	新余	17	55	3	29	12
	石嘴山	40	19	17	41	16

续表

类型	城市	经济转型	社会转型	环境转型	制度转型	总分排名
再生型	包头	2	7	40	11	1
	马鞍山	51	77	60	18	34
	淄博	14	11	81	105	41
	洛阳	13	47	75	53	42
	通化	44	38	51	43	43

通过对比不同类别的资源型城市各项转型指数情况，有以下发现：

第一，成熟型城市在经济转型、社会转型、环境转型、制度转型以及总分排名方面均无特点，分散于排名的各个层次。与成熟型城市资源开发稳定、资源深加工和产业集群逐步形成，重视历史遗留的严重的生态环境问题、重视改善民生的发展与转型导向相符。

第二，成长型城市整体上在环境转型、制度转型方面排名较低，经济转型、社会转型无特色。这些城市资源开发处于上升阶段，资源产业发展较强劲、保障性高。若环境政策效果欠佳，可能导致环境转型滞后，并且制度转型的紧迫性较低。

第三，衰退型城市经济转型普遍落后于其余三类城市。衰退型城市中，七台河、鹤岗、双鸭山、淮北、阜新均位列最后。这警示了衰退型城市，如若不尽快实施有效的转型战略，经济发展将持续陷入困境。同时，得益于中央财政资金支持，衰退型城市社会转型排名普遍较好。但环境转型、制度转型均无特色。

第四，再生型城市经济转型普遍较好，但环境转型普遍滞后。同时，社会转型、制度转型无特色。再生型城市指经济发展基本摆脱了资源依赖的局面，转变了经济发展方式的城市，因而经济转型评价普遍较好。但转变后的经济增长方式，并未带来环境质量的提高，或者在重视发展经济的同时，未对环境问题给予足够重视。

第二部分　要素篇

第四章　中国自然资源产权制度的形成及演变

一、产权与资源型城市转型概述

近年来，随着中国经济进入新常态，以能源矿产、劳动力、固定资产投资驱动的粗放型增长模式难以为继。与此相应的，资源型城市的转型问题引发广泛关注。在工业化进程中，以矿产、森林等自然资源开采为主的资源型城市为中国工业体系的建立和完善发挥了重要作用。但在自然资源逐渐耗散、大宗商品价格长期走低以及劳动力价格持续升高的大背景下，这些城市普遍存在产业结构单一、以初级产品为主的特点，逐渐出现经济增长乏力、居民收入增长缓慢、结构性失业凸显、生态环境恶化等一系列问题，进而引发"荷兰病"和"资源诅咒"。

资源型城市转型困境如何破局？这一问题成为近年来政界和学界讨论的热点。一般而言，资源型城市转型包括产业结构转型、生态环境转型、社会文化转型等方面内容，其中产业转型被看作是转型的重点内容。由于资源型城市的传统产业存续时间较长，短时间内较难被取代，所以有学者提出产业延伸模式，通过延长、深化产业链的方法对传统资源进行进一步挖潜。在此基础上接替产业的选择则是转型发展的关键，旅游业、生产性服务业、现代农业等都是现阶段资源型城市主攻的方向，例如传统煤炭产地河南焦作在煤炭资源濒临枯竭后选择以旅游业为龙头、带动第三产业发展的模式，内蒙古乌海市近年来大力发展现代农业，以期培育新的经济增长点、改善生态环境，山东东营市则发展交通运输、批发零售等石油类生产性服务业以改善产业结构。而相关产业政策的推出也离不开技术创新、人力资本培育、制度构建等方面的扶持。在技术创新上，现代化核心技术的运用和升级一方面有利于主导产业的建设，另一方面有利于发展循环经济，延伸产业链。在人力资本培育上，现阶段资源型城市的人力资本资源数量较为充裕，但总体质量相对较低，人力资本的投资力度亟待加强。

而无论转型的具体着力点在哪，资源型城市转型的顶层设计 —— 制度改革已经成为各方共识。在长期的历史发展过程中，由于受传统计划经济的束缚、为工业化建设服务等影响，资源型城市未能培育起市场化程度较高的产权机制、价格机制和环境规制，随着要素市场化改革日益加剧、大宗商品价格波动性增加，这些制度性问题日益凸显。针对这些问题，学界展开了广泛探讨。在制度改革的原则上，资源型城市的制度需求相对较小，制度需求弹性相对较小，制度安排应以降低以往的沉淀成本为原则。具体而言，从可持续发展角度出发，需要建立资源开发补偿、产业衰退援助经济等方面的长效机制。值得注意的是，以往的资源型城市由于产权制度不尽合理，导致资源定价偏低，未能有效发挥市场的作用。因此，自然资源的产权制度引发深入探讨，这也是本书的关注所在。

一般而言，市场在资源配置中起决定性作用的关键是价格，而产权明晰是定价的前提。产权界定越明晰，自然资源配置效率越高，市场配置资源的决定性作用愈加凸显。十八届三中全会《中共中央关于全面深化改革若干重大问题的决定》提出要"健全自然资源资产产权制度和用途管制制度。对水流、森林、山岭、草原、荒地、滩涂等自然生态空间进行统一确权登记，形成归属清晰、权责明确、监管有效的自然资源资产产权制度"[1]。国家"十三五"规划纲要也提出"加快构建自然资源资产产权制度，确定产权主体，创新产权实现形式"[2]。从国家层面看，建立健全合理有序的自然资源产权制度，不仅有利于资源价格机制的形成，也是推动资源型城市转型的重要抓手。

在资源型城市转型的相关研究中，尽管产权的重要性已经被广泛认同，但很少有文献从产权制度方面予以深度解读。而自然资源的产权制度相关的研究则十分丰富，但归结起来大多探讨某一特定类型的资源，缺乏较为全面的视角。因此本章在前人研究的基础上，从自然资源的产权制度出发，在对自然资源产权的内涵予以详细梳理的基础上，从国内产权制度变迁与国外一般性经验两个维度，对国内外产权制度进行了深入分析，并着重探讨了中国现阶段自然资源产权制度存在的问题，结合资源型城市转型的特点提出了相应的政策建言。

二、产权概念与产权制度史

（一）产权相关概念

在研究自然资源产权制度之前，我们首先要回答一个问题：什么是自然资源产权制度？与一般性资源的产权制度有何区别？

产权（Property Rights）是现代经济学中的重要概念，《新帕尔格雷夫经济学大词典》将产权定义为"一种通过社会强制而实现的对某种经济物品的多种用途进行选择的权利"。相应地，自然资源产权是指通过对自然资源的占有、使用、收益、处分等

---

① 《中共中央关于全面深化改革若干重大问题的决定》，2013 年。
② 《中华人民共和国国民经济和社会发展第十三个五年规划纲要》，2016 年。

所形成的当事人之间权利义务的关系，其由以所有权作为基础，以使用权、经营权等作为补充的系列法定权利组成。针对自然资源产权制定各种法律法规制度总称为自然资源产权制度。

现阶段我国自然资源产权除了所有权外，具体的他项权利有：水资源 —— 水权，土地资源 —— 土地承包权、经营权，森林资源 —— 林地、森林、林木使用权及承包经营权，渔业资源 —— 养殖权和捕捞权，矿产资源 —— 探矿权与采矿权，草原资源 —— 草原使用权及承包经营权，野生动植物资源 —— 狩猎权、采集权及收养权。这里面的土地承包权和经营权，森林、林木使用权，探矿权及采矿权可依法转让，但是捕捞权与狩猎权是明确规定不可以转让的，其他权利未明确的规定。需要说明的是，由于本章落脚点在资源型城市转型上，所以我们主要分析土地、森林、水、矿产和渔业这五类与资源型城市联系紧密的自然资源产权，草原、野生动植物等则不予详细说明。

和一般资源相比，大部分自然资源也满足稀缺性、可耗竭性等性质，因此在产权界定、配置、交易和保护方面符合产权的基本特征和内在要求。然而自然资源的特殊属性使得其区别于一般的产权制度安排。这种特殊性体现在自然属性和经济属性两方面。在自然属性上，自然资源分为可再生和不可再生资源，其中不可再生资源易耗竭，现实中常常被过度开采利用。而可再生资源虽然能够自我更新，但如果开发速度过快，也会导致永久的资源退化。在经济属性上，大部分自然资源的公共性和外部性较强，开发周期相对较长，资源价格波动较大。此特殊性也进一步决定了自然资源产权制度设计也有特殊性。

自然资源产权特殊性主要是在三个方面：①所有权界定上因地制宜。在法律上，多数国家的自然资源是国民共同所有，但在实际的所有权界定上，自然资源的复杂性和多样性要求因地制宜地进行所有权的安排，否则很难全面管理及有效控制自然资源。②使用权界定上兼顾代际公平、地域公平，注重生态效益和与经济周期相匹配。从代际公平角度看，自然资源使用应该遵循可持续发展原则，满足当代人需求的同时也不能损害下一代人的利益，因此需要政府对当代人的资源使用进行限制。从地域公平角度看，使用权一般采取就近原则，应优先保障当地居民的使用权。从生态效益角度看，自然资源使用权的界定要注重生态保护，避免严重的生态问题发生。从经济周期角度看，自然资源开发利用周期通常较长，因此应该把使用权期限设定得与资源相应经济周期相协调，从而保持其相对平稳。③转让权界定上综合考虑多种因素。一方面，自然资源价格的确定，不能只单纯考虑市场供需关系，还应考虑到支付资源的再生、退化、耗竭的补偿费用。另一方面，自然资源的开发利用需要长周期，所以面临较大的投资风险，需要相应转让权让渡来吸引长期投资（谢地，2006）。

由于自然资源的特殊性，其产权制度的路径安排是公共资源利用领域的重要议题。自然资源在使用上会存在"公地悲剧"、"囚徒困境"和"集体行动逻辑"问题。Hardin（1968）最早提出"公地悲剧"理论，指出公共物品由于产权界定不清会被过度使用。Campbell（1985）将"公地悲剧"的成因解释为"囚徒困境"，即对于理性的人类取得理性的结果构成了对公共资源使用效率最佳的挑战。Olson（1965）从治理角度出发，认为个人自发的自利行为往往导致对集体不利，甚至产生极其有害的结果，即"集体行动逻辑"。

为了避免类似问题重演，必须要对自然资源进行明晰合理的产权界定，明确产权主体及其具体的权利和义务，建立起对产权主体的有效约束与监督机制。关于具体的产权制度设计，主要有国有、私有和自治组织三种主要观点。国有产权制度，以Hobbes（1994）、Ophuls（1973）、Hardin（1968）为代表，认为公共物品问题无法通过合作解决，只能够借助于政府这一"利维坦"（Leviathan）进行强权干预和管理。国有产权制度保证了公民使用资源的平等权利，避免私有产权成为少数人谋取私利的工具。但是，国家集中控制所实现的最优配置的前提是，假设运行成本是零，这就要使之可以完全信息、完全理性、监督有力，而现实中这些假定几乎无法满足，因此国有产权制度带来了自然资源配置效率的损失；私有产权制度，以Coase（1960）、Smith（1981）、North（1990）为代表，主张引入市场化机制，将公共资源的排他权利完全界定给个人，实施产权私有化。私有化自然资源，自然资源产权主体成为个人，刺激个体更加有效利用资源，也在一定程度上解决了"公地悲剧"问题，但也带来了社会分配不公、"以邻为壑"的外部性等一系列问题；自治组织和自主管理，以Ostrom（1990）为代表，认为在纯粹依赖国家手段和市场手段之外，特定情况下，人们可以自主组织结合在一起以达到集体利益，也可以自主治理。在具体的产权安排上，自主组织兼有公有和私有产权的双重特征，本质上仍属于非私有的公有产权，正因如此，自主治理模式也存在较大局限，约束条件较多，适用范围较小。

（三）中国自然资源产权制度的历史及演变

在几千年的历史发展进程中，中国在资源利用方面积累了丰富的经验。由于自然资源的利用程度相对较低，资源枯竭问题少有发生。但古代积累起来的丰富的自然资源产权管理经验仍具有重要的现实意义，因此有必要对其进行详细梳理。

与其他国家类似，中国的自然资源产权制度最早可追溯到文明滥觞的原始社会末期，随着人类利用自然资源的程度不断加深而萌芽、发展和成熟，从单一的使用制度转向使用、分配与保护融为一体的全方面产权体系，从模糊的、带有习惯法色彩的原始产权，发展为明晰的、具有正式法律条文的国家制定法律体系。归纳起来，中国的自然资源产权制度与国外相比，具有以下共同特点：

（1）产权形态上，由单一的公有制逐渐转变为多种所有制并存，所有权与使用权、经营权等他项权利由高度统一转向分离。以土地制度为例，原始氏族社会自然资源由氏族共有，实行部落集体共有制。部族国家建立后转变为井田制，产权国有，百姓负责耕种，所有权与使用权分离。春秋战国时期土地私有制迅速取代井田制，地主土地所有制成为主流，地主以收取地租为条件将土地出租给农民耕种，所有权与使用权进一步分离。

（2）产权更迭上，技术的更新换代、管理经验的推陈出新等都会导致要素价格发生变化，对自然资源产权制度带来了巨大冲击。例如，春秋战国时期，铁农具和牛耕的推广与井田制的瓦解、战国授田制的确立紧密联系在一起，推动了土地由国有制变为私有制。土地制度的变革刺激了农业的发展，相关的水利事业也逐渐受到重视。

（3）发展历程上，产权制度的变迁由封闭静态转为开放流动，但具有较强的历史惯性，旧有产权制度即使趋于衰落但仍能延续较长时间。在土地制度上，我国古代土地制度的基本发展趋势是由国有制走向私有制。宋以前国家为保持财政收入、维护社会稳定，大力打击土地兼并，这以北魏和隋唐时期的均田制为代表。宋代开始推行比较自由的土地买卖政策，土地兼并加剧，土地私有制完全确立起来，但抑制土地兼并在明清时期仍被反复提及。

而与世界其他国家相比，中国的自然资源产权制度也具有以下的独特之处：

（1）在产权的横向关系上，表现为典型的农业国特点，与农业关系最密切的土地的产权制度是自然资源产权制度的核心，其他自然资源产权围绕农业和土地稳步推进。中国古代是传统的农业社会，劝课农桑、重农抑商是政府的长期政策，直至商品经济繁荣的明朝仍然如是。传统农业社会的中国，土地是最重要的生产要素，历朝历代在土地问题上都持审慎态度。而水利、森林、渔业等地位则稍微次之，与土地一起服务于农业生产的需要。例如在渔业资源利用上，淡水渔业一直占据重要地位，而海洋渔业则发展缓慢。

（2）在国家主权与私有产权的关系上，大一统体制下国家主权始终是最高主权，私有产权发展不充分、不独立、不完全，不同于西欧市民自治及在其基础上发展起来的私有产权完整体系。在土地制度上，从商鞅变法"废井田开阡陌"到秦始皇"黔首自实田"，中国土地私有制出现的时间很早，秦汉以后地主土地私有制一直占据主导地位。但私有田产缺乏制度化保障的社会环境，占田、均田、限田等国家强制实行土地国有化的举措在后代仍时有发生，打击豪强地主也被视作政治有为的举措，予取予夺受约束较少。

（3）产权法制化程度不足，乡规民约等非正式制度发挥重要作用。与西欧习惯以成文法律对自然资源产权进行约束相比，中国古代虽然也有正式的自然资源法律法规和管理机构，但由于人口众多以及皇权不下县传统下的基层政权相对缺位，尤其是后期人口规模的迅速膨胀和地方宗族势力的崛起，以乡规民约为典型代表的非正式制度开始发挥重要作用，以道德、宗族的力量对个人使用自然资源进行约束。例如为保证农业生产等集体利益所制定的与生态保护相关的集体规则，包括封山育林以及禁止盗取或滥砍滥伐林木等内容。

而从自然资源产权的具体发展历程看，我国古代大致可以分为以下七个阶段：

（1）夏、商、周时期：自然资源产权初始期，国有制初步建立。原始社会时期生产力低下，难以自给自足，"只有合力以对物，断无因物而相争"，土地等所有自然资源由氏族共有，实行集体共有制。部族国家建立后，自然资源产权转变为国有制（或称"王有制"），土地制度上实行以井田制为代表的土地国有制，"乃经土地，而井牧其田野"；山林湖泽属国有，即使农地私有化以后，山湖的所有权仍然为政府所控制；矿产资源实行专人管理，西周时"卝人掌金、玉、锡、石之地，而为之厉禁以守之"，金、玉、锡、石等矿产由国家所有、专人管理；渔业资源开发上，商代渔业开始在农牧经济中占一定地位，商代末年开始池塘养鱼，中国是世界上最早开始养鱼的国家。周代是渔业发展的重要时期，捕鱼工具有重大改进，捕鱼技术有很大提高，同时设立了相应的管理机构。

（2）春秋战国时期：私有产权开始发展的自然资源产权形成期。在土地制度上，公元前594年鲁国开始实行"初税亩"制度，不论公田私田一律按照土地面积征税，相当于正式承认了私田的合法地位。战国时期各国变法图强，其中商鞅变法"为田开阡陌封疆"，正式废除井田制，确立起封建地主土地私有制。在森林管理上，国家垄断山林经营，并有严格的森林保护法令，其中商鞅变法为使百姓务力于农而实行"壹山泽"政策，"颛川泽之利，管山林之饶"。在水权上，政府开始意识到水事管理的重要性，楚国芍陂、魏国引漳十二渠、秦国都江堰、郑国渠等大型水利工程先后建成，在水利管理机构上设立司空一职，负责"掌水土事"、"营城起邑、浚沟洫、修坟防"。在矿产资源管理上，管仲在齐国推行"官山海"政策，国家直接垄断食盐、铸铁等重要资源的生产和买卖，该政策是这一时期最为典型且完备的矿产资源管理政策。

（3）秦汉时期：自然资源产权制度走上法制化、规范化的发展进程。统一的中央集权国家建立后，自然资源产权也开始进行相应的调整。在土地制度上，秦朝"令黔首自实田"（前216），即命令占有土地的地主和自耕农根据实际占有土地份额向政府呈报，土地私有制在全国范围内得到确认。汉代则延续了公田与私田并存、私田皆可买卖的土地制度。在矿场资源开发上，秦朝延续商鞅变法的传统，推行盐铁专营制度，"盐铁之利，二十倍于古"，并一直延续到两汉。在森林资源上，秦继承商鞅变法传统，下令"无伐草木"，同时以少府监理林政，以增加皇室收入。汉朝以大司农掌山海湖泽之税，"弛山泽之禁"，定期开放私人采伐。在水利事业上，秦汉除继续兴修漕渠、白渠等水利工程外，还建立了比较完善的水事管理机构。汉朝还颁布水令，"定水令以广溉田"，并首次确立用水、分水制度。

（4）魏晋南北朝时期：自然资源国有制遭到破坏，私有产权有所发展。这一时期战乱频仍、人口凋敝，社会经济发展受到巨大冲击，中央政府控制力收缩，以国家为主体的自然产权制度开始遭到破坏。东汉和曹魏时期，实施土地所有权归国家所有的屯田制，利用军民开垦耕种荒地，西晋时转为实行允许农民占垦荒地的占田制，北魏则实行按人口数来分配田地的均田制（485）。在森林产权上，东晋成帝的壬辰之制（336）"占山泽，强盗律令"，力图打击世家大族乱占山泽的现象，但收效甚微。南朝宋孝武帝对此进行了彻底改制，允许私人合法占有山泽，按照官阶等级设限，"官品第一、第二，所占山三顷……第九品及百姓，一顷"。

（5）隋唐时期：自然资源产权进一步规范，管理较为宽松。该时期，社会经济发达，在自然资源产权管理上既有沿袭前朝的惯例，也建立起一系列规范化的法律条文，在管理上也开始呈现逐渐宽松的特点。在土地制度上，由于前期战乱影响，人少地多，隋和唐初期均沿用北魏的均田制，将大量荒地授予农民。唐中期以后，随着人口增加与荒地减少的矛盾日渐突出，均田制难以继续推行。唐德宗建中元年（780），杨炎提出两税法的财政改革，"兼并者不复追正，贫弱者不复田业"，彻底废除了均田制。在矿产资源管理上，隋朝"依北齐之制"，设立治官，唐代则设置盐铁使，职责均为管理矿产。唐代更是"听人私采，官收其税"，管理较为宽松。

（6）宋元时期：自然资源得到广泛开发，私有产权发达。宋元两代，中国社会经济发生巨大转变，商品经济发达，城市和市民社会兴起，多民族文化交融，也影响到了自然资源的管理。在土地管理上，有宋一代土地买卖自由，"田制不立"、"不抑兼并"，标志着中国的土地制度由国有制正式转变为私有制。在林业管理上，人口的增加、城市的快速发展，以及战争的破坏、疆域的缩小，导致木材供不应求。在此背景下，山林的私有制被完全肯定，政府允许人民合法占有山泽，林木经营管理的市场化程度大大加深，竹木税成为两宋财政收入的重要来源。在矿产资源开发上，减低税率，允许民采。宋代除官办铜矿外，也允许民间开采铁、铅、锡等矿，从中抽成。元代在矿产资源管理上则较为严格。

（7）明清时期：自然资源产权开始近代化转型。这一时期资本主义萌芽冲击传统小农经济，人口迅速增长，中国也开始卷入全球化进程，自然资源的产权制度也在这一阶段发生巨大转变，呈现出近代化转型特征。在土地制度上，万历九年（1581），张居正在全国推行"一条鞭"法，清朝在此基础上推行"摊丁入亩"政策，不再征收人头税，按田亩征税。在林业管理上，史籍所载农地面积均包括农民私有的山塘。在林业管理上，由于社会经济快速发展，森林资源日益枯竭，林业政策的重点是林木利用和林木保护。在矿产资源管理上，矿藏仍属于国有制，但在具体管理中允许民采，征收矿税。明代除金、银及铁、铜、铅、锡等重要矿产由官府开采外，其余矿产民间皆可开采，官方收取矿税。尤其从宣德十年（1435）开始，明英宗解除银禁，听民采矿，民矿发展迅速，而官矿则不断萎缩。清代实现矿禁政策，矿业开发较小，随着时间发展，矿禁逐渐放开。冶铁始终由民间经营，佛山的民营冶铁业名播天下，乾隆年间则放松金、银开采的禁例。在管理制度上实行矿场奏销政策，对矿业进行监管和调控，洋务运动后更是通过官督商办和外资发展矿业。

三、社会主义制度下自然资源产权

新中国成立后，随着我国建设完备工业体系和国民经济发展的需要，一大批资源型城市在此过程中建立起来。与此同时，随着宪法和相关法律法规的完善，自然资源产权制度也开始逐步建立和完善。但总体来看，相关产权制度的不完善，为后期资源型城市的问题埋下了巨大隐患。因此这一部分对新中国成立以来的自然资源产权制度进行了详细梳理，我们从中可以透视资源型城市问题的由来。

从整体脉络来看，新中国成立后，我国的自然资源产权制度经历了新中国成立初期的初始界定、合作化运动时期的集体所有制建立、人民公社时期的国家所有、改革开放初期的恢复和深入改革期等五个发展阶段。

（一）自然资源产权的初始界定（1949—1953）

新中国成立初，为迅速从落后的农业国向先进的工业国转换，国家实行重工业优先发展战略，其中压低资源要素价格是重要的手段，自然资源国有制也开始逐渐建立。1954 年，《中华人民共和国宪法》规定："矿藏、水流，由法律规定为国有的森林、荒地和其他资源，都属于全民所有。"[1] 自然资源的国家所有制从法律制度上被正式确立。

在土地制度上，1950 年开始的农村土地改革，没收和征收地主、富农的土地，无偿分配给无地少地的农民，在农村初步建立起农民土地所有制。森林管理与土地改革相配套，全国森林收归国有，国家建立起一批国营林场和森工企业。在农村，农民可以分到山林，并拥有产权。矿产资源的管理上，1951 年的《矿业暂行条例》和 1954

---

[1] 《中华人民共和国宪法》（1954 年）。

年的宪法都明确规定，我国的矿产资源归国家所有，矿产资源的勘探、开采和销售均由国家掌握。渔业管理上，保障渔民的权益，恢复渔民个体所有制；水权建设上，由于水资源相对充裕，且对水资源建设的重视程度远高于管理，所以以自由取用水为主导的非正式水权制度仍然起主导作用。

（二）集体所有制建立（1953—1956）

从 1953 年开始，我国实行社会主义三大改造，开展合作化运动，将生产资料私有制转变为公有制，自然资源产权制度也发生巨大转变。各种自然资源的产权制度如下：土地制度上，1953—1956 年农业合作化运动开展，农业生产合作社集体所有制取代前期的农民土地所有制；城市土地方面，除部分生产营业用地和宅基地仍为居民私有，其他大部分土地实际已为国家所有；森林制度上，1953 年山林入社开始进行，农民个人仅能保留自留地及房屋周围的林木所有权，其他林木划归合作社集体所有；渔业资源管理上，在社会主义集体化改造过程中，建立了海洋渔业资源的国有制。

（三）集体所有制的人民公社制度（1957—1978）

1957 年底，农业合作化运动高速发展，从互助组发展到初级社又到高级社，1958 年实行"大跃进"和人民公社化运动后，全国农村基本实现了人民公社化。

各种自然资源产权制度的具体安排如下：在土地制度上，人民公社所有制迅速取代了之前的合作社模式，后又变更为"三级所有、队为基础"的制度；在森林产权上，山林全部划归公社所有，只有国家和集体拥有森林和林地所有权；水权建设上，"文化大革命"后黄河水利委员会等水资源管理机构陷入瘫痪，水资源产权制度也停滞不前。这一时期我国水资源处于开放状态，水权制度表现为公共水权；渔业资源管理上，1961 年渔业管理也开始推行"三级所有，队为基础"制度，渔业生产受挫。

（四）自然资源产权制度恢复（1979—1995）

改革开放初期，随着中国经济的复苏和民主法制的恢复，自然资源产权制度再次被重视，其完成了由行政管理制度向法律制度的过渡。

具体自然资源的产权制度上，各种自然资源的产权制度如下：土地制度上，1980 年家庭联产承包责任制开始推向全国，农村土地经营权被放开。1982 年宪法和 1986 年《土地管理法》又从法律上进一步明确了家庭联产承包经营制。1988 年开始，宪法开始允许农村土地使用权出让。在城市土地问题上，1982 年宪法明确规定城市的土地属于国家所有，80 年代中后期，城市土地市场化改革开始推进，国有土地使用权依法转让、有偿使用制度逐步确立。1987 年深圳首次以协议和拍卖方式出让国有土地使用权。森林管理上，1981 年林业"三定"改革开始实行，以"稳定山权和林权、划定自留山、确定林业生产承包责任制"为主要内容，农民不仅可以分到自留山，还可以承包责任山。1985 年进一步在集体林区实行了开放市场、分林到户的政策，农民拥有更为充分的经营自主权。渔业资源管理上，1979 年，《水产资源繁殖保护条例》和《渔业许可证的若干问题的暂行规定》两份文件出台，标志着我国渔业形成以渔业资源保护为核心的法规体系，同时我国的渔业制度也由自由捕鱼进入渔业管控阶段。水权建设上，1983 年全国水利工作会议的水利方针是"加强经营管理，讲究经济效益"，开始注重水资源管理中的成本收益核算。1988 年水法和 1993 年《取水许可制度实施办法》的相继颁布，标志着我国开始走上水资源管理的法制化轨道。矿产资源管理上，20 世纪 80 年代初期，国家开始建立矿产资源有偿使用制度。1980 年全国人大首次提出开征资源税，1986 年颁布的矿产资源法第五条明确提出"国家对矿产资源实行有偿开采。开采矿产资源，必须按照国家有关规定缴纳资源税和资源补偿费"，其标志矿产资源有偿使用与矿业权有偿取得正逐步成为正式的制度。随后随着配套法律法规建立，如 1987 年《矿产资源监督管理暂行办法》等，说明我国已经逐渐建立矿产资源有偿使用与矿业权有偿取得制度。

（五）改革开放深入期（1996—今）

20 世纪 90 年代中期，随社会主义市场经济不断确立，我国原有自然资源产权制度的运行效率表现低下，不能满足经济发展的需要，因此进入改革的深入阶段。以土地为突破口，1994 年的《城市房地产管理法》"对土地使用权的交易制度做出了规定，明确规定了土地使用权出让、转让、出租及抵押的制度，同时确定土地使用权交易及划拨间界限"。随后我国陆续开展了对矿产资源、森林、水和土地等资源立法的修订。除此之外，相继出台了相关配套法律、法规及规章制度，从而组成了我国自然资源产权制度。

在自然资源的具体产权制度上，各种自然资源的产权制度如下：在土地制度上，2002 年《农村土地承包法》规定"通过家庭承包取得的土地承包经营权可以依法采取转包、出租、互换、转让或者其他方式流转"。近年来，农村土地的征收、集体经营性建设用地入市和宅基地改革等成为新时期土地改革的重点。2014 年，中央进一步提出农地所有权、承包经营权和经营权三权分置改革，加快放活土地经营权，赋予经营主体更有保障的土地经营权，以促进农业现代化的发展。与此同时，城市土地市场化改革进一步深入，2002 年各类经营性用地要求通过"招拍挂"制度进行出让，2007 年工业用地也必须采用"招拍挂"方式，土地市场化程度极大提高。森林管理上，1998 年森林法和 2003 年农村土地承包法相继颁布，2006 年国家林业局开始推动新一轮的林权改革,以"明晰产权、放活经营、减轻税费、规范流转"为主要内容。渔业管理上,1995 年开始我国实行休渔制度,2000 年渔业法修订后进一步强调了捕捞限额制度。矿产资源管理上,1996 年的矿产资源法修正案和 1998 年《矿产资源勘查区块登记管理办法》等三个配套法规,进一步建立起完善的矿业权管理制度,并逐步打破以往以行政命令为主的管理模式,利于合理配置矿产资源,加大对矿产资源的勘查力度、开采及利用效率。水权建设上,2002 年修订后的水法加入水资源流域管理的内容,有利于流域内水资源的统一规划、协调和配置。随着市场化程度的深入,水权交易与转让也开始发展。例如,2000 年,浙江义乌与东阳达成水资源永久使用权交易,开启了中国水权交易先河。从 2001 年开始,我国陆续在甘肃张掖、四川绵阳等地开展水权交易试点,2014 年水利部又开始在宁夏、江西等七省区开始水权试点工作,我国的水权交易市场正在蓬勃发展。

四、国际经验与比较

(一)自然资源产权的国际经验

资源型城市是一个世界性的普遍问题,在国际社会中受到广泛关注,各国在资源型城市的转型中在产权制度构建上积累起丰富经验,因而梳理各主要国家的自然资源产权制度及在资源型城市转型中的运用,有利于为推动中国自然产权制度优化、促进资源型城市转型扩展思路。由于森林资源地区分布不均,按国别较难完全反映国际上各类自然资源产权制度的特点,所以本节以自然资源产权的类别进行划分,分别予以论述。

1. 土地资源产权制度

现阶段,市场经济国家的土地所有制归结起来主要有两类,一类是土地国有制与私有制并存的多重土地所有制,以美国和加拿大等国为典型;另一类是土地国家所有制,但私人的使用权形式多样,以英国等英联邦国家为典型。

美国的土地制度呈现多种所有制并存的特点,其中 59% 为私人所有,39% 为公有(联邦政府 32%,地方政府 7%),印第安人保留地 2%。各个州和地方也有明显的差异性,例如阿拉斯加联邦政府拥有 96% 的土地。美国实行土地有偿使用制度,出于公共用途的需要,政府可以购买甚至征用土地,但必须给予出让土地的所有者合理的补偿。其中土地征收要满足公共使用、公平补偿、正当的法律程序三个条件。

加拿大土地联邦公有、省公有和私人所有,三者分别占国土面积的 40%、50% 和 10%。私人所有占比较小,但包含了全国的大部分城市土地及优质农田和牧场。在土地使用制度上，私人拥有较为充分的自由支配权，可以自由买卖。为了加强土地管理，加拿大政府建立土地利用委员会等土地管理协调结构，并积极利用社会力量构建起相应的信息系统。

根据英国法律的规定，所有的土地都归英王或国家所有。但实际中，拥有完整土地权利的持有人即是土地的永久占有者，只要不违反法律法规、城市规划和他人合法权益，就可以永久占有土地。同时英国也是建立土地发展权最早的国家，该权利用以解决土地征收所带来的发展性利益分配和权利归属问题。

2. 森林资源产权制度

截至 2015 年，世界森林总面积略超过 41 亿公顷，占陆地总面积的 31%，其中俄罗斯、巴西、加拿大、美国和中国是森林资源排名前五的国家。

俄罗斯是世界森林资源第一大国，俄罗斯森林面积约为 814.931 万平方公里，占国土面积 49.8%，森林资源丰富，森工企业发达。从森林资源所有权、管理权和用益权上看，俄罗斯对三者彻底分离，采取林业宏观调控，而将其他森林资源权利逐渐让渡给联邦主体和公民。在这之下，俄罗斯政府仅保留了部分重要自然资源的所有权，但对于全部自然资源拥有管理权，避免了计划体制的无效率。在管理体制上，俄罗斯实行三级垂直管理体制，邦林务局、地方（州、边区或自治共和国）林业管理局及林场。林业主管部门只具有管理监督职能，不兼备森林工业生产职能，同时各部门权责明晰，有利于森林资源的保护和林业事业的开展。

加拿大也是世界上重要的森林大国，森林面积约为 347.069 万平方公里，占国土面积的 38.2%。从所有权看，加拿大的森林资源所有权分为国有、省所有和私人所有，主要以公有林为主，其中国有林占比持续下降，省有森林逐渐上升，私有林的比例也小幅攀升。在管理方式上，由于省有林占大头，所以森林资源基本由各省独立管理，各省林业部门具有高度的自主管理权，可自行制定林业法规、采伐额度和林业价格。同时，各省林业管理部门也会和私营林产品的公司签订长期的租地合同，政府指导私营公司经营。

美国是典型的以私有林为主的国家。从所有权划分看，美国森林可分为公有林和私有林，其中私有林面积将近 60%。在经营理念上，美国奉行公有林主要发挥生态功能，私有林主要发挥商业用途的策略，其中私有林每年采伐供应量超过 85%。

3. 水资源产权制度

水资源短缺已经成为全球性的焦点。联合国 2015 年的报告指出，如果世界各国再不采取任何措施，世界将陷入水资源危机。而水资源问题很大程度上源于水权不明晰、制定不合理导致的水资源浪费、水污染和地区分配不均。为了解决有限的水资源与不断增长的用水需求的矛盾，水权制度在世界范围内逐步丰富和发展起来。

从世界范围看，美国、以色列、日本、英国、澳大利亚的水权制度具有代表性，值得借鉴，下文将予以分析。

美国的水权制度因地制宜，注重区域性与流域性相结合。在地表水权上，东部水资源丰富地区实行滨岸权制度，西部干旱缺水地区则实行优先占用权制度，部分地区则实行混合水权或公共水权制度。在地下水权上，美国法律规定地下水权附属于土地，归土地所有者所有。

以色列是典型的公共水权制度。由于地理环境限制，以色列严重缺水，因此水资源受到严格管理。以色列水法规定，以色列的水资源是公共财产，私人不拥有水权。为提高水资源使用效率，以色列还专门成立相关机构，以负责水资源的管理、开发和利用。为限制无节制用水行为，以色列实施工农业和民用水配额制。

日本的水权制度体现出尊重历史与习俗的特点。早在农业社会时期，为协调农民用水问题，惯行水权在日本发展起来。随着社会经济的发展，原有水权体系不利于工业化生产方式的发展，因此日本逐渐改为许可水权。1995年修改后的《日本河川法》规定江河属国家产业，不得隶属于私人，水权也不可买卖转让。在将近一百年的转变过程中，日本充分尊重社会历史形成的用水习惯，并未在初期就实行西方国家盛行的许可水权，而是随着社会经济发展才逐渐改变。

英国是典型的滨岸权治下的水权国家，保障水域附近用户的优先用水权。英国法律规定，无论地表水还是地下水，使用权都归水岸土地占有者，或归地下涉水层的土地占有者所有。

澳大利亚的水权市场建设和全流域河流水权分配是世界成功典范之一。澳大利亚人均水资源丰富，但由于岛国降雨的空间分布不均，局部水资源短缺现象仍十分严重。其中，墨累—达令河流域是澳大利亚最重要的农业和畜牧业生产中心，跨维多利亚、南澳大利亚和新南威尔士三州。为解决各州之间围绕水资源展开恶意争夺的问题，在澳大利亚政府牵头下，1914年三州签订有关协议，规定墨累河的水权为三州共同所有，各州所拥有的具体水权根据协议确定。这项协议使得水资源得以合理分配，促进了澳大利亚农业和畜牧业的发展，使得澳大利亚成为全球最大的农产品和牧业制品出口地之一。

4. 矿产资源产权制度

从矿产资源所有权看，根据土地所有者是否有地下权，世界各国矿产资源产权制度可分三种模式。①地下权和地表权完全统一，就是"享有土地地表权的土地所有者，同时也享有地下资源的所有权"[1]，现在只有美国等少数国家实施此产权结构。②

---

① 陈仪：《自然资源国家所有权的公权性质研究》，苏州大学博士学位论文，2015年。

地下权与地表权完全分离，即矿产资源所有权归国家，不能给予私人或企业。现实中大多发展中国家均采用此模式，如中国、巴西、玻利维亚、智利、秘鲁等。③地下权与地表权有限统一，即针对一国的少数地区或少数矿种可以实行地下权与地表权完全统一，例如哥伦比亚、巴基斯坦等国。

从矿产资源使用权看，主要资源大国均实行有偿使用制度。具体而言，矿产资源有偿使用制度包括以下三种。①矿产资源有偿占用制度，即矿山开采者向资源所有者支付一定的有偿占用费，现实中主要分为两种：俄罗斯式的储量消耗补偿模式和美国式的开采量补偿模式。②资源耗竭补贴制度，就是每年从净利润中扣除一部分，给矿产资源的所有者或经营者，将其作为专项基金，用于勘探新的矿产资源。目前仅有美国、法国等少数国家予以实行。③矿产资源勘查费用补偿制度，"是矿山企业向勘探单位支付一定费用于补偿其勘探工作"[①]。

值得指出的是，现阶段资源型转型城市中大部分都是"因矿起家、因矿没落"，地区经济对石油、煤炭、金属等矿产依赖程度高。而西方的资源型城市转型升级问题比我国更早一步到来，尤其是在以矿产开发为主的城市转型升级上积累了丰富经验。例如美国的休斯敦、德国的鲁尔区、日本的北九州都是成功转型的案例。而在产权制度构建上，这些地区都着力对原有的僵化体制进行改造，实行矿产资源有偿占用及资源耗竭补贴制度，保证旧产业的相对延续性，并在此基础上改革企业的组织结构、产权结构和管理模式，使企业朝高效化发展，并引入高新技术、文化创意、工业旅游等新兴产业，最终成功实现转型发展。

5. 渔业资源产权制度

渔业资源是现阶段世界范围内关注的焦点之一，围绕渔业资源产权的制度设计，各国在长期产业进程中已经发展出一系列成熟的渔业产权体系，主要包括以下四种模式。个别转让总额，即把总体可捕捞量分割成较小的单位后分配给渔民、企业或其他组织。只要法律允许，产权主体可以选择转让出售配额。社区额度，将总体可捕捞量划分为几个较小的额度，分配给渔业社区。在沿袭个别转让总额的基本模式的基础上，社区额度使得以渔业社区为基础的捕捞活动不断加强，避免了个人捕鱼机制下易出现的公地悲剧，有利于促进渔业资源的可持续发展。渔业领域使用权，将某一渔业区域分配给从事渔业的个人或组织，允许其在这一领域捕捞。与前面两种制度不同，它没有捕捞量的限制，现实中常用于扇贝等定置性渔业资源。渔业投入权，除了渔具数量的限制外，与个别转让总额完全一致。

---

① 沈莹：《国外矿产资源产权制度比较》，《经济研究参考》1996年16期。

（二）国际经验比较

通过梳理全球主要自然资源大国的产权制度和管理制度，可以总结出以下五个共同特征：

（1）在共同理念上，自然资源有偿使用制度已是各国资源管理所达成的共识。自然资源有偿使用，有助于运用价格机制提高自然资源利用率。例如，在矿产资源开发上各国基本都会对矿产开采征收资源税，在土地征收上普遍要给予被征收者合理补偿。

（2）在产权内容上，自然资源产权的权利束细化，对自然资源实行精细化管理。例如在土地产权上，英国等发达国家实行土地发展权制度，将发展权与所有权分离，规定土地发展权国有，有利于消除由于占有土地引发的社会不公平问题。在水权上，为提高水资源利用效率，可交易水权制度也逐步建立起来。

（3）在时间维度上，关注自然资源的动态变化并反映在具体的产权制度上。不仅仅是在静态视角下对自然资源产权进行产权明晰，主要资源大国均十分重视自然资源的动态演变路径，为解决自然资源在其使用的长时间段经历的不同问题做出合理的产权上的限定。在矿产资源上，资源耗竭补贴制度则有利于避免矿产资源过快耗竭，促进矿产经济的长期发展。

（4）在空间维度上，注重区域性产权制度共建，形成互利共赢的区域协同机制，而非各区域独立制定规则，以避免重复建设。由于自然资源在自然属性上不可分，空间布局上往往成片分布，跨越多个行政区，所以现阶段国外资源大国十分强调区域间的产权制度合作。例如前文提到的澳大利亚墨累—达令河流域的水权市场建设和全流域河流水权分配，就是区域间产权协作的典范。

（5）在可持续发展上，注重利用与保护紧密结合，致力于减缓自然资源耗减速度。自然资源由于其自身更新能力不满足人类社会发展的需求，耗减速度在近几十年来呈加快趋势。为保护自然资源更新和生态环境完整，世界各国已积极出台了各项保护措施。例如在渔业上设置禁渔期，对濒危的野生动植物通过建立保护区等途径予以严格保护。

（三）启示

现阶段资源型城市问题仍然突出，而在相关的产权构建上仍有很大的改进空间。经过三十多年的发展期，我国的自然资源产权制度已经基本成型，使用权制度化发展，经营权和流转权不断放开，管理制度也不断优化。但与国际自然资源大国的产权制度相比，仍暴露出诸多问题。通过对中国古代以来的自然资源产权制度进行梳理，与全球主要自然资源大国进行对比分析，我们认为，下一步的资源型城市转型，在自然资源产权制度建设上可以在以下五个方面发力：

（1）继续推进自然资源有偿使用制度，也就是要建立各类自然资源的有偿使用市场交易机制。现有的自然资源市场上，价格信号释放不够，例如水的使用价格偏低，很大程度上引发了水资源的利用效率低下和浪费。而随着社会用水需求增加、水污染等现象加剧，有必要对水价进行重新评估，从而体现自然资源的有偿使用制度。同时对于自然资源的征收，部分地方政府未能给予被征收方合理的补贴，从而引发严重的社会矛盾，例如近年来在城乡接合部地区较为严重的拆迁问题。因此政府要改变以往重行政手段、轻经济补偿的做法，对被征收者给予合理的补偿。

（2）积极推进资源税全面改革。现阶段资源税税率过低，对自然资源价格的影响不大，同时征收范围仅限于矿产品和盐类，水资源尚在河北省试点，森林资源、海洋资源等没有纳入征税范围。在自然资源产权制度的下一步建设中，要充分利用经济手段，通过资源税让资源体现其市场属性，从而有利于提高资源的使用效率和加强保护。

（3）推进自然资源精细化管理。当前，我国对自然资源的管理已经不断完善，但与欧美等发达的经济体比较可知，我国在自然资源的精细化管理上仍有很大的改进空间。在自然资源的权利束上，为进一步提高资源的使用效率，有必要细化产权。例如在土地问题上，可以积极借鉴英国等国的土地发展权制度，充分考量土地的可能权益，促进土地资源的精细化管理。

（4）重视非正式制度在自然资源管理中的作用。从古代梳理和全球对比两方面看，非正式制度均在自然资源管理中发挥重要作用。一方面法律法规等正式制度具有一定的辐射范围和使用成本，乡规民约、社会组织等非正式制度和群体则可以起到很好的补充。例如 Ostrom（2009）提到的渔业互助组织，通过制定一套简要可执行的规则，实现了个人利益与社会利益的完美结合。

（5）健全完善生态补偿制度，建立资源耗竭补贴机制。现阶段我国的自然资源产权重利用轻管理，近年来随着"五大发展理念"的提出，对于生态文明建设的重要性逐步加大，但仍然有待加强。"绿水青山就是金山银山"，自然资源的利用一定要以生态补偿制度为重要的支撑，以确保资源的持续可利用。

第五章　自然资源资产负债表研究

一、自然资源资产负债表的提出

（一）自然资源资产负债表提出的逻辑

党的十八届三中全会审议通过的《中共中央关于全面深化改革若干重大问题的决定》提出："探索编制自然资源资产负债表，对领导干部实行自然资源资产离任审计，建立生态环境损害责任终身追究制。"这是自然资源资产负债的概念第一次进入人们的视线，在这之前学术界并没有太多关于这方面的研究。不过在十八届三中全会以后，关于自然资源资源负债，尤其是关于自然资源负债表的研究成了国内学者研究的热点领域。本部分首先对目前自然资源资产负债表评价的相关进展和研究状况进行梳理，通过研究分析可以获知，自然资源资产负债评价体系的建立是资源型城市转型的必要条件，政府应该继续推进这方面政策的完善，以推动城市的可持续发展。

自然资源资产负债评价的产生也是由一系列复杂的原因导致的，总的来看，自然资源资产负债的提出主要有如下几个背景因素。

首先就环境而言，工业化和城市化进程的推进使得资源消耗日渐增多，这也就使资源耗竭成为阻碍经济发展的一个问题。从发展过程来讲，很多资源型城市在发展的初期都以开采或者消耗本地现有自然资源来获得经济的增长，但问题是资源并不是可以被无止境开采的，过度的开采就会导致资源枯竭型城市的产生；与此同时，每个生态环境都有其独特的自然资源承载力，当过度开采等行为超过限度，生态环境就会被彻底破坏，水污染、土地污染等污染就会随即产生，最终城市变得不适合人类居住。要避免这种情况，就需要对目前资源型城市的经济发展模式进行转型，使之转为可持续的增长模式，来保证资源型城市的长期健康发展和宜居。而这就需要对每个城市的环境损耗情况进行评估，因此自然资源资产负债评价应运而生。

其次就经济而言，因为资源诅咒现象的存在，资源型城市的 GDP 并不一定会因为其富有资源而得到全面提升。过度地依赖现有资源使得资源型城市不会投入大量成本去从事高新技术研发等附加值高的产业，从而使得其经济增长缓慢。同时，过度依赖往往导致过度开采，出于高 GDP 的需求，很多政府官员会无视资源诅咒而不惜以损耗资源来发展经济，这就需要对官员的行为加以约束，才能促使他们重视资源诅咒的问题并完成资源型城市的转型。

再次就资源而言，实际上中国的人均资源并没有在世界排名前列，而中国曾经采取的粗放型经济增长模式更是加剧了资源问题，使得中国想要继续向前发展就必须重视资源耗竭的问题。此外，就资源本身来说，资源对于经济增长的促进程度在各种产业中也并不突出。一方面资源的过度使用会阻碍中国经济增长，而另一方面，资源本身并不能在很大程度上促进 GDP 的增长，反而会产生资源诅咒阻碍 GDP 的增长，因此必须要对资源的使用进行制约，务必使地方政府摆脱资源依赖。

最后就社会问题而言，上文已经指出资源型城市目前的损耗资源型发展模式会带来一系列的环境污染和资源耗竭问题，但是实际上环境和资源问题并不是资源型城市必然会遇到的问题，归根结底，资源的不合理利用还是源于政府方面的不作为，这主要体现在一些政府官员为了 GDP 的增长不愿意采用长期持续但增长较为缓慢的增长模式，而是采取了直接开采并初加工矿产资源的方式来达到短期 GDP 的大幅增加。这样势必导致的后果就是，当地资产开采完之后经济增长速度就会大幅下跌，城市的整体经济就会受到影响，一些矿产加工厂就会倒闭，从而导致失业等一系列社会问题；另一方面，城市的环境也会受到影响，居民的生活幸福感也会因此降低。

综上可以看出，政府的行为是影响资源使用状况的关键，若是能对政府行为加以约束，就可以避免因为资源枯竭而导致的经济增长缓慢、环境污染等一系列问题。而约束政府行为的关键就是引入自然资源资产负债，通过对环境影响加以量化，就能明确政府对于资源和环境行为的影响程度，若再引入相应指标体系并加入政绩考核的话，就可以引导官员采取有利于环境可持续发展的一些政策，从而逐步实现资源型城市的转型。

（二）自然资源资产负债表核算的意义

自然资源资产负债表编制的关键在于对于自然资源的综合核算，并且探讨自然资源的价值评估方法及其动态的演替规律，从而为自然资源资产负债表的编制提供理论依据。加强自然资源资产负债核算研究的重要意义主要体现在以下几方面：

1. 资源价值理论研究的需要

传统的经济学理论和价值概念，对于自然资源价值问题一直未能很好地解决。人们一度对马克思劳动价值论的理解在社会主义国家还较片面，误认为附加了人类劳动的自然资源才有价值，许多天然的自然资源由于没有人类的附加劳动，因而没有价值。在西方国家，主要盛行微观经济学理论，使用需求与供给均衡价格理论，即只有能在市场上买卖的东西才有价值，而许多自然资源不能进行市场买卖，因而被误认为没有价值。此观念日益受到挑战，如今揭示自然资源价值可立足于财富论、效用论和地租论。所谓财富论，是指威廉·配第说过："劳动是财富之父、土地（自然资源）是财富之母，劳动和自然界一起才是一切财富的源泉"。[①] 效用论，是指客体能够满足主体需要的某种功能或功效。地租论，则指马克思说过的"资本化的地租表现为土地价格或土地价值"[②]。因此，自然资源是有价值的，但至今仍难以科学的估算和量化自然资源的价值。

2. 国民经济核算体系建立的需要

如今世界上存在两大国民经济核算体系，一个是由联合国制订并且西方国家普遍采用的国民经济核算体系（SNA）；另一个是我国以及苏联和东欧国家采用的国民经济平衡表体系（MPS）。尽管这两个体系都在不断修改和完善，但至今仍存在严重的缺陷。

3. 实施国家可持续发展战略的需要

改革开放以来，我国的经济发展取得了重大的成就，但是有些地区和部门多年坚持粗放型的经济增长方式，以过度消耗自然资源和破坏生态环境为代价。当前，我国的经济发展面临巨大的挑战，自然资源和生态环境已经成为我们实现可持续经济模式的难题。自然资源资产负债表以保护生态环境和合理利用自然资源为出发点，能够确切反映某一地区自然资源的使用、损耗状况，能够加强对自然资源的管理和控制，这有利于我们在自然资源的使用过程中兼顾当前的需要和未来的发展。自然资源价值定量研究，可揭示资源与环境价值构成，这是国家制定资源可持续利用经济政策的依据，同时也促进生态补偿及环境税等经济、行政手段的完善与实施，最终促进绿色发展和可持续发展战略的实施。

4. 促进自然资源保护投资的需要

自然资源价值研究揭示了自然资源的各种效益，尤其是自然生态系统的功能价值，增强了人们对森林等资源生态经济价值的认识，鼓励决策者加大对生态环境保护的力度，增加投资者对生态恢复与保护的投资强度。同时还有助于争取国际援助项目，吸引到国内外投资项目，尤其是森林植被恢复与保护的国际援助项目。

5. 进一步完善土地资源价格体系的需要

土地有经济功能、社会功能和生态功能，以往人们更注重的是土地的经济和社会功能，即更多地注重土地为产业发展及住房建设提供资源或载体等方面的作用，但对土地的生态功能，以及由此派生的经济效益和社会效益不太注重。研究生态资产及评估它的功能价值能够为今后更新有关地价的评估提供一定的参考。

[①] 〔英〕威廉·配第：《赋税论》，商务印书馆 1962 年版。
[②] 马克思：《资本论》。

6. 完善领导考核和国家治理创新

长期以来，GDP 一直都是官员政绩考核的主要依据，由此导致了相当一部分领导干部一味追求经济的发展，却忽略当地自然资源的拥有量和生态环境的承载能力，以过度消耗自然资源和破坏生态环境为发展代价。在促进经济发展的同时，却极大地浪费自然资源、破坏生态环境。自然资源资产负债表可以作为审计领导干部离任的依据，可以约束其利用自然资源的行为。促进我国领导干部评价机制的改革，就要建立生态环境损害责任终身追究制，这是领导干部绩效考核的重大创新。

总之，从国家层面上说，编制自然资源资产负债表有助于完善国民经济核算体系，推进国家和政府进行科学的决策，同时满足推进国家治理改革的需要。对于各资源型的城市，尤其是那些面临改革的资源型城市，自然资源资产负债表的编制可以对目前资源实物量和价值量之间的变化趋势，做出合理、科学的评估，为资源型城市转型提供参考数据。同时，编制自然资源资产负债表，也有助于资源要素供给侧结构性的改革，同时降低不良的环境成本。

二、自然资源资产负债表研究进展

党的十八届三中全会以后，自然资源负债表的编制成了国内学者的研究热点领域，总体而言，现有的研究主要关注自然资源资产负债表的内涵、形式、内容构成、理论基础、具体实践应用以及编制过程中的原则和注意事项等。

然而，对于自然资源资产负债表的具体内涵、表的基本框架和组成等却没有比较一致和统一的看法。这会给我们编制自然资源资产负债表的具体实践带来一定的困难，基于此，本书梳理了自然资产负债表的内涵、理论基础、现有的研究现状和问题，并给出了一些相关的研究建议。

（一）自然资源资产负债表内涵

党的十八届三中全会审议通过《中共中央关于全国深化改革若干重大问题的决定》，第一次提出了"自然资源资产负债表"的概念。国内学者对此做了广泛的研究，但没有形成统一的看法和认识，当前大致分为两个思路，一个是完全借鉴企业资产负债表的概念，将其扩展到宏观层次；另一个是借鉴联合国等国际组织颁布的环境经济核算体系 2012：中心框架（System of Environmental-Economic Accounting 2012: Central Framework, SEEA 2012），这是关于资源环境经济核算一套理论方法，除了原有国民经济核算体系，还将资源环境因素放在核算体系内部，从而得到资源环境和经济的关系，可为决策和评价资源环境与经济关系提供依据。

陈红蕊和黄卫果（2014）认为，自然资源资产负债表借鉴微观的企业资产负债表，反映一个国家或地区在某一个时点的自然资源状况，通过将自然资源价值化，以存量、消耗和结余的形式表示出来。很显然，按照这个定义，自然资源资产负债表应该满足"资产 = 负债 + 所有者权益"的会计恒等式，但是它是一个宏观层次的概念。通过自然资源资产负债表，我们可以确定自然资源的存量以及消耗量，确定开发后资源的减少量、利用过程中对自然资源造成的损害以及对生态环境的破坏（夏光，2013）。与企业资产负债表的另一个不同是，自然资源资产负债表应该包括实物量和价值量两种不同的表现形式（张友棠等，2014）。对此，耿建新（2015）有不同的看法和认识，他认为与自然资源资产负债表最接近的一个概念是综合环境经济核算体系（SEEA 2012），其中的资产账户是自然资源资产核算最好的借鉴，利用资产账户的形式对自然资源进行实物量和价值量的核算，记录自然资源期初、期末存量和变化量，账户中反映的是"资产来源 = 资产运用"的关系，并不存在"资产 = 负债 + 所有者权益"的会计恒等关系。

（二）研究现状及问题

自然资源资产负债表研究的核心问题，就是表的要素的确定、表的结构形式。已有的研究理论基础主要有两种。一是基于企业资产负债表，资产负债表反映企业定期的资产、负债及所有者权益的状况。自然资源资产负债表，即利用会计学中的资产负债表，反映自然资源存量的静态报表（胡文龙、史丹，2015）。借鉴企业资产负债表，自然资源负债表也应该包括资产、负债和所有者权益这三项内容。二是基于环境经济核算国际标准 SEEA 2012 体系，就只有资产账户这一项。当前学者的研究主要是基于这两个理论基础。

1. 理论基础：环境会计

我国学者基于企业环境会计视角探索自然资源资产负债表编制，借鉴较多的是负债和所有者权益这两个要素的确定。但是对于这两个要素如何从微观层面向宏观层面进行过渡，并没有学者给出明确的方案。

国外文献最早出现环境负债的研究，对国外环境会计的相关文献研究可知，环境负债最初出现于环境会计和有事项的研究中。比蒙斯（Beams, 1971）马林（Marlin, 1973）最早开始研究环境会计，并提出将企业经济活动对社会和环境的影响传递给相关的利益集团及整个社会是环境会计的作用。FASB（Financial Accounting Standards Board）认为负债是过去已经发生的交易或者事项导致未来资产或经济利益会流出的现时义务。

国际会计学界对环境负债的研究也起到了很大的推动作用，环境负债确认的主要依据是《国际会计准则第 37 号——准备、或有负债和或有资产》（IAS 37）。对于环境负债的计量，主要依据是 FASB 发布的《损失金额的合理估计》（Reasonable Estimation of the Amount of a Loss, an interpretation of FASB statement No. 5）中"最佳估计法"，或者利用最小值。ISAR 2003（International Standards of Accounting and Reporting）也是根据"最佳估计法"对环境负债进行计量，同时还包括现值法和现行成本法等，其中现值法是更为可靠的方式。

我国对环境负债的研究是从 20 世纪 90 年代开始的，葛家澎首先发表了《九十年代西方会计理论的一个新思潮——绿色会计理论》，陈毓圭的论文《环境会计和报告的第一份国际指南》引发专家学者对环境负债的讨论。有学者研究了美国的环境负债管理系统（王燕祥、于爱红，2003）、超级基金负债（王燕祥，2000）、环境负债的计量规范（陈霞、肖路遥，2008；许松涛、肖序，2012），这对我国进行坏境管理，促进可持续发展具有重要的借鉴意义。

结合我国的具体国情和环境保护状况，姜星明（2000）相对完整地介绍了环境负债的概念特征、确认条件和计量属性以及信息披露问题。周志方（2006）阐述了环境负债核算体系，符合我国的国情，并确定了环境负债内涵及其在环境会计中的定位。武子豪（2009）探讨了不确定性环境负债的会计处理方法，指出其确认和计量原则要依据我国会计准则中关于或有事项的确认和计量原则。

一些学者基于会计理论和实践，并且基于某些具体案例，开始探索环境会计的实践思路，周志方和肖序（2011）利用企业风险评估的基本原理和方法，设计了企业环境负债的评估程序，并提出了相应的预防和控制体系。林秋菊（2008）以中国石油为例，分析了中国石油在环境负债方面的会计处理及与理论差距的原因，可以作为中国石油在环境负债会计处理方面的参考建议。王竹君（2008）从宏观角度出发，对政府部门引入或有环境负债会计处理进行了详细阐述，突出了政府部门成立专项突发性环境事件准备基金的意义。虽然国内关于环境会计的研究有很多，但是我国对环境会计处理的规定并不明确，在企业层面，环境负债的基础理论也还需要进一步进行研究。

2. 理论基础：资源环境经济核算

编制自然资源资产负债表，另一理论基础即环境经济核算，对于资产要素的确认，主要是基于 SEEA 2012 中的资产账户，其中包括实物量和价值量的核算。这里主要关注 SEEA 2012 资产账户结构。在 SEEA 2012 核心框架中有七个自然资源资产账户：矿产和能源、土地、土壤、木材、水生资源、其他生物和水。在这一系列的账户中，所列出的是资产的期初存量、存量的增加 / 减少和期末存量。表 5-1 所示是 SEEA 2012 核心框架中自然资源实物量 / 价值量账户的基本形式。

表 5-1　自然资源实物量/价值量账户的基本形式

期初存量
存量增加
存量增长
新存量的发现
重新估计量的增长
重新分类
存量总增加
存量减少
使用
正常损耗
自然灾害损失
重新估计量的减少
重新分类
存量总减少
存量的重新估计 *
期末存量

注：* 只存在于价值量核算之中

　　我们可以根据具体需要对自然资源进行分类，然后针对每种类别的自然资源分别设立资产账户，进行实物量和价值量的核算。实物量核算有局限性，所以需要进行价值量核算。

　　在综合环境经济核算体系里对自然资源资产估价方法做了明确说明。一是减记重置成本法；二是净现值法。其中净现值法在环境资源评价中更加常用。但是，这两个方法是由市场估价产生的定价方法，适用于经济资产的评估，也就是其作为生产性资产价值的评估。对于自然资产存量的核算仍在探索阶段。首先，信息的精确度以及潜在的有用性都需要理论和实证上的进一步检验。其次，识别所收集数据的精确程度以及报告阶段数据的精确度。再次，自然资产存量的核算是否能够有价值地反映资源之间的相互关系和巨大的多样性，也是值得怀疑的。

　　环境资源不仅具有生产性资产价值，还具有生态系统服务价值。对于环境资源的价值评估方法主要有：直接市场法、替代市场法、假想市场法、能值分析和生态足迹的方法，具体的方法介绍和相应的文献研究如表 5-2 所示。

表5-2　资源环境价值评估方法及文献研究

方法类型	评估方法	方法简述	文献研究
直接市场法	重置成本法（replacement cost）	在现实条件下重新购置或建造一个全新状态的评估对象，所需的全部成本减去评估对象的实体性陈旧贬值、功能性陈旧贬值和经济性陈旧贬值后的差额，以其作为评估对象现实价值	生态保护区[1]；土壤流失成本[2]；鱼类资源损害成本[3]；河口栖息地价值[4]；地段保护价值[5]
	剂量—反应法（dose response）	通过污染物的剂量来评估其造成的污染损失	颗粒物和空气污染成本[6][7][8]；环境污染[9]
	损害函数法（damage function）	污染物的量与造成的损害的函数	湿地价值[10]；热带气旋损失成本[11]；土壤流失成本[12][13]
替代市场法	防护支出法（defensive expenditure/averting expenditure）	根据人们为避免环境危害而做出的支出来衡量环境资源的价值	地下水污染成本[14]；污染减少的收益[15]；沿海环境破坏成本[16]；饮用水污染的成本[17]；水过滤的效益[18]
	旅行费用法（travel cost）	用旅行费用作为参观旅游景点的近似价格，根据这个近似价格推导出旅游景点的需求曲线，然后用相应的消费者剩余对旅游景点进行评价	森林娱乐价值[19]；国家公园价值[20][21][22]；海洋保护区的游憩价值[23]；寺庙的游憩价值[24]；生态系统的价值[25]；沙滩的游憩价值[26]；海滩侵蚀损失[27]
	享乐价格法（hedonic pricing）	认为人们对于环境资源所赋予的价值可以通过他们为包含环境资源属性的商品所支付的价格来推断	城市森林的观赏价值[28]；农场的愉悦价值[29]；农业的价值[30]；农业和森林的外部性[31]；农场的旅游价值[32]；土地价值[33]
假想市场法	选择实验（choice experiments/conjoint techniques）	间接询问被调查者对环境服务的支付意愿	湿地价值[34]；农业用地价值[35]；可再生能源政策的风险成本[36]；环境项目价值[37][38]
条件价值法	条件价值法（contingent valuation method）	直接询问被调查者对环境服务的支付意愿	国家公园的旅游资源[39][40]；城市森林的观赏价值[41]；重大节日活动的旅游景点门票收入[42]；风力发电厂的建立成本[43]；可再生能源的社会接受度[44]；生态系统价值[45]
其他方法	能值分析（emergy analysis）	将各种不同的能量统一转化为可比较的太阳能焦耳	能源生产价值[46]；地区生态价值[47][48]
	生态足迹（ecological footprint）	能够持续提供资源或者消纳废物的、具有生物生产力的地域空间	生物多样性[49]；国家生态足迹[50]；地区生态足迹[51]

[1]　Moilanen A, Arponen A, Stokland J N, et al. Assessing Replacement Cost of Conservation Areas: How does Habitat Loss Influence Priorities？[J]. *Biological Conservation*, 2009, 142（3）: 575-585.

[2]　Gunatilake H M, Vieth G R. Estimation of On-site Cost of Soil Erosion: A Comparison of Replacement and Productivity Change Methods[J]. *Journal of Soil and Water Conservation*, 2000, 55（2）: 197-204.

[3]　Strange E M, Allen P D, Beltman D, et al. The Habitat-based Replacement Cost Method for Assessing Monetary Damages for Fish Resource Injuries[J]. *Fisheries*, 2004, 29（7）: 17-24.

[4]　Francis J M. Linking Ecological Function and Ecosystem Service Values of Estuarine Habitat Types Associated with a Barrier Island System[D]. The Texas A&M University–Corpus Christi, 2012.

［5］ Cabeza M, Moilanen A. Replacement Cost: A Practical Measure of Site Value for Cost-effective Reserve Planning[J]. *Biological Conservation*, 2006, 132（3）: 336-342.

［6］ Vlachokostas C, Achillas C, Moussiopoulos N, et al. Health Effects and Social Costs of Particulate and Photochemical Urban Air Pollution: A Case Study for Thessaloniki, Greece[J]. *Air Quality, Atmosphere & Health*, 2012, 5（3）: 325-334.

［7］ Zhang M, Song Y, Cai X. A Health-based Assessment of Particulate Air Pollution in Urban Areas of Beijing in 2000–2004[J]. *Science of the Total Environment*, 2007, 376（1）: 100-108.

［8］ Sultan Z M. Estimates of Associated Outdoor Particulate Matter Health Risk and Costs Reductions from Alternative Building, Ventilation and Filtration Scenarios[J]. *Science of the total environment*, 2007, 377（1）: 1-11.

［9］ GUTIÉRREZ M J. Dynamic Inefficiency in an Overlapping Generation Economy with Pollution and Health Costs[J]. *Journal of Public Economic Theory*, 2008, 10（4）: 563-594.

［10］ Farber S. The Value of Coastal Wetlands for Protection of Property Against Hurricane Wind Damage[J]. *Journal of Environmental Economics and Management*, 1987, 14（2）: 143-151.

［11］ Farber S. The Value of Coastal Wetlands for Protection of Property Against Hurricane Wind Damage[J]. *Journal of Environmental Economics and Management*, 1987, 14（2）: 143-151.

［12］ Walker D J, Young D L. The Effect of Technical Progress on Erosion Damage and Economic Incentives for Soil Conservation[J]. *Land Economics*, 1986: 83-93.

［13］ Walker D J. A Damage Function to Evaluate Erosion Control Economics[J]. *American Journal of Agricultural Economics*, 1982, 64（4）: 690-698.

［14］ Abdalla C W, Roach B A, Epp D J. Valuing Environmental Quality Changes Using Averting Expenditures: an Application to Groundwater Contamination[J]. *Land Economics*, 1992: 163-169.

［15］ Bartik, T J. Evaluating the Benefits of Non-marginal Reductions in Pollution Using Information on Defensive Expenditures. *Journal of Environmental Economics and Management*, 1988, 15（1）: 111-127.

［16］ Escofet, A., and L. C. Bravo-Pena. Overcoming Environmental Deterioration Through Defensive Expenditures: Field Evidence from Bahia Del Tobari（sonora, mexico）and Implications for Coastal Impact Assessment. *Journal of Environmental Management [H.W.Wilson - SSA]*, 2007, 84（3）: 266.

［17］ Laughland, as, lm musser, wn musser, and js shortle. The Opportunity Cost of Time and Averting Expenditures for Safe Drinking-water. *Water Resources Bulletin*, 1993, 29（2）: 291-299.

［18］ Lavee, D. Averting Expenditures and Valuation of Damages: Two Methods for Assessing the Benefits of Water Filtration in Israel. *Water Policy*, 2010, 12（2）: 290-303.

［19］ Willis K G, Garrod G D. An Individual Travel – Cost Method of Evaluating Forest Recreation[J]. *Journal of Agricultural Economics*, 1991, 42（1）: 33-42.

［20］ Benson C, Watson P, Taylor G, et al. Who Visits a National Park and What do They Get Out of It？ A Joint Visitor Cluster Analysis and Travel Cost Model for Yellowstone National Park[J]. *Environmental management*, 2013, 52（4）: 917-928.

［21］ Blayac T, Hamadé F, Salles J M. Valuing the Recreational Services of the Port-Cros National Park（France）: A re-designed Travel Cost Method Using Count Data Models[C]//29. Journées de Microéconomie Appliquée（JMA 2012）. 2012-06-072012-06-08, Brest, FRA. 2012.

［22］ Veisten K, Dybedal P, Grue B. Measuring the Economic Value of Nature and National Parks: Indirect Valuations from Travel Cost Method and Tourism Satellite Accounts[J]. *International Journal of Tourism Policy*, 2012, 4（4）: 317-335.

［23］ Chae D R, Wattage P, Pascoe S. Recreational Benefits from a Marine Protected Area: A Travel Cost Analysis of Lundy[J]. *Tourism Management*, 2012, 33（4）: 971-977.

［24］ Tourkolias C, Skiada T, Mirasgedis S, et al. Application of the Travel Cost Method for the Valuation of the Poseidon Temple in Sounio, Greece[J]. *Journal of Cultural Heritage*, 2014.

［25］ Nilushika W A J, Fernando A P S. Recreational Value of Muthurajawela Ecosystem: an Application of Travel Cost Method[J]. *Faculty of Agriculture*, 2014.

［26］ Zhang F, Wang X H, Nunes P A L D, et al. The Recreational Value of Gold Coast Beaches, Australia: An application of the Travel Cost Method[J]. *Ecosystem Services*, 2015, 11: 106-114.

［27］ Nakajima K, Sakamoto N. General Equilibrium Approach Consistent with Travel Cost Method for Economic

Evaluation of Beach Erosion by Climate Change[C]//ERSA conference papers. European Regional Science Association, 2013（ersa13p479）.

［28］ Tyrväinen L. The Amenity Value of the Urban Forest: an Application of the Hedonic Pricing Method[J]. *Landscape and Urban planning*, 1997, 37（3）: 211-222.

［29］ Ready R C, Berger M C, Blomquist G C. Measuring Amenity Benefits from Farmland: Hedonic Pricing vs. Contingent Valuation[J]. *Growth and Change*, 1997, 28（4）: 438-458.

［30］ Ready R C, Abdalla C W. The Amenity and Disamenity Impacts of Agriculture: Estimates from a Hedonic Pricing Model[J]. *American Journal of Agricultural Economics*, 2005, 87（2）: 314-326.

［31］ Le Goffe P. Hedonic Pricing of Agriculture and Forestry Externalities[J]. *Environmental and resource economics*, 2000, 15（4）: 397-401.

［32］ Vanslembrouck I, Huylenbroeck G, Meensel J. Impact of Agriculture on Rural Tourism: a Hedonic Pricing Approach[J]. *Journal of agricultural economics*, 2005, 56（1）: 17-30.

［33］ Cavailhès J, Brossard T, Foltête J C, et al. GIS-based Hedonic Pricing of Landscape[J]. *Environmental and resource economics*, 2009, 44（4）: 571-590.

［34］ Carlsson F, Frykblom P, Liljenstolpe C. Valuing Wetland Attributes: an Application of Choice Experiments[J]. *Ecological Economics*, 2003, 47（1）: 95-103.

［35］ Huber R, Hunziker M, Lehmann B. Valuation of Agricultural Land-use Scenarios with Choice Experiments: a Political Market Share Approach[J]. *Journal of Environmental Planning and Management*, 2011, 54（1）: 93-113.

［36］ Lüthi S, Wüstenhagen R. The Price of Policy Risk—Empirical Insights from Choice Experiments with European Photovoltaic Project Developers[J]. *Energy Economics*, 2012, 34（4）: 1001-1011.

［37］ Carlsson F, Martinsson P. Do Hypothetical and Actual Marginal Willingness to Pay Differ in Choice Experiments？ Application to the Valuation of the Environment[J]. *Journal of Environmental Economics and Management*, 2001, 41（2）: 179-192.

［38］ Hanley N, Wright R E, Adamowicz V. Using Choice Experiments to Value the Environment[J]. *Environmental and resource economics*, 1998, 11（3-4）: 413-428.

［39］ Lee C K, Han S Y. Estimating the Use and Preservation Values of National Parks' tourism Resources Using a Contingent Valuation Method[J]. *Tourism management*, 2002, 23（5）: 531-540.

［40］ Bateman I J, Langford I H. Non-users' willingness to Pay for a National Park: an Application and Critique of the Contingent Valuation Method[J]. *Regional studies*, 1997, 31（6）: 571-582.

［41］ Tyrväinen L, Väänänen H. The Economic Value of Urban Forest Amenities: an Application of the Contingent Valuation Method[J]. *Landscape and Urban Planning*, 1998, 43（1）: 105-118.

［42］ Lee C K, Mjelde J W, Kim T K. Estimating the Effects of Different Admission Fees on Revenues for a Mega-event Using a Contingent Valuation Method[J]. *Tourism Economics*, 2013, 19（1）: 147-159.

［43］ du Preez M, Menzies G, Sale M, et al. Measuring the Indirect Costs Associated with the Establishment of a Wind Farm: An Application of the Contingent Valuation Method[J]. *Journal of Energy in Southern Africa*, 2012, 23（1）: 3.

［44］ Stigka E K, Paravantis J A, Mihalakakou G K. Social Acceptance of Renewable Energy Sources: A Review of Contingent Valuation Applications[J]. *Renewable and Sustainable Energy Reviews*, 2014, 32: 100-106.

［45］ Loomis J, Kent P, Strange L, et al. Measuring the Total Economic Value of Restoring Ecosystem Services in an Impaired River Basin: Results from a Contingent Valuation Survey[J]. *Ecological economics*, 2000, 33（1）: 103-117.

［46］ a Cruz, RVA, and CAO do Nascimento. 2012. Emergy Analysis of Oil Production from Microalgae. BIOMASS & BIOENERGY 47, : 418-425.

［47］ Higgins, Julie Brotje. Emergy Analysis of the Oak Openings Region. *Ecological Engineering*, 2003, 21（1）: 75-109

［48］ Lv, Cuimei, and Zening Wu. Emergy Analysis of Regional Water Ecological–economic System. *Ecological Engineering*, 2009, 35（5）: 703-710.

［49］ Galli, A., M. Wackernagel, K. Iha, and E. Lazarus. Ecological Footprint: Implications for Biodiversity. *Biological Conservation*, 2014, 173: 121-132.

［50］ Lee, YJ, and LP Peng. Taiwan's Ecological Footprint（1994-2011）. *Sustainability*, 2014, 6,（9）: 6170-6187.

［51］ Lee, YJ, and LP Peng. Taiwan's Ecological Footprint（1994-2011）. *Sustainability*, 2014, 6（9）: 6170-6187.

3. 我国自然资源资产负债表理论研究和实践

分别基于前面所介绍的两个理论基础，对于自然资源资产的确定，有两种不同的看法。

一是认为自然资源资产包括自然资源和生态环境。许家林（2000）从"资源会计"的角度认为自然资源是一种资产，在现有认识、技术水平下，开发和利用它能得到一定经济收益。在这个定义下，只有当前的知识和技术水平能够开发利用并且带来经济收益的资源才被计入自然资源资产。从"环境会计"的角度，许家林和孟凡利（2004）指出，环境资产指一切存在于自然界中的资源，这些资源能给我们带来价值，不仅包括经济价值，还包括非经济价值，比如能够绿化环境等。结合这两个方面，乔晓楠等（2015）认为如果把自然资源资产负债表当作宏观的管理工具，那么自然资源资产就应包括全部自然资源。

史丹和张金昌（2014）对自然资源资产的确认有不同的看法，他们认为资产的确认并不是包括所有的自然资源，只有价值发生增值的自然资源或生态资源才被计入资产项目，比如政府对某种资源实行保护，留存起来供未来使用，这种保护带来的自然资源价值增加作为自然资源资产计量。但经济发展过程中必须对自然资源合理地开发利用，这种确认方式可能会使地方政府为了资产存量的增加而减少对自然资源的利用。

根据党的十八届三中全会的决定，第一种资产的确认原则是比较合理的，这样能够对我们当前的自然资源"家底"有一个比较清楚明确的认识，但是对于实物量和价值量的核算是一个更需要研究的问题。因为我国自然资源种类繁多，不同类型的资源物理量的计量单位都不一样，在计算价值量的时候需要根据每种资源具体确定其价格。

除了对自然资源资产的确定存在异议之外，自然资源负债也是如此。对于自然资源负债，大体包括三种不同的看法。

第一种是对自然资源本身的开采和使用就是负债。史丹和张金昌（2014）认为开采利用的自然资源不是自然资源资产，而是负债，是本届政府对下一代人的负债。具体包括两个方面：一是对自然资源的开采、耗费和破坏；二是对生态环境的破坏和损害。他们认为计入负债的内容包括四项：第一，对自然资源的开采、使用或者出售会使自然资源资产的价值减少，所以这一部分应当被计作负债；第二，在利用自然资源过程中所造成的空气污染、自然灾害、旅游污染、环境恶化等会对人们的生活和生产环境造成损失，这将被计算生态环境负债；第三，进行自然资源和生态环境保护所投入的资金，也被计作负债；第四，因为自然资源开发利用、生态环境退化之后所带来的社会成本，包括治理成本、生态系统恢复成本等应当计作负债。对于这个看法，我们认为存在一定的问题，第三项中的内容，如果将进行自然资源和生态环境保护所投入的资金计入负债，那么政府领导干部在任职期间为了降低自己的负债，必定会减少这部分资金投入，这明显与进行自然资源资产核算的目的不同。

第二种是在自然资源开采和使用的过程中，对自然资源的耗费和对生态环境的破坏被看作负债。具体是指对自然资源的实际使用超过了某个地区的自身拥有量，对生态环境的破坏超出了其本身的承载能力（乔晓楠等，2015）。王姝娥和程文琪（2014）以及张友棠等（2014）认为自然资源负债是应付成本，包括治污成本、生态恢复成本、生态维护成本和超载补偿成本。但是，这四项应付成本没有囊括进行资源管理和环境保护所需的全部成本，比如对人类健康造成的损害等成本；同时，这四项成本也有一定的重合度，各个概念之间的界限并不明确，不满足互斥的原则；再次，政府在进行资源利用的同时会采取一定的措施治理污染、保护环境等，这部分已经发生的成本是不是应该计入负债并没有给出明确的说法。最后，由于自然资源的存量、生态环境的承载力本身具有不确定性，受到技术水平的制约，所以负债的计算通常具有很大的不确定性（乔晓楠等，2015）。

第三种认为不存在自然资源负债这个概念。耿建新等（2014）认为对自然资源负债进行确认与计量缺乏理论和实践上的可行性，SNA 2008 和 SEEA 2012 均未提出"自然资源负债"的概念。SEEA 2012 中设置了环保支出账户和自然资源管理账户两个功能账户，用于核算自然资源开发利用过程中所产生的成本和费用。在实践中，如果将自然资源的耗费和对生态环境的破坏计作负债，那么准确估计未来应付的环境治理、恢复和保护成本必然涉及对生态系统退化程度的计量，而这项工作当前无论是理论上还是实践中都缺乏可行性。

从上面的分析中可以看出，学者对于负债的确定存在很大的分歧，而负债当中每一个具体项目的内容也有很多不确定性，比如生态恢复成本到底如何定义、如何计量，这些都没有给出明确的解释。

对所有者权益的确认有三种不同的观点。一是认为自然资源的所有者是社会的全体成员，所有者权益是指一个国家或地区在一定时期内所开发利用的自然资源的数量（乔晓楠等，2015）。按照这个定义，很显然自然资源资产负债表所依据的会计恒等式不成立。二是定义严格按照会计恒等式，认为所有者权益就是资产减去负债之后的净资产（史丹和张金昌，2014）。这种说法仅从会计恒等关系来说是成立的，但是需要对自然资源和负债的具体内容有确定的定义和计量方式。三是认为不存在所有者权益这个要素。主要原因有三个：自然资源的所有者并不确定，即便所有者明确，也无法直接计算所有者投入的资产和结存的收益；在通用的自然资源核算框架 SEEA 2012 中，只存在自然资源资产这一个要素，而所有者权益是需要资产减去负债，所以不存在所有者权益这个要素；在当前的理论和技术水平下，资产负债项目的确定以及计量方式都没有明确的说法，所以所有者权益也就无法确定和计量。

在自然资源资产负债表实践方面，一些学者已经开始进行自然资源资产负债表编制方法的探索。封志明等（2014）研究了自然资源核算及自然资源资产负债表的关系，也制订了自然资源资产负债表的框架。王智飞等（2014）认为已经探明储量的以及政府持有的自然资源应列为核算科目。高志辉（2015）提出基于现金流动来进行自然资源资产负债表编制。

自然资源资产负债表编制是一项复杂工作，因此很多学者建议从某一项自然资源开始。耿建新等（2015）探索研究编制适合我国的土地资源平衡表方法，借鉴SEEA 2012以及澳大利亚土地平衡表的实践，从土地资源类型以及实物量和价值量等角度研究如何编制土地资源平衡表。甘泓等（2014）研究了我国水资源资产负债表的编制，认为需要首先确定水资源权利主体，然后确定负债的概念，并且结合澳大利亚水资源核算的实践，给出了编制的具体建议以及实践过程中可能遇到的重点和难点问题。焦若静等（2014）在国内外环境承载能力量化研究的基础上，构建了适合我国环境功能区制度的土地表和土地资源资产负债表；对我国开展资源资产产权界定和实施资源有偿使用或补偿制度，实现自然资源的合理使用具有积极意义。

我国的政府与机构也开始了自然资源资产负债表的编制工作，国家统计局和林业局合作开展了森林资源核算，贵州、三亚、内蒙古和深圳等地已经形成了自然资源核算的相关报告，社科院工经所和中科院地理所也形成了自己的核算体系。

从学者已有的研究和实践可以看出，对自然资源资产负债表的内涵以及资产、负债、所有者权益三个要素的确认都存在很大的分歧。我们在选择自然资源资产负债表的理论依据的时候，需要根据具体需求以及当前技术和理论的可行性。我们编制自然资源资产负债表的主要目的是对领导干部进行离任审计，对自然资源资产的状况以及对生态环境的损害状况进行核算。同时，考虑到理论和技术上的可行性，如果对自然资源使用期间对生态环境的破坏情况进行未来情况的核算，对生态环境的破坏、退化和修复进行核算，这在当前理论上以及技术上可行性都不大，所以考虑到这两种情况，在当前阶段，编制自然资源资产负债表，借鉴SEEA 2012的框架是比较合适的，即先设置自然资源资产账户，对自然资源实物量和价值量进行核算。

三、自然资源负债表的编制

（一）自然资源负债表编制的基本步骤

就目前的发展状况来看，相对成熟的自然资源资产负债表核算体系还未在我国形成，故脱离原体系而独创新的自然资源资产负债核算方法的方案不可行。所以，在尚未完成区域自然资源资产确权前，应与现有生态评价指标体系相结合，逐步完善区域自然资源资产负债表核算体系。

编制自然资源资产负债表的顺序及流程如下：

（1）首先是要完善自然资源资产、负债等确权工作，明晰本地区自然资源的"现有存量情况"，并清晰地认识到地区内资源的实际储量。

（2）编制资产变动状态表。从理论层面来说，自然资源资产负债表可分为实物型和价值型两种。目前对自然资源还未形成统一、完善的定价方法，所以，确定自然资源资产"价值计量"的确切定义还存在难度或争议性。在现阶段，编制自然资源的资产与负债的价值计量模式并不成熟，现行尝试编制自然资源资产变动状况表。

（3）完善自然资源的考核评价体系。在弄清资源起始值之后，应该对领导干部任期内对生态环境所做的功绩或损害程度进行评估、考评提升生态文明程度等，用量化的数据来表示任期内领导干部对自然资产的改变量。这个过程要公开透明，并建立健全生态及自然资源考核制度。

（4）进一步完善自然资源资产价值的核算体系。虽现在对自然资源资产定价核算还存在方法、计算模型等技术层面的疑惑，但是，编制自然资源资产负债表的核心仍是进一步完善资产价值核算体系。

（二）对策及建议

探索编制自然资源资产负债表是我国进行领导干部绩效考核的一大创新，对于保护自然资源和生态环境、促进可持续发展、实现资源节约、环境友好型社会具有非常重要的意义，同时也有助于建立健全政府宏观会计体系，完善国家资产负债表的数据基础（黄溶冰，2015）。

但是由于目前没有成熟的理论、方法和技术，在实践中也没有实际可以借鉴的经验和成熟的方法制度，因此基础工作还有好长的路要走，一些学者给出了研究的意见和建议。武音茜（2014）认为统计和会计是这项工作的基础，对于自然资源资产的范围、自然资源的权利主体及自然资源行政规划需明确界定，同时对自然资源价值评估应从不同角度及方法给予考虑（张航燕，2014），在这个过程中可以借鉴企业环境会计的理论（孟晓俊，2014）、绿色 GDP 核算以及环境经济核算的理论和方法。对于自然资源核算，国际社会均从林业等相对容易的特定领域开始（姚霖，2015），因此我们可以借鉴相关经验，突出我国自然资源特色和区域特征，"由点到面"逐步推进和完善自然资源资产负债表的编制（王泽霞，2014）。

针对当前自然资源资产负债表的理论研究和实践，我们认为除了上述学者所提到的意见和建议以外，未来研究的时候可以考虑以下原则。

考虑每一种自然资源的权重系数。第一，每个地区的自然资源禀赋是不同的，而自然资源的数量和质量都会对地区生产活动和经济发展产生重要影响。第二，由于不同的自然资源对不同地区发展的必要性和有用性不同，各个国家和地区对于资源的关注程度也是不一样的，有的资源对其经济发展作用较大；或者在某个地区，某个资源的耗损程度比较严重，那么在进行所有自然资源资产核算的时候，就需要考虑每一种资源的权重系数。第三，不同国家、不同发展阶段，对环境问题的关注度以及关注的方面是不一样的，有的国家温室效应和大气污染比较严重，有的国家或地区面临土地的利用问题，比如土地覆被是森林或者是植物资源的矛盾。因此，所要采取的措施和行动是不同的，而行动需要统计信息作为基础。所以，在自然资源总资产进行价值量核算的时候，建议政府部门对各种资源赋予一个权重系数，这能更好地反映自然资源对经济发展的重要性。比如稀缺性资源重要程度更高一些，在总价值中占有更高的比重，同时由于其重要性，也更要对它的消耗和使用重点保护。

由简到繁的灵活性原则。由于自然资源的核算是一项浩大的工程，因此，我们可以先将整个过程简化，遵从由简单到复杂的原则，从一种自然资源核算开始，将核算体系框架推广到其他资源，同时，我们在这个过程中可以先考虑只进行自然资源实物量和价值量的统计和核算，而不将其与国民经济核算连接起来。这和十八届三中全会"编制自然资源负债表"的目标是一致的。

数据的一致性。对数据的要求：①要与国际标准相统一，便于与各个国家之间进行横向的数据比较；②要考虑与国民经济核算体系的数据相容性问题，因为自然资源核算的最终目标都是为了进行经济核算；③随着时间的推移和演变，不同阶段自然资源的使用和耗损程度以及对生态环境的破坏是不同的，所以要考虑时间序列数据。

以我国的基本国情为主要依据和参考。在进行具体自然资源核算的时候，需要依据联合国环境经济核算体系的基本原则和框架，但是具体执行方面，需要坚持从我国的具体国情出发，考虑当前我国经济发展和资源环境利用的具体情况，选择我国政府关注的、对经济发展最有密切关系的自然资源领域优先进行核算，同时要考虑到数据的可得性以及操作的可行性。

在编制自然资源资产负债表的基础上确立政绩考核的指标系数。自然灾害频繁发生，也会使得政府对自然资源的关注度提高，要考虑到政府对自然资源信息的不同的需求，比如是关注损失量，还是关注自然灾害导致的资源损失，或者是关注对于经济生产活动的自然资源的投入量有多少。对自然资源的核算只是我们进行环境经济核算的第一步，当然，也是最基础的一步，可以考虑基于自然资源核算设置政绩考核指标体系，将核算的内容标准化、统一化，这样直接利用核算结果计算形成的指标对领导干部直接进行审计，同时，这个指标也可以进行地区可持续发展程度的衡量。比如资源的消耗率，这个就可以作为政绩考核的一个指标。后期还可以考虑建立自然资源核算信息系统，输入一系列基础数据，系统即可输出相关的系数和表格，将核算过程自动化、智能化。

第六章　中国矿业资本市场发展

随着经济全球化和信息化进程不断推进，矿业资本市场的发育程度成为一个国家矿业经济发展的重要支撑，同时也决定一个国家在矿业市场中的竞争力。目前，我国矿业资本市场主要融资途径包括股票市场、债券市场、银行贷款和政府财政等，呈现多元化特征；我国矿业资源的进出口贸易呈快速增加的态势；我国矿业资本企业以国有企业为主，矿业企业跨国并购的成功率不断提高，但利用效率发展不均衡；我国矿业资本市场发育程度较低，在全球矿业市场的主导地位不明显。

一、中国矿业资本市场发展历史

在 1978 年前的计划经济时期，企业的资金全部来自国家财政支持，国家按照计划指导和安排企业的生产和经营活动。1978 年以来，随着我国经济体制和社会体系的不断完善，计划经济逐渐转变为市场经济，资本市场开始发展壮大，矿产资源开发也逐渐转变为市场经济的运行模式，矿业企业在资本市场的融资不断丰富，地质勘查和矿业开发管理的体制及相关法律法规也不断完善。我国矿业资本的发展经历了以下三个阶段。

第一阶段：从建国初期到 1978 年改革开放前。该阶段我国处于计划经济，主要特征是全民所有制和集体所有制企业占据全国 90% 以上的经济部门。国家拥有企业的所有权，并指导企业的生产、销售等经济活动。该阶段国家的金融体系较单一，企业融资和贷款则由国家按照计划分配，企业不能自主进行融资。该阶段，国家统一管理矿产资源勘查和开发，相关资金来源于国家财政。整体上，在计划经济时期，矿业企业缺失资金自主权，矿业企业资金主要是通过争取国家计划指标，其他融资方式极少，这种完全受制于计划的融资方式导致企业预算约束问题突出；其次，在制定计划时，如若出现决策失误，政府要承担所有责任，而矿业企业不需要承担任何责任。

第二阶段：改革开放到 20 世纪末期。该阶段我国逐步由计划经济向市场经济转变，国家先后设立了中国银行、中国农业银行、中国工商银行和中国建设银行四大国有银行，矿业企业通过与银行的强强联手，增加和丰富矿产企业的资金来源。1990 年和 1991 年，我国深沪两大股票交易所先后成立，股票和债券融资也逐渐成为企业资金来源。矿业企业的融资结构和渠道不断丰富，矿产企业可以通过银行贷款、利用外资、发行债券和股票等形式获取国家预算拨款和吸收社会资金，矿业企业融资从单一资金开始向多种资金渠道转变。1997—1999 年，矿业企业的建设投资仍主要来源于国内银行贷款，占总投资金的 50%，而利用外资和发行债券的比例仍相对比较少，占比均不足 1%，但整体上存在逐年增加的态势。

第三阶段：新世纪以来。该阶段我国市场经济不断发展，金融和资本市场的体制机制不断完善。矿业企业的投融资结构和渠道发生明显变化。矿业企业开始由依靠财政拨款和银行贷款转向以市场经济为导向的资本市场，逐渐形成了以发行股票和债券的多元化融资渠道。从股票和债券融资渠道来看，股票融资占比高于债券融资，其中，1999—2003 年矿产企业股票融资和债券融资分别占 72.75% 和 27.25%。

目前，我国矿业资本市场逐渐向法制化、开放化等方面转变。我国矿业融资模式和渠道主要包括：通过 IPO 和增发股票在股票市场进行融资，通过发行中期、非公开定向票据等在债券市场融资以及通过引进外资等。同时，国家为促进矿业市场的发展，提出了一系列的振兴规划，并鼓励矿产企业进行并购重组，目前主要集中在前期探矿和新建矿权等方面。但受到历史遗留问题的影响，我国矿业企业的并购重组仍面临众多问题和挑战，主要表现在利益主体较多，各方利益协调难度较高等方面。目前，我国矿业开发的主体主要包括央企、国企、社会资本和外商资本，受不同主体诉求差异的影响，整合难度较大。此外，我国矿业整合重组方式主要有央企利用行政力强行整合国企和国企用行政力强行整合民企，导致发展水平和模式差异较大的企业被强行整合重组；或者以提高地税、增加当地投资等为谈判条件，对央企或国企等提出诉求，从而导致"整而不合、收而不管"等现象。整体上，我国矿业企业的整合任重道远，但其速度不断提升，国际化趋势不断提升，已成为全球重要的矿业资本市场。

二、中国矿业资本市场发展现状

（一）中国矿产品生产与消费现状

2015 年，我国一次能源的总产量为 36.2 亿吨标准煤（图 6-1），同比增长 0.6%；消费总量为 43 亿吨标准煤，同比增长 0.94%，能源自给率为 84.2%。从一次能源消费结构分析（图 6-2），2015 年煤炭仍占较大比重，占 63.6%，其次是石油（18.6%）、水电（8.5%）、天然气（5.9%）、再生能源（2.1%）和核能（1.3%）。与 2014 年相比，煤炭（66%）和石油（19.1%）占比不断下降，但水电、核能等清洁能源比重不断上升。

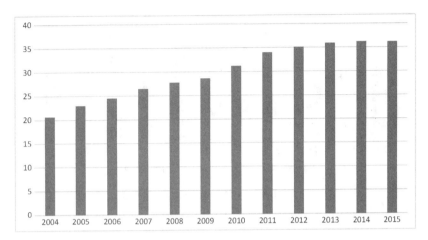

图 6-1 2004—2015 年我国一次能源产量变化情况

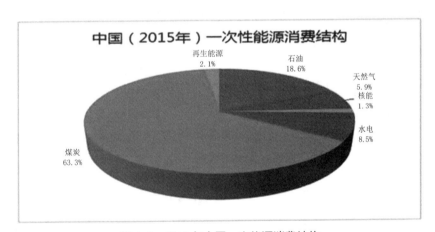

图 6-2 2015 年中国一次能源消费结构

2014 年，中国原煤和原油产量分别为 38.74 亿吨和 2.11 亿吨，连续多年居世界第一位和第四位。天然气产量 1301.57 亿立方米，增长 7.7%，居第六位。

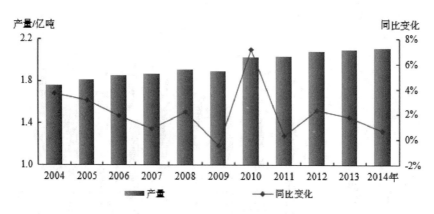

图 6-3   2004—2014 年我国石油生产量变化情况

2014 年，生产铁矿石和粗钢钢材分别 15.1 亿吨和 8.2 亿吨（图 6-4），同比增长 3.9% 和 1.2%。十种有色金属生产量为 4380.1 万吨，增长 7.4%；其中精炼铜和电解铝产量 764.4 万吨和 2751.7 万吨，分别增长 15.0% 和 8.2%。黄金产量和消费量分别 458.1 吨和 886.09 吨，增长 5.5% 和 24.7%。其中，粗钢、十种有色金属、黄金产量均位居全球首位。

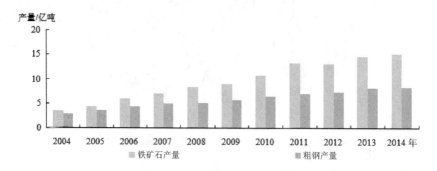

图 6-4   2004—2014 年我国铁矿石与粗钢产量变化情况

从我国矿产品产量及增长速度分析，2015 年我国主要矿产品产量呈增长态势，尤其是天然气、十种有色金属等，但原煤、粗钢、水泥等大宗矿产品的产量略有降低（表 6-1）。

表6-1　2015年我国主要矿产品产量及增长速度

产品名称	单位	产量	比上年增长（%）
原煤	亿吨	37.5	-3.3
原油	亿吨	2.15	1.5
天然气 *	亿立方米	1346.1	3.4
粗钢	亿吨	8.0	-2.2
黄金	吨	450.1	-0.4
十种有色金属	万吨	5155.8	6.8
磷矿石	万吨	14203.7	13.7
原盐	万吨	5975.0	-1.7
水泥	亿吨	23.6	-5.3

* 天然气包括气田天然气、油田天然气（油田气层气、油田伴生溶解气）和煤田天然气（煤层气）

（二）中国矿产品对外贸易现状

2015 年，我国矿产品的进出口总额为 8338 亿美元，较 2014 年降低了 23.6%，矿产品的国家贸易活跃度有所降低。其中，进口的活跃度降低较高，进口额减少了 30.8%，出口额的降低比重相对较低，降低了 11.2%（图 6-5）。

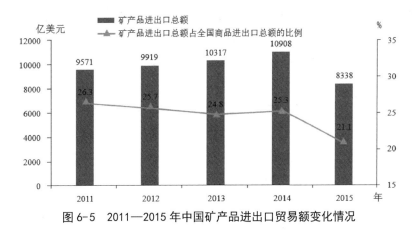

图 6-5　2011—2015 年中国矿产品进出口贸易额变化情况

从进出口产品的结构分析，2015 年原油、铁矿石、铜矿、铝土矿等矿产品进口量较 2014 年有所增加，其中，铝土矿增长率超过 50%，而煤炭、镍矿等矿产品进口量明显减少（表 6-2）。据统计，到 2015 年，我国 45 种主要矿产品中能保证需要且有部分能供出口的有 23 种，能基本保证需要的有 6 种且产量呈逐年下降趋势；石油、天然气、铁、锰、铜、镍、金、银等重要矿产品国内生产不能完全保证需要，仍需要部分进口；而铬、钴矿、铂族、钾、金刚石等矿产品则国内市场严重短缺，主要依赖进口。

表6-2   2014—2015年中国重要矿产品进口量

矿产品	进口量（万吨）		矿产品	进口量（万吨）	
	2014 年	2015 年		2014 年	2015 年
煤炭	29120	20406	铜矿砂及精矿	1181	1329
原油	30838	33550	铝矿砂及精矿	3628	5582
铁矿砂及精矿	93251	95272	镍矿砂及精矿	4776	3528
锰矿砂及精矿	1622	1576	硫黄	1024	1193
铬矿砂及精矿	939	1040	氯化钾	804	947

（三）中国地质勘查市场投入现状

2001 年以来，我国主要矿产查明资源储量持续增长，截止到 2014 年我国地质勘查总投入 9841 亿元。其中油气矿产勘查和非油气矿产勘查投入分别为 6656 亿元和 3185 亿元，分别占总投入的 67.6% 和 32.4%。2001—2014 年地质勘查投入可以划分为两个阶段：第一阶段（2001—2012 年），该阶段地质勘查投入快速增长，由 2001 年的 222 亿元增加值 2012 年的 1297 亿元，年均增长率高达 17.4%[①]；第二阶段（2013—2014 年），该阶段地质勘查投入逐年降低，到 2014 年降低为 1145 亿元（图 6-6）。2014 年地质勘查投入主要来源社会投入和财政投入，分别占全国地质勘查投入的 83% 和 17%。从地质勘查投入的产品类型分析，油气矿产地质勘查和非油气矿产地质勘查投入分别为 743 亿元（占总投入的 64.9%）和 402 亿元（占总投入的 35.1%），较 2013 年分别降低了 1.2% 和 12.5%（图 6-7）。其中，非油气矿产地质勘查投入主要来自于社会投资（179 亿元）和财政投资（223 亿元），分别占总投资的 44.5% 和 55.5%。

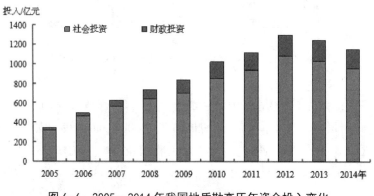

图 6-6   2005—2014 年我国地质勘查历年资金投入变化

---

① 崔荣国、郭娟、徐桂芬、林博磊：《我国地质勘查行业"产能"分析》，《中国矿业》2015 年第 12 期。

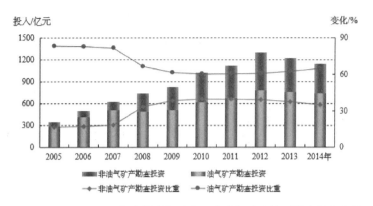

图 6-7　2005—2014 年我国油气矿产及非油气矿产地质勘查投入变化

　　中国的地质勘查单位以国有为主。"截至 2014 年底，全国具有地质勘查资质的地勘单位有 2574 家，其中国有地勘单位、有限责任和私营单位分别的 1268 家、1129 家和 55 家，分别占全国总量的 49.26%、43.86% 和 2.14%（图 6-8）。其中，多数有限责任性质的地勘单位都是由国有企业控股，这表明我国国有地勘单位的占比远高于 50%，导致地质勘查市场活力相对较低。"[①]

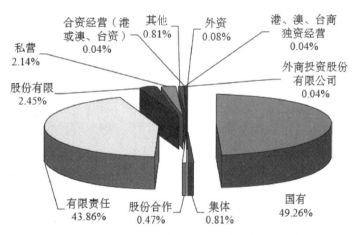

图 6-8　全国地质勘查单位经济类型构成（2014 年）

三、中国矿业资本市场融资结构

　　从上文的中国矿产资本市场发展阶段可知，在勘查阶段，国有地勘单位是我国从

① 崔荣国、郭娟、徐桂芬、林博磊：《我国地质勘查行业"产能"分析》，《中国矿业》2015 年第 12 期。

事矿产资源风险勘探的主力，政府财政拨款是主要资金来源；在采矿和经营阶段，以市场经济为导向、以股票和债券市场为代表的融资方式逐渐打破过度依赖财政拨款和银行贷款的融资方式。

（一）股票市场

目前，我国国内的证券交易市场有上交所、深交所和新三板，按照证监会的行业分类（上市公司行业分类指引［2012 年修订］），矿业上市企业属于采矿类行业，主要分为黑色金属采矿类、有色金属采矿类、非金属采矿类和其他采矿类。

1. 总体状况

2015 年，我国共有规模以上采选矿企业 9000 多家，在国内上市的仅有 58 家，仅占所有采矿类企业的 0.6%。市值方面，矿业企业在沪深两市的市值仅占两市总市值的 2.8%，其中在沪市的比重为 3.8%，在深市的为 1.3%。新三板中仅有 7 家采矿类企业，占新三板企业数量的 0.14%（表 6-3）。在 58 家采矿类上市公司中，煤炭开采类企业占 46%，有色金属类占 40%，黑色金属类占 14%，目前还没有非金属采矿类企业在沪深两市上市（图 6-9）。市值方面，煤炭开采类上市公司的市值达到 8308 亿元，远高于有色金属（4477.66 亿元）和黑色金属（1041.58 亿元）之和（图 6-10）。

表 6-3　股票市场矿业企业总体状况（截至2015年12月31日）

企业类别	数量	矿业企业占比	总市值（亿元）	矿业企业占比	流通市值（亿元）	矿业企业占比
沪深上市公司	2830		486345.8		412294.98	
沪深上市矿业公司	58	2.05%	13827.4	2.84%	11520.576	2.79%
沪市上市公司	1084		292378.2		256353.2	
沪市上市矿业公司	38	3.51%	11191.3	3.85%	9539.0783	3.72%
深市上市公司	1746		193967.6		155941.73	
深市上市矿业公司	20	1.15%	2636.08	1.36%	1981.498	1.27%
新三板上市公司	5129		24584.42		8503.215	
新三板上市矿业公司	7	0.14%	——	——	——	——

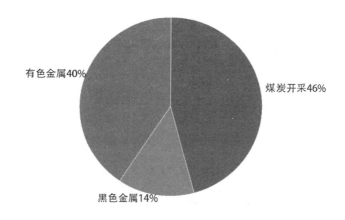

图 6-9　采矿类企业上市行业分布

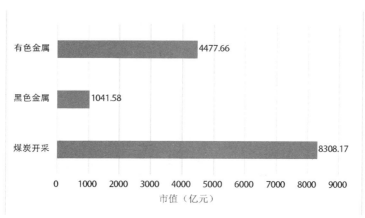

图 6-10　矿业上市企业市值（2015-12-31）

　　相比于其他行业，采矿类企业（非油气类）的总市值偏低，不足银行业的 1/4，相比于油气类，也低了将近 1/2，并且低于房地产、医药、信息服务类等行业（图 6-11）。

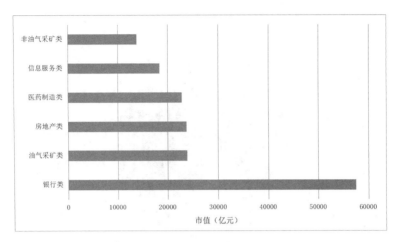

图 6-11　沪深上市公司主要行业市值情况（2015 年）

而在 1995—2015 年的 20 年里，我国矿业类企业上市企业数量和市值实现了跨越式发展，其中 2006—2007 年是矿业企业发展的黄金时期，增长了将近 10 倍，2007年后，不论上市公司数量还是市值，增速都明显放缓（图 6-12）。

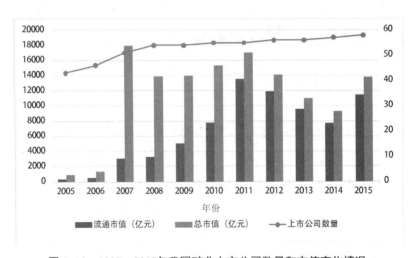

图 6-12　1995—2015年我国矿业上市公司数量和市值变化情况

2. 市场分析

涨跌幅、换手率、机构投资者占比、市盈率等指标都是常用的市场性指标，可以体现对象的市场表现及相关的特征。

2015 年，换手率最高的采矿类上市公司如表 6-4 所列，其中西藏矿业换手率在我国 2000 多家上市公司中排名第五，但采矿类企业的股票在证券市场的活跃度整体上并不高。

从涨跌幅来看，2005—2015 年间，采矿类企业的股价涨跌幅度要高于上证和深证的指数涨跌。可见在证券市场，矿业类企业的股价有很大的波动性。

表6-4　采矿类上市公司换手率前十名的企业（2015年）

股票代码	股票名称	成交量（亿股）	流通股年换手率（％）	换手率排名
000762	西藏矿业	37.3	782.7253	5
000693	华泽钴镍	20.5	803.693	165
000697	炼石有色	19.9	354.8224	213
000409	山东地矿	16.6	465.1924	221
600711	盛屯矿业	44.2	371.651	376
600193	创兴资源	10.9	257.2623	547
601918	国投新集	66.2	255.5787	552
600311	ST 荣华	16.5	247.8747	594
000571	新大洲 A	19.0	258.0619	679
000655	金岭矿业	13.8	231.6694	691

机构投资者主要是指银行、保险公司、投资信托公司、国家或团体设立的基金等金融机构。与个人投资者相比，机构投资者在资金来源和投资方向等方面存在很大差别，相对个人投资者，机构投资者可以对公司未来成长与收益做出更专业的判断。机构投资者占比最高的采矿类企业是广晟有色，达到64%，而机构投资者占比最高的前十家采矿类企业如表 6-5 所列。由下表可见，我国仅有 10 家矿业类企业机构投资者占比超过15%。

表6-5　机构投资者占比最高的前十家上市采矿类公司

股票代码	股票名称	机构投资者 持有数量（股）	机构投资者 持有比例
600259	广晟有色	16052.297	64.364%
600508	上海能源	46339.175	64.118%
000813	天山纺织	21150.594	58.194%
600714	金瑞矿业	12747.485	46.625%
601899	紫金矿业	688416.95	43.560%
000975	银泰资源	22555.239	40.331%
601918	国投新集	94286.137	36.396%

续表

股票代码	股票名称	机构投资者 持有数量（股）	机构投资者 持有比例
000506	中润资源	25224.591	27.173%
601969	海南矿业	4917.9326	26.346%
600193	创兴资源	6549.4521	15.397%

从机构投资者类型来看，采矿类上市公司的主要投资机构是私募、小型基金公司和风险投资公司等其他机构投资者，其次是公募基金，而券商、保险公司、信托公司等大型的专业投资机构占比极低（图 6-13）。

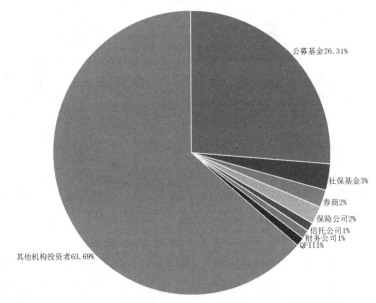

■基金 ■社保基金 ■券商 ■保险公司 ■信托公司 ■财务公司 ■QFII ■其他机构投资者

图 6-13　持有采矿类上市公司股票的机构类型

市盈率反映了市场对上市公司价值的预估，由图 6-14 可见，2005—2015 年的十年间，采矿类企业的市盈率长期高于上交所上市公司市盈率，略低于深交所的市盈率。

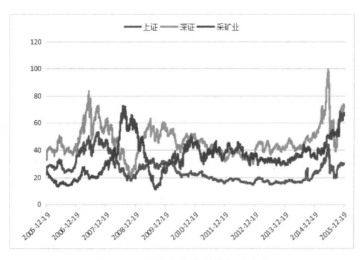

图 6-14 矿业上市企业市盈率变化

3. 市场特征

通过上述对我国矿业资本市场的现状及特征的简单分析、统计得知，矿业资本市场的情况及特点可分别从多角度进行总结，其主要表现如下：

（1）在证券市场上，我国采矿类企业有了较大发展，在数量和市值上都已初具规模。

（2）矿业资本市场的时间分布不均衡，其上市有时段性特征。在 2006 年以前，矿业类企业在证券市场上增速缓慢，2006—2007 年间飞跃式发展，2007 年后增速再次放缓。

（3）矿业上市公司分矿产采选、矿产冶炼初加工两类，较高的资本配置在矿业冶炼初加工方面，而在矿产资源勘查方面却比较匮乏。

（4）矿业资本市场机构投资者的持仓量相对比较少，投资仍未进入机构化阶段。虽然资本投资者中的机构投资者种类比较齐全，但是发展水平很不平衡。

（5）矿业资本市场的发展势头较强劲，但也有波动风险，估值水平若以市盈率来表示，则较高，但是市场的活跃性小。

（二）债券市场

除股票市场外，债券市场也是我国矿业资本市场的重要组成部分。矿业类债券市场是指矿业企业发行的收益性债券所形成的交易市场。

1. 总体状况

2005—2015 年，十年间我国采矿类企业债券发行数量不断增长，特别是 2010 年后，年均增长 2.2 倍（图 6-15）。

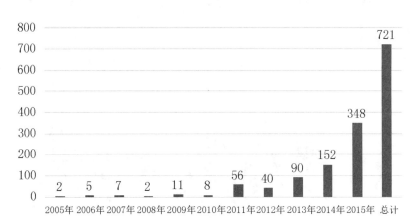

图 6-15　采矿类企业债券发行数量统计（2005—2015）

债券发行数量最多的是阳泉煤业，十年间共发行了 31 支债券，发行数量前十位的企业中有 9 家是煤炭开采类企业（表 6-6）。

表 6-6　债券发行数量前十位的采矿类企业（2005—2015）

发行机构统计	行业类别	数量
阳泉煤业（集团）股份有限公司	煤炭	31
山西潞安矿业（集团）有限责任公司	煤炭	28
太原煤炭气化（集团）有限责任公司	煤炭	27
陕西煤业化工集团有限责任公司	煤炭	26
山东黄金集团有限公司	有色金属	25
大同煤矿集团有限责任公司	煤炭	24
淮南矿业（集团）有限责任公司	煤炭	21
永泰能源股份有限公司	煤炭	17
河南能源化工集团有限公司	煤炭	16
神华集团有限责任公司	煤炭	15

数据来源：wind 数据

2. 市场分析

从债券类型看，我国采矿类企业发行的债券主要以一般中期票据和定向工具 PPN 为主，占债券数量的 50% 以上，剩下的债券也主要是超短期和短期融资债券。说明采矿类企业债券融资的期限都较短（图 6-16）。

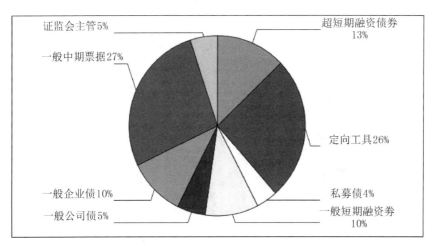

图 6-16　采矿类企业发行的债券类型（2005—2015）

从图6-17可以看出，大部分采矿类企业发行的债券期限都在5年以内，其中以3—5年期的数量最多。债券发行的期限，最长为15年，最短的为70天，平均2.87年。

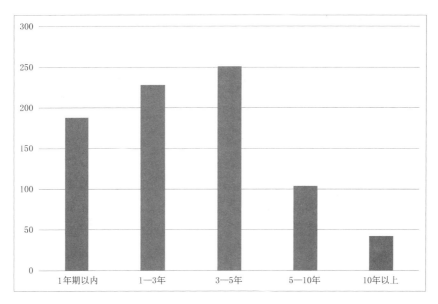

图 6-17　采矿类企业发行的债券期限分类

债券的票面利率反映了债券的市场价格，从图6-18可以看出，债券的发行利率主要在5%—8%之间。统计结果显示，利率最高的为10%以上，最低为1.5%，平均票面利率为5.5%。

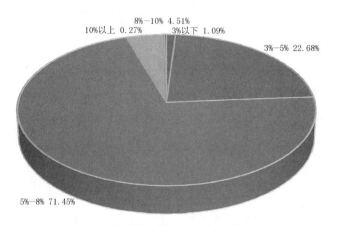

图 6-18　我国采矿类企业发行的债券票面利率统计

信用评级反映融资工具的安全性，从图 6-19 可以看出，我国采矿类企业的债券信用评级大部分在 AAA 级以上，风险相对较低。

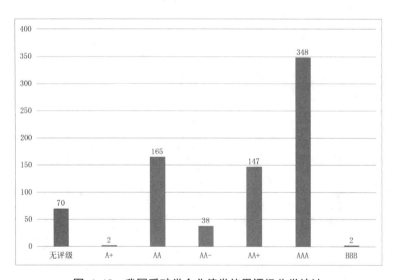

图 6-19　我国采矿类企业债券信用评级分类统计

3. 市场特征

从上述指标的分析中，本研究发现我国的矿业债券市场主要有以下特点：

（1）相比于股票市场，债券市场的活跃程度更高，发行的债券数量远多于股票数量，特别是 2010 年之后，债券的供给增加较快。

（2）煤炭开采企业是主要的发行主体，金属和非金属类企业的债券发行量较少。

这与煤炭行业的勘探成本、周期和风险都低有关。

（3）融资工具主要以短期债券为主，因此，不适宜于勘探和开采周期较长的采矿类行业。

（4）票面利率水平较银行同期利率略高，同时风险相对较低，对投资人有一定的吸引力。

综上所述，与股票市场相比，我国当前的矿业债券市场发展更为成熟。

（三）区域产权（矿业权）交易市场

1. 矿业权登记状况

（1）油气矿产矿业权

到 2014 年底，全国油气矿产探矿权和登记面积分别有 1030 个和 393.07 万平方千米，比 2013 年下降 3.6% 和 4.9%；全国油气矿采矿权和登记面积分别为 705 个和 14.31 万平方千米，较 2013 年增加了 4.4% 和 5.7%。2014 年，484 个油气矿产勘查许可证和 36 个开采权证经国土资源部批准颁发。

（2）非油气矿产矿业权

2014 年，全国新增非油气矿产探矿权和勘查面积分别为 1269 个和 3.26 万平方千米，较 2013 年分别增加了 4.6% 和 29.2%。新立采矿权 2306 个，同比增长 17.6%；新增登记开采面积 1165 平方千米，但同比下降 38.7%。2015 年上半年，全国新立非油气矿产探矿权和新登记勘查面积分别为 457 个和 1.12 万平方千米，同比下降 23.4% 和 9.2%。2015 年新立采矿权、新增登记开采面积和新增矿石设计生产规模 1002 个、984.89 平方千米和 2.55 亿吨，分别增长 19.0%、48.4% 和 14.4%。截至 2014 年底，全国非油气矿产探矿权和登记勘查面积分别为 3.0 万个和 61.15 万平方千米，同比下降 5.2% 和 9.1%。采矿权和登记开采面积 8.2 万个和 10.44 万平方千米，分别下降 9.6% 和 1.5%。

2. 一级市场状况

2015 年，出让探矿权数量和价款分别为 948 个和 13.70 亿元，同比下降 25.4% 和 77.0%。出让采矿权数量和价款分别是 2524 个和 87.83 亿元，同比增长 8.6% 和 39.6%。

2015 年，招标、拍卖、挂牌出让探矿权和采矿权分别是 360 个和 2050 个，出让价款分别为 13.34 亿元和 45.86 亿元。（图 6-20；图 6-21）

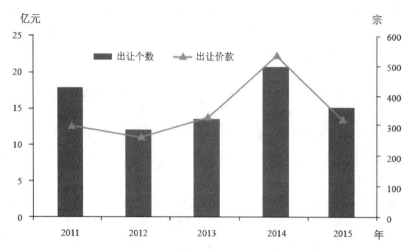

图6-20   2011—2015年探矿权"招拍挂"出让情况

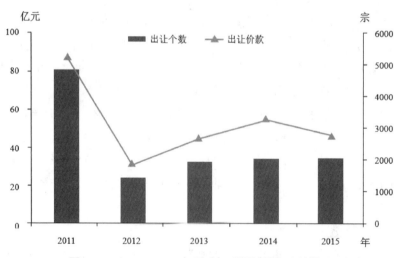

图6-21   2011—2015年采矿权"招拍挂"出让情况

3. 二级市场状况

2015年探矿权转让数量和转让价款分别为291个和5.37亿元，同比下降27.7%和65.3%。从各省区来看，浙江、内蒙古、四川、云南、山东等省份的转让数量居前5位；从矿种来看，铜矿、金矿、铅矿、铁矿、银矿的转让数量居前5位。采矿权转让数量和转让价款分别为807个和44.57亿元，同比下降26.1%和51.6%。从省区来看，四川、云南、江西、湖南、河北的采矿权转让数量居前5位；从矿种来看，建筑石料用灰岩、石灰岩、砖瓦用页岩、煤、建筑花岗岩的转让数量居前5位。

四、中国矿业资本市场的发展困境

（一）现状

我国进行市场经济建设的核心环节是多层次资本市场，即是市场在资源配置中发挥决定性作用。改革开放以来，我国各地形成了包括 1000 余家不同行业和类型的多层次资本市场，丰富了我国矿业资本市场，但其发展良莠不齐，存在潜在风险。2013年中共中央提出要发挥市场在资源配置中的决定性作用来全面深化改革，这就为多层次资本市场迎来新的发展机遇；2014 年国务院提出"加快多层次资本市场建设，完善全国中小企业股份转让系统，建立小额、便捷、灵活、多元的投融资机制，将区域性股权市场纳入多层次资本市场体系"。

权益类和商品类交易场所共同构成我国多层次资本市场。权益类交易场所从事产权、股权、债权、林权、矿业权、知识产权等财产性权益交易，在要素资源配置中发挥了基础性作用。其中，矿业权交易机构是以矿业权为核心资产进行矿产资源市场化配置的机构，该类交易机构在权益类交易场所中处于比较特殊的地位。

矿产资源是人类赖以生存发展的物质基础，我国矿产资源可为国民经济发展提供能源（95% 以上）、工业原料（80% 以上）、农业生产资料（70%）和饮用水（45%）。矿产资源具有稀缺性、耗竭性和不可再生性，矿产资源逐渐成为当今世界各国政治、军事、经济竞争的核心议题。从全球范围看，各国均以法律形式规定了矿产资源归国家所有，国家通过颁发特许权证，即矿业权证的方式允许矿产资源勘查开发者通过投入资金获得矿产资源的生产和获利的权利。

根据国际经验，矿业资本市场主要包括股票市场和期货市场等。其中，股票市场可为矿产资源勘查提供资金，期货市场主要提供矿产品定价服务。加拿大多伦多股票交易所和澳大利亚股票交易所主要为矿业勘查企业提供融资服务，上市企业 2346家，提供了全球矿业勘查 85% 的资金。美国、英国、中国香港和南非主要为矿业开采企业提供融资服务，上市企业 457 家，提供了全球矿业开采 45% 左右资金。2011年 2 月，与加拿大多伦多交易所合并后，伦敦股票交易所成为全球最大的矿业公司融资平台。伦敦股票交易所促使英国成为与美国、加拿大共同控制全球矿业市场的有效工具。

从国内来看，我国矿业行业对矿业资本市场的期待已久，尤其是对建立矿产资源勘查资本市场呼声很高。2006 年国务院提出建立全国统一、开放、竞争、有序的矿业权市场，培育矿产资源勘查资本市场，用市场化的方法解决矿产资源勘查资金投入不足等制约矿业发展的问题。2010 年国土资源部正式启动矿业权市场建设工作，由于我国矿业权管理实行中央与地方分级管理模式，在矿业权设立、出让、转让等环节存在属地管理与国家管理、相邻省份矿业权跨地域管理等诸多利益协调问题。在各种利益的纠结下，全国建立了 384 家属地化矿业权交易机构，将一个整体的矿业权市场割裂成零散的且带有诸侯经济色彩的市场。2012 年为了改变已经形成的矿业权市场格局，国土资源部与天津市政府建立部市合作机制，指定天津矿业权交易所为试点平台，开展试点工作。参照加拿大多伦多模式，天津矿业权交易所建立了我国矿产资源勘查资本市场，一段时间内吸引了国内外同行业的关注。但发展不顺利，由于股东将试点工作当成谋求商业利益的载体，管理混乱，引发知识产权诉讼，试点工作停滞不前。

国务院于 2012 年 9 月批准全国中小企业股份转让系统，这也是继上交所、深交所之后第三家全国性证交所。2013 年 12 月，在全国范围内接收企业挂牌申请。目前，挂牌企业已达 9800 家，总股本 5802 亿股，成为我国与美国纳斯达克媲美的多层次股权市场。该市场的定位主要是为创新型、创业型、成长型中小企业服务，不设财务门槛，采取相对严格的投资者适当性制度，并且把建立一个以机构投资者为主的多层次股权市场作为重点。

（二）主要问题和矛盾

从定义来讲，矿业强国是指对全世界矿业发展具有持续影响力，并能对国际矿业产生溢出效应的国家。目前，虽然我国已成为矿业大国，但我国离矿业强国还存在较大差距，主要表现在以下几个方面。

第一，我国尚欠缺对国际矿产资源的控制力。根据矿产资源的赋存环境及成矿条件，本国的矿产资源并不能满足任何一个国家经济社会发展的需求。因此，衡量大国和强国的标准可以用占有或控制全球矿产资源的能力来评价。1919 —1928 年，世界上主要的矿产资源，如煤蕴藏量（53%）、铁矿石（48%）、石油（76%）、铜（79%）、铝（81%）、铅（74%）由美国和英国控制。20 世纪 70 年代初，美国仍控制着世界上大部分地区的矿产资源，尤其是非洲和拉丁美洲。20 世纪 90 年代后，美、加、墨三国签订了 NAFTA，并在其中规定了加、墨、美之间的资源供应义务，主要体现为：加拿大需要对美国供应铁矿石、铀、钛、镍、铂族金属和钾盐等，而墨西哥则需要对美国供应石油、银、铜等；同时，美国还与加企业共建了南非矿产资源供应基地，由此美国就掌控了南非的金、铂族金属等重要矿产，同时还力图通过抢占资源而影响俄罗斯等亚欧国家对于资源的占有。可以说，美国对于全球矿产资源的掠夺式控制是其目前能够占据绝对经济地位的重要保障。

第二，我国对全球金融市场，尤其是矿业方面的市场的影响力仍旧不足。总的来说，矿产行业方面的金融市场是矿业资源勘查开发的核心问题。也就是说，若是可以在一定程度上影响矿业金融市场，那也就意味着在一定程度上可以控制全世界的矿产行业。目前，国际矿业金融市场主要包括货币市场、证券市场和期货市场等，其中证券市场是主要融资渠道。现在全球主要为矿业服务的证券交易所有美国纽约、英国伦敦、加拿大多伦多、南非约翰内斯堡和中国香港等6家证券交易所。截至2011年，这些交易所共给矿业公司融资约11亿美元。其中，通过矿业开采进行的融资主要在美、英、中国香港和南非完成，通过这种渠道进行的融资，其金额占总额的48.9%；有色金属期货主要在英国和美国完成；贵金属期货交易市场在美国、英国、日本和中国香港；能源期货市场主要在美国和英国。美国、加拿大和英国三个国家在全球矿业经济的发展中发挥着举足轻重的作用，而我国对国际矿业金融市场的影响力严重缺乏。

第三，我国尚不具备国际矿业规则标准制定的主导能力。1995年，世界贸易组织（WTO）通过《技术性贸易壁垒协议》，明确了国际标准在国际贸易游戏规则中的作用和地位，并明确成员在制定相关法规和政策时需按照国际已有标准，不得对国际贸易形成壁垒。在20世纪末，部分WTO成员和一些发展中国家将制定国际标准规则列入国家战略。迄今为止，大多数的国际矿业规则标准主要都是由发达国家制定的，可以占到总规则的95%，这也就使得影响国际矿业标准及规则的制定，成为各个发达国家争夺矿业大国地位的焦点。目前来看，我国在国际矿业市场中的作用仍相对较为落后，主导能力不突出。

第四，我国亟须建立矿业资本市场。1998年，国务院《探矿权采矿权转让管理办法》等文件的实施开启了我国的矿业资本市场改革之路。国土资源部在全国统一推行矿业权招标、拍卖、挂牌管理，并着手全国矿产资源储量登记数据库建设。2006年，《国务院关于加强地质工作的决定》正式将建立全国矿业权市场和矿产勘查资本市场列入矿业资本市场改革的重要工作；2010年，国土资源部在全国推动建立矿业权市场，截至2011年，全国384个地级市建立了矿业权一级市场，国土资源部也颁布了矿业权交易规则和信息公示标准，推动矿业权资本市场的初步形成。2012年，国土资源部与天津市政府签约，共同在天津滨海新区建立天津国际矿业金融改革示范基地。按照规划建立以战略统筹、规划调节为核心的矿业金融市场宏观调控体系；建立健全以市场配置为基础的矿业权融资制度体系；以商业化储量信息披露规范、注册地质师和行业自律为基础的矿业金融规则体系；建成机构集中、市场发达、信息汇聚、设施先进、服务高效、管理规范的矿业金融集聚区；基本建成政府管理和市场需求相适应的矿业权、矿业资本市场、矿业服务体系三位一体的矿业金融改革示范基地。

五、中国企业矿业资本市场运作案例

（一）华菱钢铁收购 FMG

1. 背景介绍

华菱钢铁是湖南的一家矿业企业。到 2011 年，华菱集团（仅包含华菱钢铁）年产钢量 1543 万吨，实现销售收入 738.59 亿元，总资产 859.69 亿元。从综合竞争力来说，华菱集团提升了一级，在我国钢铁业的"第二军团"处领先。从资源条件分析，华菱集团的铁矿石主要来自国外进口，其中进口矿占 55%，而国内矿仅占 45%，华菱集团在国内并没有矿产资源开采的内陆钢企。根据华菱集团相关规划，华菱集团的铁矿石需求在 2012 年和 2015 年分别达到约 3500 万吨和 5000 万吨。为了解决铁矿石需求的瓶颈，华菱集团开始考察和调研全球主要矿石生产供应商，寻找铁矿石战略合作伙伴。

2003 年，FMG（Fortescue Metals Group Ltd）成立，是澳大利亚第三大铁矿石出口商。自成立以来，FMG 快速发展，并逐渐成为澳大利亚矿业出口中的重量级公司。目前，公司拥有 87000 平方公里的土地，其中 3500 平方公里的土地中已发现并拥有的铁矿石资源超过 24 亿吨，达到储量标准的有 11 亿吨。

2. 收购动机

钢铁企业中，发展主动权与战略资源是分不开的，对于华菱集团也是如此。要在 2011—2012 年钢产量达到 1600—1900 万吨，铁矿石缺口较大，所以需要确保原材料的供给。另一方面，FMG 正是以资源丰富见长的公司。从全球来看，铁矿石生产和贸易高度集中，矿石产量主要是由淡水河谷、力拓、必和必拓等三大矿业巨头垄断。中国钢铁企业需要对国外矿山进行股权投资，以保证长期稳定的原材料供应。

3. 并购过程

2009 年 2 月至 4 月底，华菱集团和 FMG 通过多次谈判，确定股权收购价格和数量，最终华菱集团以 2.37 澳元每股的价格，认购 5.35 亿股（17.34% 股权），并派专人入驻 FMG，参与 FMG 公司的运营和决策。通过收购，华菱集团可以获得稳定的矿石供应，FMG 公司可以在市场条件允许的情况下拓展业务，并优先购买湖南的工程机械、火车机车、车辆等相关设备。

4. 小结

虽然收购了 FMG 的股份，但这项举动并未给华菱集团在铁矿石的采购中带来优势。2010 年，华菱集团共使用铁矿石约 1200 万吨，但 FMG 仅提供了 300 万吨。由于海外资产投资过程中涉及经济及法律风险、经济及财务风险、整合及经营风险等，华菱集团并未从收购中获得预期的收益。尽管华菱集团收购 FMG 获得了成功，但是企业在经营环节却并未及时调整，反而受到大幅贷款的拖累，没建立起在资源上的优势。

（二）五矿集团收购澳大利亚 OZ 矿业

1. 收购背景

中国五矿集团公司成立于 1950 年，其主营金属等矿产品开发、生产、贸易、综合服务，也涉及金融、房地产、物流等业务。澳洲矿业作为全球第二大锌矿开采商，主营业务包括铜、铅、锌、银、金等资源。

2. 收购动机

在国际矿业公司市值大幅缩水的情况下，五矿集团为谋求并确立起在金融矿产领域的优势地位，需要积极推进全球资源布局。与此同时，OZ 公司为了解决即将到期的 12 亿澳元债务问题，急切需要新的融资，但受国际矿业低迷的影响，澳洲企业很难获得融资，只能以出售资产的方式进行融资，通过与五矿集团的接触，五矿提出全现金收购。

3. 收购过程

2008 年 12 月至 2009 年 6 月，五矿团队和 OZ 矿业团队就收购进行多次谈判，五矿有色用 17 亿美元全资收购 OZ 公司，并成立 MMG 矿业勘探集团，对收购的 OZ 矿业资产进行管理，并将 MMG 作为五矿有色整合海外收购的平台，开发澳大利亚的铜、镍、锌等资源。

4. 小结

五矿集团成功收购 OZ 矿业主要得益于国际金融环境、五矿集团灵活的并购策略和 OZ 矿业与澳大利亚政府的沟通了解。五矿集团收购 OZ 矿业正逢我国为应对金融危机支持利用外汇储备对海外资产进行并购的契机。五矿集团积极应对 OZ 矿业债务危机，灵活机动地调整并购策略，积极争取并掌握并购主动权。OZ 矿业董事会积极与澳大利亚政府沟通，加深了澳大利亚各界人士对五矿集团并购目的的了解，消除了误会。

（三）我国矿企兼并收购的经验和教训

伴随着"走出去"战略，中国企业越来越多地参与海外投资，兼并收购海外矿企，但是鲜有十分成功的例子。在这个过程中，中国企业也不断进行学习，以期以更好的姿态出现在国际市场中，同时积累了大量的经验和教训。

1. 海外并购失败的原因

政府管理互相牵制、现行项目审批制度不完善、行政机构对企业过多干预、企业信息渠道过窄、国企收购阻力更大、民营矿企成长环境较差、现行金融信贷体系对企业筹资的约束较多、企业内部无序竞争、管理者缺乏战略眼光、并购时机把握能力不够等都使得我国矿业企业"走出去"十分艰难。

我国企业的海外投资管理部门繁多，包括发改委、商务部还有行业主管部门等众多单位，政府管理相互牵制，不便于企业高效、便捷地参与海外投资。另外，尽管有"走出去"的战略支持，但是审批耗时长，使得一些企业贻误了最佳的收购时机。大多数海外收购集中在大型的国企，国企能够获得的政策和资金扶持较多，因此财大气粗，但同时也受繁多的审批项目的牵绊。另一方面，国企被打上了"中国"标签后，收购行为很难单纯被视作商业行为，会受到目标国家的诸多干扰。例如中铝注资力拓，就遭到了澳大利亚反对党的反对。而民营矿业企业成长的环境却较差，不能得到足够的政策支持，商业银行对其的贷款政策也较为严格，收购的成功率较低。除此之外，我国企业在投资上往往会出现"一哄而上"的情况，企业之间的无序竞争使得中国企业的竞争力有所下降。企业家缺乏有效的决断，对长期投资的效益把握不够，使得投资面临较大的风险。

2. 提高中国企业并购成功率的建议

矿业企业"走出去"是发展的必由之路，也是矿业发展的必然趋势。虽然我国企业海外并购快速发展，但是成功率并不高，如何提高并购成功率是值得考虑的课题。

（1）选择合适的收购目标。这需要企业的管理者和政府审批部门都对行业的发展状况有着深入的了解，从而对长期投资的价值有理性的判断。

（2）把握并购时机。并购时机的把握非常重要，需要在目标企业意愿明确，自身企业实力足够的情况下，及时进行收购行为。当然，这也需要融资方式的相关支持。

（3）重视并购后的整合问题。并购，尤其是海外并购需要高效合理的整合。由于部分西方国家对中国海外并购存在误解，就更加需要中国企业做好文化和制度方面的融合。

（4）完善海外并购政策。我国政府应该加快对企业的审批，在相关政策方面给予支持。同时，也要提高企业对于海外并购风险的认识，提高对企业的约束。

（5）拓宽企业融资渠道。我国企业往往受到融资方式及负债压力方面的限制，因此，应该在金融政策方面给予企业更大的支持，尤其是对于民营企业来说这就更加重要。这也有利于企业充分利用国际资本市场的资金完成跨国并购，提高资源利用效率。

第三部分　市场篇

第七章　市场化改革与资源型城市经济转型

一、资源型城市的市场化发展

新中国成立以来，为了建立我国的工业体系，围绕煤炭、钢铁等资源丰富的地区开办工厂，逐步形成了一批资源型城市，如"铁人"王进喜所在的黑龙江省大庆市。这些资源型城市在工业化发展的进程中，产生极其关键的影响。但是，1978 年以来改革开放战略带来了沿海城市产业竞争力的上升，同时，由于快速的技术进步带来的技术替代、城市自身的资源枯竭等原因，进入 21 世纪以来，这些城市过去因自然资源丰富形成的比较优势迅速丧失，而日渐积累的矛盾和问题则不断暴露。当前，资源型城市的转型升级以及可持续发展的问题，已经成为中国经济社会领域最迫切的重大问题。其中，东北三省资源型城市的问题是最有代表性的。

东北三省原油、煤炭、天然气等资源储量丰富，是中国重要的能源和资源产地，形成了以原材料、能源和装备制造业为主的东北工业基地，是中国的重工业中心。2001 年，资源枯竭型城市经济转型试点改革首先在辽宁省的阜新市开启。此后，资源型城市问题，尤其是经济转型、地面沉陷和环境治理、矿工家庭的就业问题，成为中国资源型城市的重点任务。国家对东北三省的经济问题，改变了过去国有企业改革中运用财政、金融手段补充企业资本金的做法，更多地采取了市场化改革的路径。2003 年 10 月，中共中央和国务院联合发布《中共中央国务院关于实施东北地区等老工业基地振兴战略的若干意见》，开始了东北老工业基地振兴战略的实施，围绕增值税、社会保障、企业历史欠税、厂办大集体改革、分离企业办社会职能等方面实施改革。在东北老工业基地振兴战略中，工作重点之一是资源型城市转型可持续发展。

2007 年，国务院发布了《国务院关于促进资源型城市可持续发展的若干意见》，提出扶持就业、促进产业转型、棚户区改造等一系列改革政策。2008 年，国土部、发改委、财政部三个部门在全国筛选了 69 个资源枯竭型城市作为转型试点实施地。2013 年 12 月，国务院发布了《全国资源型城市可持续发展规划》，第一次在全国范围内确定了 262 个资源型城市，分为成长、成熟、衰退和再生四种类型。目前市场化手段依旧是这些城市进行经济转型的主要策略。

截至目前，东北三省仍未走出经济困局，还出现了人才和人口外流现象，引起广泛的关注和争论。而在经济方面，2015 年上半年，黑龙江省 GDP 同比增长 5.1%，处于全国倒数第四位，工业增加值为-0.1%，排名全国倒数第三；辽宁省 GDP 与去年同期相比增长了 2.6%，位于全国倒数第一位，工业增加值为-5.5%，同样处于全国最后一位；吉林省 GPD 与去年同期相比增长了 6.1%，位于平均水平之下，规模以上工业增加值增长了 4.9%。总体上看，尽管国家给予了极大的重视和支持，东北三省的经济状况并没有得到明显的改观。

这种现象迫使我们研究一个重要的命题：市场化改革能否促进东北三省资源型城市顺利实现经济转型？显然，这个问题是至关重要的。东北三省能源资源型城市经济转型，是发生在中国市场化改革进入深化阶段背景下的一个自然试验，也是中国经济改革的一面镜子。如果市场化改革不能促进转型，我们的政策就应该重新考虑过去财政支援的思路。而在目前地方政府债台高筑的情况下，不得不让人怀疑财政支援的可行性。而如果经验研究支持改革对转型的正面效应，则为我们在东北问题上的政策选择提供了继续坚持以改革为主的方向的依据，同时，更是通过全面深化改革促进经济转型的生动证明。

二、市场化改革与转型发展分析

东北经济困局，已经成为一个顽疾。改革驱动还是投资拉动？这个在中国目前改革与发展中最具争议的话题，恰恰也是东北经济困局的症结所在。国家虽然给了东北资源型城市很多优惠政策和财政支援（Li, H., et al. 2013），但改革过程中更多的是市场机制逐步完善，发挥市场的作用。可以说，中国的改革，主要就体现在政府和市场的关系上（吴敬琏 2013；逢锦聚 2013；魏礼群 2014；迟福林 2014；张卓元 2014）。这为我们研究通过市场化改革来促进中国的资源型城市转型，乃至中国改革与经济增长的关系，提供了一个极好的样本。

传统经济增长模型以资本、劳动和技术为生产函数的三个核心要素，解释经济增长现象。除此以外，经济学者们还考虑了地理区位、自然资源禀赋、社会制度等因素。而自然资源是经济发展不可或缺的要素之一。一般来说，自然资源丰富的国家容易进行初始积累，经济发展更具潜力。但 20 世纪 80 年代以来出现的"资源诅咒"现象似乎违背了这一"常识"，大量的经验研究探索了"资源诅咒"的存在和形成机制。

中国的资源储量整体上并不丰富，只能出口有限种类和数量的资源到国外，大多用于内部销售。西部资源丰富的省份主要贸易对象也是东部沿海省份，因此本币升值问题不大（冯宗宪、姜昕、赵驰，2010）。并且，贸易条件恶化也能解释国内资源型城市之间的差异。

如果东北三省资源型城市存在"资源诅咒"现象，其资源密集型产业将由于占用投资和人力资本而对其余产业形成挤出效应，严重的资源依赖将制约改革政策的效果，拖累经济增长和转型改革。

根据经济学理论，市场机制和资源配置效率越高，经济增长条件越好。但在人类历史上，确实出现了高效率（促进宏观经济增长）的计划经济。苏联的计划经济的确带来了经济的高速增长。但"休克疗法"之后俄罗斯的经济增长事实，也验证了从绝对的计划经济到市场机制的逐步完善的过程中，市场能够有效促进经济增长（黄景贵，2009）。总体来说，中国资源型城市经济转型的目标是摆脱资源依赖，实现资源型城市转型。在东北资源型城市问题上，我们需要研究市场化改革是否能促进这些城市经济转型，如果这种效应是显著存在的，这就为我们通过继续深化市场化改革来解决东北资源型城市的经济困局提供了一个重要的证据。为此，我们关注以下问题：

第一，"资源诅咒"是否阻碍了经济转型？由于对资源型产业的依赖，往往导致资金、人力过度集中在资源型产业；忽视人力资本投资；削弱自身创新发展的能力，减小产业竞争力等问题。这些因素有可能对资源型城市转型造成不利影响。

第二，1978年以来中国实行市场化改革，能否促进资源型城市经济转型？理论上我们预计，在市场化改革进程中，价格机制更完善，生产要素流动更自由。在这些城市的资源进入逐渐减少、衰竭的阶段后，市场化改革将促进非资源型产业的成长，从而削弱"资源诅咒"的影响，促进城市经济转型。

第三，由于市场化改革最根本的作用机制是提高资源配置效率，我们还重点关注在不同的资源丰裕程度下，市场化改革对资源型城市经济转型的效果是否不同？也就是说，资源丰富程度是否会影响改革的绩效？

三、市场化改革转型效应分析

我们的主要理论观点为，中国推行的市场化改革能够促进资源配置效率的提高。但在目前的经济转轨背景下，除了能促进资源配置效率以外，市场化改革也可能存在因投资下降和投资效率的下降而导致的负面效应，正是因此，中国经济目前所处的阶段被称为"结构转换阵痛期"。在当前经济下行的情况下，如果后者（负面效应）过大，甚至超过了前者（正面效应），那么，林毅夫（2013）、张军（2013）等提出的现阶段加大投资力度，拉动经济增长是有一定的合理性的。但是，如果后者（负面效应）不显著，或者远小于前者（正面效应），我们则认为应该继续坚持市场导向的改革，不应该重新使用过去的投资拉动政策。

同时，我们还应考虑到，市场化程度对经济增长的影响，可能与资源水平存在依赖关系。在不同资源水平条件下，市场化程度对经济增长的影响可能是存在差异的。实际上，这极有可能是中国目前应该继续通过投资拉动，还是坚持市场化改革为主的争论的原因所在。

本书研究样本为中国东北三省 13 个能源资源型城市在 2005 年至 2013 年九年间的面板数据，分析在这些城市进行的市场化改革是否能有效促进经济转型。为了分析不同资源水平下市场化程度变化与经济转型之间的关系，我们根据 Bjorvatn, K. and M. R. Farzanegan（2013）的模型，构建以下基本模型：

$$TRANS_{it} = \beta_1 NRES_{it} + \beta_2 MARKET_{it} + \beta_3(NRES_{it} \times MARKET_{it}) + \sum_{j=4}^{n}\beta_j X_{jit} + \alpha_i + \mu_t + \varepsilon_{it}$$
（1）

模型中，下标 i 表示第 i 个城市，下标 t 表示第 t 年。

模型涉及三个核心指标，其中 TRANS 为经济转型指标，MARKET 为市场化程度，NRES 为自然资源丰裕度。后文回归分析中所有经济变量均取对数。

经济转型是中国对能源资源型城市的政策目标，但由于各城市之间禀赋结构和产业结构不同，城市经济转型的目标也不同，因而产业转型的横向比较和指标化是非常困难的。2013 年出台的《国务院关于印发全国资源型城市可持续发展规划（2013—2020 年）的通知》提出了"采矿业增加值占地区生产总值比重"、"服务业增加值占地区生产总值比重"两个具体指标。但学术界还没有获得广泛认同的指标或指标体系，目前文献中比较常见的指标主要是全要素生产率（白雪洁、汪海凤、闫文凯，2014；董锋、龙如银、李晓晖，2012 等），用全要素生产率来测度资源型城市转型，能比较全面地反映城市经济的综合效率，但不能具体反映东北三省能源资源型城市的特征。由于这些城市普遍存在产业结构单一、能源效率低、环境污染压力大的特征，在政府政策目标中，经济转型的含义主要体现在产业结构升级、能耗下降两方面。其中产业结构升级是最重要的政策目标，最能综合性地反映经济转型，本书使用的指标是第三产业比重。

在资源型城市的实证研究中，资源丰裕度的测量是一个难题，存在诸多争议。城市自然资源通常包括石油、天然气、煤炭、矿产、森林等，这些资源在经济发展中的贡献差异明显，因而难以进行加总或比较，有的文献使用石油储量（Bjorvatn, K. and M. R. Farzanegan, 2013）、矿物燃料 mineral-based fuels 和非燃料矿物 non-fuel minerals 出口产值（Herb, 2005; Oskarsson & Ottosen, 2010，等等）。由于经验研究中关注更多的是经济发展对资源的依赖，很多文献使用资源租占 GDP 的比例；更多的文献中，学者们引入了一些替代变量，包括资源税（Bjorvatn, K. and M. R. Farzanegan, 2014）、初级产品部门的就业比例（Gylfason, T., et al. 1997）、自然资源租金占 GDP 的比例（Atkinson and Hamilton, 2003）等指标。

但是，中国的能源资源型城市问题，存在一定的特殊性。第一，资源税制度目前还没有广泛实施，资源租等相关指标在中国不适用，数据也无从计算；第二，中国和中国的城市资源，尤其是能源资源，更多地用于本国消耗，资源出口产值不能正确反映经济对资源的依赖程度；第三，更重要的是，由于中国存在资源开发的配额管理，能源储量、自然资源租金等指标无法反映每年度实际投入使用的资源量。同时，Sachs and Warner（2001），Bjorvatn and Farzanegan（2013）等一些文献也分析了资源租作为资源丰裕度衡量指标在实证研究中存在诸多问题。并且，由于禀赋效应（Apicella, C. L., et al., 2014）的存在，本章认为资源类行业从业人员比重是更合适的资源丰裕度指标。考虑到东北三省高度相似的资源禀赋，并且能源资源型产业以采矿业为主，故本章使用采矿业从业人员比重作为资源丰裕度的衡量指标。此外，工业涵盖的范围大于能源资源型产业，工业总产值的 GDP 占比也能在一定程度上反映经济对资源的依赖，本章也将工业总产值的 GDP 占比作为资源丰裕度的备选指标，以检验模型结果的稳健性。

经济改革是东北三省能源资源型城市问题所处的时代背景，是本章关注的核心指标。市场化改革的推进，在提高资源配置效率的同时，也可能会在短期内减少政府主导投资，从而给经济下行带来压力。目前，中国学术界总体上是认同市场化改革对资源配置带来的提高效应的（樊纲、王小鲁、马光荣，2011；张杰、李克、刘志彪，2011 等）。这些观点基于他们对中国改革与经济发展的深刻洞察，但不免缺少经验证据。其中一个重要原因就是，很难找到合适的指标来量化市场化程度。实际上，由于中西方对市场化的价值判断和衡量标准不一致，一些西方国家甚至不承认中国的市场经济国家地位。在本章的研究中，中国现阶段改革的核心任务是厘清政府与市场的关系，还权于市场。故而市场化改革的深入，直接表现为政府财政支出的减少或增速的下降。我们创造性地提出，用地方政府财政支出增量作为市场化改革的逆指标。为了实现市场化程度的变化在样本中的纵向与横向比较，本章涉及的指标计算方法为：

$$MARKET_{it} = (\text{fiscal expenditure})_{i,t} - (\text{fiscal expenditure})_{i,2004}$$
（2）

用地方政府财政支出增加量来量化市场化改革，具有明显的局限性。这种做法仅限于像东北三省能源资源型城市这样经济发展水平相当的城市，而不能用于全国所有城市的研究中。比如，深圳、上海被认为是中国改革的"领头羊"，但其地方政府财政支出变化与高新技术产业、城乡基本公共服务等方面的开支关联度非常高，很难反映政府与市场关系的变化。我们相信还有更合适的衡量指标。但目前，在价格改革、利率改革、贸易自由尚未完全实现的情况下，我们认为这是可行的指标。虽然该指标不能用来准确衡量全国各城市的市场化程度，但能基本实现城市市场化改革在时间序列上的纵向比较和在城市之间的横向比较，符合本书研究模型的要求。

此外，我们还引入了人力资本、投资率、地方财政科学支出、地方财政教育支出、外商直接投资作为控制变量。

为了更加细致地分析不同的资源丰裕程度下，市场化改革对东北三省资源型城市经济转型的影响的差异，即理论分析中提出的第三个问题，在不同的资源丰裕程度下，市场化改革对资源型城市经济转型的效果是否不同，我们在回归模型中加入资源丰裕度和市场化程度的交叉项。经济理论认为，市场化程度的提升能提高资源配置效率，因而，不同资源丰裕度水平下，市场化改革对城市经济转型的影响也不同。但是，经济理论无法断定城市经济对资源的依赖程度越深，市场化改革对城市经济转型的影响是更好还是更差，因而我们无法推测交叉项系数的正负。

由于各城市情况不同，城市之间可能存在不随时间改变的异质性。为了避免可能的遗漏变量偏差，我们运用面板数据固定效应回归。

本章使用的指标数据，均来源于《中国城市统计年鉴》。为了保障统计口径一致，使用了2005—2013年的面板数据。由于数据缺失严重，剔除了辽源市、延边朝鲜族自治州，研究样本为东北三省资源型城市（地级市）：七台河市、双鸭山市、大庆市、抚顺市、本溪市、松原市、盘锦市、葫芦岛市、通化市、阜新市、鞍山市、鸡西市、鹤岗市。

表7-2报告了对方程（1）的估计结果。由于本章的样本城市地域上都属于东北工业基地，同期经济活动存在相互影响，导致组建同期相关问题。同时，为了克服自相关和异方差问题，尽可能提高参数估计BLUE性质和假设检验的效率，进行面板数据固定效应（within）回归时，运用非参数协方差矩阵估计方法计算 Driscoll and Kraay（1998）标准差，同时提供均差组内估计量（mean-differencing within estimator）作为对照。

表7-2中不同的回归均以第三产业产值GDP占比的对数为被解释变量，对两个核心指标 NRES、MARKET 及其交互项 NRES*MARKET 的对数，以及其他控制变量的对数进行回归，所有回归结果均为城市和时间双固定效应（city and time fixed effects）估计量，因此，回归结果显示了1单位自变量的变化率导致的第三产业产值GDP占比的变化率，即对城市经济转型速度的影响。其中，模型2.1采用均差组内估计作为对照，模型2.2采用非参数协方差矩阵估计方法计算 Driscoll and Kraay（1998）标准差。模型2.1的回归结果中，NRES、MARKET、NRES*MARKET 的系数显著性水平分别为1%、

0.1%、1%。资源丰裕度 1% 的上升将带来第三产业产值 GDP 占比 0.846% 的下降，拖累了经济转型。由于模型 2.1 和模型 2.2 使用本章所定义的 *MARKET* 作为市场化改革逆指标，回归系数在 0.1% 的水平上显著为负（−0.329），意味着市场化程度提升 1%，能促进经济转型提高 0.329%；而市场化改革对经济转型的促进作用，在 1% 的水平上被高资源丰裕度降低。模型 2.2 采用非参数协方差矩阵估计方法，系数估计值与模型 2.1 一致，但估计的标准差更稳健，*NRES* 的参数显著性水平从 1% 变为 5%。

　　分析市场化改革对能源资源型城市经济转型的边际效应，不考虑 *NRES* 和 *MARKET* 二者的系数。根据方程（1），ln*TRANS* 对 *MARKET* 求导数，得：

$$\frac{\partial TRANS}{\partial MARKET} \times \frac{MARKET}{TRANS} = \frac{\partial \ln TRANS}{\partial \ln MARKET} = -0.329 + 0.058 \times \ln NRES$$

（3）

　　同样，由于模型 2.1 和模型 2.2 中的 *MARKET* 为市场化程度的逆指标，方程（2）意味着在 ln*NRES* 小于 5.672（0.329/0.058）的条件下，*MARKET* 对 *TRANS* 的边际效应为正，本章所有样本、所有年份的 ln*NRES* 值均小于 5.672，故对本章的研究样本，市场化改革对经济转型的边际效应均为正。

表7-1　关键变量的描述性统计（2005—2013）

Variable	Obs	Mean	Std. Dev.	Min	Max
ln*GDPTI*	117	3.412158	0.3162895	2.402431	3.748091
ln*NRES*	117	4.311585	0.9534154	1.516225	5.618126
ln*MARKET*	117	12.97179	1.018591	10.30491	14.77636
ln*INTERREMA*	117	56.01796	13.41346	20.02043	76.5237

　　为了检验结论的稳健性，我们努力寻找符合理论特征的其他市场化程度指标进行回归。模型 2.1—2.2 所使用的地方财政支出增量最符合中国经济转轨的实际的市场化程度指标（逆指标）。与此对照，本书认为郝大海、李路路（2006）提出的"其他经济成分的职工总数占全体职工人数（包括国有经济、集体经济和其他经济成分）的比例"指标在一定程度上能够反映中国市场化改革进程。由于缺乏城市层面国有经济和集体经济从业人员的统计数据，模型 2.3 和模型 2.4 提供了以私营企业和个体从业人员占年均人口总数的比例为市场化程度指标（正指标）的回归结果。其中，模型 2.3 采用的估计方法和模型 2.1 一样，均为均差组内估计量，模型 2.4 采用的估计方法和模型 2.2 相同，均为非参数协方差矩阵估计方法计算 Driscoll and Kraay（1998）标准差。由于模型 2.3 和模型 2.4 的市场化指标为正指标，故 ln*MARKET* 和

ln*NRES**ln*MARKET* 的估计系数的符号与模型 2.1、模型 2.2 刚好相反，且二者系数仍然保持显著。说明将市场化程度替换成私营企业和个体从业人员占年均人口总数的比例后，我们的核心结论仍然保持稳健。

由于样本数较少（13 个市）、时间也不长（9 年），如果存在少数观测值离大多数样本值很远的情况，回归系数将出现较大的偏差。模型 2.5 为计算 Cook's D 后，删除 Cook's D 大于 1 的观测，再根据残差进行迭代计算权重，对残差较大的观测赋予较小的权重，进行稳健回归（Hamilton, 1991）的结果。删除了 Cook's D 大于 1 的 1 个观测后，模型 2.5 对 111 个观测进行回归，回归系数的符号和显著性仍然稳健。

不仅市场化改革会促进经济转型，同时经济转型也会对市场化程度产生反向影响。在中国经济转轨实践中，可能在经济结构更好的情况下，比如零售业、科研服务业、通信服务业更发达的经济体中，政府对市场的干涉力度通常也更小。为了使研究结果更严谨，我们进行了豪斯曼检验和异方差稳健的 DWH 检验，检验结果均认为市场化程度指标是内生变量。为此，我们运用工具变量法处理。寻找完美的工具变量非常困难，经过对经济问题的探索，我们使用市辖区用煤气人口作为工具变量。一方面，市辖区煤气供应本身涉及地方财政公共支出，同时，市辖区用煤气人口还是地方财政公共支出的重点对象，与地方财政支出有较强的关联；另一方面，市辖区用煤气人口的变化，与经济结构变化的联系非常微弱。通过 Anderson canon. corr. LM 统计量和 Cragg-Donald Wald F 统计量检验，我们认为市辖区用煤气人口满足工具变量的统计性质，是一个不错的工具变量。运用市辖区用煤气人口作为工具变量的估计结果显示在模型 2.6 中，结果仍然显著且稳定。

表7-2　市场化改革对资源型城市经济转型的影响　（2005—2013）

	（2.1） ln*GDPTI*	（2.2） ln*GDPTI*	（2.3） ln*GDPTI*	（2.4） ln*GDPTI*	（2.5） ln*GDPTI*	（2.6） ln*GDPTI*
ln*NRES*	−0.846**	−0.846*	0.217	0.217	−0.731***	−3.574*
	（−3.35）	（−3.62）	（1.76）	（1.47）	（−4.01）	（−2.21）
ln*MARKET*	−0.329***	−0.329***	0.529*	0.529*	−0.258**	−1.630*
	（−3.88）	（−8.94）	（2.46）	（2.83）	（−3.34）	（−2.16）
ln*NRES**ln*MARKET*	0.0580**	0.0580**	−0.114*	−0.114*	0.0589***	0.261*
	（3.27）	（4.15）	（−2.38）	（−2.76）	（4.26）	（2.18）
ln*INVESTMENT*	−0.00396	−0.00396	−0.00300	−0.00300	−0.139**	−0.0817
	（−0.05）	（−0.07）	（−0.04）	（−0.05）	（−2.82）	（−0.54）
	（2.1）	（2.2）	（2.3）	（2.4）	（2.5）	（2.6）

续表

	（2.1） lnGDPTI	（2.2） lnGDPTI	（2.3） lnGDPTI	（2.4） lnGDPTI	（2.5） lnGDPTI	（2.6） lnGDPTI
ln*SECONDARY*	0.108	0.108	0.0619	0.0619	−0.0278	0.273
	（1.21）	（0.83）	（0.68）	（0.61）	（−0.42）	（1.40）
ln*PROEDU*	0.574**	0.574	0.265	0.265	0.222*	1.517*
	（3.07）	（2.22）	（1.47）	（1.45）	（2.53）	（2.36）
ln*STURIHE*	0.0227	0.0227	−0.0420	−0.0420	0.0359*	0.171
	（0.37）	（0.39）	（−0.64）	（−0.60）	（2.14）	（1.18）
ln*EDU*	−0.000820	−0.000820	0.0207	0.0207	−0.149	0.0243
	（−0.02）	（−0.07）	（0.46）	（1.15）	（−1.98）	（0.29）
ln*FDI*	0.0216	0.0216	−0.0141	−0.0141	−0.0102	0.186
	（0.83）	（1.14）	（−0.57）	（−0.54）	（−0.60）	（1.76）
ln*SCIENCE*	0.00135	0.00135	0.0107	0.0107	0.0434	−0.0321
	（0.05）	（0.06）	（0.40）	（0.31）	（1.96）	（−0.57）
t	0.00409	0.00409	−0.00986	−0.00986	0.00892	0.0796
	（0.23）	（0.26）	（−0.68）	（−0.71）	（0.65）	（1.46）
_cons	6.738***	6.738***	2.142*	2.142**	7.694***	19.29*
	（5.52）	（12.00）	（2.01）	（4.36）	（6.86）	（2.58）
N	112	112	112	112	111	112

回归中剔除了 4 个数据缺失的观测。t statistics in parentheses, * $p < 0.05$, ** $p < 0.01$, *** $p < 0.001$

四、市场化改革评价

本章讨论了中国东北三省 2005 年至 2013 年市场化改革对能源资源型城市经济转型的影响。基于中国市场化改革的主要目的在于厘清政府与市场的关系的基本事实，我们创造性地提出用地方政府支出增量作为市场化改革（市场化程度）的逆变量，并引入资源丰裕度和市场化程度的交叉项，来细致分析市场化改革对能源资源型城市经济转型的影响。检验发现，在不同的资源丰裕程度下，市场化改革对资源型城市经济转型的效果明显不同。市场化程度提升 1%，能促进经济转型提高 0.329%；而市场化改革对经济转型的促进作用，在 1% 的水平上被高资源丰裕度降低。在 ln*NRES* 小于 5.672 的条件下，*MARKET* 对 *TRANS* 的边际效应为正，由于本章所有样本、所有年份的 ln*NRES* 值均小于 5.672，故对本章的研究样本，市场化改革对经济转型的边际效应均为正。并且，检验的结果在均差组内估计和非参数协方差矩阵估计方法，用私营企业和个体从业人员占年均人口总数的比例作为市场化程度指标，以及运用工具变量法处理内生性问题的情况下，都保持稳健。

本章的政策含义非常直观，即在中国东北三省能源资源型城市中，应该继续推行市场化改革，以促进城市经济转型，研究结论为我们在东北问题上的政策选择提供了继续坚持以改革为主的方向的证据。但该研究有非常强的针对性，即我们对经济转型的价值取向是经济结构升级。东北三省作为中国重要的重工业基地，国家政策层面可能有不同的考量。如果政策的目标不是促进经济结构升级，而是通过集中资源优势和政府人力、财力支持，打造中国新型工业化基地，则在该研究范围之外。但在过去的市场化导向改革的过程中，出现的经济结构的变化，恰恰是市场选择的结果。

总之，我们认为，中国东北三省能源资源型城市要摆脱"资源诅咒"和资源耗竭带来的经济发展问题，实现经济转型和可持续发展，继续推进市场化改革、促进生产要素流动、提高资源效率是可行的发展之路。实际上，正如樊纲（2011）所指出的，中国改革时期的经济增长加速和全要素生产率提高，首要的贡献因素是市场化，尤其是在自然资源的定价方面，实现市场化定价仍然有很长的一段路要走。

第八章 国际分工格局与资源型产业转型

一、国际分工格局变迁与国际资源型产业的格局演变

（一）国际分工的演变

分工是指劳动在不同部门和不同劳动者之间的划分，简单地说即生产职能的专业化。生产力发展到一定阶段便产生分工，分工的最初形态是自然分工，即由个体差异（年龄、性别等）和环境差异（资源、自然条件）引起的分工；社会分工是分工发展的第二阶段，生产力发展和劳动生产率的提高，使得剩余产品和剩余劳动出现，专业化生产方式出现，社会化分工体系不断完善和发展。

社会分工经过一定的发展演变，便产生国际分工。国际分工实际上就是社会分工在国际层面上的延伸，在形式上体现为世界不同国家与区域之间的劳动分工和协作，最重要的表现形式是国际贸易。国际贸易不仅仅是国际分工的产物，实际上国际贸易也在不断促进国际分工的深入。16世纪早期的地理大发现，以及随之而来的资本主义生产方式的出现，为国际分工的出现和形成奠定了基础。几百年以来国际分工先后经历了几个不同的演变阶段，关于国际分工的演变阶段研究有多重视角，国际分工发展的前、中期阶段主要是基于国际贸易视角，后期以及现阶段国际分工形态的演变则主要基于生产视角。根据以上视角，可以大致把国际分工分为以下五种形态。

第一种形态是15世纪到19世纪初的农业内国际分工。地理大发现和新航路的开辟打破了世界各地的孤立状态，全球联系日益紧密化、整体化，贸易来往和文化交流也更加频繁。早期的世界贸易，基本形式是用白银换取生活品（主要是农副产品），这一点可以从这一时期中国与其他国家的国际贸易情况看出。当时全球贸易中心广州的七条主要国际贸易航线的主要贸易内容为羽绒、苏木、檀香、中药、皮货、白银、生丝、茶叶、砂糖、胡椒等。这些产品的贸易分工基于各个国家和地区不同的自然、气候、人文条件，属于依靠斯密（1972）所说的"自然优势（nature advantage）"进行的国际分工，由于国际贸易内容主要是农产品，所以这一阶段的国际分工称作农业内国际分工。

第二种形态是19世纪到20世纪50年代的产业间分工，即农业—工业国际分工。蒸汽机的改良和应用开启了18世纪以来的工业革命，之后的一系列科学技术革

命导致了生产方式的革命性变化：以大机器生产为主要方式的近代工厂代替了手工工场，以棉纺织业、冶金工业等为代表的新兴工业部门迅速发展。最早完成工业革命的国家是英国，19世纪前中叶，法国、美国、德国等国家也相继完成工业革命。大机器生产方式所带来的生产力的极大提高导致国内工业消费品相对过剩，同时对于工业产品原材料的巨大需求使得发达工业国家迫切寻找海外市场和原材料产地，于是形成了殖民地国家与宗主国之间的产业分工：殖民地国家为宗主国提供初级农产品，同时作为宗主国的产品倾销市场。在这一过程中，殖民地国家处于被动地位，国内资本积累不足，产业结构严重畸形，工业基础薄弱，彻底沦为宗主国的附庸，而发达工业国家借此分工方式不断积累资本，巩固工业基础，优化产业机构，进一步强化这种分工格局。这一阶段的国际分工形式是一种基于传统产业的产业间分工，可以概括为技术上具有优势的工业国与自然条件具有优势的农业国之间的分工。

第三种形态是20世纪50年代至今的产业内分工。第二次世界大战以后，工业国家生产力进一步发展，殖民地国家也相继独立，国际分工格局产生了深刻变化。传统的贸易形式也发生重大变化，同类工业品之间的贸易规模大幅增加，尤其是发达国家的同类工业品贸易。例如作为主要汽车生产国和出口国的美国同时也从日本、德国等地大量进口汽车，这种贸易形式被称为"产业内贸易"。不仅是发达国家，这一时期发展中国家的产业内贸易量也有大幅上升。1994年联合国《国际贸易与发展统计指南》中的数据显示，发展中国家20世纪70、80、90年代黑色金属、有色金属的出口占总出口比例分别是29.8%、13.3%、6.7%，不断下降。机器与设备出口占总出口比例分别为12.2%、14.3%、34.9%，不断上升。

产业内分工具体可以分为三种类型：同质产品产业内分工、产业内水平分工及产业内垂直分工。其中同质产品的产业内分工是指两国之间具有完全替代性的两种产品之间的分工；产业内水平分工是发达国家间的分工；产业内垂直分工是发达国家和发展中国家间的分工。资本、技术密集型的高端制造业被发达国家所垄断，而劳动密集型的低端制造业则停留在发展中国家，长期抑制此类国家经济发展。产业内分工的国际分工方式反映出世界经济联系方式的根本性变化，即从贸易全球化逐渐转变为生产全球化，企业通过生产网络和贸易网络共同联系世界经济，这种经济联系的根本性改变也导致了新型国际分工格局的产生与发展。

第四种形态是产品内分工，即价值链分工。战后第三次科学技术革命的发生，使得世界生产力进一步发展，交通运输与信息技术的进步、全球化进程的深化使得国家之间的联系更为紧密。跨国公司的兴起推动了全球范围内的资本及资源配置，使得国际分工向更加纵深和广阔的领域发展。分工形式跨越了原有的产品界限，以生产环节为主要分工内容的价值链分工出现，这种分工形式又称为产品内分工。卢峰（2004）

认为产品内分工"其核心内涵是特定产品生产过程不同工序或区段通过空间分散化展开成跨区或跨国性的生产链条或体系，因而有越来越多国家参与特定产品生产过程不同环节或区 段的生产或供应活动"①。

"价值链"这个概念，最早由哈佛大学商学院教授迈克尔·波特提出，他认为产品的生产过程可以大致分为研究开发与设计、生产、营销三个价值增值环节。各国家和地区根据自身不同的资源禀赋、技术水平等要素参与同一产品内不同环节的价值创造和利润分配过程，跨国公司则在这个过程中起到资源整合的作用，根据不同环节的要素密集型特点在全球范围内整合搜寻最优区位，最终构建成全球范围内的生产网络（Global Production Network），产品的价值链也深化拓展为全球价值链，即所谓的 GVC（Global Value Chain）。价值链分工中各个环节的地位并不是平等的，具有资本、技术密集型特点的上游设计研发、融资环节往往分布在发达国家，而中间环节的生产加工组装过程则往往分布在发展中国家，分工地位的差异意味着利润分配和主导权的差异，显然发达国家在价值链分工中占支配地位。崔焕金（2015）认为，"全球价值链分工是一种特定产品价值链的诸多环节和工序的跨国界或地区分工连续共时生产，同时伴有中间品进口和最终产品出口的产业链分工模式"。价值链分工表现为垂直专业化分工，但实际上还兼有水平分工的特点，是一种混合的分工形式。"产业链分工"的提法使我们注意到，价值链分工的深化，使分工在产品框架内突破了原有产业界限，在除生产环节外的另外两个环节中，分工范围已经扩大到其他产业，包括相关制造业和第三产业。随着产品内分工的深入发展，特定国家的特定产业分工格局出现，加之国际政治经济形势的影响，当前国际分工形式也出现了一些新的变化。越来越多的产品内分工形式导致特定国家的特定价值链环节涉及的产业发生集聚时，一些新的分工形式便出现了。

第五种形态是分工形势的新变化，即去工业化与再工业化。在全球价值链分工过程中，由于发达国家劳动力成本较高和资源环境承载压力比较大，使得上游环节和下游环节主要在这些国家产生集聚，中间环节则被转移到发展中国家。上下游环节的集中发展使得生产性服务业逐步从制造业中分离，出现"去工业化"现象，使得曾经的产品内分工演化为制造业与服务业之间的现代分工。比较优势的丧失使得发达国家制造业比重持续下降，数据显示美国制造业劳动力占劳动者的比例从 1928 年的 28%下降到 1994 年的 16%；日本的制造业就业比重从 1973 年的 27%下降至 1994 年的20%；欧盟 15 个国家中，制造业就业比例从 1970 年的 30%下降到 1994 年的 20%。而与此同时，发达国家服务业的就业比重却在不断上升，美国服务业就业比重从 1960

---

① 卢锋：《产品内国际分工：一个分析框架》，《经济学》2004 年第 1 期。

年的 56% 上升到 1994 年的 73%。这种新的分工形式导致了全球经济的失衡：以美国为首的一系列欧美发达国家由于经济结构的变化和金融市场的发达，发生经常性项目赤字；而以中国和东亚一些制造业占比较高的发展中国家则出现经常性项目盈余，2007 年以来的经济危机是经济失衡的最好说明。

金融危机之后，失业率的上升、经济疲软和财政状况的恶化迫使部分发达国家提出"再工业化"的计划：促进实体经济发展，鼓励制造业"回归"，进一步强化技术、知识对于产业结构升级的推动作用，着重鼓励发展那些高附加值、低污染低能耗的新技术产业，加速科技优势向产业优势的转化。"再工业化"绝不是回头路，实际上这是"去工业化"的延续和深化，是发达国家主导的新形势下对于全球分工格局的进一步控制和强化。这个过程对于发展中国家来说，既是机遇又是挑战，提高技术水平、发展知识经济、抢占产业高地是提高国际分工地位的关键。

随着国际分工深化尤其是产品内分工形式的发展，一种新的概念被提出，这就是所谓的"供应链"（supply chain）。

新技术革命背景下，随着生产效率的大幅提高，商品与服务的丰富程度与更新换代的速度也达到前所未有的程度，交通运输的发展、信息技术的进步使得网络化、高效率生产网络体系的构架成为可能。早期出现的简单的供应链形式来自于企业内部的创新，最著名的即准时制生产方式（Just In Time，JIT），这种无库存生产方式凸显了对于从设计、生产到销售的一系列环节进行整合优化的优势和必要性。后来供应链的概念扩大至企业间、行业间乃至于整个市场的范围，由最初的简单链状结构发展成为动态的网状结构，国内外相关研究对于供应链的定义体现了这种变化。史蒂文斯认为"供应链是通过增值过程和分销渠道控制从供应商到用户的流，它始于供应的源点，结束于消费的终点"；马丁·克里斯托弗认为"供应链是在给最终顾客提供产品和服务的不停地过程和活动中所涉及的上下游互相联系的组织网络"。作为一种网状市场体系，供应链的三个要素是资金流、产品流与信息流，企业的供应链管理实质上就是对这三种要素流动进行协调与整合，以实现效率、利润的最大化的过程。综上来看，供应链强调消费需求的重要性，这也就不难理解供应链何以称为"供应链"了。而一旦供应链的边界延伸至国际范围，涉及国际贸易问题，便出现了所谓的"全球供应链（Global Supply Chain，GSC）"，它以跨国公司为主导，旨在通过对全球范围内的资金、产品、信息流控制，实现高效率的资源配置，充分发挥不同地区间比较优势和竞争优势，降低成本，缩短存货周期，构建高度协作化、专业化的市场体系，快速对市场需求做出回应。

供应链与价值链、商品链的概念之间既有联系又有区别，三者无论从产生背景条件还是所描述的实体过程来看，都有很大的重合性，区别在于供应链强调需求导向与供应过程，供应链是有生命的动态体系，可以通过供应链管理来进行优化。价值链偏向于从生产供应环节中的价值增值来看待这一过程，主要指向不同环节的价值差异和国际分工地位问题。而商品链则是以最终产品为视角，研究产品从设计到销售之间的一系列过程，并不强调对于除了设计最终产品的生产销售以外的其他环节的一体化管理。

（二）国际资源型产业格局演变

广义上来讲，资源型产业包括农业、能源、林业、渔业、休闲业、采矿业等，其最主要特点是对于自然资源的依赖性。我们通常所说的资源型产业一般指狭义上的资源型产业，即和矿产资源开采及其加工相关的产业。按资源型产业和自然资源间的关系，可以把资源型产业分为资源依赖型、资源依附型、资源依从型这三类。资源型产业具有一些显著的特征：稀缺性和可耗竭性、负外部性、价格波动性、高风险性、资产强专用性等。

资源型产业的发展依托自然资源，丰富的自然资源和资源型产业的发展又催生了一大批"资源型城市"的发展。资源型城市的发展、转型问题是目前的一大热门研究方向。以资源型城市的主要产业为参考，我们通过梳理石油、钢铁、煤炭、林业这四个主要的资源型产业来研究国际与国内资源型产业的格局演变，分析资源型产业发展的形势与面临的挑战，进而研究中国资源型城市的产业转型与发展模式问题。

国际资源型产业的格局演变拥有多方面的背景和条件，一方面是宏观背景，主要指向技术革命、生产力的发展、交通运输的改善等所导致的国际分工形式的演变和国际贸易形势的变化；另一方面，由于资源型产业自身的特点（对于自然资源的依赖性），自然资源在全球范围内的储量、产量、供需状况、价格、利用效率以及新能源的开发等多方面因素都在影响着全球资源型产业的格局演变。

1. 国际煤炭行业的格局演变

煤炭是重要的能源和工业原料，截至 2012 年，世界一次能源消费中煤炭占比达 29.9%，并且消费量还在逐年增长。目前世界能源消费对于石油资源依赖性很强，随着石油资源的日益枯竭和供需紧张导致的价格不断走高，煤炭资源的消费量必将进一步提高，煤炭开采利用技术和效率的不断提高、庞大的资源储量都预示着煤炭资源有可能成为未来一段时期内世界能源消费的主流产品。煤炭在一国经济发展和能源战略中地位重要，作为一个缺油、少气、富煤的国家，煤炭在我国能源消费结构中的地位毋庸置疑。我国的浅层煤保有储量为一万亿吨左右，其中探明的可采储量为 1145 亿吨，按照目前的生产消费水平可开采并使用超过一百年；与之相比，石油可采储量仅为 38 亿吨，可采的年限仅为 20 年左右；天然气的总资源量为 38 亿立方米，可采年限约 37 年。再加上现阶段新能源产业发展虽然迅速，但是与传统能源相比规模还很小，因此在可预见的未来我国一次能源消费结构基本不会发生改变。煤炭行业作为资源型产业，是一国重要的基础产业，关系到一国工业实力、经济增长、可持续发展和能源安全等诸多方面。一般意义上，煤炭行业包括两个大类，煤炭的采选业和煤制品的生产行业。煤炭采选业包括煤炭开采业和煤炭洗选业，我国煤炭资源丰富，但开采条件并不优越，大部分煤田属于地下开采，随着优质原煤不断减少和采煤方法的机械化，原煤质量趋于下降，因此从原煤的开采到商品煤还需要经过煤炭洗选。煤制品生产行业包括煤炭成型业、水煤浆生产业、煤炭焦化业、煤炭气化业、煤炭液化业以及煤化工行业。

煤炭资源全球分布广泛，但是并不均匀，全球探明储量前八位的国家占了全球可采储量的 90%。除 2014 年外，世界煤炭生产量保持了多年的增长，2014 年世界煤炭总产量 3933.5 百万吨油当量，同比下降 0.7%。按产量大小排序的世界煤炭主产区分别是：亚太地区 2722.5 百万吨油当量，北美地区 551.4 百万吨油当量，欧洲及欧亚大陆 441.6 百万吨油当量，非洲 152.2 百万吨油当量，中南美洲 65 百万吨油当量，中东 0.7 百万吨油当量。世界煤炭生产分布很不均匀，事实上，世界煤炭产量前十的国家煤炭总产量占世界总产量的 92.7% 之多。

世界主要煤炭生产国大体可以分为两类。美国、澳大利亚、俄罗斯、中国等国家属于传统的煤炭生产国，其特点是产量占比大，煤炭生产主要满足自身工业发展需求，如中国和美国；或者大量出口，如俄罗斯、澳大利亚，煤炭资源丰富而优质，国内工业需求相对较小，主要着力于建设完善高效的煤炭生产运输体系，面向国际市场大量出口，对维持世界能源稳定起到重要作用。传统煤炭生产国产量增幅和变化比较稳定，归因于多方面的因素，如工业的稳定发展，经济的逐步复苏，环境压力和能源战略等。

新兴的煤炭生产国大部分都是发展中国家，如印度、印度尼西亚、哥伦比亚、南非等，一方面国内工业化的逐步推进、发达国家高耗能企业的转移、开采技术的进步、运输条件的改善使得煤炭产量大幅增加，煤炭行业迅速发展。另一方面在资源价格上涨、优质煤炭资源稀缺背景下，发达国家基于能源战略考量，在煤炭消费结构中增加进口量占比等因素使得这些国家的优质煤炭资源在国际市场上很有竞争力，逐渐成为煤炭生产和出口大国。

从煤炭消费的角度来看，世界上目前主要的煤炭消费来自亚太地区、北美地区、欧洲和欧亚大陆地区。其中亚太地区消费量占世界总消费量的 71% 左右，三个最大的煤炭消费国是中国、印度和日本。《BP 世界能源统计年鉴（2015）》中的数据显示，2014 年三国煤炭消费量占亚太地区总消费量的 51%，中国和印度属于发展中人口和土地大国，新增能源需求旺盛，是未来世界主要能源消费国，中国煤炭消费结构中，电力部门消费需求和非电力部门（工业热源、化工、炼钢、水泥、造纸业等）消费需求基本各占一半，前者呈现上升态势，后者呈现下降态势，煤炭总消费量及其在能源消费结构中的占比都呈现稳步上升态势；印度的煤炭消费需求主要来自于电力部门，约占其消费量的75%，并且还在逐年增长。日本作为一个资源相对匮乏的传统工业国家，煤炭消费几乎完全依赖进口，作为重要的钢铁生产国和汽车出口国，其消费需求主要来自于钢铁行业，此外，震后核电站的限制和减少使得日本目前电力行业也严重依赖煤炭。欧洲和欧亚大陆地区作为老牌资本主义工业国家和苏联工业国家的聚集区，近年来由于环境压力的逐步上升、可再生能源的开发与替代和高能耗高污染产业的转移，煤炭消费量逐渐下降，但其消费量依旧占世界总消费量的13%左右，这一地区最大的煤炭消费国是德国和俄罗斯，约占欧洲总消费量的34%，此外还有西班牙、土耳其、英国、乌克兰、哈萨克斯坦等国，除土耳其和哈萨克斯坦外，其他主要煤炭消费国的消费量都在逐年下降。北美地区的煤炭消费国主要是美国，占92%以上，美国的煤炭消费需求主要来自于电力行业，电力行业煤炭消费占总消费一半以上并且还在增长。

从国际能源贸易的视角来看，煤炭的强度和范围都在全球范围内不断深化。由于煤炭和最主要的贸易能源石油相比具有重量大，体积大的特点，导致煤炭在运费方面不具有比较优势，因此其全球贸易量与发展速度相较石油都较为有限，煤炭贸易量和煤炭消费量相比规模较小，早期各区域的煤炭贸易主要满足区域内或邻近区域间的贸易往来，随着大规模的海路运输贸易的发展，煤炭国际贸易的区域限制减弱，煤炭资源国际贸易不断发展。从区域的角度来看，目前世界上有两大煤炭贸易圈：太平洋煤炭贸易圈和大西洋煤炭贸易圈。太平洋贸易圈内的主要煤炭出口国有：印度尼西亚、美国、俄罗斯、澳大利亚、中国、朝鲜、越南等；主要进口国家和地区有：印度、菲律宾、马来西亚、中国台湾、日本、中国、韩国、中国香港等。大西洋贸易圈内主要煤炭出口国有：俄罗斯、波兰、澳大利亚、南非、加拿大、美国、哥伦比亚、委内瑞拉等；主要进口国为：英国、荷兰、意大利、法国、希腊、德国、比利时、丹麦等。[①]由于经济危机之后世界经济尤其是实体经济普遍呈现下行态势，之后的欧债危机导致的欧洲国家经济疲软以及亚太地区发展中国家能源需求的快速增长，使得世界主要煤炭贸易市场集中在亚太地区，占全世界煤炭进口量的60%以上。从煤种来看，世界煤炭市场主要由动力煤市场和炼焦煤市场组成，亚太地区是主要的动力煤进口市场，主要动力煤供应国有印度尼西亚、澳大利亚、越南、俄罗斯等，大西洋地区主要动力

---

① 参见《煤炭市场蓝皮书：中国煤炭市场发展报告（2012）》。

煤供应国有俄罗斯、哥伦比亚、南非、美国、澳大利亚、波兰、加拿大等。在炼焦煤方面，炼焦煤的亚太地区主要供应国为加拿大、俄罗斯、澳大利亚、蒙古、美国等国；大西洋地区主要的炼焦煤进口国为美国、加拿大、澳大利亚、捷克、俄罗斯、波兰等国。[①]

　　国际煤炭价格的波动主要受市场供求、国际油价以及海运运费等因素的影响。从比较大的时间尺度来看，煤炭价格大致经历了一个先降后升再降的波动过程。20 世纪末期，第一次石油危机后油价的大幅上涨和发展中国家对于煤炭潜在需求刺激了煤炭的生产和国际贸易，煤炭供给量迅速上升又使国际市场供过于求，煤炭价格一路下滑；21 世纪初全球主要工业国家的经济复苏，发展中国家用煤需求尤其是发电用煤需求的进一步扩大以及海运方式导致的煤炭贸易量扩大和需求增加促使煤炭价格上涨；最近几年，在后经济危机时代全球实体经济的普遍疲软、欧洲深陷欧债危机的影响、新兴经济体发展动力减弱、新能源的开发和使用、美国页岩气革命导致的世界能源供需结构的深刻改变等因素的综合影响下，国际煤价普遍呈现出下滑的态势。

　　世界煤炭的产业布局和产业升级除了受到煤炭资源状况和生产消费能力的影响，还有一个最重要的因素是技术因素，煤炭资源的开发与利用技术的进步深刻影响着煤炭产业的全球布局和区域产业升级。按照以上几个主要因素的组合特点，我们可以将主要的煤炭国家分为五大类。

　　第一类是煤炭资源丰富优质、开采利用技术先进、生产效率高、消费需求旺盛的综合性国家。最典型的例子是美国，截至 2014 年，美国煤炭探明储量世界第一，占世界总储量 26.6%，储产比达到 262 年，产量占世界 13%，消费量占世界 11.7%，是仅次于中国的第二大煤炭生产和消费国，煤炭生产可以完全自给自足并且有相当剩余。美国的国内煤炭需求主要来自于发电，其他下游产业的需求规模也相当大，但是由于生态环境压力的增大和技术的进步，特别是洁净煤技术和页岩气革命，使得其能源利用结构朝着清洁化方向发展，煤炭生产相对煤炭消费的盈余越来越大，加上其煤炭生产效率高、煤质好、煤炭产业高度发达、煤炭资源市场化程度高的优势，近年来有向主要煤炭出口国转变的趋势，主要出口对象是日本、加拿大以及西欧和南美国家。除美国外，西欧一些国家如德国也属于这类，但规模相对较小，煤炭出口占比也相对较低，煤炭生产主要满足自身需求。

　　第二类是煤炭资源丰富优质、煤炭开采和运输技术发达、国内需求相对较小、生产煤炭主要为了出口的国家，如南非和澳大利亚。澳大利亚占世界煤炭探明储量的8.6%，排名第四位，储采比 155 年。煤炭生产量占世界 7.1%，排名第四位，该国国

[①] 《煤炭市场蓝皮书：中国煤炭市场发展报告（2011—2012）》。

内煤炭需求低，煤炭主要用于出口，是世界上最大的煤炭出口国，硬煤出口量占世界30%以上，是最大的炼焦煤出口国和第二大动力煤出口国。优势是煤质极高，煤炭开采与生产效率极高，交通运输和港口等基础设施完善，其主要供应市场是欧洲和环太平洋地区。南非煤炭储量占世界3.4%，产量占世界3.8%，产量远大于消费量，是世界第四大煤炭出口国，主要出口动力煤，面向欧洲市场，由于其煤炭埋藏条件优越，港口发达运输便利，出口量还在不断增长。

第三类是煤炭相对稀缺，但需求旺盛，技术发达，煤炭利用效率较高的需求型国家。其中日本是世界最大的煤炭进口国，其动力煤进口和炼焦煤进口量均居第一，日本具有发达的工业体系和先进的技术，煤炭进口主要用于钢铁行业和发电行业，随着福岛核电站的关闭，国内电煤需求进一步上升。类似的国家或地区还有韩国、中国台湾、新加坡以及欧洲的一些发达国家。

第四类是煤炭资源丰富，但开采利用和生产效率相对发达国家较低、消费需求大、增长迅速的综合性国家，主要是当今几个大型发展中国家如印度和中国。中国是世界第一大煤炭生产和消费国，中国煤炭资源探明储量位列世界第三，但由于巨大的开采量和消费量，储采比只有30年。印度煤炭资源探明储量占世界6.8%，储采比94年。近年来随着经济增长，煤炭消费量快速增长，占世界9.3%，是世界第三大煤炭消费国，生产量占世界6.2%，但由于印度煤炭资源质量和开采条件相对较差，且煤炭资源主要位于偏远的中部和东部地区，运输成本较高，其沿海地区煤炭甚至主要依赖国外进口。印度国内煤炭行业管理水平和生产效率都相对较低，且由于消费需求十分旺盛并且快速增长，煤炭供需缺口还将不断扩大。

第五类是煤炭资源丰富优质，煤炭开采和运输技术稍弱，国内需求相对较小的煤炭出口国家，主要包括俄罗斯和其他几个新兴煤炭生产国如印度尼西亚、哥伦比亚等。俄罗斯煤炭探明储量世界第二，占17.6%，储采比441年，国内消费量比较小，主要出口乌克兰、日本、韩国和一些东欧国家，由于煤矿位置相对偏远，交通条件和基础设施状况相对较差，俄罗斯的煤炭出口能力受到了限制。印度尼西亚为世界第二大煤炭出口国、世界第一大动力煤出口国，主要满足亚太地区的煤炭需求。哥伦比亚是中南美洲煤炭资源最为丰富的国家，也是近年来兴起的重要煤炭出口国之一，位于太平洋和大西洋之间，地理位置优越，煤炭开采和出口的潜力较大，限制因素在于其煤炭资源多分布于山区，对于开采技术和运输能力的要求较高。

2. 国际石油行业的格局演变

石油是黏稠状的可燃性液体矿物，是由多种烃类所组成的复杂混合物。石油也称原油，石油产品是石油或者以石油为原料制成的各种产品的总称，主要的石油产品有石油燃料、石油焦、润滑剂、石蜡、沥青等六类。石油燃料为其中最主要、占比最大的石油产品,约占总产量的 90%,其他石油产品所占比例相对较小,但产品种类和所涉及的领域十分广泛。石油在世界一次能源消费结构中占比约 40.6%,是当今世界上最主要的能源资源,直接影响着世界经济的走势。石油对于一个国家的经济发展和社会稳定具有重大意义。对于中国这个经济高速增长的大型发展中国家来说,石油的意义不言自明。

从生产环节的角度来看,石油产业包括石油的开采、分馏、炼化与加工等行业。一般来说,我们可以将石油产业的产业链分为上下游两个环节,上游环节主要是油气资源的勘探与开采,下游环节则包括石油的炼化、化工产品制造和销售等。其中下游环节几乎涉及整个国民工业体系的末端环节,对国民经济产生重要影响。石油工业不仅自身创造了大量的产值,还为各种工业或生产生活活动提供不可或缺的燃料或者原料,石油工业的发展带动了机械、炼油、化工、交通运输、钢铁、电力、建材等工业部门的进步,是名副其实的"工业血液"。石油行业是传统的资源型产业,同时也是资本和技术密集型行业。

19 世纪前中期,人们已经发现石油在照明和取暖方面的应用价值。在美国,由于东北部移民潮和铁路的大量修建,对石油的需求日渐上升,产生了私营石油公司,此类公司负责石油勘探与开采。1854 年,两个美国人合伙开办了世界上第一家石油公司,买下了一块油田并随即在 1859 年钻出第一口现代工业油井,这标志着现代石油产业的开启。美国石油开采勘探行业的爆发式发展源于欧洲和南北战争导致的对于石油进口需求的增长,到 19 世纪中后期,美国的石油产量占全世界一半以上,最高时甚至达到 90%。在这一过程中,洛克菲勒的标准石油公司崛起,形成了第一个石油托拉斯。后来标准石油解散后形成很多公司,之后又发生了一系列的重组与合并,形成如埃克森、美孚、雪佛龙等现在世界著名的一体化跨国石油公司。美国大量开采石油的同时,俄国、罗马尼亚、墨西哥、缅甸等国也在开采石油,但是产业化程度相对较低,俄国巴库油田(今阿塞拜疆)被当时欧洲几个大的石油家族掌控开发,到 19 世纪末 20 世纪初俄国已经成为最大产油国。英国和荷兰利用殖民地分布广泛的优势在世界各地开采石油,中东地区的石油首先被英国人开发,在全球范围内形成众多寡头垄断企业,英国与荷兰石油公司后来合体成为壳牌公司,以亚洲市场为基点向全球扩张业务,与标准石油竞争。这一阶段石油产业链中起主导作用的环节是石油的勘探、开采和储运,掌握勘探开采技术并成功钻出油井就意味着巨额的财富和机会,而通过诸如标准石油公司这样的大公司对于石油资源的控制,进行集中的储藏、运输和销售,使得石油资源中蕴藏着的巨额财富变成现实。

1901—1945 年,随着汽车工业的发展,对于汽油的巨大需求带来了石油产业新的增长点,石油产业进入了快速增长时期。而两次世界大战中石油资源的大量使用,显示出石油的军事意义，使得这种资源的战略价值得以凸显，石油工业在战争需求推动下蓬勃发展。这段时间内的石油开发秩序相对比较混乱，一发现油田大家便蜂拥而上，众多小企业参与到石油开采钻探中来，因此上游环节的利润被压得很低，基本上没有什么获利空间。美国的大石油公司利用之前累积的对于石油储运销售的优势，开始整合石油炼化和成品油销售的下游产业，依靠大量资本和技术的投入，生产销售高附加值的石油产品，取得极高的市场占有率，积累丰厚的利润，石油产业特别是石油炼化与加工方面的技术迅速提高，使得美国石油工业的优势地位大大提高。"一战"后美国石油工业开始把触角伸向海外，通过与英、荷、德众多国家的博弈和谈判，美国的大石油公司也参与到对于中东石油的开发中，各国大型石油公司在世界市场范围内竞争与合作，世界石油体系进入国际化战略与经营的阶段。随着国际市场上的竞争导致的利润下降，各大石油公司通过联合，控制市场份额和产量，消除价格竞争，形成了世界石油体系的寡头联合垄断。20世纪初期在各个国家的跨国大型石油公司竞相开发中东石油的过程中，中东地区越来越多的油田被发现，其作为目前世界上石油最丰富的地区的帷幕已经缓缓拉开。第二次世界大战后，对于中东石油资源的开发进入白热化阶段。截至1970年，中东石油产量占世界34.5%，出口量占世界一半以上。中东石油资源开发国也从传统的沙特、伊朗等国家扩展到更大范围内的西亚—北非地区，利比亚、尼日利亚等国也迅速成长为石油资源供应大国。20世纪五六十年代，国际石油市场上形成了最具影响力的七大巨型跨国石油公司：英荷壳牌石油公司、英国石油公司、埃克森公司、美孚公司、雪佛龙公司、德士古公司、海湾公司，又称"七姐妹"。这几家石油公司之间存在复杂的合作与竞争关系，并且与各国政府关系紧密，形成了一个盘根错节的巨大利益集团，几乎完全控制了世界石油资源的开发，是世界石油市场的秩序。战后的西欧和日本通过接受美国的援助，在重建过程中，国民经济工业体系从以往的依赖煤和钢逐渐过渡到以石油为主的时代，英、法、德、日等国家的进口量迅速增加，石油化工业快速发展，逐渐成长为世界上最主要的石油化工产品制造地。在这个过程中，大型跨国石油公司扮演了重要角色，通过沟通原油开采与成品油加工产业，开始形成上下游环节整合发展的一体化石油公司。

　　20世纪初一直到中后期这一阶段内，石油产业的发展有两个鲜明特点：一是石油产量规模持续增加，以大型石油公司为主导在全球范围内开展竞争与合作，整合资源，形成了复杂的寡头垄断、政企联合的世界石油体系；二是在技术进步因素的决定性影响下，伴随着石油产品需求和供给的增加，石油产业链的下游环节规模迅速扩大，取代上游环节成为产业链主要的实体部分和利润来源。

　　20世纪六七十年代以来，随着殖民地国家的独立运动和"冷战"后世界政治经济体系的深刻变化，石油作为一种重要的战略资源，其政治重要性逐渐凸显。各产油国开始意识到这一点，并试图参与到世界石油体系当中。石油输出国组织于 1960 年9 月（OPEC）成立，为协调石油政策，维护各成员国共同利益而存在。石油输出国组织的成立使得世界石油体系中的权利分配和话语权发生了变化，削弱了大石油公司对于石油市场的控制权，随着矛盾的激化，中东、北非等地发生了一系列争端甚至战争，都和争夺石油资源的控制权有着莫大的关系。这一过程中产油国、大石油公司、各国政府之间复杂的关系与斗争，先后引发了三次石油危机。这使得人们更加深刻地意识到石油资源的战略重要性，国际油价的波动加入了更多不稳定因素，油价波动对于经济运行的影响也空前巨大，但世界各国都难以摆脱这种影响，再加上石油资源的日益紧缺，使得各国一方面加紧争夺和掌控石油资源，另一方面积极寻找其他替代能源，优化能源消费结构，建立能源战略储备。

在这一阶段中，石油产业链的利润和战略主导又逐渐呈现向上游环节回流的态势，石油资源的控治权成为关键，谁掌控了石油资源的开发权利，谁就拥有在国际市场上的影响力和话语权。这方面一个很重要的表现就是对于石油资源控制权的争夺已经延伸到虚拟经济层面，石油的金融属性逐渐加强，原油成为一种投资品，价格不断上升，到 2008 年已经突破 140 美元 / 桶。

近年来，受诸多因素影响，国际石油格局发生了深刻的变化。《BP 世界能源统计年鉴（2015）》显示，目前世界石油按照地区分类的储量排名依次是中东国家 47.7%，平均储产比 77.8 年；中南美洲 19.4%，平均储产比超过一百年；北美洲 13.7%，储产比 34 年；欧洲及欧亚大陆 9.1%，储产比 24.7 年；非洲 7.6%，储产比 42.8 年；亚太地区 2.5%，储产比 14.1 年。可以看出，世界石油资源分布是不均衡的，目前世界经济增长迅速、能源需求巨大的亚太地区，石油储量只占全球 2.5%。从石油生产角度来看，目前世界上主要的石油产区有三个，分别是中东国家，占世界总产量的31.7%；北美洲地区占世界总产量 20.5%；欧洲及欧亚大陆占世界总产量 19.8%。另外三个地区占比相对较小，亚太地区、中南美洲、非洲的石油产量分别占世界石油总产量的 9.4%，9.3%，9.3%。六个石油产区的产量变化近年来相对稳定。中东地区是世界石油资源探明储量最高同时也是产量最大的地区，主要产油国家有：沙特阿拉伯、伊朗、伊拉克、科威特、阿联酋、卡塔尔、阿曼等，中东地区石油产量还在稳步上升，该区域也是目前世界上权力角逐最为激烈和复杂的焦点区域，受政治、经济、宗教、民族等各类因素的影响，政治局势动荡，局势很不稳定，对于国际石油市场的走向几乎具有决定性的影响。北美洲地区最重要的石油生产国美国和加拿大的石油产量近年来持续上升，美国石油产量的强劲增长主要得益于页岩气与页岩油技术的运用，墨西哥石油产量逐降，北美地区呈现稳中有降的石油产量态势。欧洲及欧亚大陆也是传统的石油生产地区，近年来产量持续增长，俄罗斯是这一地区最大的石油生产国，2014 年产量占世界总产量 12.7%，仅次于排名第一的沙特阿拉伯（12.9%），是世界第二大石油生产国，石油产量增长稳定。另外几个主要石油生产国分布在中亚和波罗的海、北海沿岸，包括哈萨克斯坦、土库曼斯坦、挪威、阿塞拜疆、英国等。这些国家的石油产量增速大多数稳中有降。整体来看该地区的石油产量也是稳中有降。亚太地区的石油生产量和储量都非常有限，占世界 2.5% 的储量却达到了 9.4% 的产量，储产比只有 14 年，石油资源严重依赖进口，世界石油市场的波动和变化会对这一区域产生很大影响。该区域的主要产油国有：中国、印度、印度尼西亚、马来西亚等。中南美洲地区的石油产量稳中有升，增长速度相对较快，主要产油国有委内瑞拉、巴西和哥伦比亚，其中巴西和哥伦比亚作为新兴石油生产国产量上升迅速，短短十年产量分别增长了 0.5 倍和 1 倍，开发较早的委内瑞拉石油产量则不断下降，但仍然是该区域内最大的石油生产国，和目前的石油产量水平相比，中南美洲的石油资源储量十分丰富，储产比超过一百年，开采潜力十分巨大，有可能成为继中东地区之后第二个油气资源开发的热点区域。非洲国家的石油产量近年来增长也十分迅速，主要产油国有尼日利亚、安哥拉、阿尔及利亚、埃及、利比亚等，其中新兴产油国尼日利亚与阿尔及利亚是产量增长的主要贡献国家。该区域政治局势也不是很稳定，受到内战和外部势力的影响，一些国家的石油产量大幅下降，利比亚的石油产量从 2004 年的 1600 千桶 / 每日下降到 2014 年的 498 千桶 / 每日，从原来该地区的主要石油生产国变成如今石油产业基本处于崩溃的状态。

从国际石油的炼化产能来看，亚太地区、欧洲及欧亚大陆、北美地区是三个最主要的石油炼化区域，炼厂产能分别占世界 33.6%、24.6% 和 22%。炼厂产量排名前八位的国家和地区分别是：欧洲及欧亚大陆，占 24.5%；美国，占 20.6%；中国，占 13.0%；其他亚太地区国家，占 9.4%；中东地区，占 8.7%；中南美洲，占 6.1%；印度，占 5.8%；日本，占 4.3%；其中近十年来炼厂产量增加幅度较大的国家有中国和印度，美国、欧洲、日本等国家的炼厂产量基本上都是稳中有降。

国际石油需求格局也发生了一些变化。金融危机后欧洲、北美地区的石油需求逐渐下降，亚太地区成为石油需求的主要增长点，目前已经超过欧洲和北美成为世界上最大的石油消费区。截至 2014 年，世界主要石油消费区域如下文所述。亚太地区占世界总消费量 33.9%，按类别来看轻质馏分油占 32.3%，中质馏分油占 35.6%，燃料油占 9%，其他占 23%。最大石油消费国是中国，消费量占世界 12.4%，其他石油消费大国还有印度、日本、韩国等。亚太地区石油资源匮乏，但是近年来几个大型发展中国家的石油需求不断膨胀，石油资源的进口依赖性很高。尤其对我国来说，石油供需之间的矛盾十分迫切，急需解决。北美地区石油消费占比 24.3%，消费结构为轻质馏分油 46.4%、中质馏分油 29%、燃料油 1.9%、其他 22.7%。主要石油消费国是美国，占世界石油消费量的将近五分之一，由于节能措施的实施和产业转移以及新技术的运用等因素，近十年来美国的石油消费总量呈现下降态势。欧洲及欧亚大陆石油消费占比 20.4%，其中欧洲消费结构为轻质馏分油 20.6%、中质馏分油 53.4%、燃料油 6.5%、其他 19.5%，苏联国家消费结构为轻质馏分油 30.8%、中质馏分油 33.2%、燃料油 10.6%、其他 25.4%。主要的石油消费国家有德国、法国、俄罗斯、西班牙、意大利。中东国家占比 9.3%，消费结构为轻质馏分油 22.4%、中质馏分油 31.1%、燃料油 25%、其他 21.5%。主要石油消费国家有沙特阿拉伯、伊朗和一些非产油国。中南美洲占比 7.8%，消费结构为轻质馏分油 31.3%、中质馏分油 38.6%、燃料油 10.5%、其他 19.6%。主要石油消费国家是巴西和其他非产油国家。非洲占 4.3%，石油消费结构为轻质馏分油 24.1%、中质馏分油 48.1%、燃料油 12.1%、其他 15.7%。大部分石油消费国家都是非产油国。

　　正如之前所说，随着参与世界石油市场的力量与主体逐渐多元化，以及其他诸多如政治和地区局势等因素对于国际石油市场的影响，油价的波动较之以往也更为频繁和剧烈。从国际原油期货价格的变动趋势来看，金融危机前后国际油价经历了一个较大幅度的上下震荡后，国际油价波动上升，最近四五年一直在 110 美元 / 桶的水平上高位运行。得益于页岩气技术革命，美国国内油气产量不断增长，美国的石油进口量持续下降，石油的进口依赖性不断降低。欧洲国家石油进口受到金融危机的打击逐渐下降，2012 年以后水平稍有回升。亚太地区日本的石油进口量持续下降，但其他国家和地区的石油进口量大幅上升。石油出口方面，中东作为最大的石油出口区域，除金融危机期间出口量受到压制以外，其余时间均比较稳定，保持 30% 上下的占比水平，对于世界能源供给的稳定做出了重要贡献。出口量增加幅度比较大的国家有美国和一些苏联国家，其中美国的石油出口量增长最为强劲，十年来增长了三倍多，是目前石油出口量增长速度最快的经济体。国际石油贸易与运输网络中最主要的方式是海运，由于海运受地区局势和其他因素的影响较大，促使各个国家积极发展石油的管道运输，石油的管道运输量增长迅速，目前已经占到世界石油运输量的 40% 以上，初步形成了主要从中亚辐射到欧洲和东亚的国际石油管道运输体系。

　　从产业链布局的角度来看，当今世界石油产业主要是以技术为决定因素、以资源和资本为基础、以市场需求为导向、以大型跨国石油企业为媒介的产业布局方式，政府和其他非市场因素对于石油产业的布局也有重要影响。跨国石油公司通过整合石油产业的上下游环节，避免了各种因素导致的石油产业价值链利润分配不均的弊病，实现了价值链条上的利润协调分配，这种大型跨国石油公司进行一体化经营的方式也是目前国际石油产业中最优化和最主流的开发经营方式，对于整个石油产业链的价值分布起到了主导性作用。近几十年来，国际上的大型石油公司的产、炼、销结构基本为

1:2:3，呈现"放射状"形态，盈利结构中的 70% 来自于上游产业，下游的炼化和其他石油产品的加工销售占 30% 左右。同时根据盈利水平来分配上下游产业的投资规模，逐渐实现了上下游环节投资回报率趋于一致。从价值链环节的分布情况来看，目前以发达国家为主导的大型跨国石油公司依旧垄断着利润较高的上游石油开采储运环节和下游的高技术油品加工和销售业。在全球石化产业布局中，美国、西欧、日本等国家和地区借由技术和资本优势，掌握着石化产业的主导地位，并通过自身不断地技术革新和产业专业化，在将石化产业向电子、生物、医药、新材料等高技术行业引导的过程中，不断把石油的初步炼化以及高耗能、高污染、低技术水平、低利润的油品加工业和相关的化工、汽车、家电等传统行业转移到发展中国家和一些经济相对落后的产油国家和地区，如南美、东南亚、中国、印度等地。

3. 国际天然气行业的格局演变

天然气是一种广泛存在于自然环境各个圈层中的气体，包括泥火山气、油田气、气田气、煤层气和生物生成气等。一般来说，通用的天然气是指蕴含于地层中的烃类和非烃类的混合气体，天然气的主要成分是烷烃，其中大多数是甲烷，一般还会含有少量的二氧化碳、乙烷、丙烷、丁烷、硫化氢、水、氮气及其他微量惰性气体。

天然气是重要的一次能源，主要用途是做燃料，热值较高，达到每立方米 8000—8500 大卡。此外天然气也是重要的优质化工原料，可以用来制作炭黑、化学药品、液化石油气、丙烷、丁烷等。

天然气和传统的化石能源石油、煤炭等相比具有巨大的优势，可以说天然气是目前最好的化石能源，其综合优势甚至超过某些可再生清洁能源。低碳排放是天然气最大的优势，相同热值的天然气，其二氧化碳排放量较石油少 25%—30%，较煤炭少 40%—50%。而相比于可再生能源，天然气储量丰富，价格适中，无疑是现阶段最符合发展要求和最具竞争力的能源。

天然气按生成方式的不同，又可分为常规和非常规两种类型。前者是在勘探实践中发现的、能用传统油气生成理论解释的天然气，分布更加集中，开采更加容易，且具有较高的生产稳定性。非常规天然气是指传统的石油地质理论难以解释的天然气，这种天然气在地下的赋存状态与聚集方式和常规天然气有着明显的差异，主要种类有致密气、煤层气、深盆气、页岩气和天然气水合物等，相比常规天然气，非常规天然气具有储量优势，但是开采难度相对较高，受开采技术限制较大。

一般来说，天然气有三种运输和利用方式。管道运输是天然气运输最普遍最主要的方式，一般来说天然气常规情况下呈气态，这种本身所固有的特点决定了天然气的长距离管道运输方式，现代意义上的天然气管道运输已经有将近 120 年的历史，世界主要产气国和天然气贸易区几乎都配套建有庞大的天然气管道运输网络。LNG，即液化天然气，是 2015 年来迅速发展的一种天然气运输方式。当温度降至 -163℃时，天然气由气体转化为一种无毒、无色、无味的液体，密度约为 425kg/m³。LNG 方式的主要优势是体积小，运输更加经济，使得大规模的远洋天然气贸易成为可能，随着天然气液化技术的不断成熟，LNG 占天然气总贸易量的比重逐年上升。CNG，即压缩天然气，是将加压后的天然气存储于容器中加以利用的方式，一般来说多用作汽车燃料。

天然气行业是指天然气开采、运输、销售、利用的相关产业。按照产业链可以分为上中下游环节，上游负责天然气勘探生产，中游管运输销售，运输方式包括长途管网、LNG 运输船、CNG 运输车等。下游行业主要是天然气的分销和利用部门，主要有城市燃气公司、分销商、工业企业等。

天然气的开采量逐年增长，同时天然气的探明储量也在逐年增长。1980—2014 年间全球天然气的探明储量随着勘探技术提高及探测范围扩增呈上升态势，平均增速约为 2.9%，年均新探明储量为 5.6 万亿立方米，主要分布在中东、欧洲和欧亚大陆地区。截止到 2014 年底，全球天然气的探明储量为 187.1 万亿立方米，相对 2013 年底上升了 0.3%。自 1980 年以来，全球各地区天然气储产比呈逐渐下降态势，但相比于其他化石能源依旧保持着较高的储产比水平。从资源总量的地区分布来看，世界上 70% 以上的天然气资源集中于中东、欧洲及欧亚大陆这两个区域，其中中东占总储量的 42.7%，欧洲及欧亚大陆占总储量的 31.0%。从各地区天然气储量的变化趋势来看，北美地区的天然气储量经历了一个先降后升的过程，这主要与近期美国非常规天然气探明储量的大幅增加有关。其他区域天然气探明储量都呈现上升态势，中东国家的天然气探明储量上升速度最快，由 1994 年底的 45.5 万亿立方米上升到 2014 年底的 80 万亿立方米。探明储量前几位的国家天然气占世界总储量的将近 70%。近年来储量上升较快的国家大多为经济发展水平相对较低的发展中国家，天然气工业起步相对较晚，随着近年来经济的快速发展，天然气资源的开发速度也得到了加快，相比之下，一些经济发达、天然气开发较早的地区，天然气储量增加逐渐趋缓甚至出现下降趋势。常规天然气储量逐步下降，开采难度逐渐增大，作为其接替能源，储量巨大的非常规天然气优势逐渐凸显，随着开采技术的进步，非常规天然气探明资源储量的上升和开采量的增加是必然趋势。

从天然气的生产供应方面来看，自 1980 年以来，全球各区域天然气生产量一直处于上升态势，只在 2008—2009 年度受金融危机的影响出现下降。30 余年来世界天然气产量的年均增速保持在 3% 左右。2014 年，世界天然气产量增长 1.6%，其中，美国达到史上最大生产增量的同时俄罗斯则遭遇最大降幅（-4.3%）。从天然气生产的国家和地区分布来看，各国家、地区天然气产量与其总探明储量并不一定总是成正比关系。北美地区天然气产量约占全球 20%，1980—2009 年期间，其天然气产量增速较慢，产量占比也呈下降趋势，但是随着该地区主要天然气生产国美国页岩气革命的发生，近年来北美地区的天然气产量增速加快。中南美洲地区的天然气产量一直保持增加，该区主要天然气生产国有特立尼达和多巴哥、阿根廷、委内瑞拉，其中特立尼达和多巴哥天然气产量增速较快，阿根廷和委内瑞拉的天然气产量基本维持稳定甚至有所下降。欧洲及欧亚大陆是世界第一大天然气生产区域，该区域产量增速相对来说并不快，其天然气产量占世界比重呈逐渐下降趋势。该区域的主要天然气生产国是俄罗斯，产量比较稳定，近年来有下降趋势，另外的主要天然气生产国如挪威、土库曼斯坦、哈萨克斯坦等产量增速相对较快。中东地区是目前世界上天然气产量排名第三的区域，也是天然气产量增速最快的区域，区域总产量由 1994 年的 296.6 十亿立方米增加到 2014 年的 580.5 十亿立方米，产量翻了一番。该区域主要天然气生产国是伊朗、卡塔尔、沙特和阿联酋，其中伊朗、卡塔尔的天然气产量增长幅度较大。非洲地区的天然气产量近年来也保持着持续的增加趋势，该区域的主要天然气生产国有阿尔及利亚、埃及和尼日利亚。亚太地区天然气产量占世界 15.3%，增长速度也很快，由 1994 年的 344.8 十亿立方米增加到 2014 年的 512.3 十亿立方米。该区域的主要天然气生产国有中国、马来西亚和澳大利亚。截至 2014 年，天然气产量增长速度的前三位是中东（6.3%）、北美（2.5%）、亚太地区（2.0%），天然气产量增加最快的国家有哈萨克斯坦、土库曼斯坦、中国等国。非常规天然气生产方面，美国是当之无愧的世界第一大非常规天然气生产国，其总产量和增速均处于世界首位，对于世界天然气产量的增长做出了巨大的贡献。

从消费方面来看，石油价格不稳定性的增加使作为相对清洁能源的天然气优势逐渐凸显，消费量不断增加，这体现在两个方面：天然气消费总量逐年增加，天然气在一次能源消费结构中的占比不断增加。1980—2014 年间，除个别年份有小幅下降外，全球天然气的消费量呈总体上升态势。天然气占世界一次能源消费量的比重已经从 1980 年的 19.5% 上升到 2014 年的 25% 左右。分区域来看，北美地区、欧洲及欧亚大陆地区依然是目前世界上天然气消费量最大的两个地区，消费量占比分别为 28.3% 和 29.6%，这两个地区的主要特点是消费量增加速度相对平稳，消费量占比在逐年下降。而其他如中东、中南美洲等地的消费量和占比都在稳步上升，其中亚太地区的消费增量最大，仅 2004—2014 年的十年间，亚太地区的天然气消费量就将近翻了一番，从 377.7 十亿立方米增长到 678.6 十亿立方米。截至 2014 年，亚太地区天然气消费量已经达到世界总量的五分之一。从国家来看，美国、俄罗斯、加拿大、英国、德国意大利等国家虽然天然气消费量在逐年增加，但是增速相对较缓，占比逐降，中国、印度等国的消费量增加迅速，年均增速都在 7% 左右，远远高于同期全球消费量的平均增速。

美国是世界第二大的天然气生产国，拥有世界上历史最悠久和最具规模的天然气市场。国内天然气生产重要集中在中部和南部，约有 8000 多个油气生产公司和 20 余家天然气生产商。同时美国也是重要的天然气消费国，随着页岩气技术的应用和商业开采，美国国内天然气的供给压力减小，同时进一步成为重要的天然气出口国。美国最早的天然气输气管道建于 1891 年，"二战"后随着输气管质量和管道焊接技术的发展，长距离运输管网开始大规模建设，到 1966 年美国本土 48 个州已经全部通气，与此同时，与规模巨大的输气管网相配套的储气设施和城市配气终端也迅速建立，天然气产业实现高度的市场化。美国的天然气消费主要满足电力行业和工业行业，二者均占天然气总消费量的 30% 左右。在政府管理方面，1938 年国会就颁布了《天然气法》，规定了天然气的价格规制和反垄断措施，促进美国天然气行业的良好健康发展。随后又颁布了《天然气政策法》、《636 号法令》等法规，旨在推动天然气行业的重组和改革，创造公平良好的竞争环境。

俄罗斯是世界上天然气储量最丰富的国家，生产量和消费量也位居世界前列。天然气在俄罗斯国内能源消费结构中占一半以上，目前俄罗斯政府正在加强对油气资源上游市场的投资和开发，俄罗斯拥有世界上最发达的天然气统一运输管网系统，运输能力极强，对于满足国内天然气需求和国外出口需求都具有重要的作用。苏联解体后，俄罗斯政府采取了一系列措施推动天然气价格市场化的改革，为了适应第三方准入的市场改革，俄罗斯的天然气生产企业也在不断加强自身的内部改革，通过上下游环节的整合和业务的分离提高天然气企业的市场竞争力。

英国是西欧最大的天然气生产国和消费国，天然气在英国的一次能源消费结构中占比超过 40%，英国天然气生产主要集中在北海地区，天然气消费量与储量之间的缺口较大，天然气的对外依存度上升是一个长期趋势。英国也配备发达的天然气基础设施，配送天然气的管网遍布全国。20 世纪 90 年代，英国就开始对国内的天然气行业进行监管改革，国家垄断上游的资源开采和生产，而下游的零售领域则全面放开市场竞争。

截至 2014 年，世界天然气探明储量约为 187.1 万亿立方米，较 2004 年的 156.5 万亿立方米和 1994 年的 119.1 万亿立方米，分别增加了 20% 和 56%，储采比达到 54.1 年。其中中东地区探明储量 79.8 万亿立方米，占世界总储量的 42.7%；欧洲及欧亚大陆探明储量 58.0 万亿立方米，占世界总储量的 31%；亚太地区储量为 15.3 万亿立方米，占世界总储量的 8.3%；非洲地区探明储量 14.2 万亿立方米，占世界总储量的 7.6%；北美洲地区探明储量 12.1 万亿立方米，占世界总储量的 6.5%；中南美洲地区探明储量 7.7 万亿立方米，占世界总储量的 4.1%。天然气储量前十二位的国家分别是伊朗（18.2%），俄罗斯（17.4%），卡塔尔（13.1%），土库曼斯坦（9.3%），美国（5.2%），沙特阿拉伯（4.4%），阿联酋（3.3%），委内瑞拉（3.0%），尼日利亚（2.7%），阿尔及利亚（2.4%），澳大利亚（2.0%），中国（1.8%）。

同年，全球天然气生产量达到 3.4606 万亿立方米，较上年增长 1.6%，其中产量增加速度最快的区域是北美、亚太和中东地区，分别较上年增长 5.3%、3.7%、3.5%。各地区天然气按照产量大小排名分别为欧洲及欧亚大陆地区（28.8%），北美地区（27.7%），中东国家（17.3%），亚太地区（15.3%），非洲（5.8%），中南美洲地区（5.0%）。世界天然气产量前十二的国家依次为：美国（21.4%），俄罗斯（16.7%），卡塔尔（5.1%），伊朗（5.0%），加拿大（4.7%），中国（3.9%），沙特阿拉伯（3.1%），挪威（3.1%），阿尔及利亚（2.4%），印度尼西亚（2.1%），土库曼斯坦（2.0%），马来西亚（1.9%）。

目前世界上最主要的天然气贸易方式有两种：管道贸易和 LNG。由天然气本身长距离运输的条件限制和资源分布情况以及市场成熟度的差异，全球天然气市场大致可以分为欧洲市场、北美市场和亚太市场，三大市场之间存在着相对不同的天然气市场模式。21 世纪以来，随着天然气洲际运输管网的完善与液化气传运技术的提升，管道天然气作为传统的运输方式，仍在天然气贸易量中占主要部分，但近两年来呈现下降趋势，与之相比，液化天然气贸易量增长十分迅速。2014 年，世界管道天然气贸易量为 6639 亿立方米，液化天然气贸易量为 3333 亿立方米，液化天然气贸易量已经达到世界天然气贸易总量的约三分之一，随着大规模地区间液化天然气贸易量的增加，国际天然气的市场间价格和贸易差异也将受到一定冲击。相较之下，由于传统天然气贸易的地区性特点，天然气价格也因地而异，天然气价格的波动源于许多因素，其中最主要的是国际油价的影响，二者价格联动趋势明显。天然气价格随着近年来国际油价的不断攀升而上升，非传统天然气产量和贸易量的增加在一定程度上也将冲击传统天然气与油价之间的挂钩机制。

天然气自身较低的碳强度非常适合当今世界逐步趋向低碳化的能源消费体系，其消费量是化石燃料中增长最快的。近两年来，中国和中东已经逐渐成为两大天然气需求的新增长极，欧盟、北美的消费量增长势头已经逐渐退居二线，值得一提的是，北美地区主要天然气生产国美国主导的页岩气革命使得该区域天然气产量大幅增长，在国际市场上十分具有竞争优势。天然气的长期发展面临诸多问题，如能效政策的约束、可再生能源的挑战、煤炭等其他化石能源的竞约束争等。全球天然气贸易需求增量主要来自于长距离大规模的天然气管道和 LNG 运输项目，因此合理控制这些项目的投资成本是提升天然气资源长期竞争力的关键所在。目前来看，世界非常规天然气的开发和产量增长构成未来天然气产业发展的重要不确定性因素。说到这里就不得不提到美国的页岩气革命，在过去的十年内，随着水平钻探技术和水力压裂技术的发展，传统上难以大规模商业化开采的非常规天然气产量大幅增加，美国借此成为世界上最大的天然气生产国和原油生产国，由原本的最大油气进口国一跃成为主要的油气出口国。页岩气革命的发生对于全球能源供需格局甚至地缘政治局势都产生了无比巨大而深远的影响。

4. 国际钢铁行业的格局演变

铁元素是一种广泛分布于地球上的元素，也是目前人类开发利用程度最高的金属元素之一。对铁砂矿进行提炼和进一步加工，便有了钢。钢铁是工业的骨骼，现代人类社会经济的发展如果没有钢铁，将不可想象。生产钢铁制品的相关产业就是钢铁产业。钢铁行业属于第二产业。一般来说钢铁行业从事的主要活动即对于黑色金属矿物的采选、冶炼和加工等。世界各国对于钢铁行业范围的严格界定并不统一，中国国家发改委界定的钢铁产业的范围包括：铁矿、锰矿、烧结、焦化、铬矿采选、耐火材料、铁合金、碳素制品、金属制品、炼铁、炼钢、轧钢等各类工艺及其相关配套工艺。

钢铁产业是国民经济中的基础性产业，具有不可替代的战略性地位。钢铁产业上游承接能源、资源的开发产业，下游延伸至几乎所有工业部门，关乎一国的资源开发、基础建设、工业体系、国防建设等方方面面，是国家综合实力的支柱和重要标志。世界钢铁产业的发展演变大致分为三个阶段。

19世纪中期一直到第二次世界大战结束是世界钢铁产业的产生与发展时期。1864年，英国平炉炼钢技术出现，这一技术成为钢铁产业发展史上的第一个里程碑，平炉炼钢技术的应用和发展标志着近代钢铁工业的产生。这一时期，世界上钢铁工业最发达的国家主要是工业革命推进较为迅速的资本主义国家。19世纪70年代之前，英国是世界上钢铁工业最发达的国家，钢铁产量占当时世界的一半以上。1880年左右，英国的钢铁产量下滑到只占世界总产量的30%，与此同时美国和德国的钢铁产业迅速崛起，分别达到当时世界总产量的30%与15%，并且美国钢铁产业经过第一次收购兼并浪潮后还产生了当时世界上最大的钢铁企业——美国钢铁公司。到20世纪初，美国钢铁产量已经达到世界总产量的一半以上，德国的钢铁产量增长至世界的20%以上，直到20世纪50年代初，美国和德国一直是世界上最主要的两个钢铁生产国。

20世纪中期到20世纪80年代是世界钢铁产业迅猛发展的第二阶段，同时出现了第一次国际意义上的钢铁产业转移。随着20世纪50年代初期氧气顶吹转炉的出现，平炉炼钢技术逐渐被取代，世界钢铁产业进入了以转炉生产为主要方式的时代。第二次世界大战期间，苏联的钢铁产业迅速发展。到1953年，苏联已经超过德国成为第二大钢铁生产国。这一时期美国和德国的钢铁产量比重出现下滑，到1960年，分别只占世界总产量的30%和10%。70年代初期，日本的钢铁产业迅速崛起，产量占世界20%，成为第一大钢铁出口国，并在苏联解体后成为世界第一大钢铁生产国。

钢铁工业于 20 世纪 70 年代末至今，进入继续发展的第三个阶段，与此同时世界钢铁工业的技术进步也促进了钢铁工业的第二次产业转移浪潮。20 世纪 70 年代中期，两次石油危机的出现使得人们意识到能源资源的重要性。具有高耗能特点的钢铁产业开始寻求降低生产能耗与成本的新技术，并随之进行了世界范围内钢铁产业结构的调整。第二次大规模的产业转移浪潮出现。这一时期钢铁生产技术的标志性进步在于连续铸钢和轧钢技术的大规模应用。第二次钢铁产业转移的主要特点是从欧美、日本、苏联向韩国、中国和其他发展中国家的产业转移。20 世纪 90 年代以来，中国的钢铁产业迎来了快速发展时期，到 1996 年中国已经成为世界第一大钢铁生产国，世界钢铁年鉴数据显示，2014 年中国粗钢产量 822.7 万吨，钢产量是排名第二的日本的将近八倍。

回顾世界钢铁产业发展转移的过程，我们可以归纳出一些基本规律和导致产业转移的关键因素。世界钢铁产业转移的一般规律和模式是：钢铁工业首先在欧美传统发达国家产生发展，随着经济增长和技术的进步，这些国家的钢铁产量逐渐趋于饱和，发展后期开始向经济与技术水平稍弱但国内产业发展条件适宜，增长迅速的苏联、日本等新兴工业国家转移，之后消费市场向东亚几个大型经济体的倾斜和技术的又一次革新，促使钢铁产业又开始向中国、韩国等国家转移。基于以上，能够大概总结出钢铁工业转移的国际路线："从发达国家如日本、美国等地逐步地转移到一些发展中国家和地区（如韩国），同时根据开始产业转移的发展中国家的工业化进程，钢铁工业再次转移到其他发展中国家和地区，因此形成了一段国际钢铁工业转移的浪潮。"[①]

国际钢铁产业的产业转移很大意义上来说就是国际分工格局变化导致的更大范围内的产业转移的缩影，同时也与世界工业化进程的发展密切相关。在产业转移的过程中，有几个不可忽视的推动因素。其中技术进步是钢铁产业转移的根本推动力，而技术进步过程中的溢出效应和知识转移是推动国际钢铁产业转移的直接原因。我们可以看到，两次钢铁产业的产业转移浪潮之前都伴随着生产技术领域的革命性变化。一方面导致产业移出国家进行产业结构的调整和重组，将相对过剩的产能转移出去，新兴钢铁生产国一边承接产业转移，一边抓住机会通过生产技术的改善大幅提高钢铁产量。在产业转移的过程中，虽然转出国产量一直下降而转入国产量得到上升，但这并不意味着转出国钢铁产业的衰落，相反转出国利用产业转移机会实现产业结构升级，夺取产业链的高端环节，能够稳固钢铁强国的地位。产业转入国虽然产量大幅增长，产业技术也得到高速发展，但在发展过程中承受了大量的成本投入和生态环境压力，产业结构水平也较转出国略差。这方面尤其典型的例子是中国，而日本和韩国在产业

---

① 李凯：《钢铁工业国际转移：中国的机会》，《冶金经济与管理》2003 年第 4 期。

转移承接过程中对于产业结构优化问题的处理比较到位，注重广泛采用新技术、加大技术开发与科学研究的投入力度，大力发展高质量、高技术含量、低成本、高附加值的钢铁产品，甚至部分产品和技术超越了发达国家的水平。产业转移的另一个重要条件是重合产业的出现和消费市场的转移，钢铁工业是资本密集型产业，沉没成本高，因此产业的移入国已经具备的一定产业基础相似的资本构成和同生产率情况下较低的劳动成本是产业移入的必要基础和优势，只有这样产业移入后才能顺利发展并带来较大的利润空间。一般来说产业移入国都是该时期内经济增长比较迅速、国内需求和市场不断扩大或者邻近潜在新兴消费市场的国家，前者的典型代表是中国，后者的典型代表是日本。产业转移的过程中，大型跨国公司是重要的载体，通过全球范围内的投资和产业链调整与整合，实现产业的全球转移。另外，各国政府在产业的移入和移出中也扮演着重要的角色，政府战略的制定和政策的实施对于产业转移具有重要的影响。当然大致的产业转移路线并不意味着实际情况都是这样，在某些时期和领域，甚至存在着与上述产业转移方向相反的逆向转移，主要体现在高附加值产业领域。

《世界钢铁统计年鉴（2015）》的相关资料显示，目前粗钢产量排名世界前十的国家依次为：中国 82270 万吨，日本 11070 万吨，美国 8820 万吨，印度 8650 万吨，韩国 7150 万吨，俄罗斯 7150 万吨，德国 4290 万吨，土耳其 3400 万吨，巴西 3390 万吨，英国 2720 万吨。由此可看出，中国目前已成为全世界名副其实的第一大钢铁生产国，中国钢铁产量的增长对世界钢铁产量的增长起到了较大的推动作用。当前国际钢铁行业格局主要有以下几个特点。一是世界钢铁产业的集中度在提高。统计年鉴上的数据显示，截至 2014 年，世界排名前五十的钢铁企业产量已经达到全世界的 50% 左右。发达国家不再独占世界钢铁生产大国的地位，发展中国家的钢铁产量和国际地位都在不断上升，前十国家中，除了老牌资本主义工业国家，剩下的大部分是新兴资本主义工业国家和几个大型的发展中国家。随着发展中国家经济文化影响力的不断提升，世界钢铁产业的生产和消费中心逐步向其倾斜。二是钢铁产业的迅速发展导致了目前世界钢铁行业的产能存在过剩情况。由于生产技术的突破和改进，钢铁生产的能力和效率都大大提高，目前世界钢铁年生产能力已经达到 16 亿吨以上，随着近年来全球经济增速的放缓，需求不振，产能相对过剩导致的钢铁行业价格低迷是一个不利的因素，各地区贸易保护主义的兴起使得钢铁行业的全球贸易也受到了一定影响，进一步严峻化了世界钢铁消费和出口的形势。三是钢铁行业高新技术的发展还在快速推进，对于高质量特种钢材的需求不断增加，一方面高新技术的应用有利于提高钢铁产业的附加值和生产水平；另一方面新技术革命后出现的一系列新兴产业对于高技术材料的需求也同时推动着钢铁生产技术的进步和产品种类的丰富化。

钢铁行业的发展依赖于铁矿石资源。因此世界铁矿石的资源分布和开采现状对于我们了解世界钢铁行业的现状具有重要意义。世界铁矿石的资源分布具有几个鲜明的特点。首先世界铁矿石资源非常丰富，铁元素是地球上最常见的元素之一。美国地质调查局的资料证实，世界铁矿石资源总量估计为 8000 亿吨，含铁量超过 2300 亿吨，具备较大的开发潜力。世界铁矿石资源的分布相对比较集中，只集中分布在少数几个国家和地区，其中俄罗斯、澳大利亚、乌克兰、巴西、中国是世界铁矿资源分布的最主要几个国家，约占世界总储量 70%，此外，哈萨克斯坦、印度、瑞典、美国、委内瑞拉、加拿大、南非等国家也有相当多铁矿资源。尽管铁矿石资源丰富且分布集中，但是各国铁矿石资源的品位差异却比较大。巴西、俄罗斯、澳大利亚、印度、瑞典、委内瑞拉、加拿大、南非等国的铁矿石的品位较高，超过 50%。乌克兰、中国、哈萨克斯坦、美国等国家虽然铁矿石储量较大，但是品位相对比较低，例如中国铁矿石平均品位 35%，高品位的富矿量较少，只占总量的 5%，低品位的铁矿为铁矿石的开采和开发带来很多问题，有些铁矿甚至因为品味很低而不具备开采价值。[①]

当今世界几个重要的铁矿石生产国是：巴西、中国、澳大利亚、印度、俄罗斯、美国、南非、加拿大、伊朗，这九个国家的铁矿石生产量占世界总量的 90% 以上。从企业角度来看，世界铁矿石生产的行业集中度极高，世界海运铁矿石的出口商主要集中在三大公司：必和必拓公司、CVRD 公司和力拓公司，这三家公司把控了世界海运铁矿石贸易量的三分之二以上。铁矿石贸易的高集中度实际上造成了钢铁企业在原料价格谈判方面处于被动地位，近年来铁矿石价格的大幅上涨就是最好的说明。

二、中国资源型产业格局演变与国际资源型产业的关联机制

（一）煤炭产业

由于我国特殊的能源消费结构和经济形势，中国的煤炭生产、消费和贸易状况与国际相比具有特殊性。我国煤炭资源丰富，从煤种方面看煤炭资源动力煤占比较大，炼焦煤尤其是优质炼焦煤相对较少，煤炭资源地区分布相对不平衡，呈现"北多南少，西多东少"的形势。煤炭在我国一次能源消费中的较高占比决定了我国能源需求中煤炭需求的主体地位，经济增长速度虽然有所放缓，但总体来说煤炭需求的稳健增长态势短期内不会发生改变。煤炭需求主要来自于两方面：电力需求和其他下游产业需求。中国电力供应结构中火电占 80% 以上，占比比较稳定，电煤需求稳定增长；随着煤炭产业链的延伸，受下游产业如钢铁、建筑、汽车、化工等行业增长的拉动，

---

① 魏建新：《合理利用国内外两种铁矿石资源的对策研究》，《中国矿业》2011 年第 5 期。

煤炭需求大幅增长。国际贸易方面，近年来煤炭进口政策趋于放松，对于优质煤资源的需求快速增长导致我国煤炭年进口量持续上升，由于旺盛的需求增长，我国煤炭进口量对于国际煤价的敏感性相对较低，煤炭进口主要来自于周边邻近国家，如朝鲜、蒙古国、印度尼西亚等国，主要进口炼焦煤和优质动力煤。与进口的持续增长不同的是，煤炭出口量逐年下降，出口对象比较稳定，主要集中在日本、韩国等周边国家。总体来看，最近一段时期内我国煤炭国际贸易的特点可以概括为国内旺盛的能源需求导致的煤炭净进口量持续上升。

我国目前煤炭行业的整体布局特点是产业布局东西不平衡，供应链体系不够完善。煤炭资源分布的东西不平衡，导致了煤炭供应和需求出现一定意义上的脱节情况，东部地区一方面煤炭资源稀缺，开发强度大，另一方面社会经济发展带来的煤炭需求较大，此外东部煤炭利用技术相对发达，产业链的下游延伸环节相对更加完整。西部地区虽然储量丰富，但由于处于技术和资本方面的劣势地位，导致开发程度不够，资源利用效率较低。这实质上导致了东西部供应链体系均不够完善，东西部之间的资源与资本和技术的双向流动受到限制。因此加强能源输送通道的建设对于提升能源资源的平衡配置和煤炭供应链的优化具有重要意义。从另一个角度来看，这种不平衡的态势又造成煤炭行业的产业集中度相对较低。一方面是产能分散并且严重过剩，开发利用秩序混乱，造成各种浪费和安全方面的问题；另一方面是产业链体系不够完整，没有形成众多囊括煤炭产业链完整环节的大型综合性煤炭基地。煤炭产业价值链系统是一个复杂的网络系统，同传统的产业链环节分类相似，煤炭产业链也可以分为上、中、下游三个环节，上游环节主要包括煤炭的开采和加工，中游环节主要包括仓储、销售和运输，下游环节包括电力、化工、煤制品深加工和其他相关产业。从价值链环节的利润分配视角来看，相关研究显示我国煤炭产业链的利润分配现状是：煤炭的开采和初加工环节已经进入微利时代，目前主要的利润贡献环节是中间的仓储、运输和销售环节，利润贡献达到73%，下游环节由于产业链的不完整性和技术、资本方面的落后，利润贡献还比较有限。从价值链环节的纵向利润分配水平来看，我国的煤炭产业价值链还有巨大的提升空间，尤其是煤炭下游产业。通过先进技术的发展和引入，如煤炭清洁利用技术、煤化工技术、煤制油技术，大力发展附加值高的下游延伸产业，将会大大提高下游环节的利润贡献程度。从价值链环节横向的整体利润贡献水平来看，我国煤炭行业价值链各个环节都有较大的利润提升空间。在上游环节，目前我国不仅煤炭人均占有量低，而且利用效率也较低，单位产值能耗比国际先进水平高出40%左右，并且由于不合理的开采和使用方式，煤炭浪费现象严重，在煤炭资源的开采和初加工方面具有巨大潜力。在中游环节，也就是如前所说的煤炭区域内和国家范围内的供应链体系构建问题，通过建立高效率的煤炭供应链体系，将大大提高中间环节的利润分配。下游环节利润分配的巨大提升潜力之前已经讨论过。

（二）石油产业

中国对于石油和天然气资源的利用历史悠久，可以追溯到两千年以前。但现代意义上的石油产业起步较晚，而且发展道路曲折。

新中国成立前的中国近代石油产业发展十分有限，而且诞生于半殖民地半封建的社会背景下。19世纪中叶，台湾打出第一口油井，此后台湾一直被日本占领，掠夺了我国大量石油资源。这一时期石油的开采方法落后，产量也不高，值得一提的是一系列早期油田的发现：1905年发现中国大陆上的第一座油矿——延长油矿；1909年新疆独山子油矿发现；1939年，"中国石油工业的摇篮"玉门油矿打出第一口油。

新中国成立后党和政府大力扶持石油产业的生产和发展，首先恢复了西北老油田基地的生产建设，并加紧进行石油资源的勘探，先后在西北地区发现和扩展了一系列新油田，其中比较重要的有克拉玛依油田和冷湖油田。"二五"期间，国家进一步推动石油资源的勘探工作，1959年高台子油田的成功勘探标志着大庆油田的发现，并以此为基础进行了大庆石油会战，大大提高了中国的原油生产能力，实现了石油基本自给。六十年代是中国石油产业发展的重要转折时期，大庆油田之后，华北石油会战中又相继发现胜利油田、大港油田，在这一过程中一大批人才被培养出来，同时我国的炼油技术也得到长足发展，陆续建设了一批炼油厂，到1965年实现了石油产品的完全自给，石油产业逐渐成长为国民工业体系的最重要部门之一。"文化大革命"时期石油工业受到了一定打击，但是在党和政府的坚定支持和广大石油产业职工的艰苦奋斗下，我国石油产量持续增长，为缓解能源紧张，促进经济发展做出了重要贡献。改革开放以后，石油工业的发展进入新时期，国家采取"稳定东部，发展西部和海洋石油"的战略，产量持续增加。为发展石油产业，跟上国际对于石油资源开发利用的步伐，国家成立了中国石油天然气、中国石油化工、中国海洋石油三家总公司，代替了原来的石油工业部，开始以大型石油企业的模式进行石油资源的开发与利用。同时积极推进石油行业的对位合作和国际接轨，完善石油资源流通和价格机制，完成从计划经济到社会主义市场经济体制的转变，开启了石油工业发展的新阶段。

我国目前石油探明储量25亿吨，仅占世界1.1%，储产比只有11.9年。从油气资源的分布来看，我国油气资源分布相对比较集中，但是相对规模较小，主要分布在数个较大的海陆层积盆地中。经过新中国成立以来60多年的开发和勘探，我国现已形成多个具有一定生产力的油田，其中主要的陆上油田有玉门、克拉玛依、辽河、大港、吉林、中原、胜利、长青、江汉、青海、塔里木等，主要的海上油田分布在渤海湾、东海、黄海和南海。石油资源分布具有明显的区域性特点，主要集中在东北、西北、华北和东部沿海区域。

我国的石油产量保持持续稳定的增长，从 2004 年的 3486 千桶 / 日增长至 2014 年的 4246 千桶 / 日，截至 2014 年石油产量占世界总产量的 5%。与此同时我国的石油消费量也不断增长，从 2004 年的 31890 万吨到 2014 年的 52030 万吨，截至 2014 年占全球石油消费量的 12.4%。从油种来看，我国现阶段的石油消费结构中，轻质馏分油和中质馏分油各占 30% 和 35% 左右，中质馏分油消费量大于轻质馏分油，但轻质馏分油的消费量占比在逐年上升，燃料油消费占 5% 左右，占比逐年下降，其他油品消费量占 25% 左右，占比逐年上升。

我国石油产业的下游炼化和加工企业发展迅速，炼厂产能从 2004 年的 6603 千桶 / 日到 2014 年的 14098 千桶 / 日，产能翻了一倍多，目前产能占世界的 14.6%。可以说石油炼化和加工业取得了飞速发展。我国的石油炼化企业中国有企业占绝对优势，但生产布局相对分散，产业集中度比较低，生产规模和技术水平也不如国际大企业。我国的石油产业基本被中石油、中石化和中海油三家国有大企业垄断，其中中石油主要开展石油勘探与开采业务，中石化主要开展下游的石油炼化和加工业务，中海油主要进行海上石油资源的开发和运输。

在承接国际石油产业转移的过程中，我国承接了大量产业链下游低利润的化工产业，在很长一段时期内有"重化工业化"的趋势，一方面造成了大量的环境污染，另一方面也造成了巨大的安全隐患，石油产业陷入低端化的困境，进一步加剧了对于石油及其产品的进口依赖性。

（三）天然气产业

我国的天然气利用历史虽然十分悠久，但是天然气工业的发展相对起步较晚，基本上是随着我国石油工业的发展而逐步发展起来的。具体来说，中国的天然气产业发展基本上起步于改革开放之后，大致可以分为四个阶段。

第一阶段是 20 世纪 80 年代初到 90 年代中期。这一阶段初期中国的天然气产量增长比较缓慢，"八五"以来，随着天然气探明储量的增长，天然气产量也有了较快的增长，至 1995 年，产量已经达到了 179.47 亿立方米。这一时期天然气作为一种新兴的化石能源，虽然在一次能源消费结构中的占比还不大，但其快速的发展趋势和相对清洁的特点使得传统的能源战略思想受到冲击，人们开始意识到天然气资源的广阔应用前景。

第二阶段是 1996—2000 年。在"九五"期间，中国天然气进入快速增长的时期。天然气产量于 1996 年突破 200 亿立方米，至 2000 年，天然气产量已经增长至 277.26 亿立方米，年均增长率 9.1%。国内川渝、长庆、南海、西部四大气区初步形成。

第三阶段是 2001 年至 2004 年。"十五"期间，我国天然气产量突破 300 亿立方米，产量年均增长率 8.5%，天然气的利用步伐加快，开始转向国外寻找天然气资源。

第四阶段为 2004 年至今，我国天然气行业随"西气东输"工程的建成使用，步入了飞速发展时期。这一里程碑式的成就将在长时期内大大提高中国的天然气能源需求，使得天然气在一次能源消费结构中的占比逐渐上升。

近几年，中国天然气产量稳步增加，增速有所下降，产量与进口量均有不同程度增长；全国天然气的消费增长速度放缓，供给稍显宽松。其中，天然气消费量为 1830 亿立方米，同比增长了 8.2%；天然气管道建设的势头仍强劲，新增长途运输管道里程约 4500 千米，相应区域的储气库和网管建设均逐步推进；液化天然气项目的核准速度加快，天然气进口量不断增加。在 2015 年，中国天然气的消费继续低速增长，市场将供大于求；油气管网设施进一步开放，价格市场化不断推进，上海石油天然气交易中心正式投入运营。

预计我国天然气行业在相当长的时期内将以一个较快的速度发展，主要动力来自于国民经济的快速发展，人民生活水平的提高和环境保护压力的增加，这些背景为天然气行业的发展提供了一个良好的机遇。根据 IEA 2012 年的预测，2025 年我国天然气产量将突破 2000 亿立方米，2035 年将突破 3000 亿立方米。

（四）钢铁产业

历史上中国的冶金技术十分发达，长期处于世界领先的地位。但是近代以来随着西方国家工业革命推动下近代钢铁工业的产生，中国在这方面开始逐渐落后。近代中国在钢铁行业的发展中做出了一定努力，例如清末洋务运动中江南机器制造总局、汉阳铁厂的建立，但总体来说，中国的近代钢铁工业还是严重落后于西方国家。中国钢铁产业发展可分为三个阶段。

1949—1978 年，这一时期是钢铁产业发展的计划经济阶段。新中国成立以后，中国现代钢铁工业发展出现了与之前完全不同的趋势，虽然较为艰辛但是成果丰硕。新中国成立后，国家采取优先发展重工业的战略，1953 年的第一个五年计划中，以东北工业基地为基点建设了一批重要的重工业企业，鞍钢、武钢、包钢等大型钢铁企业相继投产，随着第一个五年计划的完成，中国粗钢产量迅速提升，达到了 535 万吨。此后 60 年代的"大跃进"运动中，在"超英赶美"的口号召唤下，全国人民大炼钢铁，不理性的发展方式导致中国钢铁产业严重受挫，大量宝贵的资源和时间被浪费。紧接而来的"文化大革命"进一步扰乱了中国钢铁生产的秩序和发展，错过了钢铁工业发展的大好机会。

1978—1992 年，"文化大革命"结束后，中国钢铁工业进入稳步发展阶段，随着改革开放政策的实施，钢铁工业的发展进入了一个新的时期。这一时期代表性的事件便是上海宝钢和天津无缝钢管厂的成立，引进了一批当时国际上先进的钢铁生产技术和设备，通过一系列外资和国外先进技术的引进，促使中国钢铁产业进入技术水平全面提高的快速发展时期。80 年代中后期，中国提出"以连铸为中心"的生产技术改进方针，推动了全国钢铁生产工艺结构的改善，到 1990 年，中国粗钢产量达到 6535 万吨。钢铁产业的技术水平和工艺结构与世界先进水平的差距大大缩小。

1992 年至今，随着社会主义市场经济体制的完善与建立，中国钢铁工业发展进入了一个新的时期。20 世纪末，中国采取"内涵式扩大生产"的战略，产业发展方向从追求数量规模转向以调整优化结构为主，以市场需求为导向，优化产品结构、工艺技术结构和企业组织结构，力求实现钢铁产业现代化发展，在产量稳步增长的同时，产业结构得到很好的优化，大量落后产能被淘汰。21 世纪到来后，中国的钢铁产业规模和需求继续扩大。中国加入世贸组织，除了面临新的外部环境，也为中国的钢铁产业带来了一系列的挑战和机遇。中国坚持走新型工业化道路，不断更新技术与装备，优化产业组织结构，促进节能减排。在这一过程中，对首钢、鞍钢、武钢、太钢等老钢铁生产企业实施了现代化改造，同时建立了大量沿海的现代化钢铁生产基地，如曹妃甸沿海钢铁基地、宝钢广东湛江项目、武钢广西防城港项目、山东日照钢铁基地等。大量沿海钢铁生产基地的布局也显示出中国钢铁产业发展的新趋势，钢铁产业的市场导向性不断加强，钢铁行业原料与产品的国际贸易不断深化，尤其是钢材进出口格局发生了重大变化。自 1996 年起，中国便保持世界第一大钢铁生产国的地位；到 2009 年，粗钢产量占世界比重已经达到 46.69%；2001 年中国还是钢材净进口国，进口量 1833 万吨；到 2014 年，中国钢材净出口达到 7800 万吨，钢材净出口量世界第一，同时也是世界上最大的钢材出口国。近年来中国钢铁企业的节能减排水平明显提升，产业结构进一步优化，钢铁企业合并重组加快，随着产业规模的扩大、集中度的提高，中国钢铁工业适应国际化竞争的能力逐渐增强。

三、中国资源型产业与企业面临的问题和挑战

（一）煤炭产业

可以看出，以提高产业集中度、淘汰落后产能、引进先进技术、建立完善发达的煤炭供应链体系为措施，从而实现煤炭产业链的整合和煤炭产业产值的提高是当下煤炭产业政策的重中之重。近年来，国家煤炭产业政策就主要集中于这两个方面，一方面推进煤矿企业兼并重组，关停小煤矿，发展建设现代化大型煤炭集团和综合煤炭基

地，从煤炭的生产地直接实现产业链的延伸和完善化，对于优化能源开发利用布局，转变煤炭行业发展方式具有重大意义。另一方面，北煤南运、西煤东运，发展坑口电站，建设现代化的长距离大规模电力输送体系等一系列举措则着眼于解决东西部煤炭资源分布不均衡的问题，通过提高煤炭供应输送能力，促进全国范围内煤炭行业供应链体系的构建，从整体上提高煤炭行业的生产水平，促进东西部优势互补平衡发展，完善我国工业体系，从而更好地促进中国经济水平稳步提升。

除了上述特点所折射出的问题之外，我国煤炭行业的发展还面临其他重要问题和挑战：大型煤炭企业国际化程度较低，煤炭行业整体国际竞争力不高。我国煤炭供需缺口的日益增加使得煤炭进口量不断上升，煤炭行业企业的国际化发展有利于优化能源资源配置状况，降低进口依赖性，例如通过"走出去"的方式，投资建设海外煤炭开采与加工共有人，开展国际化经营。煤炭行业的国际化发展对于保证国家能源战略安全具有重要意义，有利于引进国外的先进技术、管理经验和资本，提升煤炭行业现代化水平，拓宽煤炭行业的发展空间，增加我国煤炭产能的输出，增强中国在国际能源市场上的话语权和影响力。

（二）石油产业

在国际石油新格局逐渐形成与发展的过程中，我国的石油产业面临着诸多问题和挑战。首先，我国的石油资源相对稀缺，对外依存度较高。一方面我国的石油资源的绝对保有量不高，人均资源量更是非常低，新中国成立以来开发的油田大部分已经进入产量衰退时期，新勘探的资源储量例如南海区域的油气资源又面临着开发技术难度大、国际形势错综复杂、周边国家抢占开发等问题，具有很大的不确定性。另一方面，随着我国经济的不断增长和工业发展，对于石油及其产品的需求必将持续增长，而这种供需不平衡的增加使得石油资源更加稀缺。目前我国石油资源主要依赖进口，于 2014 年已经超过美国成为世界第一大石油进口国，石油对外依存度接近 60%。对于石油进口的高依赖性将严重威胁着我国的能源安全。

其次，我国石油产业的生产技术水平相对较低。石油行业是高技术投入的行业，甚至可以说科学技术的进步是推动石油产业发展的决定性因素。与国外相比，我国无论是对于石油产业技术的投入强度还是石油企业中技术人员所占的比例均较低。这一方面导致了资源的开发利用效率较低，单位产值的石油消耗量高于世界平均水平，和发达国家的差距更大，进一步拉大了我国石油的供需缺口。另一方面技术水平较低也造成了石油生产过程中高技术生产环节不足，生产的附加值较低。

再次，由于我国石油产业目前较为粗放的增长方式，加之石油产业本身高能耗、高污染的特点，生产过程中排放的大量废水、废气和固体污染物对生态环境造成巨大压力，石油产业的废弃物排放量还在逐年上升。另一方面，石油生产过程中重大安全事故频发，对于生态环境和居民健康产生不利的影响。总体来说，石油企业距离环境友好、生态安全的可持续发展道路还有一定距离。

最后，我国石油企业的国际化程度和产业链的一体化整合程度比较低。和国际上目前石油开发利用的最主要方式即大型跨国油企实行上下游环节的一体化整合经营相比，我国的几个大型石油企业显然还有一定差距。一方面国内石油产业链存在的问题是产业的区域布局出现脱节，高技术炼油企业多数分布在东部沿海，而不是石油资源富集的东北、西北部；另一方面由于生产技术和资本投入的限制，高附加值、高技术水平的下游石油精深加工产业发展程度不够。国有企业在国际市场上的影响力较弱导致我国国内经济形势和能源安全容易受到国际石油价格波动和地区政治局势的影响与限制。同时，这也阻碍了我国石油企业面向全球进行产业链整合的发展。一方面世界主要石油生产国利用资源控制权的优势，积累大量资本，开始引进技术发展延伸石油产业链的下游链条；另一方面以欧美发达国家为主的传统石油生产和消费国家垄断了石油产业的高端生产利用技术和供应网络。双重影响下我国油企要想在激烈的国际竞争中占到优势地位，向产业链环节中更高技术、更高回报的上下游环节发展面临着重重挑战。

（三）天然气产业

天然气是增长很迅速的能源行业之一，同时也是我国能源战略中长期目标中十分重要的部分。近年来在经历了快速的发展过程的同时，也面临诸多问题和挑战。

我国天然气使用效率较低，利用范围比较有限。天然气作为一种清洁高效的能源，在低碳化可持续发展中具有十分重要的地位，在国民经济各个部门都有十分广泛的用途。从应用领域来看，我国天然气目前很大一部分是工业用气，主要是发电、化工等部门，民用气比例相对较低，城市燃气行业不够发达，用于商业服务和其他行业的比例更小。根据美国天然气行业的发展经验，城市化率与人均用气量之间存在正比关系，城市化率介于50%—70%之间，则天然气消费处于快速增长期，人均用气量大幅上升。显然中国目前正处于天然气发展的黄金时期，目前中国的城市化率已经超过50%，2030年左右将达到65%，天然气行业发展潜力十分巨大，因此大力发展城市燃气行业和其他方面的天然气应用，对于改变天然气利用相对单一的情况，促进天然气行业全面发展具有重要的意义。

天然气市场存在供需矛盾。作为一种高效的清洁能源，随着经济快速发展和低碳化发展的趋势，天然气的市场需求一直处于快速增长状态，从2000年到2013年天然气消费量从245亿立方米增加至1645亿立方米，增长幅度巨大，年均增速高达16%。

2014 年天然气表观消费量增速放缓，仅为 8.2%。虽然近两年来增速有所放缓，但可以预见，天然气消费需求的不断扩大和供需矛盾的逐渐凸显是长期内的必然趋势。在需求迅速增长的背景下，天然气进口量增加较快，对外依存度逐渐提高，已经从 2007 年的 5.7% 升至 2014 年的 31.7%，对我国天然气产业的未来发展和能源安全都有着十分深远的影响。另外，天然气消费的区域性和季节性差异也对我国天然气能源供应造成了严峻挑战，近几年来时常发生的"气荒"是对天然气供需矛盾最好的现实描述。按照国外经验，适度超前的基础设施和管网建设有利于天然气行业的长远发展，我国已经初步建成规模较大的天然气供应管网体系，但相比天然气市场和供应体系已经十分成熟的美国等国家，在这方面还有很长一段路要走。

同时我国天然气行业价格机制与行业监管机制均不够完善。市场化的几个机制、科学有序的行业监管法律法规体系，是能源行业健康发展的决定性条件之一。天然气产业发展初期政府推出鼓励消费政策、实行各种补贴并进行价格管制的措施，使得中国天然气价格长期低位运行，市场化定价机制不完善，严重阻碍了天然气行业的健康发展。一方面削弱上游勘探开采、储运企业进行天然气资源开发与运输的积极性，另一方面限制了天然气资源在下游行业的广泛应用。如今我国天然气行业正在快速成长期，如何健康快速发展的另一个关键是建立完善统一的行业监管体系，如天然气立法、勘探开发监管体系、价格与市场监管体系等，而目前我国并没有针对天然气行业的一整套法律法规和政策体系。

最后，非常规天然气开采面临着很大的不确定性。非常规天然气是世界天然气行业发展的最新趋势与方向，能否抓住这个机遇实现我国天然气行业的突破型发展是一个至关重要的问题。美国通过非常规油气资源的发展，根本性地改变了其在世界能源供需格局中的地位和战略，是非常规天然气能源巨大的应用前景和战略意义的最好例证。我国非常规天然气资源十分丰富，其中主要是致密砂岩气，我国致密砂岩气储量是常规天然气储量的 5 倍以上，发展潜力不容忽视。影响非常规天然气开采的最重要因素是技术难度，一言以蔽之，能否突破技术瓶颈，实现非常规天然气的低成本、集约化、商业化开采利用，决定了非常规天然气行业的发展方向。与已经拥有相对成熟完善的非常规油气资源开发利用体系的美国相比，我国的非常规天然气产业还有一段路要走，在发展过程中面临诸多不确定性。

（四）钢铁产业

经过改革开放 40 年发展，中国钢铁产业取得了辉煌的成就。2014 年，中国粗钢产量 88270 万吨，较上年增长 0.07%，产量占世界总产量 49.4%，是世界第一大钢铁生产国。粗钢产量中氧炉占比为 93.9%，电炉占比为 6.1%，其中采用连铸法生产的钢材占 98.5%。产业结构优化程度十分明显，但是从规模上来看，中国仍存在大量的落后产能。2014 年钢铁表观消费量 71080 万吨，是世界第一大钢铁消费国，消费量占世界的 46.2%。钢铁年出口量 92900 万吨，净出口量 7800 万吨，是世界第一大钢材出口国和最大的钢材净出口国。

在钢铁产业快速发展的过程中，不可避免地遇到一些问题，一方面来源于目前复杂多变的国际经济形势，另一方面产业发展的内部层面也积累了一些问题。

中国钢铁产业技术水平不够强，创新能力弱，产品结构优化程度不够，市场占有率不高。中国虽然是世界第一大钢材生产国，但是从生产技术的先进程度和创新能力来说和欧美、日韩等还有一定差距，主要表现为高端钢铁产品如冷轧薄板、镀层板、电工钢板等高技术、高附加值的特种钢材无法自给，需要从外国进口。另一方面，一些先进的冶金设备和工艺技术也比较缺乏，例如炉外精炼装置、热连轧机、冷连轧机、镀锌机、薄带坯连铸直轧技术、超细晶钢技术等，几乎都依赖从国外的引进。创新能力的不足和技术水平相对较低导致了中国目前钢铁产业的产品结构主要以中低端产品为主，无论是在国内或者国外，本土生产的高附加值、高技术含量产品的市场占有率和传统意义上的钢铁强国相比都有很大差距，在国际高端产品市场上的竞争力不强。

与产品结构不合理，高端产品占比相对不高的情况相对应，中国钢铁产业目前存在着较为严重的产能过剩问题，尤其是在中低端产品产能方面。中国钢材产量中约 50% 属于建筑钢材，低档钢材自给率大于 100%。由于中低端钢材生产门槛相对较低，因此有众多中小钢铁企业以此类生产线为主，工艺装备小型化、科技水平低，产品缺乏竞争力，导致了整个钢铁产业产能中很大一部分属于落后的过剩产能。

中国钢铁企业产业布局不合理，产业集中度较低。新中国成立以来，中国钢铁产业的布局最初遵循的原则是原料或动力导向性的布局，同时布局战略中考虑了很多国家战略的因素，后期的经济发展过程中，各地方又盲目投资建立了一大批地方型的中小型钢铁企业，导致了产业集中度进一步降低。因此中国钢铁企业呈现布局原料地，且布局比较分散的特点。这种特点逐渐与现阶段钢铁产业偏市场导向型、对于原料进口特别是铁矿石进口依赖性增强的特点产生了一定的矛盾，而布局分散导致的产业集中度较低造成了中国钢铁企业普遍成本高、资源浪费严重，无法发挥规模效应，缺乏国际竞争力的现状。随着一系列着眼于产业布局调整和提高产业集中度这两个目标的大型钢铁企业的建立和兼并重组，中国钢铁企业将会逐渐突破这方面的限制。

中国钢铁产业能源的消耗量大，环境污染十分严重。这个特点与之前所述的几点之间存在因果关系。总的来说可以概括为，长时间内中国钢铁产业曾经一直采取粗放型的发展方式，随着经济规模和市场需求的不断扩大，能源的巨大消耗和由此产生的资源浪费与环境污染压力不断增加。国务院近年来出台的一系列钢铁产业发展政策中，节能减排都是一直在强调的重点工作，逐步实现绿色化、环境友好化、可持续化发展是中国钢铁产业面临的一个严峻挑战，也是必然的发展趋势。

　　资源制约是中国钢铁产业发展过程中面临的一个重要挑战。随着钢铁产业的发展，对于铁矿石、优质焦煤等重要原料的需求将会持续增长。以铁矿石为例，虽然中国铁矿石储量大，分布集中，但是高品位铁矿数量很少，国内的很多铁矿石资源在开发利用的成本和价值上来说都不占优势，目前中国铁矿石主要依赖进口，对外依存度已经高达 70% 左右，并且还有上升的趋势。正如我们之前所介绍的，目前世界上优质的铁矿石资源分布相对集中，并且全球铁矿石贸易几乎完全掌控在几家大型铁矿石公司手中，作为需求方的钢铁生产国在价格谈判方面没有优势，国际铁矿石价格近年来保持高位运行，在这种价格垄断格局下中国钢铁企业面临成本不断上升的问题，这进一步激发了产业布局、产品结构、能耗排放方面存在的问题和矛盾，形成了更加严峻的挑战和问题，是中国钢铁企业发展过程中的不利因素。

　　中国大型钢铁企业的国际化程度相对较低，在全球竞争中处于不利地位。与国外大型钢铁企业相比，中国的大型钢企目前产品的国际市场占有率低，产业链的全球化延伸与整合程度低，技术、生产性服务行业与管理的国际化接轨程度也比较低。当今世界的经济发展背景是经济的区域化与全球化联系日益增强，在这种时代背景下，唯有积极融入全球化的环境才能提升中国钢铁产业的竞争力，其中的重中之重是产业价值链条向全球延伸以及国际范围内的产业价值链整合。事实上，目前发展的比较好的国际大型钢铁企业如日本新日铁、韩国浦项、俄罗斯谢维尔等采取的发展战略就是如此。在走向全球化、提升国际竞争的过程中，中国钢铁企业不仅面临来自行业内部的挑战，同时国内外经济形势也有重要的影响作用，其中既有有利的方面，也有不利的因素。经济危机后世界经济的相对低迷，以及近年来欧债危机的冲击，新一轮大型钢铁企业主导的国际产业转移浪潮中蕴含的冲击和机会，国内经济的相对快速增长，市场需求的不断扩大，都对中国钢铁企业国际化竞争力的提升产生着极其重要的影响。

第九章　生命周期视角下资源型企业转型发展

一、生命周期视角下资源型行业发展

（一）产品生命周期与行业生命周期

生命周期（Life Cycle）即从出生到死亡的一个时间和空间跨度，可以通俗地理解为"从摇篮到坟墓"（Cradle to Grave）所经历的发展过程。不同的产品其生命周期的评价维度亦有不同。针对自然资源，我们可以基于产品和行业两个方面理解其生命周期。自然资源转化为生产生活资料通常需要经历一段转化的过程，所以其产品生命周期大致可以分为四个阶段：资源采集、生产加工、流通使用、废弃回收。而行业生命周期是根据消费特点和资源需求，资源开发呈现出"初始－增长－成熟－衰落"的过程，由此对于主要靠资源发展的行业，其发展历程通常会经历萌芽期－成长期－稳定期－退化期四个阶段。要理解和研究资源型城市的发展，首先需要明确的问题即为城市资源目前的客观现状，所以研究广义行业生命周期就显得尤为重要。

经济和社会的发展离不开必要的物质基础，而能源和矿产资源的利用情况又是衡量经济增长和社会发展状况的两项重要指标，能源和矿产资源从发掘开采到进入市场并形成稳定的需求需要经历一个完整的产品生命周期。在能源和矿产资源中，煤炭、石油和天然气等化石能源的供应不仅对整个工业系统的正常运转具有重要意义，而且直接影响着整个国民经济的发展。不同于一般的产品，煤炭、石油和天然气等化石能源对于资源支持的要求贯穿其开采、处理、运输以及后期对于排放污染物的环境治理的整个过程。目前国内外学者普遍采用基于生命周期的评价方法来研究能源产业资源消耗和污染物排放问题。国外的研究起步较早，通过对煤、石油等能源产品的生命周期清单分析，揭示本国能源供应系统的经济效率和环境负荷。国内目前采用建立化石能源生命周期清单模型来研究我国化石能源生产的初级资源投入和污染物排放问题，估算我国煤电链等能源生命周期碳排放总量，评价各省区低碳发展效率，并且除温室气体外，根据生命周期各阶段的排放情况，还建立了涉及硫化物、氮化物等主要气态污染物的排放清单。而从行业上说，目前能源和矿产行业的生命周期曲线主要是基于行业的整个角度进行分析，忽略具体的影响参数如产品系列、质量、规格、用途等差异。从时间跨度上看，行业的生命周期主要涉及形成期、成长期、成熟期、衰退期或新生期四个阶段，且几乎所有行业的发展都是呈现两头缓慢增长、中期迅速增长的 S 形的生长曲线特征。

（二）资源行业生命周期

从微观经济学角度看，国民经济由大量具有某种共同特性或者生产同类产品的企业构成，这些具有共同特征的企业的集合体即称为行业。对于某一具体行业，其包含的企业数量、产品生产研发现状、市场销售状况以及产业发展的创新重点的发展规律都会在不同阶段呈现不同特点。但同一行业，其行业发展又具有某些共同的发展特点，这些共性和个性共同构造了行业生命周期理论。从理论上说，行业发展的生命周期需要探索的是行业从初始孕育产生到衰退消亡这个时间跨度里，其企业调整行为的阶段性个性规律和共性规律的一门理论。

1. 资源行业生命周期理论发展

资源行业是基于自然资源开发利用并依托该资源开展企业活动的行业。对矿区生命周期这一概念的研究于 1929 年开始，赫瓦特（Howatt）提出理论，认为应该依据区域矿产资源加工利用，将矿区发展的历程划分为五个阶段。在赫瓦特研究的基础上，卢卡斯（R. A. Lucas）于 1971 年提出了单一工业城镇或社区发展需要经历建设阶段、人员雇佣阶段、过渡阶段、成熟阶段的四阶段模式。布来德伯里（J. H. Bradbury）在加拿大魁北克拉布拉多铁矿区的矿业城镇谢费维尔考察的基础上，进一步补充了卢卡斯的四阶段理论，提出了增加衰退阶段和行业的完全废弃消亡阶段。

我国学者在研究煤矿城市发展历程的基础上，一般认为我国煤矿城市发展都经历了四个阶段，即初期的扩大开发阶段、中期的稳定开发阶段、后期的开发阶段和末期的资源耗竭阶段。与煤矿城市的发展有所差别，我国石油资源型城市的发展经过可以大致分为"建设、雇佣、过渡和成熟"四个阶段。

2. 资源行业生命周期划分

目前对以能源和矿产为主的资源行业生命周期有很多的划分标准，但是综合国内外研究成果，主流的观点为生命周期四阶段理论，即形成期（引入期）、成长期、成熟期和衰退期四个阶段，具体来说就是资源开发并不是永久持续的，都会经历由开采期到发展期，再到鼎盛期，最后是衰退期这四个阶段。需要注意的是，资源行业的发展和资源本身的发展并不是一个问题，研究表明，资源行业的发展相对于资源本身的发展具有滞后性。

第一阶段：资源行业的形成期。在这个阶段的主要特点是资源的不确定性以及企业产品单一，此时参与竞争的企业不多，所以行业的集中度比较分散，主要工作包括资源的客观环境评价如矿藏储量、矿藏品质、地质环境研究，企业作业能力评估、开采方案的制定与研判以及行业发展规划等。

第二阶段：资源行业的成长期。这个阶段对于行业的发展具有极为重要的意义，通常需大批量的人、财、物的投入，我国主要通过国家行政资源控制资源开采，所以能够保证大量的外部资本以及从业者的涌入，从而使得行业发展进入快车道。在解决了储量和品质以及确定可以开发等问题后，行业进入全面投产和生产达到设计规划阶段，此时通常是通过几个矿区逐渐建成并形成一定规模的生产能力，生产产量处于井喷阶段。基于规模经济效应和学习曲线，此时企业产能和产量都在不断扩大，由于规模化的生产，生产成本得到有效控制甚至出现下降趋势。生产规模的扩大带来的不仅仅是产能和产量的提升，更重要的是由于规模化生产带来的标准化作业，使得开采成本和人工成本有效降低，结合产能和产品的增加带来的企业销售收入和增加值迅速增长，所以行业的经济效益增高，这个发展阶段由于整个行业大环境优越，所以在快速增长的同时也难免会带来一些诸如行业标准不规范、政策措施不完善等问题，这些问题通常会在稳定繁荣期得到有效改善。

第三阶段：资源行业的成熟期。这个阶段整个行业已经处于稳定的发展阶段，行业的增长已经主要不是通过投资拉动，行业内的企业出现并购重组的现象，此时快速成长已经成为历史，衰退还未出现，是资源型城市转型的主要时期。在成熟期，资源的储量已经明显下降，此时资源产品生产达到峰值，行业的发展速度以及收益水平都出现了明显的下降，行业的创新力不足，企业的发展不是通过创新技术推动，而是主要通过再生产来维持，往往在不变的规模中开展。

第四阶段：资源行业的衰退期，即资源接近枯竭。这时期行业的产能出现明显下降，通常此时行业具有以下四个特点。一是先前的大量行业从业者得不到有效的分流转岗，所以冗余待业现象严重。二是产业结构不合理，旧的产业需要不断地输血救济，新的产业亟待发掘论证，新旧产业的建设改造都需要一个合理的时间跨度。三是社会问题突出，工作是老百姓的生活主要来源，大量的闲置待业必然引来社会环境的不安定。四是政府宏观调控困难，宏观政策的调整是一个全局性的问题，如果不能全面的论证而盲目实施，可能会带来更为严重的后果。这时期资源状况主要表现以下三种状况：资源已经枯竭或基本枯竭、资源濒临枯竭、继续开采投资收益不具备市场竞争力。综合以上分析，资源产业转型发展有两个基本的趋势，一是顺利转型而步入新生期阶段，二是转型失败退入衰退期阶段。

表9-1　不同生命周期资源行业特征

所处阶段	资源	保证年限	资源行业地位	基本特征
形成期	以资源为基础形成行业	很高	资源产业逐步形成	产品单一，企业数量不多
成长期	资源开发活动已形成	较高	支柱产业	企业数量增加，产业结构单一，次序低
成熟期	资源开发活动处于鼎盛期	趋于下降	逐步降低	支柱产业多元化发展
衰退期	逐渐消耗	低	支柱不明显	亟需产业结构多样化，培育接替企业
转型期	替代资源	高	明显或不明显	新兴产业替代传统资源产业

（三）资源行业形成和发展主要特点

第一，资源与资源行业的生命周期呈现相关性。资源行业的发展主要依托资源产品的开发和市场化推广利用，如果资源产品不具备使用价值或者不存在市场需求，那么资源行业即得不到有效发展。所以资源行业和资源产品的生命周期的共同规律是都要经历形成期到成长期，再到成熟期，最后转入衰退期四个阶段，但是针对同一时间节点，资源行业与资源产品所处的生命周期的阶段不同，通常是资源产业跟随着资源产品，二者同步发展。

第二，资源开发与资源型城市建设形成同步演进的发展状况。城市的建设需要大量资金支持，而在资源的开发期和发达期，此时由于市场需求大，竞争对手少，而资源又是不可再生资源，此时资源开采带来大量收入使得政府财政快速增长，城建速度快；而当资源行业进入衰退期以后，资源已经开采完毕，即使没有开采的，开采后的投资收益也不乐观，这势必会带来政府财政收入减少甚至亏空，此时城市资金不足，建设速度减缓。

第三，资源产业环境问题增加。资源开发利用对环境有所影响，这肯定会引发一系列生态环境问题，能源矿产开采对水质、大气、生物和人类的生产生活活动都产生了不少负面影响。在国家整个宏观调控都注重环境保护的前提下，行业的发展一方面带来了日益严重的环境问题，而且对于政府用于环境治理保护的支出也日益递增。

第四，资源行业综合效益递减，行业的综合效益不仅要看经济效益，还要看社会效益。从经济效益来看，由于资源行业的增长已经不再依托技术创新，主要通过再生产维持行业成长，所以经济效益会逐渐递减；从社会效益来看，产能的下降带来的是劳动力的大量闲置，由于没有合理的分流转岗，大量的闲置劳动力失去了生活来源，其社会效益也日益递减，另一方面，早期的快速发展带来的是地质结构的变化以及环境的污染，改善和治理这些问题需要一定的资源投入。这些因素综合考虑，表现为行业综合效益递减。

二、资源多重价值与产业链耦合

（一）资源多重价值的概念

资源开发与利用经历了四个阶段：第 I 阶段内，资源的开发和利用的价值随时间增加而增加，称为资源开发、利用的初级发展期；第 II 阶段内，资源开发和利用的价值随时间的增加而增加且速度较快，我们称这一阶段为资源开发与利用的稳定发展期；第 III 阶段内，资源的开发、利用价值达到了最高值，称之为资源开发、利用的成熟期；第 IV 阶段内，资源的开发和利用价值随时间增加而开始逐渐递减，我们称之为资源的开发利用衰退期（图 9-1）。同一资源在不同时段内显示出不同的开发和利用价值的现象，我们将之称为资源开发、利用的多重价值。

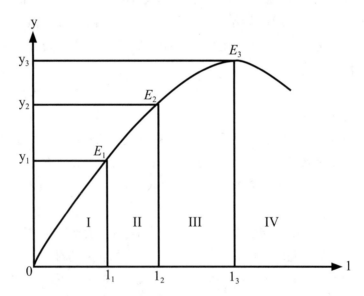

图 9-1　不同时段下资源开发与利用的多重价值曲线图

（二）产业链耦合理论

资源的产业链耦合是指对两种以上产业进行改进，并创造出一种新型产业系统，它的目标是恢复及扩大自然资源存量，由此提高资源的基本生产效率并满足社会的发展需求。从资源循环视角来看，资源产业链是指自然生态系统中的生产者、消费者及分解者相互关系被某一区域范围内企事业单位模仿。模仿者们（企事业单位）以资源（原材料、副产品、信息与技术、资本、人力资源）为纽带，组成带有产业链衔接关系的企事业单位联盟，最终目的是达到使得资源基本要素在区域的范围内合理循环和流动。

1. 生态学研究方法

（1）关键种理论

关键种指的是一些稀有的、特别的、巨大的、对其他生物具有影响但不成比例的物种，它们最主要的作用体现在保持生物多样性和维持生态系统的稳定上。前人在研究资源产业链耦合中，提出"大轴心型公司"这个概念，代表该企业可以向其他企业提供原材料或精加工后的产品，这类企业联结起来便组成"卫星型"企业，与此同时把废料转化为可二次利用的商品，在这里即为资源开采的企业。若想研究资源开采企业在产业链耦合中的作用，"食物链、关键种和生态的多样性"等生态学的原理在生态工业园区中的应用及能量、物质与信息在生态产业链中的集成方式，我们就应在复杂的资源产业链设计方法中，推演出以"关键种企业"为中心的核心产业链。除此以外，我们还应该对工业代谢情况进行分析，引入和补链相关的项目，对主导性产业链进行延展，为其构建后续产业链。与此同时，还需建立一套废物转化中心和信息资源系统等产业链支撑体系。处于生态产业枢纽的关键性产业，因为其重要又特殊的位置，对相关企业和整个产业链拓展及产业提升有着必不可少的作用。所以，我们认为关键产业的稳定性与辅助产业的和谐性是生态产业链耦合的基础。

（2）共生理论

在生态学研究中，两种不一样的生物生活在一起，双方都能从这一状态中获益，任何一方的离开均可对另一方产生毁灭性影响，被称为共生。当这一概念被应用到工业中以后，就逐步形成了工业共生的概念，而这一概念被学术界所普遍接受的定义是由 Ehrenfeld（2002）提出的工业共生的概念。其定义是企业间能源、物资、水及副产品之间的物物交换就是"工业共生"。除此之外，地理的相近性也为企业间合作提供了更广阔的可能性。所以，共生还能用于生态工业园研究中更广的范围。在共生原理的基础上，分析学术界对生态产业链中企业链接关系的比较研究。不难发现，重点项目、层次关系与互补和多样性，资源的有效利率的研究分析是学术界研究的重点关注对象。但对于细分种类即偏利共生、寄生、互利共生等种类，学界还缺乏进一步的探究。

（3）生态位理论

把生态位的理论用在资源企业关系优化的研究，并且从数学分析的角度来讨论企业关系所处状态及形成现状的根本原因，引入数学分析工具给生态位理论在生态产业链耦合中的应用研究提供了新的视角。将生态学的"食物链（网）、生态多样性"理论用在生态产业问题的研究上，把生态产业链概念和生态学原理进行逐一对应，具有非常重要的研究意义。从生态学原理的研究中，我们不难发现如果产业链要达到一定程度的耦合，就必须遵循生态学上的规律，即保持链上企业的多样性。

2. 产业链耦合实际应用

目前资源行业发展的主要问题是随着传统资源产业转入衰退期，资源型城市建设逐渐暴露出一些问题，例如失业率上升等社会性问题。产业链是产品服务和流通产生的整个过程，又称为"产品链"，还指代资源企业在产业链上所生产的产品，有无形产品和有形产品。资源产品的投入与产出联系是资源型企业产业链上游与下游之间的基本联系，上游的产出近似于下游的投入。从现在情况看，资源型企业在进行产业结构调整方面有三种主要路径。

（1）产业链延伸

延伸产业链的主要原因是要处理由于资源型企业产业链过短而产生的问题，使得企业生产的产品的附加值升高，进而达到资源型企业经济效益稳步提升的目的。有效地开发核心资源是纵向延展方向的要求，需要在推进下游加工业发展的同时建设资源深利用与加工的产业集群。

（2）产业链多元化

延伸产业链的主要原因是要处理由于产业链过窄而产生的问题，使得企业的产品线变宽，提升企业应对风险的能力，实现可持续的发展。走横向延伸之路就要求我们，必须要分别对企业产业链与价值链进行升级。

（3）彻底转型

结合以上两种模式走一种复合式延伸的道路，即非资源与资源产业协调发展，做到相辅相成。在产业链的形成的初级阶段，根本的转型发展往往是纵向内涵式的延伸。此阶段中，资源深加工工业逐渐取代了采掘业，成为主导性产业。在产业链发展的中后期，彻底转型发展开始表现为横向外延式的拓宽。在这一阶段，企业逐步建立起全新产业群，并且全新的产业群将基本不再依赖原有资源。

三、中国资源型企业的发展历程

（一）我国资源型企业的发展历程

事实上，由于我国资源型企业的种类、数量众多，不同企业起步时间不一，且各地区在资源禀赋、工业基础上有很大差异，很难用一个时间轴把我国不同行业、不同区域的资源型企业的发展历程都反映出来，考虑到本书的研究内容，这里主要以我国在建国初期成立的大型国有资源型企业为代表，通过回顾企业生命周期发展阶段的方式来回顾资源型企业的发展历程。

关于企业的生命周期理论，各国学者已经开展了不少研究，但是怎么划分企业生命周期阶段却存在着细节差异，综合我国资源型企业的实际发展情况，可以将其发展过程分为孕育期、成长期、成熟期和衰退期四个时期，如图9-2。

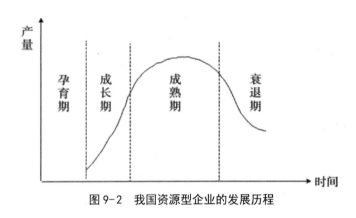

图9-2 我国资源型企业的发展历程

1. 孕育期

我国大型国有资源型企业的孕育期一般在20世纪40年代末至60年代初，伴随国家的"一五"和"二五"计划，这段时期建成或重整了一批重要的石油、煤炭、钢铁企业，典型的如大庆油田、大同煤矿、鞍钢公司等，这些时期的企业建设以资源的勘探、矿井设计和矿井建设为主，国家投入了大量的资金进行前期投资，企业在这段时间内的发展属于边生产边学习的过程，生产模式不够成熟，产量也十分有限，尚未能为社会创造巨大的价值。这段时期既是充满生机和希望的时期，又是机遇与风险并存的时期。

2. 成长期

20世纪的60—80年代是我国大型国有资源型企业的快速成长期，依赖于孕育期的基础设施建设和技术积累，企业在这个阶段已经具有了较为稳定的向社会输送资源产品的能力，且企业所在区域以所经营资源品种为主导的产业体系也已逐步形成。但在这个阶段，由于我国整体较为落后的科技发展水平和当时特殊的政治经济环境，企业在生产时存在着资源利用效率低下、经济效益不高等问题。

3. 成熟期

20世纪80年代至21世纪初，随着改革开放和我国加入WTO，我国的经济发展进入了快速腾飞的阶段，我国资源型企业的发展也迎来了它们的黄金20年。在这段时期，企业的产量稳定增长，良好的经济效益使企业完成了大量的资金积累，同时企业对生产技术和内部管理体制实现了初步的升级。企业所在区域以资源品为中心，有了较为成熟的产业体系，各地的经济发展对企业的依赖越来越严重。

4. 衰退期

从 2000 年至今，我国大多大型国有资源型企业进入了衰退期，由于前期对资源的大量开采，企业所在区域的资源日趋枯竭，矿井规模和产量快速萎缩，由于资源产量减少，资源的加工、开采和利用能力都出现了过剩的问题，很多企业因经济效益低下而濒临倒闭，当地经济也是陷入萎靡，失业人员增多，职工群众生活困苦。在这个阶段，许多资源型企业开始思考也不得不思考转型的问题，这也是本书要重点研究的内容。

（二）我国资源型企业的现状

1. 以大型国有企业为主，行政色彩浓厚，历史包袱沉重

我国资源型企业以大型国有企业为主，有很多创立于计划经济时期，经营期往往在 40 年以上，这些企业的管理方式、生产方式直到现在依然带有较强的行政色彩。许多企业在履行其生产经营的企业职能的同时，还承担了相当部分的社会功能和政府职责。

以大庆油田为例，中石油下属的大庆石油管理局和大庆油田有限责任公司两家企业共同对大庆油田负责，这两家企业与油田所在城市的行政级别相当，并且在油田日常的生产经营中使用的是自上而下的行政管理体制，内部管理人员具有严格的行政级别，具有较强的行政特征。除了开采油气资源这一职能，大庆油田还承担了相当大的社会功能，根据大庆油田的官网资料，截至 2014 年，由大庆石油管理局和大庆油田有限责任公司负责的学校有 94 所，其中高中 10 所，初中 25 所，小学 59 所，共计 5700 多名专职教师和 9 万多名在校学生；油区办有国家综合性三甲医院 2 家，二级医院 9 所，社区卫生服务中心 67 个，服务全油田员工群众、大庆市和周边地区百姓；在公共交通业务方面，有营运线路 49 条，营运车辆 2100 多辆，日运送乘客 47 万人次，担负着油城公共交通及部分企事业单位职工通勤服务。另外，公司还办有建筑队、老年活动中心等机构，每年需要耗费大量开支，对大庆油田来说是一笔繁重的负担。由于历史原因，大庆油田还有大量的离退休人员，油田需要成立专门的部门，每年耗费大量的人力、物力、财力来保障这些离退休人员的生活。

大庆油田的这种情况在大型国有资源型企业中普遍存在，暴露的问题是显而易见的。一方面，这种政企不分、产权模糊的内部管理机制严重束缚了企业的创造力，企业领导的管理理念陈旧，往往缺乏开拓意识和创新意识；另一方面，由于企业承担了

太多的社会功能和政府职能，盘子太大，企业若要实施转型，如何在转型中保障相关员工的利益是个大问题。

2. 发展模式粗放，出现资源枯竭威胁，生态环境破坏严重

资源型企业以矿产资源的采掘为依托，它们因资源而生，因资源而兴，同时因资源的枯竭而衰落消亡。但长期以来，我国资源型企业的发展往往以扩大投资、上新项目、单纯追求数量结果为目标，带来的结果是高投入、高消耗、低质量、低效益，造成了大量矿产资源的浪费流失。长期的这种以高速资源损耗为代价的发展模式，虽然在一定程度上给资源型企业带来了巨大的经济收益，对社会生产和国家的经济增长做出了一定贡献，但是这种对资源掠夺式的开采，使得许多企业面临严重的资源枯竭的困境，企业的生产提前进入衰退期，有些甚至因濒临无矿可采面临严重的倒闭威胁。以曾经的世界第二大、亚洲最大的露天煤矿——辽宁阜新海州露天矿为例，从 20 世纪 60 年代建矿至 2000 年初，海州煤矿累计生产原煤近 5 亿吨，是不折不扣的国家级行业龙头企业，海州矿为国家提供了大量的煤炭资源，解决了数万人的就业问题，为当地的经济增长做出很大贡献。但对煤炭资源的过度开采也导致海州矿渐渐走入了衰退期，最终因为无煤可采而于 2002 年 4 月申请破产，海州矿破产后，阜新的经济发展一度停滞不前，当地失业情况严重，出现了"十万工人变农民"的局面。昔日的亚洲第一大露天煤矿尚且因为资源枯竭而破产，其他的资源企业也应该引起重视。

资源企业较为粗放的生产模式在使自身面临资源枯竭威胁的同时，也给生态环境带来了很大的负面影响。以煤炭企业为例，其露天爆破、排土场扬尘等生产行为造成了严重的大气污染；煤矿开采会严重影响地下水资源和地下水结构，最终带来严重的水资源污染；采矿时的直接挖损和地下钻井等行为，导致了严重的土地破坏，加剧了土地荒漠化。其他的如冶金企业、石油化工企业的生产经营活动中也是以巨大的环境污染为代价，对绿色生态环境的建设和可持续发展造成了很大的负面影响。

3. 产能严重过剩，企业亏损经营是常态，经济效益低下

随着近几年我国经济结构的调整和能源消费模式的变化，以及最近经济增长放缓、社会需求疲弱的宏观经济形势，大量国内的资源型企业面临严重的生存危机，突出的表现为需求不足、产能过剩、产品价格低迷和来自进口的冲击。以石油行业为例，最近的国际石油供需形势突出地表现为供大于求，国际油价一路走低，原油的成交价从 2008 年 110—140 美元一桶的高点跌至如今的不足 40 美元一桶，这对我国的石油企业产生了极大冲击。以盛产稠油的辽河油田为例，由于油田的许多旧井已不能出油，辽河油田要不断开钻新井维持对石油的开采，但打新井的成本相当高昂，这直接把辽河油田的稠油开采成本推到了约 70 美元一桶，但目前的国际油价不足 40 美元一桶，远不足以弥补生产成本，显然辽河油田是开采的越多，亏损的越多，使油田的

发展进入窘境。

应对市场寒冬,许多民营的非垄断型行业的国有资源型企业纷纷采取了裁员、减产和阶段性停产等措施,但对于诸如石油这样的垄断性行业的国有企业来说,获取利润不是它们第一位的目标,它们首要的任务是在任何产品价格下都要保证足够的产量来满足社会对油气资源的需求,因此面对低迷的产品价格,这些垄断行业的大型国企可用的调控手段比一般企业其实更少,许多企业不得不在承担巨额亏损的情况下维持生产。

4. 中小民企分散控制大量采矿权,与地方政府暗含利益冲突

在我国进行探矿和采矿工作,都必须要经过政府部门的审批,但政府完成审批的职能后,这些探矿权和采矿权并非都落在国有企业手中,很大一部分采矿权实际是由非国营的中小民企控制,有些地方非国有企业占有的采矿权甚至超过了50%,这是一个相当大的比例,因此也导致许多地方的矿企与政府因采矿问题爆发冲突。其中最突出的问题是,地方中小民营企业为了追逐自身利益,其部分采矿行为与地方政府的全局规划不相一致,在存在冲突的地方不得不通过和政府以协商、谈判的方式解决,但这些非国有企业往往力量弱小,在与政府的谈判中处于劣势地位,最后一些企业不得不因为种种复杂的原因面临虽然有矿可采、但被强制关停的局面。另一方面,从企业自身发展的角度,中小民企的资金、技术都非常有限,它们的生产设备落后陈旧,生产过程也缺乏科学的规划,因此它们很难最大程度地发挥资源型企业的规模优势,且这些中小民企在激烈的市场竞争中,应对风险的能力较小,较易被市场淘汰。

四、基于生命周期的资源型企业转型之路

(一)资源型企业转型的必要性

从政治上看,资源型企业进行产业转型是发展循环经济,实现绿色发展的内在需要;从经济上看,多数资源企业只有通过资源重组及转型,才能提高经济收益,实现可持续的生存和发展,同时,这也是社会主义市场经济体制得以完善的重要步骤;从生态环境上看,资源型企业的生产活动往往以破坏环境为代价,对环境的可持续发展造成了严重的威胁,资源型企业只有通过转型,才能达到"低开采、高利用、低排放"的资源集约型发展模式,才能维持好经济发展与生态环境改善的关系。此外,资源型企业自身也因为一些原因阻碍了自身的发展,如大部分民营资源型企业规模小、市场竞争力、抵御风险的水平不强、产品档次低、科技附加值不高、缺乏相对应的安全措施等,都深刻影响着企业的进一步发展。面对企业固有的发展瓶颈和新时代市场经济引起的诸多挑战,资源企业必须转型来延长生命周期,从而才能实现可持续性的

发展。

（二）资源型企业转型的问题和困难

1. 资金问题

资金问题成为很多资源型企业在当下经济环境下进行转型的最大障碍。一方面，由于现在资源型企业的经济效益低下，许多企业甚至亏损经营，企业自身的资金积累非常有限，有的资源型企业更是陷入严重的财务危机，因此大多数资源型企业无法依靠自身为资源转型提供资金。而另一方面，由于国家对生态问题的日益重视，对高耗能行业实施了许多制约其发展的措施，使得资源型企业不易找到合适的融资渠道，在寻求银行贷款时往往审批难、利息高。由于这两方面原因，资金问题成为资源型企业进行设备升级、技术革新，走转型之路时面临的最大难题。

2. 技术瓶颈

资源型企业的转型依赖于生产技术的改进，只有通过技术升级，才能改变目前能源利用效率低下的局面。但是国内资源行业的生产技术普遍比较落后，要想实现技术升级，一是要引进大量的技术人才，充实企业的研发队伍，但由于资源型企业的经济效益低下，在待遇收入和发展空间等方面缺乏对优秀技术人才的吸引力，企业很难依托自己实现技术升级；二是企业可以通过从国外引进先进技术的方式促进生产工艺的升级，但这需要大量的资金，对企业来说负担很大，且由于资源开发对一个国家的战略重要性，国外对相关技术的出口也是进行了或多或少的封锁，使得我国企业直接从海外进口先进技术的难度很大。从这两个角度看，技术瓶颈成为制约我国资源型企业进行转型的一个重要因素。

3. 产权结构

目前我国的大中型资源型企业以国有企业为主，且很多是计划经济时代的遗留，这些企业的特殊的产权结构严重制约了其进行升级转型。一是特殊的产权结构导致企业的所有权不清，企业领导往往能在混乱的产权结构中谋取私利，但企业的升级转型往往伴随着产权结构的调整，这会损失企业领导的既得利益，因此从企业领导者的视角，他们缺乏实施生产转型的动力；二是我国国有大中型资源型企业往往承担了很大的社会责任，企业内部附属的医院、学校等机构关系到无数员工和家庭的生活，而企业进行升级转型势必会影响到这些员工的利益，如何保障安置这些员工的生活就业是个非常大的问题。因此从这两个角度来看，国有资源企业特殊的产权结构导致其面对转型和升级时要面临更大的障碍。

4. 战略缺失

许多资源型企业的转型都是其在进入了衰退期后，面对经济效益低下、资源日益枯竭的发展窘境，为了生存而做出的无奈之举，由于企业的处境已经非常困难，资金也很匮乏，转型中它们只能集中精力解决最棘手的问题，如寻求替代资源，以保证企业的正常生产。但这种情况下的仓促转型往往只能应对燃眉之急，不能解决制约企业发展的最根本最核心的问题，比如企业在挖掘到替代资源后，虽然可以继续维持生产，但企业内部依然是以往僵硬的管理机制，无法释放企业的活力。企业的转型是一项涉及多方利益的庞大工程，需要在科学、系统的理论指导下进行，企业在转型中注重对替代资源的寻求和对新业务的开拓的同时，也需要运用现代企业管理理论改善企业内部的组织结构，但实际情况是我国企业转型中往往忽视了这一点，由于缺乏科学系统的规划，企业的运营机制和管理制度在转型后依然滞后。

（三）我国资源型企业转型过程中需把握的原则

1. 因地制宜原则

国际上有不少资源型企业转型成功的案例，给我国的企业提供了借鉴和参考，但是由于我国国情特殊，资源型企业的种类众多，且不同企业所处区位的自然资源禀赋、经济发展水平、政治环境等有很大差异，在转型过程中很难说有一套放之四海皆准的标准模式，所以不能生搬硬套国外企业的转型模式。以取得很大成功的美国休斯敦油企的转型为例，休斯敦在转型中采用了全面放开市场吸引外来投资的政策，这种模式在美国市场是适用的，但目前我国处于社会主义市场经济阶段，加之资源开发在国家政治安全体系中的重要地位，显然不能向休斯敦那样把市场完全向外放开。因此我国资源型企业在转型时必须从实情出发，结合自身的区位因素、自然资源禀赋等情况，以充分发挥企业自身的优势为前提，因地制宜地探索最适合的自己的转型之路，而不是生搬硬套国外的经验，否则不但难以达到预期的效果，甚至还会使转型陷入僵局。

2. 多元发展原则

无论是一个企业，还是一个城市，甚至一个国家，如果其发展只依赖于一种产业，只依赖于某种特定资源，它的发展是非常不安全的，往往资源枯竭之时就是城衰之时。无论是从延长企业的生命周期的角度，还是从降低企业所在城市发展风险的角度，或是从增加当地就业、促进生产要素流通的角度，转型必须着眼于产业结构的多元化发展。德国鲁尔集团的成功转型是多元发展的典型案例，鲁尔的转型在德国政府的主导下进行的，其成功是多方因素共同作用的结果，但是在鲁尔集团的几轮转型中，推动产业结构的多元化始终是一条主线，表9-2给出了鲁尔集团的多元化发展历程，可以看出，鲁尔集团的业务从最初的煤炭、钢铁资源的开采一步步拓展进入金融服务、国际贸易、房地产、化学等领域，正是由于鲁尔对丰富自己产业结构所做的不懈努力，转型才取得了巨大成功。

表9-2　鲁尔集团多元化的发展经历

项目	年份	发展业务
1	1970	发电、化学、塑料
2	1972	煤炭交易
3	1974	国际矿业
4	1977	房地产
5	1980	土地开垦
6	1988	矿山技术
7	1995	电子系统
8	1996	教育、保险
9	1997	橡胶
10	1998	国际贸易
11	2003	入股海外公司

3. 主动转型原则

资源型企业的转型不能等到企业已经进入衰退阶段才开始进行，那时候企业往往经济效益低下、资金缺乏、结构老化，历史包袱沉重，企业所在的城市也是面临资源枯竭的威胁且产业结构单一，在这种情况下，资源型企业的转型是一种为了生存而做出的被逼无奈的选择，这个时期的转型往往代价很大且成功率低。国外有不少企业在进入衰退期后转型成功的案例，代表性的有法国洛林和日本九州，但是这两个区域的资源型企业在转型时的过程非常痛苦，代价相当高昂，虽然它们的转型结果是成功的，但我国的资源型企业不能因为这些国外的成功案例而对自己的转型规划产生松懈，认为即使进入衰退期也能轻易模仿国外实现重生。事实上，资源型企业的转型必须未雨绸缪，在企业尚处于兴盛期时就应该规划好未来的转型之路，也就是要坚持主动转型原则。处于兴盛期的企业往往资金充裕、资源丰富、历史包袱小，在转型过程中遇到障碍比在衰退期的企业少很多，所以企业可以一边从事原有的资源开采加工业务，一边利用充裕的资金积累慢慢开拓在其他领域如金融、科技、服务行业的业务，这种主动的、事先的转型规划有利于将转型的成本降到最低，也有利于企业及其所在城市产业发展模式的平稳过渡。企业主动转型的典型案例如辽宁调兵山的铁法煤业公司，铁法煤业在20世纪90年代尚未进入资源枯竭阶段时就积极对日后的转型做出规划，经过20多年循序渐进的转型，铁法煤业有限公司已基本形成以煤炭开采业为核心，建材、发电、机电加工和农副业等多业共同发展的格局。转型后，铁法煤业有限公司现共同创办了具有法人资格的非煤炭相关企业150余家，非煤方面的产值已超10亿。该公司还利用自筹资金和三产贷款筹措资金近5000万元，积极开发了阻燃运输带、矿区煤矸石制品、油脂加工等一批项目。铁法煤业的这种自觉的、超前的主动转型，实现了上一部分所说的多元发展，且企业自己牢牢把握住了转型过程中的主动权。

4. 外部支持原则

资源型企业的转型不仅关系到企业自身的存亡，更是影响到区域经济的发展和社会的平稳运行，所以资源型企业的转型是一项影响到多方利益的庞大的社会工程。转型在依赖企业自身的力量的同时，要积极寻求来自企业外部的支持，这些支持主要体现在资金和技术两个方面。资金方面，从地方政府的角度，如果一个城市主要的资源型企业处于衰退期，那么这个城市的财政状况也不会很乐观，难以为企业的转型提供足够的资金，而上级政府更是出于对环保问题的重视，对高耗能的资源型行业的财政补助或是银行贷款采取了严格的限制，所以企业主要能依赖的只有外来资本的投资，这就要求地方政府应当要加强本地招商和引资的力度，吸引外来资金成为当地资源型企业转型的中坚力量。不过在前文也提到，由于资源的开发利用关乎国家安全，所以我国的资源市场不会彻底的向外资放开，因此在招商引资的尺度上，当地政府要根据实际情况做出一个权衡。另一个方面，从技术角度，企业自身的技术人才十分有限，很难独立承担起实现企业技术升级的重任，因此企业在升级过程中的技术支持要更多地依赖于企业外的专业研究机构，这一是需要国家成立相关的研究部门统筹相关技术的研发工作，二是需要与掌握先进技术的外资企业进行谈判，在确保国家资源安全的前提下，尽可能地以经济利益换取外商的先进技术。因此，从资金和技术两个角度，仅仅通过企业自身的努力是无法承担起转型的重任的，必须积极寻求外部力量的帮助。

（四）促进我国资源型企业可持续发展的对策

1. 挖掘可替代资源

对于处在衰退期的企业，它们面临着严重的资源枯竭的威胁，毫无疑问它们只有大力挖掘可替代资源，才能维持企业的生存，最终实现可持续发展。对于处于兴盛期的企业，像上文主动转型原则中提到的，它们不能等到进入衰退期才开始考虑转型的问题，要居安思危、未雨绸缪，趁企业拥有较多资金积累、无太大历史包袱时提前规划未来的转型之路。企业挖掘可替代资源的方式一般有两种，第一种方式是保持原材料的品种不变，但积极拓宽原材料的来源渠道，比较典型的如我国的一些石油加工企业。由于自身所在区域的石油资源日益枯竭，企业为了维持原有的业务，积极采取走出去的战略，投入大量的物力人力财力开拓在海外的石油开采业务，或是直接与国外的油企签订合同进行原油进口，无论是哪种方式，企业把对原油这种原材料的依赖部分地从国内转移到了国外。企业通过这种走出去的战略，既缓解了对原材料的部分需求，同时提升了自己的国际影响力和竞争力，一定程度上延长了企业的生命周期。第二种方式是不改变企业生产的最终产品，但放弃之前的原材料，寻求新的原材料。依然以我国的石油加工企业为例，长期以来，我国石油加工企业以原油为原材料生产汽油、柴油等终端产品，但随着原油资源的日益枯竭，部分企业开始寻求原油的替代品，典型的如以粮食为原材料生产汽油和柴油。这种寻求新型原材料的资源替代往往以技术革新为前提，且成本较为高昂，但从长远来看，比第一种方式更能促进资源型企业的可持续发展。在具体实施时，企业要从自身的实际出发，在这两种挖掘替代资源的方式中选取最适合自己的路径。

2. 循环经济战略

资源型企业要想成功转型，达到资源的优化配置，需要采用循环经济的理念。循环经济的主要内涵是减量化（Reduce）、再利用（Reuse）、再循环（Recycle），即 3R 原则。为了实现这三个目标，企业必须由高资源消耗的粗放型发展转变为低能耗的集约型发展，由过去的开环线性发展转变为现代化的闭环循环发展，由低效率的产品一次利用转变为高效率的产品多次利用，通过对 3R 原则的实践，资源型企业可以在"低投入、高利用、低排放"的生产模式下，缓解经济发展和环境问题的尖锐冲突，从而达到可持续发展的目标。下面以具体的案例讨论企业对 3R 战略的实施。3R 原则中，减量化是输入端控制方法，目的是从源头上实现对节约资源、控制污染。以煤电企业为例，企业在发电时通过燃烧煤炭获得的热量对锅炉中的水加热，利用水蒸气推动汽轮机的转子做功生产电量，由于不同品种的煤炭品质不同，单位质量的煤炭燃烧能提供的热值和排放的污染也不同，因此煤电企业在选取煤种时，可以逐步摒弃热值低、污染大的劣质煤种，选取高热值、低排放的优质煤，这虽然增加了企业的经济负担，但从源头上节约了资源，减少了污染，从长远来看更有利于企业的可持续发展。3R 原则中的再利用和再循环属于过程端和输出端方法，旨在从资源的使用和产品处理环节提高生产和服务效率。以消耗大量石灰石、铁矿粉的水泥加工企业为例，现在兴起的水泥余热发电工艺将水泥生产中排放的余热废气进行回收，通过循环利用余热废气加热锅炉，产生蒸汽推动汽轮机发电，很大程度上节约了资源的使用，减少了排放。

3. 技术创新

正如前文提到的，技术瓶颈已经成为制约资源型企业转型的重要因素，企业要想实现可持续发展，必须在技术创新上取得突破。技术创新的第一种方式是在企业内部健全和完善企业技术创新的激励机制，以进一步激发现有科研人员的工作热情和创造力，同时企业应设立专门的经费用于高端技术人才的引进努力提高企业人才队伍的素质。这种方式的门槛较低，可在任何性质、规模的企业内推行。第二种方式是要通过教育改革，提高教育与企业所在地区经济水平的结合程度，这往往是对规模相当庞大、对当地经济发展起举足轻重作用的大型国有资源型企业而言的。具体来说，像前文提到的大庆油田，鉴于其对当地经济发展以及在国家石油资源开采格局中的重要地位，国家直接在当地成立了大庆石油学院（现东北石油大学），这是一所专门培养石油领域人才的高等学府，几十年来为我国石油行业输送了大量的人才，其中很大一部分的毕业生直接服务于大庆油田，因为大庆石油学院的存在，大庆油田的青年人才队伍每年得到稳定的充实，而学校中以院士为代表的高端人才队伍更是为大庆油田的核心技术创新提供了保障。同样，前文提到了阜新海州煤矿的例子，早年在阜新开矿不久，国家就在当地成立了著名的阜新矿院，以不断为当地企业输送人才，虽然阜新的煤企最终衰弱，但当年阜新的巅峰成长期是离不开阜新矿院所做出的贡献的。因此，对于一些大规模的、目前尚处于成长期和成熟期的资源型企业，国家可考虑直接在当地成立专门的高等院校提供技术支持，事实也证明这种做法是很有效果的。第三种方式最简单，从短期看也最高效，就是直接从国外进口先进技术，但是这对企业的资金实力要求较高，且因为核心技术最终还是由外国所掌控，从长远看这么做使我国企业的发展受制于人，并无多大裨益。

4. 深化产业链，采取一体化战略，向相关产业转型

产业链是各个产业部门之间基于一定的技术经济关系客观形成的链条式关联关系形态，这种关系依赖于特定的逻辑关系和时空布局关系产业链的延伸指将一条已经存在的产业链尽可能向上游或下游发展。延伸产业链一方面使行业生产部门之间的联系更加紧密，加强了部门间的利益共享且有效的分散了经营风险；另一方面，产业链的延伸带来了新兴产业部门，通过形成产业迂回，既带来了就业岗位、又提升了产业链附加价值。

产业链的延伸模式一般有两种。第一种是向新的业务领域进行开拓，这些新领域与企业原有的主导业务关联较小，如在前文多元发展原则部分提到的德国鲁尔集团的转型案例。鲁尔集团将其业务范围从传统的煤炭、钢铁资源的开采一步步拓展到之前未曾涉足的金融保险、房地产开发等领域，丰富了其产业结构，摆脱了之前完全依赖资源的单一发展模式。这种深化产业链的方式也被称为产业链的横向发展，从鲁尔集团的案例也可以看出，这种横向拓展产业链的方式与前文提到的多元发展原则在内涵上其实是相通的，因为资源枯竭，资源型企业的产业链缺少了最为重要的环节，因此便无法延伸，企业很难在原有产业上继续成长。在这种情况下，资源型企业只有利用之前的客户优势和渠道优势，积极开拓新的业务领域，以延续企业的生命。

与产业链的横向拓展相对应的，是对原有产业链的纵向延伸，这种模式下，企业依然以资源开采加工为主业，但增强了行业上下游之间的关联，提高了产品的科技含量和附加值。现阶段，我国资源型企业的生产主要集中在能源的初级加工方面，存在产品生产工艺落后、附加值低、市场竞争能力不强等问题，企业对原有产业链的纵向延伸可有效解决这些问题。以煤企的产业链纵向延伸为例，现在许多煤企要么单纯地从事原煤开采业务，要么从事一些特定煤种的炼制业务，上下游之间缺乏资源整合，严重缺乏效率。因此，煤企要在深化产业链上下工夫，例如，企业在开采原煤之后，可以通过煤液化、煤焦化、煤气化、煤电化等方式，将业务向中游方向过渡，然后在所获得的产品的基础上，进一步延伸产业链，如进行甲醛、甲醇燃料、二甲醚等化工原料的生产，这些化工产品往往具有高附加值，可以极大提高煤企的经济效益，最后，有条件的企业还可以进行煤炭衍生品的精加工，如杀虫剂、发胶的生产。通过对原有产业链的纵向延伸，煤炭企业改变了原来单一的产品结构，提高了经济效益，增强了抗风险能力，这些都极大促进了企业的可持续发展。

第四部分　政府篇

第十章 资源税改革与资源型经济转型

一、中国资源税改革历程

为缩小资源的级差收入、体现国有资源生态补偿和有偿使用,大多数国家的做法是对开发和利用自然资源的行为征收资源税。在 1983 年之前,中国尚没有与资源相关的税收制度,矿产等自然资源可以无偿开采使用,在 1984 年以后,资源税制度才逐步得以建立并不断完善。中国资源税改革分为四个阶段:

第一阶段(1984—1993 年):"利改税"背景下的资源税。

1984 年 10 月,国务院公布了《中华人民共和国资源税条例(草案)》,这一条例标志着中国正式建立了关于资源税的体系,草案决定对采掘煤炭、石油、天然气的企业按照销售利润率征收资源税,若利润率超过 12%,则对超出利润额实行累进制税率。这一时期资源税目标是调整级差收入,因此税目只有天然气、煤炭和石油三种,征收资源税的范围较小。

第二阶段(1993—2004 年):"分税制"背景下的资源税。

1994 年,在各地实行分税制改革的同时,资源税也相应重构。征收方式由按超额利润从价计算变为按销售量从量计征。在征税范围角度,除了已经纳入计征的天然气、煤炭、原油资源外,开始对黑色金属、有色金属、其他非金属和盐类征收资源税,包括大部分资源产品。征税对象是开采相应资源的单位和个人,实行普遍征税制度。

第三阶段(2004—2010 年):税额的提高与优惠的取消。

从 2004 年起,资源税征收标准陆续调整。2006 年,有色金属矿产资源税开始全额缴纳,这意味着过去减征 30% 税率的时代已经结束。铁矿石资源税也进行了暂时性调整,即按税额标准的 60% 征收。与之同时,岩金矿税额标准被提高,钒矿资源税使用税额的标准被统一。被称为能获取"暴利"的石油特别收益金也从该年开始征收。另外,2007 年 2 月开始提高盐资源税税额、焦煤资源税税额也在同一时间调整。钨矿石、铅锌矿石和铜矿石税率在当年 8 月有大幅度上涨,涨至原来的 3 至 16 倍。

第四阶段(2010—至今):从价税以及费改税。

2010 年,天然气、原油资源税从价计征试点首先从新疆展开,截至 2010 年 12

月，油气资源税从价计征改革范围逐渐扩大至甘肃、内蒙古等 12 个西部省份地区。

2011 年，国务院发布了新修订的《中华人民共和国资源税暂行条例》，将油气资源从价计征的改革推广至全国。内容包括：①天然气和是由资源由从量计征变更为从价计征，计价征收的比率统一为销售额的 5%。②取消对海上自营和中外合作油气田征收的矿区使用费，均改征资源税。

2014 年，国家税务总局和财政部公布了《关于实施煤炭资源税改革通知》，内容有：①将煤炭资源税由从量计征更改为从价计征，税率由省级政府在法定范围内确定（煤炭资源税税率范围是 2%—10%），同时将天然气、原油资源税的税率提升至 6%。②取消上述三种能源资源的矿产资源补偿费，同时停止针对这三种矿产资源征收价格调节基金。③取消原生矿产品的生态补偿费用，取缔非市级以上政府设立的涉煤基金和收费，包括煤炭资源地方经济发展费等。

2016 年，国税总局和财政部再次发布了《关于全面推进资源税改革的通知》，开始全面推广从价计征和扩围的改革。①从 2016 年 7 月 1 日起，资源税改革将推广到所有矿产产品，这是继煤炭、原油、天然气、钨、钼、稀土 6 个资源品目进行从价计征资源税改革之后，从价计征改革的最主要内容。②从 2016 年 7 月 1 日起，河北省开征水资源税改革试点工作，通过费改税将清空水资源费，实行从量和定额计征资源税，在维持正常生产生活用水需水量不变的情况下，对超计划用水、高耗水行业、在地下水超采地区开采地下水的情况，适当提高税额标准。

二、资源型经济转型分析框架

资源型经济是指以能源等矿产资源开采为主导的产业模式，推动资源型经济转型是资源经济学和发展经济学研究的重要问题。在工业化过程中，矿产资源的开采为国家经济增长提供原材料和动能，同时也带动了地区经济增长，形成了资源型区域或城市。由于这些地区对资源的长期依赖和过度开采，经济增长方式粗放，不仅造成生态环境恶化，而且导致产业结构单一，出现资源诅咒和负外部性等问题。在后工业社会，特别是在中国新常态条件下，经济增长更加注重科技创新的驱动，依靠人力资本、投资效率和全要素生产率的提高，依赖要素投入和不注重资源节约与环境保护的增长方式不可持续，资源型经济转型便是这一背景下应对资源环境与经济问题的诉求，试图通过产业模式的转变，摆脱资源诅咒和生态恶化，实现经济增长模式的转变的绿色发展。

在中国，资源型经济的困境已引起政府的关注，并着力推动资源型经济转型升级。在城市层面，自 2001 年全国首个资源枯竭城市经济转型试点以来，中央政府先后分界定了 69 个资源枯竭城市，2013 年，国务院分类型界定了全国 262 个资源型城市。在省域层面，山西省在 2010 年批准为国家资源型经济转型综合配套改革试验区，作为国内典型的资源型经济体和第一个全省域的综合配套改革试验区，山西共有 11 座资源型城市，经过长期开采，已经接近枯竭。随着生态文明建设的推进和供给侧改革的实施，亟需通过制度安排促进资源型地区的产业转型，协调经济增长和资源环境保护，实践绿色发展理念和实现美丽中国目标，以山西省为例研究资源型经济转型具有重要的指导意义。

资源型经济转型在于转变经济增长方式。张复明和景普秋（2008）认为资源型经济的形成是由于早期的投资偏好所推动，在资源部门成为主导产业后，产业的黏滞、要素的吸纳和成本的锁定等效应导致其自我强化，表现为资源部门的严重依赖[1]。张生玲等（2016）从资源型城市层面证实了路径依赖的存在，认为路径依赖效应通过技术与制度"双重锁定"阻碍了资源型经济转型[2]。万建香和汪寿阳（2016）认为资源在经济增长中诅咒现象的根源在于资源路径依赖，抑制了人力资本积累和技术创新[3]。因此，资源型经济的转型即摆脱经济增长对资源的依赖，创新经济增长方式，实现经济增长动能转换，通过接续产业的发展解决资源过度消耗对经济增长和生态环境所造成的负面影响。在转型的指标方面，既有选择单一指标的，如 Guo, Pibin, et al.（2016）从能源消费结构分析了技术进步对山西经济转型的作用机理[4]；也有选择多维度指标的，如 Tan, Juntao, et al.（2016）从经济、社会和环境方面评价了东北资源型城市转型效率[5]。本书根据经济活动的过程，从投入、产出到贸易分析要素结构、产出结构和贸易结构辨别经济转型。

（一）要素结构

资源型经济主要依赖资源的投入，属于自然资源密集型产业，对于整个经济体而言，实现其转型则要求减少资源投入，增加无污染的劳动力或资本要素的投入，转变

---

[1]　张复明、景普秋：《资源型经济的形成：自强机制与个案研究》，《中国社会科学》2008 年第 5 期。

[2]　张生玲、李跃、酒二科等：《路径依赖、市场进入与资源型城市转型》，《经济理论与经济管理》2016 年第 2 期。

[3]　万建香、汪寿阳：《社会资本与技术创新能否打破"资源诅咒"？——基于面板门槛效应的研究》，《经济研究》2016 年第 12 期。

[4]　Guo, Pibin, et al. "How Energy Technology Innovation Affects Transition of Coal Resource-Based Economy in China." *Energy Policy* 92（2016）: 1-6.

[5]　Tan, Juntao, et al. "The Urban Transition Performance of Resource-Based Cities in Northeast China." *Sustainability* 8.10（2016）: 1022.

经济的增长动能，而对于资源产业和非资源产业，需要减少资源产业的投资，使得投资偏向非资源产业，促进非资源产业发展。

（二）产出结构

由于资源产业在资源型经济中具有主导地位，其总产出或净产出在整个国民经济在的比重相对较高，因此转变经济增长对资源产业的依赖需要实现其占比一定程度的下降。在产出的构成中，当第二产业比重下降，资源产业的主导地位下降，相应的第三产业比重上升，非资源产业贡献增加时，则实现了经济转型。

（三）贸易结构

资源型经济具有孤岛经济的特征，资源产业发展与外界联系较少，非资源产业对外贸易规模较小。资源型经济转型将推动非资源产业的发展，当经济体对外贸易结构发生变动时，则经济体内部的产业结构、要素配置、商品供需也发生变动。因此，通过贸易结构可以识别资源型经济的转型趋势和效果。

由于资源型经济转型具有长期性（Li H, Long R, Chen H. 2013）[1]，对转型的评价应从变化趋势和最终效果两方面识别。一方面，资源相关的投入、产出和贸易比例的下降，非资源产业成为经济增长的主导，表明经济转型成功；另一方面，资源产业仍占主导地位，转型虽未成功，但也具有转型的趋势，其中资源产业比重下降可认为具有较强的转型趋势，资源产业增速下降则转型趋势较弱。

三、生态占用与资源税改革

（一）生态占用量化

党的十八大报告提出了生态文明建设的战略布局，并明确指出国土是生态文明建设的空间载体[2]。十八届三中全会决定[3]进一步提出对水流、森林、山岭、草原、荒地、滩涂等自然生态空间进行统一确权登记，逐步将资源税扩展到占用各种自然生态空间。自然生态空间概念的表述既表明了其构成，也指明了中国资源税的改革

---

[1] Li Huijuan, Ruyin Long, and Hong Chen. "Economic Transition Policies in Chinese Resource-Based Cities: an Overview of Government Efforts." *Energy Policy* 55（2013）: 251-260.

[2] 《胡锦涛在中国共产党第十八次全国代表大会上的报告》，2012 年 11 月 8 日，http://www.wenming.cn/xxph/sy/xy18d/201211/t20121119_940452.shtml.

[3] 《中共中央关于全面深化改革若干重大问题的决定》，2013 年 11 月 12 日，http://news.xinhuanet.com/politics/2013-11/15/c_118164235.htm.

方向。

在资源税的理论研究中，Hayward（2005）首次提出生态空间税的概念[1]，认为生态空间的占用表现为生态足迹。Kolers（2012）也提到了生态空间税的概念，并称之为生态足迹税，认为将税收收入从超过人均生态占有率的消费者转移给低消费者，可以补偿排放责任的不公平，促进公正和土地利用[2]。生态足迹由 Wackernagel & Rees（1992）最早提出[3]，能够量化对自然生态空间的占用。生态足迹基本计算方法如下：

$$E_m = H \cdot \sum_w \left(k_m \cdot Q_w / p_m \right) \qquad (1)$$

式中，m 表示生产性土地的类型，包括耕地、林地、草地、湿地和化石燃料用地等；w 表示消费项目的类型，包括农产品、能源和水等资源等。E_m 为生态足迹；H 为人口；Q 为人均消费水平；P 为土地的年均生物生产力；K 为将同一类型生产性土地转化为生产力上等价的标准土地的等量因子。生态足迹理论假定各类生产性土地在空间上是互斥的，即每种土地的功能是单一的，因此相加后不存在重复计算。

考虑到农产品消费的生态占用相对较小，本书仅核算能源消费的生态占用，包括煤炭、焦炭、原油、汽油、煤油、柴油、燃料油和天然气消费。同时考虑到温室气体等污染物的排放通常有生态吸收和人工净化两种基本途径，人工净化不会对生态系统构成压力，相反可以节约生态占用。假定 CO_2 的排放有人工固碳和生态固碳两种形式，实际生态占用应扣除人工固碳所节约的生态占用，剩余的直接排放部分则会占用自然生态空间。设定 CO_2 排放达标率为 u，则能源消费实际生态占用为：

$$E_{mn} = (1 - u) \cdot H \cdot \sum_w \left(k_m \cdot Q_w / p_m \right) \qquad (2)$$

在此基础上，本书将考虑能源消费的生态占用的生态服务价值，即用于固碳的林地和草地的生态服务价值。根据 Costanza, et al.（1997）的研究方法[4]，生态服务价值核算以森林、草地、农田、湿地、水体和荒漠等生态系统为单元，具有价值的服务功能包括气体调节、气候调节、水源涵养、土壤形成与保护、废物处理、生物多样性、食物生产、原材料和娱乐文化等。设定农田食物生产的生态服务功能为基本价值当

① Hayward, Tim. "Thomas Pogge's Global Resources Dividend: A Critique and An Alternative." *Journal of Moral Philosophy* 2.3（2005）: 317-332.

② Kolers, Avery. "Floating Provisos and Sinking Islands." *Journal of Applied Philosophy* 29.4（2012）:333-343.

③ Rees, William E., and Mathis Wackernagel. Ecological Footprints and Appropriated Carrying Capacity: Measuring the Natural Capital Requirements of the Human Economy. University of British Columbia, School of Community and Regional Planning, 1992.

④ Costanza, Robert, et al. "The Value of the World's Ecosystem Services and Natural Capital（1997）." *The Globalization and Environment Reader*（2016）:117.

量，其他各类生态系统各项生态服务功能的价值基于其相对农田食物生产的重要性赋予当量因子，构成生态价值当量表。单位生态服务价值当量的经济价值量为自然状态下粮食产量的经济价值。由此确定各生态系统各项生态系统的价值，再根据各生态系统的占地面积，即可得到不同生态系统的生态价值，进而得到整个自然生态空间的生态价值[①]。计算方法如下：

$$ESV = \sum \left(EV_{mj} \cdot A_m \right) \qquad (3)$$

式中，ESV 为生态服务价值，$EVmj$ 表示第 m 种土地类型的第 j 项生态服务功能的价值量，即单位面积 m 类土地 j 项生态服务功能的经济价值，Am 表示第 m 类土地类型的面积。同时，考虑能源消费对林地和草地的占用是用于固碳，因此相应生态价值核算仅考虑其气体调节功能，可表示为：

$$VED_{mn} = EV_{mn} \cdot EF_{mn} \qquad (4)$$

式中，VED 表示能源消费生态占用的生态服务价值，EV_{mn} 表示 m 类型土地气体调节功能的价值，EF_{mn} 即能源消费的生态占用。

（二）CGE 模型与数据

1. CGE 分析模型

CGE 模型基于一般均衡理论，根据经济活动过程和特征，一般包括生产模块、贸易模块、收支模块和均衡模块，本书将生态赤字视为超额占用而未支付的投入要素引入模型。各部门要素投入包括劳动力、资本和生态占用以及中间投入，遵循利润最大化原则，以成本最小化为目标函数，以产出函数为约束条件。基于多要素嵌套的 CES 生产函数，在第一层嵌套中，投入要素为资本—劳动—生态要素组合和中间投入，生产者行为可以表示为：

$$\min PKLE_i \cdot KLE_i + PND_i \qquad (5)$$

$$\text{s.t.} QA_i = \lambda_i^a \left[\beta_i^a KLE_i^{\rho^a} + \left(1 - \beta_i^a\right) ND_i^{\rho^a} \right]^{\frac{1}{\rho_i^a}} \qquad (6)$$

式中，参数 λ 为全要素生产率，β 表示生产要素的份额。下标 i 表示生产部门，上标 a 以及后文 b 和 c 是为识别同名参数在嵌套函数中相应的生产函数，ρ 是与替代弹性有关的参数。变量 QA、KLE 和 ND 分别为总产出、资本—劳动—生态要素投入和中间投入，PKLE 和 PND 分别为两大投入组合的基准价格。求解可得投入要素的需求函数：

[①] 王克强、熊振兴、刘红梅：《生态赤字税：理论与实证研究框架》，《财经研究》2016 年第 12 期。

$$KLE_i = \left[\frac{\left(\lambda_i^a\right)^{\rho_i^a} \beta_i^a \cdot PA_i}{PKLE_i} \right]^{\frac{1}{1-\rho_i^a}} QA_i \qquad (7)$$

$$ND_i = \left[\frac{\left(\lambda_i^a\right)^{\rho_i^a} \left(1-\beta_i^a\right) \cdot PA_i}{PND_i} \right]^{\frac{1}{1-\rho_i^a}} QA_i \qquad (8)$$

式中，*PA* 为总产出的基准价格。在第一层嵌套中，中间投入一般直接应用投入产出表所确定的系数采用列昂惕夫生产函数，资本—劳动—生态组合仍然采用 CES 生产函数，分解为资本—劳动组合要素和生态要素投入，形成第二层嵌套，即：

$$\min PKL_i \cdot KL_i + VED_i \cdot z(1+\text{tt}) \qquad (9)$$

$$\text{s.t.} KLE_i = \lambda_i^b \left[\left(\beta_i^b KL_i^{\rho_i^b} + \left(1-\beta_i^b\right) VED_i^{\rho_i^b} \right) \right]^{\frac{1}{\rho_i^b}} \qquad (10)$$

式中，*KL* 为资本—劳动组合要素投入，*VED* 为生态要素投入，*PKL* 和 *z* 分别为两大投入的基准价格，tt 为生态要素补偿税率。求解得相应要素的需求函数：

$$KL_i = \left(\frac{\left(\lambda_i^b\right)^{\rho_i^b} \cdot \beta_i^b \cdot PKLE_i}{PKL_i} \right)^{\frac{1}{1-\rho_i^b}} KLE_i \qquad (11)$$

$$VED_i = \left(\frac{\left(\lambda_i^b\right)^{\rho_i^b} \cdot \beta_i^b \cdot PKLE_i}{z(1+\text{tt})} \right)^{\frac{1}{1-\rho_i^b}} KLE_i \qquad (12)$$

第三层嵌套将资本—劳动组合分解为资本要素投入和劳动力要素投入，同上可得资本和劳动力要素投入的产出函数及其需求函数：

$$KL_i = \lambda_i^c \left[\left(\beta_i^c VKD_i^{\rho_i^c} + \left(1-\beta_i^c\right) E_i^{\rho_i^c} \right) \right]^{\frac{1}{\rho_i^c}} \qquad (13)$$

$$VKD_i = \left(\frac{\left(\lambda_i^c\right)^{\rho_i^c} \cdot \beta_i^c \cdot PKL_i}{\text{k}} \right)^{\frac{1}{1-\rho_i^c}} KL_i \qquad (14)$$

$$VLD_i = \left(\frac{\left(\lambda_i^c\right)^{\rho_i^c} \cdot \left(1-\beta_i^c\right) \cdot PKL_i}{\text{w}} \right)^{\frac{1}{1-\rho_i^c}} KL_i \qquad (15)$$

以上就构成了 CGE 模型的生产模块。在收支模块，居民收入来自劳动力要素回报和资本要素储蓄收入，以及政府和企业的转移支付，支出包括个人所得税、消费和储蓄；企业收入来自资本要素投入回报，支出包括企业所得税以及捐赠和赔偿等转移支付，剩余为再生产投资；政府收入来自进口税（关税及进口环节税）、生产税（增值税、营业税等间接税汇总）和所得税（个人所得税和企业所得税等直接税）等税收入，支出包括政府购买、转移支付和储蓄。在征收环境税后，间接税不直接影响居民和企业收支函数形式，政府支出也不受影响，政府收入则增加了相应的税收。居民、企业和政府部门收入可以表示为：

$$YH = \text{w} \cdot QLS + Kh \cdot \text{r} \cdot QKS + YHe + YHg \tag{16}$$

$$YE = Ke \cdot \text{r} \cdot QKS \tag{17}$$

$$YG = \text{t}_m \cdot PM \cdot QM + \text{t}_n \cdot PA \cdot QA + \text{t}_h \cdot YH + \text{t}_e \cdot YE + \sum_i (\text{tt} \cdot z \cdot VED_i) \tag{18}$$

式中，t_m、t_n、t_t、t_h 和 t_e 分别为进口税、生产税、环境税、企业所得税和个人所得税的税率。YH 为居民收入，YE 为企业收入，YG 为政府部门收入，YHg 表示居民收入中政府转移支付，YHe 为企业转移支付，Kh 和 Ke 指资本要素报酬中居民和企业部门的份额。QM 和 PM 分别表示进口数量及其基准价格。贸易模块和均衡模块为标准 CGE 模型，参考张欣（2012）[①]，本书不再赘述。

2. 数据来源与处理

CGE 分析以社会核算矩阵（SAM 表）为基础，本书根据山西省 2012 年投入产出表编制。其他数据参考《中国财政年鉴》、《中国统计年鉴》和《中国能源统计年鉴》等。生态足迹计算的相关参数来自《中国生态足迹报告 2012》，CGE 模型中弹性参数来自李元龙（2011）。在 SAM 表中，生态占用视作投入要素引入，参照劳动和资本账户的形式，列表示政府部门的虚拟收入，行表示生态要素参与生产活动的增加值，各部门生态占用根据其资源性投入占全行业资源使用的比重分担。

3. 情景设置

本书将从静态和动态情景下分析资源税对资源型经济转型的影响，在静态情景下，对生态占用设置 5%、10% 和 30% 的税率，在动态情景下，采用递归动态考虑全要素生产率和投资增长。由于中国劳动力剩余和总需求不足，本书选择凯恩斯闭合，即要素价格固定，劳动和资本供应不受限制。

---

① 张欣：《可计算一般均衡模型的基本原理与编程》，格致出版社，2012 年。

四、资源税的转型效应

（一）静态分析

1. 要素投入

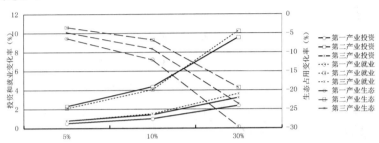

图 11-1　不同税率下三大产业要素投入变化率

从要素投入看，三大产业生态占用减少，就业和投资增长，表明生产行为对生态系统的压力减少，有助于减少生态赤字。从生态占用变化率看，第一产业减少最大，第二产业最小，但就绝对减少量看，第二产业减少则最大。就各部门看，第二产业中"煤炭采选产品"、"石油、炼焦产品和核燃料加工品"、"金属冶炼和压延加工品"、"电力、热力的生产和供应"以及第三产业中"交通运输、仓储和邮政"对减少生态占用贡献相对较大。从劳动力和资本要素增长率比较看，第二产业投资增长较就业增长大，第三产业就业增长较投资大，而且第二产业的就业和投资增长均高于第一和第三产业。从各税率水平比较看，税率水平越高，生态占用减少越大，投资和就业增长也越大，这表明在三要素投入的生产结构中，生态要素税负的增加促进了劳动和资本要素的替代。

2. 投入产出

表11-1　不同税率下三大产业投入产出变化率（%）

	总产出			中间投入			净产值（GDP）		
	5%	10%	30%	5%	10%	30%	5%	10%	30%
第一产业	0.03	0.04	−0.20	−0.41	−0.83	−2.55	0.40	0.77	1.79
第二产业	−0.22	−0.55	−3.03	−0.02	−0.14	−1.70	−0.49	−1.10	−4.77
第三产业	−0.15	−0.35	−1.61	−0.38	−0.81	−2.92	−0.03	−0.10	−0.90

从投入产出看，三大产业中间投入均减少，仅第一产业总产出和净产值存在增长，第二产业和第三产业总产出和净产值均减少。从中间投入比较看，第一产业减少幅度最大，第三产业次之，第二产业则显著较小，而从总产出比较看，第二产业减少幅度最大，因此，从净产值比较看，第二产业减少相对最大，第三产业略有下降。从各部门净产值变化看，第二产业中仅 8 个部门净产值下降，其中"电力、热力的生产和供应"、"石油、炼焦产品和核燃料加工品"和"煤炭采选产品"下降幅度相对较大，"石油和天然气开采产品"略有下降，第三产业中仅 3 个部门净产值下降，其他各部门净产值则增加。从三大产业净产值比例变化看，第二产业比例下降，第一产业和第三产业比例上升，其中第三产业比例上升较大，但由于第二产业比例相对较大，因此在第二产业净产值下降也较大的情景下，全行业净产值下降。当税率水平提高时，第二产业净产值下降更大，第一产业和第三产业比例涨幅更大，同时全行业净产值也更大幅度的减少，这表明税收方案有助于优化产业结构，但同时也影响经济可持续增长。

3. 对外贸易

表11-2　不同税率下三大产业进出口变化率（%）

	基准净额	进口			出口			净出口		
		5%	10%	30%	5%	10%	30%	5%	10%	30%
第一产业	−57.64	−0.17	−0.36	−1.27	−0.13	−0.27	−1.03	−0.18	−0.37	−1.30
第二产业	−1902.18	0.32	0.79	4.07	−0.38	−0.86	−4.29	2.52	5.96	30.12
第三产业	342.71	−1.23	−2.44	−7.18	−1.36	−2.67	−7.52	−1.50	−2.91	−7.86

从进出口贸易看，第一产业和第三产业进口减少，第二产业进口增加，三大产业出口均减少，全行业进口增加出口减少。由于仅第三产业净出口，从进出口净额看，第一产业净进口减少，第二产业净进口增加，第三产业净出口减少，因此全行业进口大于出口，且净进口增加。从各部门进口变化看，仅第二产业中 5 个部门进口增加，其中"电力、热力的生产和供应"进口增加显著，而"纺织品"进口在税率为 5% 和 10% 时增加，税率为 30% 时则下降，其他各部门进口均减少。从各部门出口变化看，仅"电力、热力的生产和供应"和"金属矿采选产品"出口增加，其中"电力、热力的生产和供应"增加较大，但低于其进口增加额；"通用设备"和"通信设备、计算机和其他电子设备"两部门出口在税率为 5% 和 10% 时增加，税率为 30% 时则下降，其他出口减少的部门中"煤炭采选产品"减少最为显著。从各部门净出口变化看，"煤炭采选产品"、"石油、炼焦产品和核燃料加工品"、"电力、

热力的生产和供应"、"交通运输、仓储和邮政"是山西省主要的净出口部门,其中仅"石油、炼焦产品和核燃料加工品"净出口增加;在其他净进口部门中,"金属冶炼和压延加工品"和"非金属矿物制品"分别是净进口下降额和下降率最大的部门,"金属矿采选产品"和"燃气生产和供应"是净进口增加相对较大的部门。总之,税收方案影响了山西省进出口的增长,其中总产值和净出口最大的"煤炭采选产品"影响最大,而这一部门净产值的下降也表明生态占用的减少,推动了产业结构转型和绿色发展。

(二)动态分析

1. 要素投入

从生态占用变化趋势(图 11-2)看,第一产业和第三产业呈下降趋势,第二产业呈增长趋势。在整个模拟区间,三大产业前期变化幅度较大,后期较为平稳,其中第一产业和第三产业在前期生态占用增加,后期增长率不断减少,直至呈下降趋势,但第一产业生态占用减少速度更快幅度更大,第二产业则相反,在前期生态占用减少,后期则呈增长,但增长率较低,表明第二产业生态占用在短期会受税收方案影响,在长期会恢复增长。

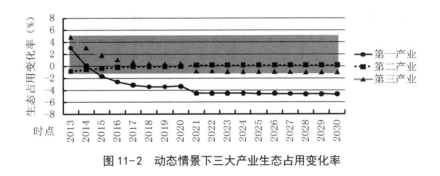

图 11-2　动态情景下三大产业生态占用变化率

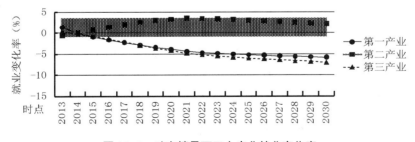

图 11-3　动态情景下三大产业就业变化率

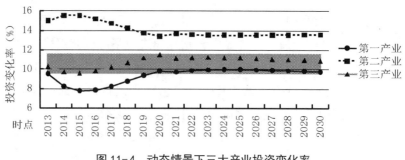

图 11-4   动态情景下三大产业投资变化率

从就业变化趋势（图 11-3）看，仅在第一个时期第一产业和第三产业就业增加，而第二产业就业减少，此后第二产业就业不断增加，但增长率先升后降，第一产业和第三产业就业不断减少，且第三产业减少更大。从投资变化趋势（图 11-4）看，三大产业均处于增长状态，其中第二产业增长率最高，第三产业次之，第一产业最低。在增长趋势上，三大产业投资前期波动较大，其中第二产业增速在前期前上升后下降，第一产业和第三产业在前期先下降后上升，后期较为平稳，三大产业投资增长率差距缩小。

总的来看，在长期，全行业生态占用略有减少，且小于静态情景下的减少；就业人数下降，与静态情景下增加的趋势不同；投资大幅增加，与静态情景类似。在整个模拟区间，劳动力、生态占用和投资变动均出现拐点和波动，其中第二产业就业需求的增长在上升过程中下降，第一产业和第三产业生态占用出现一次较大幅度的下降，三大产业投资趋势则出现两次波动。在产业层面，第二产业三大要素增长率均最高，第一产业生态占用和投资减少最大，第三产业就业减少最大，而第二产业生态占用的增加主要是"煤炭采选产品"的增加，但其增加呈递减趋势。因此，从要素投入看，经济增长主要依赖投资增长，生态占用的增长得到控制，但就业受到一定的负面影响，即不支持环境税双重红利假说。

2. 投入产出

从投入产出变化趋势（图 11-5）看，三大产业投入和产出均呈增长趋势，其中第二产业投入和产出增长率相对最高，第一产业相对最低。在整个模拟区间，对于总产出，第一产业和第三产业增长率先降后升，第二产业则不断提高，对于中间投入，第一产业持续增长，第二产业和第三产业则在增长过程中出现一次较大幅度下滑，随后增长率不断上升，而且第三产业总产出的增长也出现一次下滑。从投入与产出趋势比较看，第一产业中间投入的增长超过总产出的增长，第二产业中间投入和总产出的增长率差距较小，第三产业总产出增长始终高于中间投入增长，且差距呈扩大趋势。

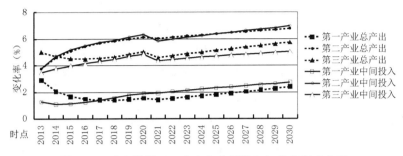

图11-5　动态情景下三大产业中间投入与总产出变化率

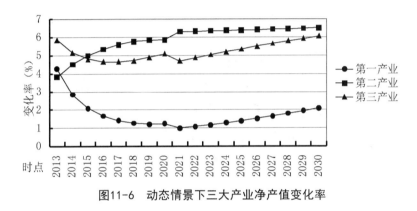

图11-6　动态情景下三大产业净产值变化率

从净产值变化趋势（图11-6）看，三大产业均保持增长，其中第一产业增长率最低，第二产业和第三产业相对较高。在整个模拟区间，第一产业净产值增长率在前期有较大幅度下降，随后呈缓慢增长趋势，但低于期初增长率；第二产业净产值则持续上升，在前期增速较快，后期则平稳增长；第三产业净产值增长在前期下滑和后期上升幅度均较大，但增长率最终超过期初水平，而且与第二产业差距不断缩小，增长率有望超过第二产业。

由此可见，税收方案对第一产业影响较大，第三产业投入产出效率得以提高，第二产业仍是经济增长主要动能，而且在产业结构中第二产业比例上升，第一产业和第三产业下降。这种变化趋势与静态情景不同，第一产业在静态情景下增长但在动态情景下增长率最低，第二产业和第三产业在静态情景下下降，但在动态情景下实现较快的增长，表明税收方案在长期负面影响较小，但会在短期对投入产出有较大的冲击。在各部门中，净产值增长较大"煤炭采选产品"增长率不断下降，"专用设备"、"金属制品、机械和设备修理服务"、"交通运输、仓储和邮政"等部门增长率也相对较高，但增速不断上升。

3. 对外贸易

从三大产业进出口变化趋势（图11-7）看，进口和出口均实现增长，且增速在前期有较大幅度的下降，在后期则略有上升，但增速相对较低，其中第三产业下滑幅度最大，第一产业最小。从最终增速变化趋势看，第二产业进口递增速度较快，而其出口增速则不断下降，第一产业和第三产业进口和出口增速均上升，但其中第一产业递增，第二产业递减。从进出口增速比较看，第三产业进口增速相对最大，第二产业出口增速相对最大，第一产业进口和出口增速均最低。从各产业进出口比较看，第三产业进口较出口增速快，第二产业出口增速相对进口快，第一产业进出口增速差距相对较小。

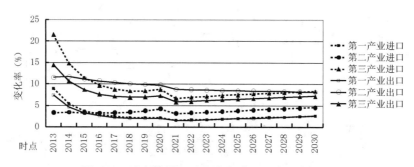

图11-7　动态情景下三大产业进口和出口变化率

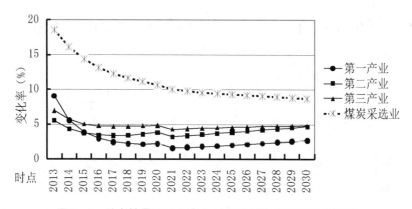

图11-8　动态情景下三大产业及煤炭采选业净出口变化率

从图11-8可以发现，第二产业在动态情景和静态情景下变动趋势相同，在煤炭出口增长较大的情景下整个第二产业净进口仍然增长，第一产业和第三产业则相反。从全行业看，进口方面，第一产业和第二产业比例下降，第三产业增加，出口方面，第一产业和第三产业下降，第二产业增加，全行业净进口，其中第二产业比例增加，第一产业变动较小，第三产业净出口比例上升。因此，从进出口贸易看，基于生态占用的资源税促进了产业结构的调整，以煤炭开采为主导的产业出口增长减弱，生态占用较小的第三产业得到发展，但产业结构尚未得到根本性调整，煤炭开采业增速仍然相对较高，第三产业发展趋势有待持续和加强。

从净出口变动趋势看，由于进口和出口增长率的下降，净出口呈增长趋势，但增速在前期下降幅度较大，在后期略有回升。由于仅第三产业净出口，第一产业和第二产业净进口，由变动趋势可知，第一产业和第二产业净进口增加，第三产业净出口增长。从三大产业比较看，第一产业下滑幅度最大，最终增速最低，第三产业下滑幅度最小，增速始终最快，第二产业波动幅度较小，最终增速以接近于第三产业，而且第一产业和第二产业最终增速递增，且第二产业较大，第三产业增速则递减。对于煤炭采选业，净出口增速在各部门中较大，但增速不断下降，且不存在回升趋势，表明税收方案有助于从长期不断减少煤炭开采，从而减少生态占用。

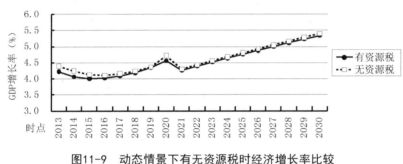

图11-9　动态情景下有无资源税时经济增长率比较

（三）经济增长

GDP 增长趋势如图 11-9 所示，可知经济增长呈"W"型，其中前期下滑和回升较为缓和，后期下滑时间短但幅度大，回升后增长率不断提高。通过比较有无资源税影响的增长趋势可知，资源税不影响经济增长趋势，但影响经济增长率，而且在短期影响较大，在长期相对较小，但在经济增长率第二次下滑前后，有资源税时的增长率与无资源税的增长率差距达到最小，此后二者增长率差距呈不断扩大的趋势。因此，基于生态占用的资源税对经济增长具有短期的冲击和长期的潜在影响，实现长期的健康增长，需要将增长动能从生态占用转换到劳动力和资本要素效率的提高以及全要素生产率的增长。

五、资源税改革评价

本书基于将资源税扩展到自然生态空间占用的改革，以山西省为例量化了能源消费的生态占用并核算其生态服务价值，运用静态和动态 CGE 模型比较分析了基于生态占用价值征税的影响，并从要素投入、投入产出和进出口贸易等方面评价了税收方案对资源型经济转型的效应。

从要素投入看，在静态情景下，资源税改革推动了资源型经济的转型，实现了生态占用减少，并促进了就业和投资增长；在动态情景下，三大产业投资增长相对较大，第二产业生态占用在下降后恢复增加，但增长幅度较小，而且全行业生态占用减少，因此可以认为资源税在长期可以推动经济转型。从投入产出看，在静态情景下第二产业比重下降，第三产业比重上升，因此促进了经济转型；在动态情景下，第二产业比重上升，经济转型效应并不明显，但第三产业增长率不断提高，第二产业增速则较慢，实现经济转型有待资源税改革的持续。从净出口贸易看，静态情景下第二产业进口增加出口减少，其中煤炭开采业最为显著，因此可以认为资源税推动了经济转型；在动态情景下，煤炭开采业出口增长不断下降，第三产业净出口增加，因此也具有一定的转型效应。总之，静态情景下转型效应明显，但负面影响较大，动态情景下转型效应较弱，三大产业差别较大，但具有推动经济转型的趋势，负面影响相对静态时较小，但会拉低长期的经济增长率。

本书对自然生态空间占用的量化运用了生态足迹的思想，不同于土地征用开发对自然生态空间的直接占用，而且从将能源消耗的碳排放与林地和草地等具有固碳能力的土地结合，因而量化了消费行为对自然生态空间的间接占用，这对拓展资源税的研究和推动资源税改革具有理论和现实意义。在长期，通过完善生态占用核算和生态服务功能价值核算，可进一步量化各种资源消费和污染排放对自然生态空间的占用，实现对森林、草原、湿地、河流、湖泊、滩涂等各种自然生态空间占用的有偿使用，保护以土地生态载体的自然生态空间的生态服务功能，增强自然生态空间的资源供给、污染净化和生态承载能力。

将资源税扩展到自然生态空间的占用可以实现生态服务的有偿使用，这在实现资源有偿使用的基础上，强调了自然资源本身的生态功能，对资源税的功能定位而言，可以兼顾资源节约与生态环境保护双重目标。同时，这种制度安排可以激励自然生态空间的保护和建设，促进资源型产业节约资源消耗、减少污染排放进而减少生态占用，更好地协调经济增长和生态保护。在生态文明制度建设背景下，应突出资源税在税制结构中的比例，发挥资源税在促进资源节约和环境保护方面的作用，引导经济增长方式转变。对于资源型经济的转型，一方面需要通过资源税推动资源型产业投入产出效率的提高，减少生态占用，提高产业附加值；另一方面需要通过税制结构的优化，引导非资源型接续产业发展，通过减轻非污染的劳动力和资本要素的税负，提高劳动者素质和投资效率，促进创新创业驱动清洁生产和绿色发展，实现经济增长动能由资源环境消耗转移到全要素生产率的提高。

第十一章 环境规制与资源型城市转型

一、环境规制概述

中国经济在改革开放后保持了年均 10% 的高速增长率，然而随之而来的却是非常严重的环境问题。中国环境规划院发布的《中国环境经济核算报告》显示，中国享受高速经济发展的同时承受的生态退化成本高达 127.457 亿人民币，占当年 GDP 总值的比重高达 3.9%。为此，中国政府展开了一系列改善环境污染，提高环境资源效率的方法，环境规制就是其中比较直接的方式之一。

专家学者为环境制度效率的概念下了定义，并使用这一概念测算环境规制产生的影响。环境规制效率进行核算主要从宏观和微观两个层面展开。从宏观的角度讲，环境规制的效率体现在具体环境规制手段的实施是否带来社会利益层面的改善，主要表现为环境污染的降低，根据外部性理论，污染问题的解决在于成本与收益的比较，当社会收益大于政策实施成本，这说明政府所实施的环境规制政策的效率较高[①]；从微观的层面来讲，环境规制的绩效主要表现在是否有利于规制主体的生产率的提高、投资密度的加强、利润率的增加以及竞争力的整体改善。

（一）环境规制相关概念及手段

起初，环境规制被简单地理解为政府出于对公共利益或某一经济体的利益以及产业战略的考虑，以非市场手段对环境资源利用的直接调控，如禁令和许可证制等。之后，虽然补贴、环境税、经济刺激等与环境规制相似的方法带来了实际效果，但是它们在原始环境规制范畴内。于是，环境规制的定义进行了重新调整，包括政府对资源利用和污染排放的直接和间接的干预措施。20 世纪 90 年代以来，由于环境认证、生态标签和自愿协议的实施，环境规制的内涵再一次被修正，在以市场为基础的激励性环境规制、命令—控制型环境规制的基础上，又增加自愿性环境规制一层含义。一般来说，环境规制是指政府为实现环境保护和经济可持续发展的双重目标，将环境污染造成的经济负外部性降至最低。目前政府环境规制以行政手段和经济手段为主，前者

---

① 刘金平：《中小企业排污监管机制研究》，重庆大学 2010 年博士论文。

是指各类环境标准以及强制执行的规章；后者是指政府通过运用市场机制影响当事人行为的政策，包括排污权交易和排污税（费）等。此外，环境教育和环境披露也在环境规制中占有非常重要的位置。

（二）中国环境规章制度演进

经过改革开放后 30 多年的发展，现行的环境规制体制在我国的环境保护工作中已经占据重要地位，发挥了重要作用。环境规制工作取得了一定成果，主要污染物排放量下降，治污能力明显提高。我国环境规制建设始于 20 世纪 70 年代末，从无到有发展至现在，主要由进入规制、数量规制和环境规制监督体系几部分构成，形成全面的环境规制体系。

我国环境规制演进可以分成三个阶段，以控制政策和直观命令为主的初期阶段；通过市场激励信号诱导企业在生产经营过程中主动实现环境控制目标的经济激励政策推广应用阶段；以及通过信息技术鼓励群众参与的政策创新阶段。这三个阶段使我国建立了完善的环境规章制度，具有各自不同的发展特点并发挥着不同作用。

我国目前实行的数量规制方法结合了总量与浓度控制两方面。即要求企业在一段时间内的排污总量不能超过一定的限额，同时在任何时间点也不能超过一定的浓度。具体实践中，以规定污染物的排放标准的直接规制方法为主，以行政手段强制要求各企业"达标"，同时，也采用部分间接规制方法，其中在全国范围内全面实施的有排污收费和补贴两种，其他多为试点[①]。

（三）我国环境规章体制的主要问题

在各个不同的历史阶段，不同的环境规制体制都曾产生过一定的积极影响，但是伴随着政治、经济体制改革的不断深化，原有的环境规制体制的弊端越发突出。改革现有的环境规制体制以使其不断地适应市场经济和社会的需要已经成为今后环境规制体制建设的首要任务。

针对目前我国的环境规制体制，理论界学者们从不同的角度归纳、分析了中国环境规制体制存在的问题，他们的观点可归纳为以下三点：第一种观点是在单一的计划经济条件下，传统的"自上而下"集权式环境规制模式在一定程度上避免了由于市场失灵所导致的环境问题，在资源匮乏的条件下能够集中有限的资金和精力将其投放于政府环境规制上，节省环境规制费用。但是伴随着经济体制的不断完善与市场经济的发展，集权式环境规制体制的弊端开始日益凸显，表现出一系列不适应信息化时代环

---

① 刘研华：《中国环境规制改革研究》，辽宁大学 2007 年博士论文。

境治理要求的地方。第二种观点是中国目前尚未彻底形成"统一监督管理与分部门分层级管理相结合"的规制机构模式。第三种观点，环境规制体制可以分为横向和纵向两种关系，目前在横向关系上不同部门之间存在扯皮现象，在纵向关系上又普遍监督不力。综合上述观点，可以发现中国环境规制体制的主要模式仍为垂直的集权式规制模式，地方环境规制机构缺乏实质的决定权，而这种体制的主要问题可以归纳为两个方面：

第一，"自上而下"集权环境规制机构模式无法满足经济发展与市场经济建设的需要，在资源的开发与经济的发展的过程中，许多地区忽视了环境污染的预防和治理因而产生了一系列严重的环境污染，但是面对各种亟待解决的环境问题是，上级政府缺乏对地方实际情况的了解，下达的一系列环境规制政策缺乏其应有的针对性。这种传统的集权式环境规制模式已经无法满足经济发展的要求，它不仅会产生高额的规制成本，耗费漫长的制定周期，更重要的是它无法有针对性的解决环境规制过程中的问题，缺乏政策应用的针对性。

第二，"统一监督管理与分部门分层次管理相结合"规制理想尚未实现。尽管"统一监督"将有利于对环境问题进行管理，但是就现状而言难以达到统一监督的目标。各级机构之间是下达命令与执行命令、监督与被监督的关系，而各部门之间是环境规制的不同责任部门，他们之间存在不同的利益，容易产生矛盾冲突，因为更加难以实现统一与分部门管理相结合的目标。

二、环境规制与资源型产业

如何实现经济与资源环境间的协调发展是目前许多资源型城市面临的严峻问题。通过提高非资源型行业和清洁型行业的比重、同时降低资源型行业和污染密集型行业所占比重，即通过产业结构转型升级会逐步降低经济发展对资源的过度消耗和对环境的破坏，因此产业结构调整是协调资源型城市经济与环境间可持续发展的关键路径。但对于我国而言，在产业结构调整中政府占据着主导作用，政府的行政干预特征导致了我国产业调整缺乏内在激励。而对于环境规制，随着环境管制严厉程度的增加首先会提高企业的生产成本，企业为了实现利润最大化则必须通过技术创新或改变其产品结构以消化生产成本的增加，因此环境规制可以通过施加节能减排的约束促使企业不断调整自身的生产行为，使环境成本内部化，减少环境污染的负外部性，从而为地区的产业结构调整的提供相应的激励。因此，对环境规制与我国资源型城市产业转型的关系进行研究具有重要的现实意义。

纵观已有文献，主要从以下两个方面展开了研究：

第一，环境规制产业转型升级影响的研究。据现有文献可知，直接分析环境规制对产业转型影响的文献并不多，这方面研究主要集中于分析环境规制对产业转移方面的影响，即对"污染避难所假说"（Pollution Haven Hypothesis）的检验。该假说认为，发达国家严格的环境管制增加了企业生产成本，污染密集型企业就会将生产转移至环境规制较低的发展中国家，即引起国家或地区产业结构的调整升级。例如，Kheder 和 Zugravu（2012）在采用经济地理学模型的基础上，对法国制造业企业选址时环境规制产生的影响进行了分析，结论表明企业选址过程中存在着污染天堂效应。张宇和蒋殿春（2014）认为我国 FDI 的增加会导致其他地区环境监管的恶化和本地环境监管的加强，总体上来看对我国环境质量产生了负面影响。He（2006）、Ulrich 和 Christopher（2009）、Acharyya（2009）、Chung（2014）、Cai 等（2016）等也做了类似的研究。而另一些学者则直接研究了环境规制下的产业结构调整效应。Zhou 等（2017）研究了环境规制与产业结构变迁之间的关系，证实了波特假说和污染天堂假说均是存在的，此外，企业异质性、政府干预都有可能影响环境规制和产业结构变化之间的关系。原毅军和谢荣辉（2014）采用我国省际面板数据和面板门槛模型等方法，实证检验了环境规制具有显著的空间异质性和门槛特征，非正式环境规制从总体上来看则与产业调整正相关。

第二，关于对资源型城市产业转型升级的研究。Peng 等（2015）通过建立一个系统动力学模型，用于评估不同的规划方案，涉及三个重要因素：产业规模，结构和效率。并以一个典型的中国资源型城市临汾为例进行了分析，从而为决策者制定产业结构的绿色转型提供政策建议。Shao 和 Zhou（2011）将资源枯竭型城市作为研究对象，分析了城市产业转型影响空间可持续发展的机制，为推进城市转型，从而实现资源枯竭型城市的经济可持续发展提供指导。Du 等（2012）以我国七台河市为例，结合煤炭资源型城市的实际情况，提出了该类城市选择主导产业切实可行的方法。结果表明，近期内煤炭资源型城市应注重发展与煤炭行业相关的行业，如焦化行业、化工和药品行业以及非金属矿产品制造业，但是在未来应注重发展具有较大市场潜力的行业和低碳行业。Long 等（2013）通过建立融合了区域内和区域间比较优势的二维矩阵模型，从而为面临资源枯竭的资源型城市提供选择替代性行业和未来需要发展的接续行业方法，在构建模型的基础上，以焦作市为研究对象进行了实证分析。类似的研究还包括 Dong 等（2007）。

对已有文献梳理可以看出，部分学者研究了环境规制下的产业结构调整效应，主要特征为：首先，较多针对的是我国省级层面的数据，并未以资源型城市作为分析对象，相较而言，这些城市，尤其是资源枯竭型城市面临的产业转型压力尤为突出；其次，产业转型升级包含了两方面的高度化协调统一过程：产业结构合理化和产业高度化，即实现各个产业部门间的协调和合理比例关系两者间的统一，但从这个角度来分析的文献很少；此外，虽然也有部分学者研究了资源型城市的产业转型问题，但是并未从环境规制的视角来剖析城市产业转型问题。那么，环境规制是否可作为一个有效的倒逼机制从而促进我国资源型城市的产业转型升级？

基于此，本书从我国资源型城市环境规制对产业转型的影响等方面进行了深入分析。具体思路为：在考虑资源型城市特征的基础上，即通过纳入资源禀赋特征指标来反映，运用 2009—2014 年 116 个资源型地级城市的数据和熵值法计算得出各个城市的环境规制综合指数，接着运用面板回归模型的方法简要测算了变量间的数量关系。并且将环境规制对产业结构的影响分解为：生产要素价格随着环境规制强度的增加而上升，从而促使污染型企业生产行为的调整，考虑到这种产业结构调整可能会依赖于环境规制的累积程度而呈现出非线性的关系，因此在面板门槛回归模型的框架下，分别将环境规制和资源禀赋作为门槛变量，实证分析了我国资源型城市环境规制、资源禀赋对产业结构合理化和高级化是否存在门槛效应，如果存在门槛效应，则得出具体的门槛值以及变量间的非线性数量关系。研究结论为政府制定环境规制和产业转型政策提供决策参考。

三、产业转型影响因素分析框架

（一）计量模型的构建

本书主要针对环境规制、资源禀赋对产业转型升级的影响进行研究，在引入上述两个核心解释变量的基础上，由于考虑到投资规模、政府政策干预程度、经济发展水平和对外开放程度均会对产业结构调整产生影响，因此将上述 4 个变量作为控制变量引入模型，具体设定为：

$$IS_{it} = \beta_0 + \beta_1 ER_{it} + \beta_2 PE_{it} + \beta_3 FI_{it} + \beta_4 GI_{it} + \beta_5 PY_{it} + \beta_6 TI_{it} + \mu_{it} \quad (1)$$

（1）式中，i 代表各个地级市（i=1,2,……,116），t 代表年份；对于被解释变量，产业转型 IS 包括了两个指标，分别为：产业结构合理化（IR）、产业结构高级化（IA）；引入的 6 个解释变量 ER、PE、FI、GI、PY 和 TI，分别代表环境规制水平、资源禀赋水平、投资规模、政府政策干预程度、经济发展水平和经济开放程度，μ 为随机误差项。

（二）指标说明

1. 环境规制综合指数

借鉴已有文献，本书采用综合指数法来测算环境规制水平，以求更为准确地反映地区环境规制强度情况。该指标体系由 1 个目标层、5 个评价指标层构成，目标层即环境规制综合指数。鉴于数据的可得性，本书选取工业烟（粉）尘去除率、工业 SO_2 去除率、一般工业固体废物综合利用率、生活垃圾无害化处理率、污水处理厂集中处理率 5 个单项指标。具体步骤如下：首先，对各个单项指标进行标准化处理，由于 5 个指标均为正向指标，计算公式为：$u_{ij} = \dfrac{x_{ij} - \min\{x_{ij}\}}{\max\{x_{ij}\} - \min\{x_{ij}\}}$，其次，采用熵值法确定指标权重，计算得出的权重分别为：0.2017、0.1968、0.2002、0.2010 和 0.2003，并根据权重和标准化数值计算得出各地区的环境规制综合指数。该综合指数得分越高，意味着环境规制强度越大，地方政府对环境的管制越严格。

2. 产业结构转型

马克思社会资本再生产理论、古典经济学理论均指出，产业结构转型升级是产业间的协调和各产业部门合理比例关系两者的统一，即为产业结构合理化和产业高度化协调统一的过程。"从动态的角度来分析，经济体的产业结构变迁包括产业结构合理化、产业结构高级化两个维度。"[1]（干春晖等，2011）因此，本书也采用上述两个维度对产业结构转型升级进行衡量。

（1）产业结构合理化

产业结构合理化即产业间的聚合质量，它可以对以下两方面情况进行反映：一是产业间的协调程度，二是资源的有效利用程度，即对产出结构与要素投入结构之间的耦合程度进行衡量。仍借鉴干春晖等（2011），采用泰尔指数来反映各地区产业结构的合理性，泰尔指数最早由泰尔（Theil 和 Henri，1967）提出，该指数又称为泰尔熵，计算公式为：

$$IR = \sum_{i=1}^{n}\left(\frac{Y_i}{Y}\right)\ln\left(\frac{Y_i}{I_i}\Big/\frac{Y}{L}\right) = \sum_{i=1}^{n}\left(\frac{Y_i}{Y}\right)\ln\left(\frac{Y_i}{Y_i}\Big/\frac{L_i}{L}\right) \qquad （2）$$

其中，i 表示第 i 产业，n 为产业部门数，Y、L 分别表示产值和就业人数，因此，Y/L 则表示生产率水平。基于古典经济学理论，当经济处于最终均衡状态时，各个部门间有着相同的生产率水平，则有：$Y_i/L_i = Y/L$，从而有：IR = 0。因此，如果一个经济体处于均衡状态，泰尔指数 IR = 0；反之，如果产业结构偏离了均衡状态，此时泰尔指数则不为 0，即表示产业结构不合理。同时，Y_i/Y 表示产出结构，L_i/L 表示就业结构，因此 IR 也可以用于反映产出结构和就业结构之间的耦合性。由于文中的分析对象为 116 座资源型城市，鉴于数据的可得性，采用各个城市的第一、第二和第三产业的数据进行分析。

---

[1]　马跃：《中国教育与经济发展方式及财政保障研究》，财政部财政科学研究所 2012 年博士论文。

（2）产业结构高级化。仍借鉴干春晖等（2011），产业结构高级化则采用第三产业与第二产业产值之比来进行测度。该指标能够很好地刻画地区经济结构的服务化倾向，该指标值越大，则意味着经济体的服务化水平越高。

3. 资源禀赋状况

在引入该指标时，首先有必要对资源丰裕和资源依赖进行区分。邵帅和杨莉莉（2010）认为资源丰裕度是一个国家或地区社会经济发展可利用的自然资源的数量，或者说是各类自然资源的丰富程度，其对资源开发规模、经济发展方向均产生了一定程度的影响。而资源依赖度为一个经济体对于资源的依赖程度，这主要体现在对地区的发展方向、就业结构、产业结构等方面的影响强度和重要程度上，即在经济发展过程中资源型行业所占据的作用大小和地位高低。其中，资源丰裕度指标一般选取能源产量、能源储量、人均资源量、人均资源租金、人均资源类产品出口值等指标来衡量，而资源依赖度的衡量方法为比值类指标，主要包括：资源类产业从业人员占全部从业人员比重、资源类产业产值占 GDP 比重、资源类产品出口占 GDP 比重、资源类产业固定资产投资占固定资产投资总额的比重（原毅军和谢荣辉，2014；陈建宝和乔宁宁，2016）。

鉴于数据的可得性，本书采用采掘业从业人员与就业人员两者之比来衡量地区的资源禀赋情况，该指标可以较好地测度资源型城市的资源禀赋状况，原因在于：第一，虽然资源丰裕度越高会对地区的经济增长产生积极影响，但如果对资源以及资源型行业过度依赖时，此时产生的经济增长效应则正好相反，这反而会对区域经济产生不利影响（Gylfason 和 Zoega，2006；Brunnschweiler 和 Bulte，2008），丰裕的自然资源并不会产生"资源诅咒"现象，而资源依赖度才是产生"诅咒"的关键，合理的利用和管理有助于经济的发展，因此较多学者比较强调资源依赖度指标，这在分析经济增长与资源禀赋之间的关系时表现尤为突出；第二，资源型城市相较一般城市而言其自然资源更为丰裕，而资源产业依赖度与资源丰裕度之间具有高度的正相关性，因此这些地区更容易走上资源依赖型经济发展的道路，即资源型行业在整体经济中所占比重会较高；第三，采掘业能够全面准确地衡量经济对自然资源的依赖情况，原因在于其包括的范围较广，具体为：煤炭、石油、天然气、金属和非金属矿采选业、木材采伐及自来水的生产与供应等与自然资源直接关联的细分行业。

除上述几个变量外，文中引入的控制变量包括：

第一，投资规模指标（*FI*）：采用各地区全社会固定资产投资进行衡量。宏观层面上，投资是推动经济发展的"三驾马车"之一，资本形成的重要源泉则是投资。从当前中国经济需要大量资金推动，充分发挥投资的关键作用，扩大和优化投资，从而以高效投资促进产业转型。

第二，政府政策干预程度（*GI*）：政府政策如税收政策、信贷政策等都会对一国或地区产业结构的转型升级产生较大的影响，政府产业政策的制定和实施则会对产业结构产生更加深刻的影响，中国产业政策以及政策性导向对经济增长、产业结构都发挥着重要的作用。林毅夫（2012）认为经济发展有产业政策才能成功，产业结构的调整是中国跨越中等收入陷阱的关键。由于国家经济政策对国有企业的干预更为直接且效果显著，因此某一行业中的国有企业比重越大，国家的政策干预则越强，反之则干预程度越弱。鉴于数据的可得性，文中采用城镇私营和个体从业人员占就业人员的比重来衡量政府政策的干预程度，该指标值越大，反映政府政策干预越弱。

第三，地区经济发展水平（*PY*）：采用人均 GDP 来进行衡量。一国或地区的经济结构特别是产业结构会随着经济的不断增长由低级向高级转换。经济学家威廉·配第（2010）首先发现了各国产业结构与国民收入水平之间的联系，制造业与农业相比能带来更多的收入，随着经济的不断发展，劳动力会从低劳动生产率的农业产业转移至高劳动生产率的工业。伴随着劳动生产率和人均收入的提高，克拉克认为劳动力首先会从农业逐渐转移到制造业，然后再转移至服务业。

第四，地区开放程度（*TI*）：采用贸易开放度来进行衡量，*TI*=[（进口额＋出口额）/GDP]×100%。贸易会引起的地区产业结构的变迁，由于不同国家与地区之间在要素丰裕程度及要素禀赋存在着差异，实行自由贸易后，各国专业化生产的产品就会存在着差异，这样可能导致在全球范围内产业在不同国家之间进行重新分配，从而对产业转型升级产生影响。

本章数据来自《中国城市统计年鉴》、《中国区域经济统计年鉴》以及各省统计年鉴。

四、环境规制的转型效应

（一）相关系数分析

接下来首先运用 Stata 12.0 软件对变量间的相关系数做一个简要的分析，得出的结果见表 12-1。

表12-1　变量间相关系数矩阵

	ER	*PE*	*IR*	*IA*	*FI*	*GI*	*PY*	*TI*
ER	1.0000							
PE	0.1392*** （0.0002）	1.0000						
IR	0.1000*** （0.0083）	0.2571*** （0.0000）	1.0000					

续表

	ER	PE	IR	IA	FI	GI	PY	TI
IA	0.1284*** (0.0007)	−0.1473*** (0.0001)	0.0009 (0.9819)	1.0000				
FI	0.3724*** (0.0000)	−0.0958** (0.0114)	−0.0866** (0.0223)	−0.0180 (0.6351)	1.0000			
GI	−0.0019 (0.9599)	−0.2901*** (0.0000)	0.2262*** (0.0000)	0.0444 (0.2425)	0.0390 (0.3047)	1.0000		
PY	0.3189*** (0.0000)	0.2184*** (0.0000)	−0.4003*** (0.0000)	−0.1483*** (0.0001)	0.4588*** (0.0000)	−0.0579 (0.1267)	1.0000	
TI	0.0772** (0.0419)	−0.2156*** (0.0000)	−0.2097*** (0.0000)	0.0342 (0.3670)	−0.0676* (0.0749)	−0.0205 (0.5898)	0.0842** (0.0263)	1.0000

注：括号内为相关系数显著性水平对应的概率；***、** 和 * 分别代表在 1%、5% 和 10% 的水平下通过显著性检验

由上表的检验结果可知：对于环境规制和资源禀赋，无论是产业结构合理化 IR 还是产业结构高级化 IA，除资源禀赋 PE 与产业结构高级化 IA 的相关系数以外，其余相关系数均为正值，并且，相关系数均在 1% 的显著性水平下通过检验。由表 12-1 可知，资源禀赋 PE 与产业结构指标间的相关系数的绝对值比环境规制与产业结构指标间的系数值稍大。

（二）面板回归结果

接下来采用多种回归方法来对变量间的数量关系进行分析，包括：混合回归（Pooled Regression）、固定效应模型（Fixed Effects Model，FE）和随机效应模型（Random Effects model，RE）三种方法。为了得出更为准确的结论，采用 Breusch 和 Pagan（1980）提出的 LM 检验对混合回归模型和随机效应模型进行检验，采用 Hausman 检验对 FE 和 RE 模型进行选择，从而得到文中最终采用的模型。由于产业结构转型升级包含了两个维度，因此接下来将产业结构合理化 IR、产业结构高级化 IA 分别作为被解释变量，分析各个因素对它们的影响。资源型城市与一般城市相比有其特殊性，其自然资源较为丰裕，从而形成的产业结构大多以资源型产业为主，导致城市经济增长对资源和资源型行业的依赖程度可能会更高。以《中国城市统计年鉴》中的 288 个地级市为例（去除其中数据缺失的城市），计算后发现：2014 年全国所有城市资源禀赋变量 PE（即"采掘业从业人员占比"）的指标值为 3.1262，其中，资源型城市、非资源型城市的采掘业从业人员占比则分别为 11.2000、1.0278。因此，在该指标上两种类型的城市存在着较大差异。为了清楚的考察资源禀赋对资源型城市产业结构转型所产生的影响，接着以是否加入该变量来进行对比分析。得到的结果如表 12-2 所示。

表12-2　变量间回归结果

变量	被解释变量：产业结构合理化 *IR*		被解释变量：产业结构高级化 *IA*	
	不包含资源禀赋变量	包含资源禀赋变量	不包含资源禀赋变量	包含资源禀赋变量
模型设定	FE 模型	FE 模型	RE 模型	RE 模型
截距 *C*	21.91347*** （5.20）	25.86973*** （5.80）	1.227619*** （0.000）	1.268894*** （0.000）
ER	10.74013** （1.98）	10.56011* （1.95）	0.7036387** （2.30）	0.6138946** （1.99）
FI	0.0024947* （1.81）	0.0019827 （1.43）	0.000126** （2.06）	0.000936 （1.47）
GI	0.017809 （1.35）	0.0173068 （1.31）	0.0002708 （0.44）	0.0000376 （0.06）
PY	−0.0001295*** （−3.22）	−0.0001212*** （−3.02）	4.01e-06*** （3.06）	3.29e-06** （2.40）
TI	−0.0685137 （−1.51）	−0.0785455* （−1.74）	0.0026381 （1.35）	0.0015952 （0.79）
PE	—	0.2854788*** （2.57）	—	−0.0058212* （−1.84）
LM 检验 （P 值）	1003.31 （0.0000）	993.06 （0.0000）	14.27 （0.0001）	13.88 （0.0001）
Hausman 检验 （P 值）	21.57 （0.0006）	21.91 （0.0013）	7.52 （0.1845）	5.44 （0.4891）

注：括号内为对应的 t 值；***，** 和 * 分别代表在 1%、5% 和 10% 的水平下通过显著性检验；表中仅给出了最终采用模型对应的回归结果

1. 回归方法的选择

首先判断每个模型应采用何种回归方法。当以产业结构合理化 *IR* 为被解释变量，且模型中不包含资源禀赋变量 *PE* 时，*LM* 检验对应的伴随概率为 0.0000，因此应拒绝原假设，即在"混合回归"与"随机效应"模型两者之间，应选择"随机效应模型"。而由 Hausman 检验可知，由于伴随概率为 0.0006，因此在"固定效应"和"随机效应"模型之间，应该采用"固定效应模型"，综上，此时应采用"固定效应模型（FE）"进行分析。其余几个模型最终选择的回归方法依此推出。

2. 产业结构合理化回归结果分析

当被解释变量为产业结构合理化 *IR* 时，对比是否包含资源禀赋变量 PE 两个模型的回归结果可知，除贸易开放度 *TI* 由不显著变为在 10% 的水平下通过显著性检验、投资规模 *FI* 在 10% 的水平下显著变为不显著外，其余变量得到的回归结果差异不大。接着以包含资源禀赋 *PE* 的回归结果进行分析，环境规制 *ER* 的回归系数为正值，这说明地区环境规制会对产业结构合理化产生负向影响；投资规模变量 *FI* 没有通过显著性检验；地区经济发展水平 *PY* 的回归系数为负值，这说明了经济发展水平越高，产业结构会变得更加合理，但经济发展水平对 *IR* 的影响较小，其回归系数仅

为 -0.0001212；贸易开放度 TI 也对产业结构合理化产生了正向影响，但这种影响仍较小，为 -0.0785455；资源禀赋 PE 对产业结构合理化 IR 产生了不利影响，即当城市对自然资源的依赖程度越高时，会阻碍这些城市的产业结构变得更加合理，而且该指标的影响数值相对较大，为 0.2854788。

3. 产业结构高级化回归结果分析

当被解释变量为产业结构高级化 IA 时，对比是否包含资源禀赋变量两个模型的回归结果可知，除投资规模 FI 在 5% 的水平下显著变为不显著外，其余变量得出的回归结果差异不大。接下来仍以包含资源禀赋变量 PE 的结果来进行分析，环境规制 ER 与产业结构高级化 IA 的回归系数为正值，说明环境规制严厉程度越高时，这会对地区产业结构向高级化方向发展有利；投资规模 FI 对产业结构高级化的影响没有通过显著性检验，可能的原因在于资源型城市的投资多集中于资源型行业，从而针对第三产业的投入资金较少，导致其对 IA 的影响并不显著；经济发展水平 PY 的回归系数为正值，这说明了经济发展水平越高，第三产业与第二产业增加值的比值会上升，但收入水平对 IA 产生的影响非常小，其回归系数仅为 3.29e-06，几乎可以忽略不计；贸易开放度 TI 也有利于产业结构向高级化方向发展，但其并没有通过显著性检验。原因可能在于：第一，总体来看，中国资源型城市对应的贸易开放程度较低，116 个样本城市 2014 年贸易开放度 TI 的平均值为 6.7349，而根据计算可得，全国贸易开放度为 41.5384，资源型城市仅为全国水平的 1/6 左右；第二，资源型城市的产品贸易主要围绕资源型产业展开，原因在于其优势产业大多为资源型行业，因此造成 TI 指标并未通过显著性检验。资源禀赋 PE 对产业结构高级化产生了负面影响，回归数值为 -0.0058212，即资源型城市的资源禀赋状况会阻碍这些城市的产业结构向"服务化"方向发展，原因在于大多数资源型城市的支柱产业或主导产业都是围绕当地自然资源的开发或初加工产业来展开的，而大多资源型行业均属于第二产业，从而导致这些城市在第三产业方面发展不理想，从而不利于产业结构向高级化方向发展。

（三）门槛效应检验结果

由面板回归结果可知：环境规制和资源禀赋均对产业结构合理化、产业结构高级化产生了显著的线性影响。而环境规制对产业结构的影响可能会随着环境规制累积程度不同而呈现出非线性关系，其影响会随着环境规制强度处于不同区间时而呈现出不同的特点，即可能会存在着若干个"门槛"。

与此同时，环境规制对产业结构的影响不仅取决于环境规制强度本身，还会面临其他方面的"门槛"，针对资源型城市而言，地方资源禀赋状况是其中的一个重要因素。资源禀赋作为资源型城市的显著特征，当地区经济发展对资源依赖程度处于不同区间时，它将会影响地方政府的环境规制政策的制定和选择，从而对产业转型产生影响，原因在于：

第一，对于资源型城市而言，城市经济发展以第二产业为主，自然资源开发利用在经济中所占比重较大。正因如此，资源型城市大多对当地资源的依赖性较高，资源型产业在经济发展过程中所占比重较大。仍以 2015 年《中国城市统计年鉴》中包含的地级城市为例，所有城市第一、二、三产业所占比重的均值为 7.8400:47.7500:44.4200。其中，资源型城市（共 116 个）、非资源型城市（共 172 个）三次产业所占比重的均值分别为：11.1744:52.8674:35.9579，6.8211:46.1967:46.9832，即第二产业占比资源型城市明显高于非资源型城市。与此同时，由于第一、第三产业的污染排放强度一般会低于第二产业尤其是工业，由此导致资源型城市面临着突出的环境问题。仍以 2014 年上述城市的数据为例，将所有城市看作整体，其工业 SO_2、工业废水、工业烟粉尘排放强度的均值依次为 23.3840 吨 / 亿元、2.8769 吨 / 万元、18.3945 吨 / 亿元。而资源型城市上述 3 个指标的均值分别为 46.7212、38.2773 和 3.6242，非资源型城市则分别为 16.2897、12.3494 和 2.6512。正因如此，对于资源型城市而言，产业结构单一、资源依赖性、生态环境等一系列问题随着经济的不断发展逐渐暴露出来。由于面临的环境问题会比一般城市更为凸显，这在一定程度上会影响到环境规制政策的制定。

第二，由于大多资源型行业属于污染密集型行业，排污强度大，而依靠研发投入来提高生产技术和治污技术水平从而降低污染排放强度需要一定的时间周期，如果执行的环境规制政策较为严格，在短期内则会对资源行业的发展冲击较大，从而对地区经济发展不利，因此，环境规制政策的制定和选择也会考虑到当地的资源禀赋情况和经济发展对资源行业的依赖程度。资源禀赋对环境规制的作用机制如图 12-1 所示。

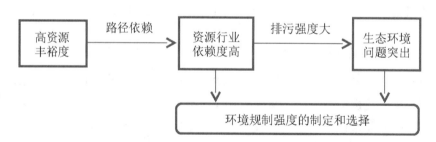

图 12-1　资源禀赋对环境规制的作用机制图

由上分析可知：当地资源禀赋状况会对环境规制的制定产生影响，从而对地区产业结构转型产生影响，那么这种影响是否也存在着非线性关系？

接下来本书采用 Hansen（1999）提出的面板门槛回归模型对上述非线性关系进行检验。针对本书的计量模型，设定相应的面板门槛回归模型如下：

$$IS_{it} = \beta_0 + \beta_1 ER_{it} \cdot 1(ER_{it} \leq \gamma) + \beta_2 ER_{it} \cdot 1(ER_{it} > \gamma) + \alpha Z + \mu_{it} \quad (3)$$

$$IS_{it} = \beta_0 + \beta_1 ER_{it} \cdot 1(PE_{it} \leq \delta) + \beta_2 ER_{it} \cdot 1(ER_{it} > \delta) + \alpha Z + \mu_{it} \quad (4)$$

其中，1（·）代表示性函数，当括号中表达式为假时，则取值为 0，反之取值则为 1，根据门槛变量环境规制 ER、资源禀赋 PE 是否大于门槛值 γ、δ，此时样本区间可以被划分为两个区制，并且两个区制分别采用斜率值 β_1、β_2 进行区别。Z 代表文中引入的控制变量，包括：投资规模 FI、经济发展水平 PY、政府政策干预程度 GI 和对外开放程度 TI。

类似地，在一门槛值模型的基础上，还可以考虑模型中存在多个门槛值（multiple thresholds）的情形，接下来以两门槛值模型为例，上述模型分别为：

$$IS_{it} = \beta_0 + \beta_1 IS_{it} \cdot 1(ER_{it} \leq \gamma_1) + \beta_2 ER_{it} \cdot 1(\gamma_1 < ER_{it} \leq \gamma_2) + \beta_3 ER_{it} \cdot 1(ER_{it} > \gamma_2) + \alpha Z + \mu_{it} \quad (5)$$

$$IS_{it} = \beta_0 + \beta_1 IS_{it} \cdot 1(PE_{it} \leq \delta_1) + \beta_2 ER_{it} \cdot 1(\delta_1 < PE_{it} \leq \delta_2) + \beta_3 ER_{it} \cdot 1(PE_{it} > \delta_2) + \alpha Z + \mu_{it} \quad (6)$$

其中：$\gamma_1 < \gamma_2$，$\delta_1 < \delta_2$，两门槛模型计算过程与一门槛类似，是在第一个门槛值固定的情形下，从而估计第二个门槛值。接下来对上述面板门槛模型进行实证分析。

1. 产业结构合理化的门槛回归结果分析

当产业结构合理化 IR 为被解释变量，对环境规制 ER、资源禀赋 PE 不存在门槛值、存在一个门槛值以及存在两个门槛值分别进行估计，借鉴 Hansen（1999）[32] 的"自助法"（bootstrap），运用 State 12.0 统计软件，通过反复抽样 1000 次从而得出检验统计量对应的 P 值，由此判断是否存在着门槛效应，检验结果见表 12-3。

表12-3　门槛效应检验结果（产业结构合理化IR为被解释变量）

门槛变量	门槛个数	F 值	P 值	10% 临界值水平	5% 临界值水平	1% 临界值水平
环境规制 ER	一门槛	2.7548	0.0860	2.527280671	4.095684006	8.494905223
	二门槛	3.1208	0.0810	2.800697438	4.055537534	6.39861506
	三门槛	3.2917	0.0690	2.587611167	3.965598383	7.306049838
资源禀赋 PE	一门槛	19.6266	0.0000	2.98901588	4.552315148	8.452040839
	二门槛	12.3838	0.0040	2.680176029	4.179136238	9.149925251
	三门槛	11.4528	0.0040	2.613885855	4.088865198	8.49303618

由上表可知，当以环境规制 ER 或资源禀赋 PE 作为门槛变量，均可得到以下结论：F 统计量的值无论是在一门槛、二门槛还是三门槛模型中，至少均在 10% 的水平下显著，即 P 值均小于 0.1，因此模型中均存在三个门槛值，表 12-4 则给出了门槛值

的具体估计结果。

表12-4 门槛值估计结果（产业结构合理化IR为被解释变量）

门槛变量	门槛值	95%的置信区间	门槛变量	门槛值	95%的置信区间
环境规制 ER	0.5495	（0.5495，0.9112）	资源禀赋 PE	1.7183	（1.7183，1.7183）
	0.6810	（0.5678，0.9112）		5.8124	（4.6958，6.1846）
	0.6993	（0.5678，0.9112）		16.9781	（16.9781，16.9781）

由表12-4可得：当IR为被解释变量时，按照环境规制水平、资源禀赋水平的高低可以将样本划分为4个区间。当以环境规制ER作为门槛变量时，根据上表中的3个门槛值划分为4个区间依次表示为：高环境规制水平（ER>0.6993），较高环境规制水平（0.6810<ER≤0.6993），较低环境规制水平（0.5495<ER≤0.6810）和低环境规制水平（ER≤0.5495）[①]。根据环境规制ER门槛值的估计结果，接下来对116个样本城市进行分类，具体分组结果见表12-5。

表12-5 环境规制为门槛变量时的分组结果（产业结构合理化IR为被解释变量）

分组	环境规制区间	包含的城市
高环境规制水平	ER>0.6993	86个，其中：东部17个，中部32个，西部25个，东北12个 成长型9个，成熟型47个，衰退型17个，再生型13个
较高环境规制水平	0.6810<ER≤0.6993	8个，其中：东部0个，中部3个，西部3个，东北2个 成长型1个，成熟型4个，衰退型3个，再生型0个
较低环境规制水平	0.5495<ER≤0.6810	21个，其中：东部3个，中部2个，西部11个，东北5个 成长型5个，成熟型11个，衰退型3个，再生型2个
低环境规制水平	ER≤0.5495	1个，其中：东部0个，中部0个，西部1个，东北0个 成长型0个，成熟型1个，衰退型0个，再生型0个

注：样本区间内，"环境规制综合指数"可能并不会随着时间的变化而呈现出逐年上升或下降的趋势，因此，在"包含的城市"一栏中，采用环境规制指标2009—2014年的均值来对每个城市进行划分；参照国务院发布的《全国资源型城市可持续发展规划（2013—2020年）》，将资源型城市划分为成长型、成熟型、衰退型和再生型4个类别，其中，在研究的116个地级市中，处于成长型、成熟型、衰退型和再生型阶段的城市个数分别为15、63、23、15个；东部、中部、西部和东北地区的具体划分为：东部地区：有10个省（市），包括北京、天津、河北、上海、江苏、浙江、福建、山东、广东和海南。中部地区：有6个省，包括山西、安徽、江西、河南、湖北和湖南。西部地区：有12个省（区、市），包括内蒙古、广西、重庆、四川、贵州、云南、西藏、陕西、甘肃、青海、宁夏和新疆。东北地区：有3个省，包括辽宁、吉林和黑龙江，位于东部、中部、西部和东

[①] 此处所提及的高环境规制水平、较高环境规制水平、较低环境规制水平和低环境规制水平仅是以面板门槛回归结果来进行划分和界定的，后面的区间划分也是如此。

北地区的资源型城市个数分别为 20、37、40、19 个 [①]。

由表 12-5 的回归结果可得：当以产业结构合理化为被解释变量，环境规制为门槛变量时，绝大多数城市都处于高环境规制区间内，城市数量占资源型城市的比重为74.1379%。此时得到的面板门槛回归结果如表 12-6。

表12-6　面板门槛模型参数估计结果（产业结构合理化 *IR* 为被解释变量）

变量（*ER* 为门槛变量）	回归系数	t 值（OLS/稳健标准差估计）	变量（*PE* 为门槛变量）	回归系数	t 值（OLS/稳健标准差估计）
FI	0.0016	0.4274/0.6425	*FI*	0.0011	0.7913/1.2123
GI	0.0022***	2.1611/2.2163	*GI*	0.0055**	2.0128/2.0566
PY	−0.0000	−0.0297/−0.0596	*PY*	−0.0000	−0.6005/−1.2382
TI	−0.0264***	−2.5525/−2.3397	*TI*	−0.0215***	−2.4639/−2.5025
ER · 1 (*ER* ≤ 0.5495)	32.7979**	2.4787/1.9966	*ER* · 1 (*PE* ≤ 1.7183)	−0.2258	−0.0365/−0.0309
ER · 1 (0.5495<*ER* ≤ 0.6810)	28.0201***	2.9105/2.4740	*ER* · 1 (1.7183<*PE* ≤ 5.8124)	6.6033**	2.1752/1.8459
ER · 1 (0.6810<*ER* ≤ 0.6993)	22.3784**	2.2076/1.8750	*ER* · 1 (5.8124<*PE* ≤ 16.9781)	15.8491***	2.7813/2.1137
ER · 1 (*ER*> 0.6993)	20.4295**	2.4563/2.2127	*ER* · 1 (*PE*> 16.9781)	21.1227***	3.5338/3.2770

注：表中给出了 OLS 估计和稳健标准差估计得出的 t 统计量的值；***、** 和 * 分别代表在 1%、5% 和 10% 的水平下通过显著性检验，显著性水平以 OLS 估计法的结果标出

由表 12-6 的回归结果可知：当门槛变量为环境规制 *ER* 时，不同的 *ER* 取值对产业结构合理化的影响存在着较大的差异。当环境规制很宽松时（*ER* ≤ 0.5495），环境规制对产业结构合理化的影响系数为 32.7979；当环境规制较为宽松时

---

① 样本城市中，按东、中、西、东北资源型城市的分类为：东部（20 个）：唐山、邯郸、邢台、张家口、承德、徐州、宿迁、湖州、三明、南平、龙岩、淄博、枣庄、东营、济宁、泰安、莱芜、临沂、韶关、云浮；中部（37 个）：大同、阳泉、长治、晋城、朔州、晋中、运城、忻州、临汾、吕梁、淮南、马鞍山、淮北、铜陵、滁州、宿州、亳州、池州、宣城、景德镇、萍乡、新余、赣州、宜春、洛阳、平顶山、鹤壁、焦作、濮阳、三门峡、南阳、黄石、鄂州、衡阳、邵阳、郴州、娄底；西部（40 个）：包头、乌海、赤峰、鄂尔多斯、呼伦贝尔、百色、贺州、池州、自贡、攀枝花、泸州、广元、南充、广安、达州、雅安、六盘水、安顺、毕节、曲靖、保山、昭通、丽江、普洱、临沧、铜川、宝鸡、咸阳、渭南、延安、榆林、金昌、白银、武威、张掖、平凉、庆阳、陇南、石嘴山、克拉玛依；东北（19 个）：鞍山、抚顺、本溪、阜新、盘锦、葫芦岛、吉林、辽源、通化、白山、松原、鸡西、鹤岗、双鸭山、大庆、伊春、七台河、牡丹江、黑河。

（0.5495<*ER*≤0.6810），环境规制的回归系数为28.0201；当环境规制较为严格时（0.6810<*ER*≤0.6993），环境规制的回归系数变为22.3784，而随着环境规制严厉程度进一步加强（*ER*>0.6993），其对应的回归系数变为20.4295，且以上4个回归系数均在5%或1%的水平下显著。由上述回归结果我们可以大致得出的结论为：对于中国的资源型城市而言，环境规制对产业结构合理化均产生了不利影响，这一点和面板数据的回归得出的结论一致，与此同时，回归系数会随着环境规制强度的增加而呈现出不断下降的趋势，其代表的含义为：环境规制对产业结构合理化的不利影响会随着*ER*强度的增加而逐渐下降。原因在于污染排放具有典型的负外部性特征。接下来以污染密集型企业的生产决策为例进行分析（见图12-2），D、MR曲线分别是企业的需求曲线和边际收益曲线，且有：D=MR；MPC、MSC分别表示企业边际成本和社会边际成本。由于污染具有负外部性，因此有：MSC>MPC，即企业生产的部分成本需要社会进行承担，边际外部成本MEC则为上述两者间的垂直距离（MSC－MPC）。当排污不受任何限制时，企业利润最大化的产量为MPC与MR曲线交点所决定的Q₂。但社会最佳产量为Q₁，即MSC与MR曲线的交点。显然有：Q₂＞Q₁。因此，正是因为污染具有负外部性特征，从而导致了市场失灵，此时无法实现资源的最优配置，出现了资源过度使用、污染型产品过度生产以及污染物过度排放等现象。伴随着环境规制政策的执行和严厉程度的不断增加，此时污染密集型行业的企业边际成本越来越接近于社会边际成本，这一定程度上促进了资源的有效利用和配置，从而环境规制对产业结构合理化的不利影响下降，推动了产业间的协调发展。

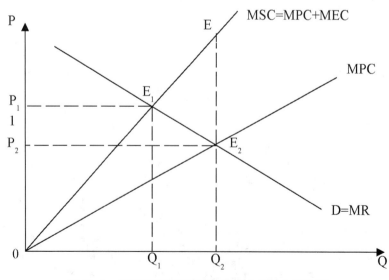

图12-2　无环境管制时污染密集型企业的生产决策

针对其余控制变量：与面板数据回归结果（见表 12-2）相比较，投资规模 *FI* 仍未通过显著性水平检验；政府干预程度 *GI* 有利于产业结构向合理化方向发展，即应注重产业结构合理化过程中政府政策的引导作用；经济发展水平 *PY* 对产业结构合理化的影响由表 12-2 中的在 1% 的水平下通过显著性检验变为此处的不显著，由于其回归数值很小，因此此处不再做相应的分析；贸易开放度 *TI* 也有利于产业结构向合理化方向发展，并在 1% 的水平下显著。

当门槛变量为资源禀赋 PE 时，根据 3 个门槛值仍可将样本划分为 4 个区间（见表 12-4），依次表示为：高资源禀赋水平（*PE*>16.9781），较高资源禀赋水平（5.8124<*PE*≤16.9781），较低资源禀赋水平（1.7183<*PE*≤5.8124）和低资源禀赋水平（*PE*≤1.7183）。根据资源禀赋 PE 门槛值的估计结果，接下来对 116 个城市进行分类，具体分组结果见表 12-7。从表 12-7 的分组结果可以看出，绝大多数城市的资源禀赋水平 *PE* > 1.7183，所占比重达到了 87.0690%。有 35 个城市位于高资源禀赋水平，即对资源行业的依赖度很高。

表12-7 资源禀赋为门槛变量时的分组结果（产业结构合理化*IR*为被解释变量）

分组	资源禀赋区间	包含的城市数目
高资源禀赋水平	*PE*>16.9781	35 个，其中：东部 4 个，中部 13 个，西部 9 个，东北 9 个 成长型 6 个，成熟型 18 个，衰退型 10 个，再生型 1 个
较高资源禀赋水平	5.8124<*PE*≤16.9781	35 个，其中：东部 8 个，中部 10 个，西部 13 个，东北 4 个 成长型 5 个，成熟型 18 个，衰退型 6 个，再生型 6 个
较低资源禀赋水平	1.7183<*PE*≤5.8124	31 个，其中：东部 5 个，中部 9 个，西部 14 个，东北 3 个 成长型 2 个，成熟型 19 个，衰退型 4 个，再生型 6 个
低资源禀赋水平	*PE*≤1.7183	15 个，其中：东部 3 个，中部 5 个，西部 4 个，东北 3 个 成长型 2 个，成熟型 8 个，衰退型 3 个，再生型 2 个

注：包含的城市采用每个城市 2009—2014 年资源禀赋指标 PE 的均值来进行划分

当资源禀赋 *PE* 作为门槛变量时，回归结果仍见表 12-6。当 *PE*≤1.7183 时即处于低资源禀赋水平时，环境规制 *ER* 对产业结构合理化 IR 的影响系数为-0.2258，但并没有通过显著性水平检验；当处于较低资源禀赋水平（1.7183<*PE*≤5.8124）时，*ER* 对 *IR* 的影响系数为 6.6033 并在 5% 的水平下通过了显著性检验；当处于较高资源禀赋水平（5.8124<*PE*≤16.9781）时，ER 对 IR 的影响增加，回归系数变为 15.8491 并在 1% 水平下显著；当处于高资源禀赋水平（*PE*>16.9781）时，*ER* 对 *IR* 的回归系数变为 21.1227 且在 1% 的水平下显著，即 *ER* 对 *IR* 的影响进一步增加。综上可以看出：当仅从环境规制的角度来分析环境规制对产业结构合理化的影响时，环境规制增强会对产业结构合理化的不利影响不断下降，而如果从资源禀赋的角度来分析时，随着资源禀赋增加，环境规制对产业结构合理化 *IR* 产生不利影响也会增加。究其原因，如果一个地区的资源禀赋水平越高，即该城市的经济发展对当地资源的依赖程度越高，较为丰裕的自然资源也使这些地区在发展资源型行业时具有比较优势，这反而阻碍了产业结构向合理化方向发展。由于控制变量 *FI*、*GI*、*PY* 和 *TI* 的回归结果与环境规制 *ER* 作为门槛变量时差异不大，因此此处不再分析。

2. 产业结构高级化的门槛回归结果分析

接着以产业结构高级化 *IA* 为被解释变量，分别对环境规制 *ER*、资源禀赋 *PE* 是否存在门槛效应，存在门槛效应时有几个门槛值进行估计，检验结果见表 12-8。

表12-8　门槛效应检验结果（产业结构高级化*IA*为被解释变量）

门槛变量	门槛个数	F 值	P 值	10% 临界值水平	5% 临界值水平	1% 临界值水平
环境规制 *ER*	一门槛	11.6228	0.0060	2.375830212	4.163857661	8.860761734
	二门槛	30.3665	0.0020	1.691614578	3.450112381	14.37654216
	三门槛	1.0311	0.2040	2.128047915	3.76353725	15.30079189
资源禀赋 *PE*	一门槛	2.1556	0.0890	1.859548646	4.750300764	14.50398078
	二门槛	0.3785	0.3810	2.09193774	4.150148664	9.595955429

由表 12-8 估计结果可知：当门槛变量为环境规制 *ER* 和资源禀赋 *PE* 时，均存在着门槛效应，并分别存在两个和一个门槛值，表 12-9 则给出了门槛值及 95% 的置信区间的具体估计结果。

表12-9　门槛值估计结果（产业结构高级化*IA*为被解释变量）

门槛变量	门槛值	95% 的置信区间	门槛变量	门槛值	95% 的置信区间
环境规制 *ER*	0.5495	（0.5495，0.5495）	资源禀赋 PE	2.4627	（0.6017，37.4486）
	0.8562	（0.8562，0.8562）			

当以环境规制变量 *ER* 作为门槛变量时，根据上表中的两个门槛值划分为 3 个区间，依次表示为：强环境规制水平（*ER*>0.8562），中等环境规制水平（0.5495<*ER*≤0.8562）和弱环境规制水平（*ER*≤0.5495）[①]。根据环境规制门槛值的估计结果，接下来对 116 个城市进行分类，具体分组结果见表 12-10。

---

① 为了和表 12-5 中的环境规制区间的划分相区别，此处按不同区间将环境规制水平依次定义为：强环境规制水平、中等环境规制水平和弱环境规制水平。同时，各个区间的划分也有区别，即仅根据门槛变量估计值的结果来对环境规制水平进行划分。表 12-12 中资源禀赋水平的划分也做类似的处理。

表12-10　环境规制为门槛变量时的分组结果（产业结构高级化*IA*为被解释变量）

分组	环境规制区间	包含的城市数目
强环境规制水平	*ER*>0.8562	13 个，其中：东部 9 个，中部 3 个，西部 1 个，东北 0 个 成长型 0 个，成熟型 9 个，衰退型 2 个，再生型 2 个
中等环境规制水平	0.5495<*ER*≤0.8562	102 个，其中：东部 11 个，中部 34 个，西部 38 个，东北 19 个 成长型 15 个，成熟型 53 个，衰退型 21 个，再生型 13 个
弱环境规制水平	*ER*≤0.5495	1 个，其中：东部 0 个，中部 0 个，西部 1 个，东北 0 个 成长型 0 个，成熟型 1 个，衰退型 0 个，再生型 0 个

　　由表 12-10 的回归结果可得：当被解释变量为产业结构高级化 *IA*、门槛变量为环境规制 *ER* 时，绝大部分城市都划入"中等环境规制水平"区间内（0.5495<*ER*≤0.8562），该区间城市数量占资源型城市的比重达到 87.9310%。并且，19 个东北地区城市、15 个处于成长型阶段的城市均处于该区间。此时得到的面板门槛回归结果如表 12-11。

表12-11　面板门槛模型参数估计结果（产业结构高级化 *IA* 为被解释变量）

变量（以 *ER* 为门槛变量）	回归系数	t 值（OLS/稳健标准差估计）	变量（以 *PE* 为门槛变量）	回归系数	t 值（OLS/稳健标准差估计）
FI	0.1029***	2.8409/2.7877	*FI*	0.1076***	2.9079/3.0540
GI	0.0030	0.1306/0.1607	*GI*	0.0069	0.2941/0.3616
PY	0.2309***	3.5902/3.9116	*PY*	0.2268***	3.4471/3.7811
TI	0.0164	1.1987/1.3983	*TI*	0.0181	1.2992/1.6839
ER·1（*ER*≤0.5495）	0.0605	0.8204/0.9715	*ER*·1（*PE*≤2.4627）	0.6201***	4.7090/4.7000
ER·1（0.5495<*ER*≤0.8562）	−0.6320***	−4.3783/−3.0591	*ER*·1（*PE*>2.4627）	−0.2960***	−3.8601/−4.7582
ER·1（*ER*>0.8562）	0.3111***	3.3676/3.5929			

注：同表 12—6

　　由表 12-11 的回归结果可知：当门槛变量为环境规制 *ER* 时，不同的环境规制水平对产业结构高级化带来的影响也存在着较大的差异。当环境规制水平很宽松时（*ER*≤0.5495），环境规制对产业结构高级化的影响系数为 0.0605，且没有通过显著性水平检验；当环境规制严厉程度为中等水平时（0.5495<*ER*≤0.8562），对应的回归系数为 −0.6320，并在 1% 的水平下显著；当环境规制很严格时（*ER*>0.8562），环境规制对产业结构高级化的回归系数由负值变为正值，具体为 0.3111，并且也在 1% 的水平下通过显著性检验。由上述回归结果我们可以大致得出的结论为：对于中国的资源型城市而言，当执行的环境规制强度处于不同区间时，其对产业结构高级化的影响存在着较大差异，当环境规制处于中等水平时，会对产业结构高级化产生不利影响，而如果环境规制的严厉程度进一步增加时，当越过门槛值 0.8562 时，此时环境规制严厉度的增加反而会推动产业结构向高级化和服务化方向发展。究其原因，当环境规制水平很宽松时，伴随着环境规制严厉程度的不断提升，此时厂商投入污染治理的成本会逐渐增加，但仍可能在可接受范围内，此时厂商仍是有利可图的。而随着环境规制强度的进一步提升，即超过第二个门槛值 0.8562 时，此时为了达到政府制定的排污标准，企业需要用于治污投入的资金越来越多，企业会选择产业转型升级的方式来追求自身利润最大化，从而对推动地区产业结构向高级化方向发展有利。针对其余控制变量，每个变量的回归符号与面板回归结果一致（见表 12-2）。对比表 12-2 的回归结果可知：此时投资规模 FI 的回归系数变为在 1% 的水平下显著，并会对推动地区产业结构向服务化和高级化方向发展有利；政府的政策干预 GI 仍未能通过显著性检验；经济发展水平仍有利于促进产业结构向高级化方向发展，并且，此时的回归系数值相对较大，为 0.2309；贸易开放度指标也未通过显著性检验，即 TI 对推动产业结构向高级化方向发展的影响并不明显。

接下来再对资源禀赋 PE 作为门槛变量的情形进行分析。根据表 12-9 中对应的门槛值，将样本划分为两个区间：强资源禀赋水平（$PE > 2.4627$）和弱资源禀赋水平（$PE \le 2.4627$）。根据资源禀赋 PE 门槛值的估计结果，接下来对 116 个城市进行分类，具体分组结果见表 12。从表 12 的分组结果可以看出，绝大多数城市的资源禀赋水平 $PE > 2.4627$，所占比重达到了 81.0345%。

表12-12　资源禀赋为门槛变量时的分组结果（产业结构高级化IA为被解释变量）

分组	环境规制区间	包含的城市数目
强资源禀赋水平	$PE > 2.4627$	94 个，其中：东部 15 个，中部 32 个，西部 32 个，东北 15 个 成长型 13 个，成熟型 49 个，衰退型 19 个，再生型 13 个
弱资源禀赋水平	$PE \le 2.4627$	22 个，其中：东部 5 个，中部 5 个，西部 8 个，东北 4 个 成长型 2 个，成熟型 14 个，衰退型 4 个，再生型 2 个

当被解释变量为产业结构高级化 IA、门槛变量为资源禀赋 PE 时，得到的回归结果仍见表 12-11。由该表可得：当 $PE \le 2.4627$，即资源禀赋水平较低时，环境规制 ER 对产业结构高级化 IA 的回归系数为 0.6201，并在 1% 的水平下通过显著性检验；而当地区资源禀赋水平越过门槛值 2.4627 时，ER 对 IA 的回归系数由正变为负

值，为 -0.2960，并且也通过了 1% 的显著性水平检验。即：当一个城市经济发展对资源的依赖程度较高时，环境规制强度的提升反而会阻碍城市的产业转型升级。原因在于：第一，资源产业依赖度与资源丰裕度之间具有高度正相关性，当指标 *PE* 的值较大时，可能意味着该地区资源较为丰富，资源开采和利用成本较低，此时产业转型的动力不足，这一定程度上对地区产业转型升级产生了不利影响。相反，对于较低资源禀赋水平的资源型城市而言，由于目前已面临着较大的资源枯竭压力问题，所以环境规制的提升反而会促使这些城市产业转型升级。第二，当城市处于强资源禀赋水平区间时，由于资源型行业从业人员所占比重较高，产业转型升级也可能会带来一部分人员的失业和再就业等社会问题，而失业人员的培训再就业需要一定的时间周期，这在一定程度上会阻碍资源型城市的产业结构向高级化方向发展；同时，强资源禀赋水平意味着资源型产业在城市经济发展中占据较为重要的地位，产业结构比较单一，主要以第二产业为主，由于污染排放强度大的资源型行业所占比重较高，环境规制水平的提升必定会对城市产业的影响和冲击较大，而接续产业的选择、培育和发展需要较长的时间，因此会对城市经济发展产生不利影响，从而一定程度上阻碍了城市产业转型升级的发展。由于控制变量 *FI*、*GI*、*PY* 和 *TI* 的回归结果与环境规制 *ER* 作为门槛变量时差异不大，因此此处也不再分析。

综上可以看出：当门槛变量为环境规制 *ER* 时，环境规制影响产业结构高级化 *IA* 的路径为先抑制、后促进。而以资源禀赋作为门槛变量，即从资源禀赋的角度来分析时，环境规制对产业结构高级化的影响则正好相反，会随着资源禀赋水平的上升表现为先促进、后抑制的过程。

五、环境规制评价

对于中国资源型城市，目前普遍面临着增长乏力、产业结构单一、效益低下等问题，第二产业尤其是传统产业和资源型产业占比过高，导致资源型城市在产业转型升级方面面临着较大的压力。鉴于此，本书采用中国 2009—2014 年 116 个资源型地级城市的面板数据对环境规制、资源禀赋与产业转型的关系进行了实证分析。文中通过区分资源丰裕度和资源依赖度、产业结构合理化和产业结构高级化，并在测算环境规制综合指数的基础上，首先运用面板回归方法简要分析了变量间的线性关系。其次，考虑到上述变量间可能并非简单的线性关系，接着分别以环境规制和资源禀赋为门槛变量，对变量间是否存在着门槛效应进行了检验，并得出了位于不同门槛区间时变量间存在的数量关系。主要结论有：

第一，资源禀赋、环境规制与产业结构合理化和高级化之间均存在着明显的非线性关系，即变量间存在着显著的门槛效应；第二，当以环境规制为门槛变量时，总体来看，环境规制对产业结构合理化产生了不利影响，由于污染具有典型的负外部性特征，这种不利影响会随着环境规制的严厉程度增加而呈现出不断下降的趋势；第三，当资源禀赋作为门槛变量时，环境规制会随着资源禀赋水平的上升而对产业结构合理化的不利影响会逐渐增加；第四，以环境规制为门槛变量，其对产业结构高级化会产生先抑制、后促进的效应，即环境规制强度越过某个门槛值时，此时环境规制严厉程度的增加会促进产业结构向服务化和高级化方向发展；第五，以资源禀赋为门槛变量，即从资源禀赋的角度来分析环境规制对产业结构高级化的影响时，此时随着资源禀赋水平的不断上升，环境规制对产业结构高级化的影响则正好相反，为先促进、后抑制；第六，政府的政策干预、贸易开放度均有利于推动产业结构向合理化方向发展，投资规模、经济发展水平则推动了产业结构向高级化方向发展。

研究结论对制定政策建议具有积极的借鉴意义，对于资源型城市而言，由于大多存在着经济严重依赖于资源开采的情况，因此面临着较大的经济转型压力，而产业转型又是经济转型的关键和核心，本书针对资源型城市的产业转型的政策启示如下：

无论是产业结构合理化还是产业结构高级化，各资源型城市应注重利用环境规制驱动产业结构调整的作用潜力，充分发挥环境规制在产业结构调整中的积极作用，并结合自身实际情况制定相应的环境规制政策。

在经济发展过程中由于大多资源型城市对当地资源依赖程度过高，在这种"路径依赖"的发展模式下，资源禀赋因素均不利于产业结构向合理化和高级化方向发展，因此，今后应逐渐摆脱对资源开发过度依赖的传统经济发展路径，注重结合空间布局结构调整与产业战略重组，加大力度扶持非资源型产业重点项目，构建非资源行业的成长机制，通过加快产业链延伸、大力发展接续产业和培育新的优势产业等方式来逐渐降低对当地资源的过度依赖。

目前虽然投资有利于推动资源型城市产业结构向高级化方向发展，但对产业结构合理化的影响并不显著。基于此，在今后应注重发挥产业结构高级化调整中投资的积极作用，大力调整投资结构，通过制定政策激励和引导资金更多的流向非资源型行业和高新技术行业等，通过将用于保护衰退产业生存的资金更多的转向城市转型以及替代产业、接续产业的培育上，从而更为充分地发挥投资在推动资源型城市产业转型中的积极作用。与此同时，今后也应注意发挥投资资金在促进本地产业结构合理化方面的作用，在注重产业结构高级化发展的同时也应注意各个产业间的协调发展。

政府的政策干预从目前来看在推动资源型城市产业结构向合理化方向发展中发挥了积极作用，但对产业高级化发展的影响并未凸显。今后应建立产业转型的动态监测和预警系统，突出政府在产业转型升级方面的政策引导和服务功能，将城市转型成效、系统创新能力纳入地方政府考核体系，不断深化行政体制改革，完善政策法规，营造高效的政务环境，从而促进政府政策对产业转型尤其是产业结构向高级化方向发展的积极作用。

第五部分　总结篇

第十二章 案例分析：资源型城市转型模式与政策

一、成长型资源型城市

（一）延安市

1. 城市概况

延安地处陕北金三角经济协作区中部，内含大量的矿产资源，已探明矿产资源共有 16 种，石油储量达 13.8 亿吨，天然气储量达到 2000—3000 亿立方米，煤炭储量达 115 亿吨。因此，延安市具有发展能源产业的坚实基础。

新中国成立后，延安市取得巨大成就。在新中国成立初，GDP 仅为 0.34 亿元，在 2011 年突破 1000 亿元，2015 年达到 1198.63 亿元，按可比价计算与上年相比增长了 1.7%。非公有制经济的增值达到 280.51 亿元，占到了 23.4%，生产总值与上年相比提高了 2.3 个百分点。人民生活水平逐渐持续提升，2015 年人均 GDP 为 53925 元，农民的人均纯收入超过 1 万元，城镇居民的可支配收入上涨至 3 万元以上。延安还建成了完善的工业体系，三次产业占比变为 9.2%，62%，28.8%。

2. 资源开发导致的困难和问题

延安是资源型城市的代表，其发展模式带来了明显的问题，包括：产业结构单一、煤炭、石油生产受资源制约，产业发展与区域发展不平衡，生态环境严重恶化及第三产业发展水平低等问题。

3. 转型路径选择及配套政策

（1）城市转型的战略定位

目前，影响延安经济转型的因素可以概括为两方面：其一是缺少替代产业，产业链难以继续延长，这影响了经济发展；其二是经济环境不佳，缺少转型的外部支持。此外，之前的经济发展对生态环境产生严重影响，可持续发展困难加大。延安的经济转型必须从两个角度入手，即发展接续产业和培育替代产业形成新的经济支撑体系。

（2）产业转型路径选择

①升级能源化工工业

a. 着力优化能源化工产业

一是建设三大基地，包括 100 亿立方米天然气的生产基地、5000 万吨煤炭的生产基地和 2000 万吨原油的生产基地，推行二次和三次采油技术，提高原油产量，加强煤炭和油气资源勘查。二是建设八大工业集中区，推动新兴产业和能源化工产业集群化发展，着重建设安塞、吴起等六个工业园区和轻工、石材、陶瓷三个特色产业园。三是建设能源类项目，全面的对资源进行开发利用，重点构建煤电载能工业、煤油气盐化工等产业链。

b. 加快培育新能源工业

一方面，推进光伏光热发电产业。充分应用与发展太阳能发电技术，建设一批示范项目。另一方面，开发利用风能水能核能等能源。抓住陕北地区建设百万千瓦级别风力发电基地的机会，建设风力发电场，大力推进黄河北部干流水电梯级开发。

c. 积极发展非能源工业

做大装备制造业，支持建材业和建筑业发展，鼓励生物产业的发展。

② 构建现代化农业体系

一是发展壮大现代林业，以八个果业基地为依托，建设优质水果生产基地，并建设洛川现代苹果产业园区，规划建设延安苹果期货交易所。二是积极推广富有区域特点的农业，实行百万亩花椒、核桃、红枣提升工程，发展烤烟、园艺等特色产业。

③ 做强文化旅游产业

一是发展文化产业。推动文化单位向企业改革，促努力打造文化产品优势转化，在文化领域寻找新的经济增长点。二是提高旅游方面的服务水平。建设广布的旅游交通道路，提升黄帝陵、壶口瀑布、南泥湾等著名景区景点开发速度。

（3）转型的配套政策

① 针对接替产业发展的政策

一是推动县域经济发展。立足县域发展实际，优化产业布局，有序发展生产基地型、加工转化型、大工业配套型、劳动密集型产业，促进"一村一品"、"一乡一业"向更高层次发展。二是寻找新型融资方式，帮助项目融资。整合投资金平台，创造和培育综合性投融资主体。扶植小额度贷款公司，引导符合条件的企业发行融资券。增强对金融领域的管理，规范市场秩序。三是深化财税收支管理。采取非税收入激励和国有资本经营收益征缴政策，维持财政收入持续较快增长。建立县一级的财政保障方法，从而缩小县域间公共服务水平差距。四是土地方面，推动城乡建设用地增减指标在城市范围内的流动，对农村地区集体性建设用地进行改革；对空闲土地进行清理，促进土地的市场化配置与资本化运营。

② 针对资源环境社会民生等领域的政策

在资源环境方面，积极推广水利建设，保障生活用水、工业用水，并注重防洪减灾。按照"北扩展、南提升、东增效、全市封禁"的部署植树造林工程。在社会民生方面，加大各项基础设施投入力度；对农村和城镇居民养老保险制度实行并轨处理；健全社会救助体系；完善住房保障体系，健全公共租赁房、经济适用房等保障性住房体系。

4. 转型结果分析

（1）城市转型效果及分析

经济方面，综合实力有了显著地提升。2014 年，全市生产总值达到 1386 亿元，经济总量位居全省第 6 位，人均 GDP 达到 10286 美元，在全省排第 2 位。城镇居民人均可支配收入 33950 元，农民人均纯收入 10950 元，城乡居民收入年均增长速度均高于同期 GDP 增长速度。

资源方面，结构调整推进较好。能源工业、现代农业、现代服务业取得较快进展。第三产业占 GDP 比重有所提升。社会方面，民生保障取得进展。新增财力大部分被用于民生领域。每年新增就业人数超过 1.6 万人，登记失业率在 4.3% 以下。

环境方面，生态建设也得到较大改善。深入开展创建环保模范城市、国家森林城市和国家低碳城市试点工作，植被覆盖度由 46% 提高到 67.7%，被列为首批全国生态文明先行示范市。

（2）转型存在的问题

受能源产品产量、价格双下降和企业生产效益下滑等因素影响，工业、GDP 等指标与预期目标还有一定差距；第三产业、非能源工业和非公有制经济占比较小；政府行政效能和服务水平还需改进。

5. 可供借鉴的经验教训

一是坚持结构调整，推进产业结构的转型。大力推进能源深度转化、现代服务业发展、现代农业；促进均衡协调发展和可持续发展；优化经济所有制结构，发展非公有制经济，让经济运行更有效率。

二是推进创新发展，着力于解决政府、市场、社会关系，加强市场基础性制度建设和法治建设，让市场更好的发挥配置资源的作用，让政府更好的发挥指导作用。

三是注重保护环境，促进绿色发展。把生态文明的建设工作摆在重点位置，推动资源利用效率提升，维护生态安全，着力推进绿色发展、循环发展、低碳发展。

（二）榆林市

1. 城市概况

榆林地处陕西省北部，是国家新能源示范城市和国家生态保护与建设示范市。榆林市资源丰富，有石油、煤炭、天然气等资源，这些资源的开发利用促进了榆林市工业化进程，矿业发展也促进了相关产业的发展，新能源产业发展势头强劲，对榆林市产业结构优化发挥了重要作用。

改革开放以来，榆林市的发展可分为三个阶段，1978—1996年榆林市以农牧业为主、1997—2005年榆林市将轻重工业并举，2006年将能化产业作为主导产业由于资源和区位优势，榆林经济总量连续十年居全省第二，成为陕西经济发展的重要一极。2015年，生产总值达到2621.29亿元，较上年增长4.3%，第一、二、三产业增加值占GDP的比重分别为5.5%、62.5%和32.0%。

2. 资源开发导致的困难和问题

经济方面，目前榆林的主要经济驱动力是资源驱动，经济发展依赖初级采掘业和加工业，下游产业和配套化工产业发展不足。环境方面，榆林市同时面临较为粗放的发展模式与资源短缺的矛盾，是否能够突破生态环境承载力的约束已经成为榆林面临的严峻挑战。社会方面，资源分配向中省和政府集中，征地拆迁等问题不断显现。收入差距较大，高于全国平均水平。

3. 转型路径选择及配套政策

（1）城市转型的战略定位

未来榆林市总体战略定位如下：①陕西经济发展的一极。建成能源化工产业重点发展区、政府高效服务和经济快速发展试验区、资源综合开发和生态环境良性互动的示范区，经济总量与财政总收入占全省的比重在2020年时超过三分之一。②开发开放战略新高地。建成国家级能源化工基地、陕西现代特色农业示范基地、西部战略性新型产业基地和陕甘宁蒙晋接壤区区域中心城市。③加快转变发展方式，从资源驱动型转向创新驱动型；构建现代产业体系和以人为本的公共服务体系，着力优化提升产业结构；持续增加民生工程的投入，从而打造现代民生经济。

（2）产业转型路径选择

重点建构以能源产业为支柱、特色农业和现代服务业为支持，低能耗、低排放低污染、布局合理、结构优化的工业产业体系。①继续发展能源化工产业，实施"三个转化"战略，发展电力、煤炭、化工、油气、载能五大产业。②做优做精特色农业。发展城郊型民俗文化休闲农业，引导鼓励龙头企业建立品牌联盟，鼓励新型合作模式。③强力推进现代服务业：建成国内知名的旅游地。④加快培育战略性新兴产业。以新材料、新能源为核心，建立光伏产品的产业链。省光伏新能源材料与有色电子项目加速落实，构建煤—电—铝镁合金联产产业链。⑤大力发展装备制造业。加快建设榆林经济开发区装备制造园，重点发展污水处理设备。

（3）转型的配套政策

①针对接替产业发展的政策。金融政策，采用"三个重点、三个确保"的指导思想；增加对农村信贷支持力度；大力发展证券、基金等金融服务，鼓励各类金融企业

健康发展，加快形成完善的金融体系。税收政策，调整政府支出结构，注重对于弱势群体的转移支付水平，完善县级保障机制。发展农村职业教育，发展以榆林职业技术学院榆林、神木两个校区为龙头的教育集团。

②针对资源环境社会民生等领域的政策。在资源环境方面，增加绿化 180 万平方米，绿化覆盖率超过 38%。实施"蓝天、碧水、宁静、清洁"四大工程，主要污染物年度减排任务全部完成。新一轮退耕还林工程也开始着手进行，加强珍贵野生动植物种和湿地保护，实施水土保持、林草措施相结合的黄土高原综合治理工程。在社会民生方面，把改善保障民生作为政府工作的首要任务，健全职工工资正常增长和支付保障机制，逐步缩小城乡、行业间收入差距。推进就业政策，帮助就业困难群体进行就业。实施保障性安居工程，加大保障性住房建设力度。推广社会保障信息平台的建设。

4. 转型结果分析

（1）城市转型效果及分析

一是国民经济平稳增长经济总量增速在 5% 以上；二是城乡区域协调发展。中心城市建成区面积、绿化面积、学校学位数实现"翻番"；农村基础设施改善，农业转型速度加快。。三是生态环境显著改善。实施了"三年植绿大行动"，新增造林面积超过 306.68 万亩，解决水土流失土地面积 5993 平方公里。节能减排任务全面完成，能耗及约束性指标也全面完成。

（2）转型存在的问题

一是科技创新能力不强，而且宏观经济持续下行，市场主体投资信心不足。二是随着新能源兴起和页岩气革命对全球能源格局重构造成影响，对榆林市以煤油气为主的经济模式形成巨大冲击。三是与周边地区的资源禀赋、产业布局较为类似，因此榆林市面临着同质化的情况。

5. 可供借鉴的经验教训

一是要借资源优势深化能源产业，从单一产业向多产业进行发展。二是强化行业管理，增强能源法制建设，完善标准和统计体系，推进能源行业监测、统计能力建设，建立信息共享平台。加强国际合作等。

二、成熟型资源型城市

（一）大庆市

1. 城市概况

大庆市是一座矿产资源十分富集的城市，有丰富的石油、天然气和地热等资源。

因此，大庆被誉为"天然百湖之城、北国温泉之乡、绿色油化之都"。

早在清初蒙古族游牧部落就一直在大庆设有定居村落，不过直到 20 世纪 50 年代，大庆仍是一个以畜牧业为主的小型城镇。1959 年，松辽石油勘探局在大庆找到了工业性油流，特大型主力油井相继被建立，直至今日，大庆油田仍是全中国最大的油田，并且是世界第十大油田，截至 2015 年，已成为拥有 320 万人口的成熟型资源城市。

2. 资源开发导致的困难和问题

尽管在现阶段大庆属于成熟型资源城市，资源开发处于稳定阶段，但石油资源的开发也给大庆市造成了一些困难与问题。包括资源、经济、社会、环境四个方面。

在资源方面，虽然现阶段大庆油田仍能保持 4000 万吨左右的年产量，然而这背后隐藏的石油资源枯竭现象以及其带来的一系列问题，却也在日益显现出来。20 世纪 50 年代，大庆的石油储备相当充足，因此石油的纯度可以得到保障。但现阶段石油储备量已经明显降低，加之每年新增的探明储量中低渗透、超低渗透类占比 80% 以上，使得油田的开采难度不断增大。如何在保证石油"量"的同时不使其"质"降低，成为亟须解决的问题。

在经济方面，大庆的主要问题是由于对石油资源的依赖程度过重而导致产业结构的不平衡。在 2010 年，大庆的第二产业所创造的 GDP 占全市总 GDP 的 82.24%，其中以石油采掘业为主的工业占到全市 GDP 比重的 79.9%。但相比之下，2010 年以服务业为代表的第三产业占大庆市 GDP 的比重仅为 14.48%，严重的产业不平衡，使得大庆的经济发展受油价影响较大。但是，随着未来一段时间内大庆油价的不断走低，使得大庆经济的下行压力会不断增大。

在社会方面，受整个东北地区的整体衰退和经济不景气的影响，大庆的高素质人才近些年来持续流失。据统计，每年大庆考入大专以上级别学校的学生数量约为 6000 人，其中毕业后回到大庆的不足 10%。所以，低学历的人员占了大庆油田的绝大比重，这抑制了大庆的科技发展和产业转型。此外，受体制转轨、资源锐减和产业结构调整的影响，大庆的石油职工面临工资和养老金降低、工伤保险及医疗费偿付难、下岗再就业困难等问题。

在环境方面，石油等资源的开采在给大庆带来石油财富的同时，也给大庆带来了严重的环境问题。由于油田的建造和开采，大庆市草原地带的沼泽化、沙漠化、盐碱化面积超过 80%，油田开采地带植被破坏面积高达 95%。因此，如何在开采大庆石油的同时减少对当地环境的破坏，值得人们思考。

3. 转型路径选择及配套政策

城市转型战略定位。由于一系列问题的出现，单纯把石油开采作为大庆的经济增长点的策略难以持续下去，但由于一系列体制机制问题的束缚和国家对大庆战略定位的影响，对于大庆而言，要短期解决问题是一件极其困难的事情。因此，近年来大庆市依托原有石油工业体系和东北石油大学等科研教学机构，拓展石化下游产业，不断延长产业链，同时努力开展石油技术输出业务，避免产业结构的单一化。此外还可以通过发展第三产业的方式，解决产业失衡的问题。

产业转型路径选择。大庆面对内"油"外困的艰难处境，提出了"依靠油但不依赖油"的口号，同时，大庆正试图借助东北石油大学、大庆油田外埠研发中心等科研机构实现产业链的精深整合来拉动经济转型，目前，大庆已经发展形成25条重点产业链。此外，大庆依托原有石油工业体系和石油专业人才，积极开展对外石油技术输出。这其中，大庆油田工程建设公司是大庆市实现对外石油技术输出的主力军，现已相继完成孟加拉国输油管道建设工程、伊拉克基尔库克油田设备维护、中俄输油管道二期等重大海外建设工程，创造了较大的经济效益。在第三产业方面，大庆依靠本地的历史积淀，大力发展特色的旅游业，已成为拥有林甸温泉、铁人纪念馆、大庆石油科技馆等55个旅游景点的新型旅游型城市。

转型配套政策。为发展采油行业的接替产业，大庆市政府出台了一系列金融、税收、行政审批等政策推动产业转型，同时出台一系列保障民生的政策，维护社会稳定。

4. 转型结果分析

（1）城市转型效果及分析

大庆从多角度入手，寻找既有需求又有供给优势的领域，拓宽了发展渠道，采取"以化补油"战略。在社会发展方面，由于新产业的引进和小微企业的繁荣，大庆市城乡居民生活水平不断提高。此外，政府的一系列教育、社保措施也对社会和谐有较大的促进作用。

（2）转型存在的问题

在转型中大庆市也仍存在一些问题，除了资源性矛盾客观存在外，还存在四个矛盾。一是结构性矛盾突出，仍没有摆脱结构的失衡的情况，工业仍然是最大的支柱产业。二是体制性矛盾较为突出，市场缺乏活力。三是民生发展不平衡，区域之间具有较大的差距较大。四是政府工作与发展要求不适应。这些问题都需要认真对待并切实加以解决。

5. 可供借鉴的经验教训

资源型城市可通过延伸产业链的方式来实现转型。在大庆市转型的过程中，重要的政策之一就是发展石化下游产业，通过延伸产业链来发展新型制造业，促进经济发展。大庆市改变了原有的只出产初级石油产品的产业发展战略，积极发展橡胶产业和合成纤维等高附加值石油产品，并且引进了与石油相关的汽车制造业等产业，在石油减产的情况下，实现了经济的一定程度增长，值得我们借鉴。

积极推进资源型城市的企业体制改革。受历史原因影响，资源型城市的主要生产企业以国有企业为主，股权结构单一，公司治理结构臃肿。因此，在适当的条件下，应该对这类企业进行体制机制改革，增加股权结构的多样性。但此过程中也要注意下岗职工的再就业及国有资产流失的问题。

三、衰退型资源型城市

（一）伊春市

1. 城市概况

伊春与俄罗斯隔江相望，自然资源方面，伊春有较为丰富的矿产、林业、野生动植物等。在矿产资源方面，伊春市目前已经探明的金属矿床、矿点就有 100 多处，其黄金储量也在全省处首位；林业资源方面，伊春拥有 300 多万公顷森林，森林覆盖率超过 80%；在旅游资源方面，伊春景区达到 100 多处。

新中国建立后，伊春镇于 1949 年 10 月被设立。1950 年，伊春森林工业管理局成立 。为了适应森林工业生产发展的需要，1950 年 12 月 1 日，伊春地区政府正式成立。1979 年 12 月 14 日，伊春市正式成立。

2. 转型发展困境

在过去的较长一段时间内，伊春丰富的资源为城市产业的发展和经济的繁荣做出了较大的贡献，但是在资源开发的过程中，伊春市也面临着一系列的问题，这些问题主要表现在资源、经济、环境、社会这几个方面上。

在资源方面，伊春最大的问题在于林业资源发生了严重枯竭。据调查，现阶段伊春林木蓄积和可采成过熟林蓄积已经由 4.28 亿立方米和 3.2 亿立方米下降至 2.27 亿立方米和 680 万立方米，下降比例达到下降 47% 和 98%。这导致伊春市出现了无木可采的现状。

在经济方面，计划经济导致伊春形成了单一的经济结构，此外，伊春市的林业生产水平较低，林业产品主要以粗加工林业产品为主，这样的产业对木材资源的依赖性极强。

在社会方面，由于伊春的经济发展变差，当地居民生活水平难以得到改善，生活环境较为恶劣。由于林场经营业绩不佳，出现了大量的失业待业情况，不少职工生活在贫困线以下，缺乏最基本的生活保障，养老、就医、子女上学问题迟迟得不到解决。

在环境方面，伊春的环境问题主要是由于对林业资源的过度开发导致的。森林数量的明显减少，导致森林的生态功能被弱化，防风固沙、水源涵养、保持水土流失的功能被削弱，这便带来了严重的自然灾害。

此外，由于地区经济形势恶化，地方财政收入减少，因此造成政府的社会投入不足，基础设施状况令人忧虑。

3. 转型路径和政策

针对现阶段伊春市经济发展受限，经济结构不平衡，居民生活水平低下的现实状况，伊春积极落实中央提出的"创新、协调、绿色、开放、共享"的发展方式，具体体现在以下五个方面。一是坚持创新发展理念，做好"创新＋转型"加法题。采用创新的方式促进发展；二是坚持协调发展理念，从整体的角度进行发展。通过各方面协调发展的方式来弥补短板；三是坚持绿色发展，注重生态领域建设。发展过程中也要注意环境保护；四是坚持开放发展理念，提高与海外市场的合作潜能。五是坚持共享发展模式，发展民生产业，让老百姓受益。

在城市发展战略的引领下，伊春市积极促进城市产业结构的转型。首先，伊春市积极开发生态经济，提升产业层次。基于伊春地区多年来农业开采和林业开采底子较好，自然资源丰富的独特自然环境优势，伊春市把森林食品药品业作为其主要产业，重点围绕延伸。其次，伊春市积极开发绿色矿业。实施"强钼、兴玉、拓金、保钢"战略，加强与大集团的合作，创办玉石品牌。最后，在第三产业领域，伊春市将现代服务业作为需要大力发展的新的主打品牌。在养老养生产业领域，伊春市鼓励社会创办医疗养老机构与养生基地。积极发展电子商务行业，建立电子商务协会，推进电商平台建设，增强与淘宝等平台的合作，打造电商品牌。

为推动产业转型升级，伊春市政府出台了一系列金融、税收、行政审批等政策推动产业转型，同时出台一系列保障民生的政策，解决民生问题，维护社会稳定。在金融领域，为促进企业融资，为解决伊春市的企业在发展中遇到的各种问题，减少融资过程中可能遇到的障碍，伊春市鼓励市内银行拓展业务，引进新的担保公司等金融机构。在税收领域，伊春市积极优化税收环境。通过规范执法行为、扩大联合治税、推行"营改增"试点等方式促进税务系统更好地为伊春市的经济发展服务，从而打造一个高效便捷的税收环境。在民生领域，伊春市计划做好15件事，如加快推进厂办大集体改革，为城镇参保居民购买商业保险，提高全市最低低保标准等。这些措施的实施，民生行业的发展有利于人才的吸引与社会的稳定，这使得宜春市的转型升级得到了保障。

4. 转型结果分析

（1）转型成绩

面对经济下行的严峻考验，伊春市通过一系列转型升级政策，使得当地经济社会有所发展。在经济发展方面，伊春 2015 年生产总值达到 2481966 万元，同比去年下降 2.7%，第一产业、第二产业、第三产业的值分别为 1065602 万元、463395 万元、952969 万元，同期相比分别增长 0.5%、下降 16.3%、增长 5.3%。人均生产总值 20413 元，同比下降 1.9%；在招商引资方面，伊春市积极开展了招商引资和对外交流，多点推进对俄经贸合作。例如中俄博览会、世界杰出华商大会等活动；在民生领域，伊春市倾力保障民生建设，普通百姓生活质量有一定提高。全年城镇新增就业 3.9 万人，农民与城镇居民收入增长均超过 10%，保障性住房建设也取得一定的进展。

（2）转型存在的问题

虽然伊春市在产业转型中取得了一定的成绩，其仍存在一些问题。主要是由于之前支撑伊春市经济发展的主要产业几乎都被停滞，伊春市的经济发展受到了一定的影响。同时，伊春也进入了还债期，大量的债务需要被偿还。面对转型发展的新形势，还出现个别公务员认识不足、工作不积极的情况。

（3）转型的经验

在实际中，伊春市的一些经验同样具有很多亮点，例如其推进观念转型，解放思想，破除计划经济体制下的思维模式，加快推进林业企业改制和退出机制。以多种方式拓宽就业渠道，加快完善社会保障体系，这些都值得其他老牌资源型城市进行借鉴。

（二）焦作市

1. 城市概况

焦作地处河南省西北部，南临黄河，北靠太行山，拥有大量的自然资源，因此也成为一个较早发展的资源型城市。

矿产资源方面，焦作的矿产具有产量多、储量大、质量好的特点，目前已查明矿产资源达 40 余种，占河南省已发现矿种的 25%；焦作市还拥有大量的耐火粘土，具有易开采的特点，是制造耐火材料的优质材料。铁矿保有储量目前达到 2726 万吨，除此矿产资源外，境内有大块平整土地，其地质坚硬稳固，地层耐力巨大，是非常理想的工业用地。

2. 转型发展困境

煤炭的衰竭给焦作市的城市发展也带来了一定的负面影响。作为矿业城市的焦作自然也难独善其身。经过多年的发展，焦作矿产资源逐渐消耗殆尽，矿山企业也无力继续生产，技术改造与发展自然也难以进行，因此导致许多企业破产。从 1995 年到 2009 年，焦作市从 865 家与开采矿山相关企业下降至 137 家。同时，开采深度的增大也导致企业的开采成本变高。在这样的背景下，焦作市 GDP 年增长也出现了下降，转型任务十分迫切。2008 年 3 月焦作市成为首批资源枯竭型城市。

除此之外，煤炭资源的减少还带来了大量的失业问题。根据第五次人口普查数据显示，焦作市具有极低的劳动参与率与较高的失业率，这也是资源型城市的一个必然结果。长期以来，资源型城市的发展导致当地经济发展模式较为单一，其他行业发展缓慢，这便导致其他行业的人才较为短缺，因此，一旦资源发展出现困难，整个城市就会面临所需人才不足的问题。

3. 转型路径与政策

长期依赖自然资源也导致其出现了大量的环境问题，这些问题也是焦作市需要解决的一大问题。因此，针对以上的现状，焦作将转型的主要路线定位于发展旅游业，焦作旅游资丰富。太行山在焦作境内达到百余公里，共有一千多处景点。

从 1999 年开始，焦作就将旅游业作为新的经济增长点，在多方面采取措施，将旅游业打造成为第三产业的龙头；采取"旅游带动"战略。资金方面，焦作市共投资超过 5 亿元的资金，开发建设焦作山水峡谷极品景观。除此之外，焦作还积极发展等多种宣传活动，共吸引国内外游客共计百万人。焦作市投资 30 多亿元修建通向各景区的索道，构建旅游环线，努力建设大旅游格局。为打造焦作市的旅游品牌，市政府创新打破行政区域界限，对旅游路线进行合理规划，确立了新的营销思路，每年使用一部分专款进行旅游行业的促销活动，从而形成稳固的客源市场。对其景区的报道也遍布各大媒体。在旅游业具体发展过程中，焦作市通过采取业务检查、培训等方法，促进旅游服务产业从低端向高端发展，向着个性化、人性化、规范化方向前进。以制度规范旅游市场并努力营造一个好的旅游环境。

4. 转型结果及经验

经过多年的尝试与发展，焦作市的旅游业获得了很大的进展，年待客量从 1999 年的 51 万人次增长至 2007 年的 1202 万人次，旅游总收入也增长了六十余倍，旅游业为焦作市的经济做出了巨大的贡献，焦作市成功地实现了产业转型，成为我国北部地区一座成功的旅游城市。

从中可以看出，在转型过程中，一些经验值得其他地区进行借鉴。焦作市抓住了资源与市场相匹配的规律，形成了政府主导与全民参与的转型模式，即在意识到可能出现资源匮乏的问题后，焦作市开始进行升级。同时，在转型过程中，焦作市意识到发展旅游业能够克服之前经济发展所带来的问题，焦作市本身的资源又能够支撑旅游业的发展，从而产生了新的经济发展模式这种模式便是把该城市的另外一种资源优势转变为新的经济增长点，因此，各地区在进行经济转型时应首先进行调查，确立自身的比较优势，从而实现有的放矢的转型与发展。

（三）攀枝花市

1. 城市概况

攀枝花位于中国西南地区，是"南方丝绸之路"上重要交通枢纽。攀枝花自然资源丰富，其中，全市已探明的铁矿（主要为钒钛磁铁矿）有73.8亿吨，是中国的四大铁矿之一，被誉为"中国钒钛之都"。到2007年末，钒钛磁铁矿保有储量达到66.94亿吨，此外还有多种稀贵的金属。

攀枝花形成于清朝的同治八年，在1936年，地质学家常隆庆在金沙江畔，发现磁铁矿石，随后他又陆续发现了51处矿点。1953年我国进行第一次地质普查工作，确认了攀枝花及其周围地区是一个巨型的铁矿。2015年，人均GDP达到75078元，增长8.2%，产业结构由上年的3.4:73.8:22.8调整为3.4:71.4:25.2。

2. 资源开发导致的困难和问题

作为一座资源型城市，攀枝花存在很多资源型城市常见的问题，例如产业结构单一、城市布局不合理、生态环境较差等。随着煤炭资源的不断开采，攀枝花煤炭资源的储量捉襟见肘。而且其铁矿，同样面临着自身的枯竭问题。同时，攀枝花的工业主要是资源的开发与初级的加工业，具有科技含量较低、产业增加值较小、市场优势竞争不足的特点。

社会方面，交通和城市基础设施滞后，城市功能不完善，影响了其对外开放和吸引外来投资的能力。此外，富余人员的存在和突出的人才结构性矛盾，制约了企业的经济效益，也给带来了社会隐患。

经济方面，攀枝花属于资源型城市，其依托的攀钢、攀煤集团都为国有大型企业，企业需要投资兴办医院和意愿等社会公益型事业以服务旷工的生产生活活动，但伴随市场化体制的建成，企业来操办社会的规模持续扩大，费用支出很大，这事企业的竞争力下降。

环境方面，攀枝花建设具有"矿在城中，城中有矿"的特殊布局，由于以往落后的技术以及不合理的矿产资源开采方式，在矿产资源大规模开发利用的同时，引发了大量的地质灾害，同时造成较为严重的植被破坏、水土流失、"三废"污染和水均衡破坏等矿山环境问题。

3. 转型路径选择及配套政策

（1）城市转型的战略定位

在我国工业化快速增长阶段，攀枝花市也随之发展迅猛，但是随着工业化进程逐渐进入到中后期阶段，其GDP竞争力与排名逐年下降，粗放型工业为主导的产业结构模式和以传统采矿业已不能适应城市发展产生的新需要。与此同时，依赖资源开采的产业形式是非可持续的，城市产业结构需要进行合理的转型。

所以调整产业结构，是这个产业单一的资源型城市实现可持续发展的途径，还需要发展循环经济及延长矿业的产业链，发展矿产品的加工业并提高资源综合利用率，寻找新经济增长点，增加矿山服务年限，对传统型产业结构进行升级。

（2）产业转型的路径选择

立足于攀枝花的城市经济发展方前景，产业转型升级主要包括：做大做强六个优势产业。依据技术创新，提升金属残值率和回收率，建设低污染、低能耗的资源产业。

一是重点打造新能源、清洁能源等多样高附加值行业。二是依靠南亚热带立体气候资源来发展阳光生态旅游和现代特色的农业，同时打造阳光生态旅游度假区，发展生产性服务业、消费性服务业，力争倾力打造区域性中心城市。三是发展农业机械制造产业。机械制造业是攀枝花工业的主要替代产业，近几年来也有了较快的发展，但目前仍是产品品种单一，科技的缺少含量，不能形成整体的优势，没有自主研发的主打产品。所以，攀枝花应重点发展农业机械制造，特别是适合山区的产品。

（3）转型的配套政策

一方面，攀枝花有广泛的中药材加工的资源和医疗资源，正在努力利用已有资源，着力打造地区医疗高地，走中西医结合之路，争取成为中医药区域高地。另一方面，攀枝花已有一所普通高等院校和一所职业高等院校，两院校的年入校新生达已近万人，此外，还有一大批中等专业学校和职业技术学校，可以为其教育业发展打下良好基础。

4. **转型结果分析**

经济方面，攀枝花市充分发挥了工业区产业集聚和项目孵化方面的体制和机制优势，积极地引进了一批新的工业项目。在 2016 年，攀枝花地区的生产总值增长 8%，达到 1014.68 亿元，首次突破千亿。

资源方面，攀枝花市实现了工业增长推动力的转换。工业增加值增长 9%，清洁能源行业也快速发展。

社会方面，攀枝花市在 2016 年，民生工程总资金为 58.28 亿元，与同期相比增长了 42.5%，并扎实推进脱贫，共实施 15 个年度扶贫专项的工作计划和 10 个扶贫专项方案，总计扶贫资金投入为 9.9 亿元。

环境方面，攀枝花市在近年来，共投入资金 100 多亿元，先后对 600 多个工业污染源进行处理，有 100 多家污染企业被关停。全市的天气优良天数比去年增加了 10 余天，其中，优良率提高了 2.5%。

5. **可供借鉴的经验教训**

为提升企业的投资积极性，扩展城市影响力，应制定清洗化的地方奖励政策。对符合条件的新兴科技产业及实体经济实施奖励制度，减免收营业所得税。还要对进驻新区的优秀研发中心实验的进口原材料实行免税，来对今后跨国公司研发中心引进的示范作用。

优化投资环境，体现本地特色。资源型城市的产业升级需要有新产业项目进行带动，而国内外社会资金流入能够加快经济结构转型。伴随着资本投入增加，科学技术与经济理念、思路也会随之发展。所以通过精心培育区域投资环境，有利于地区产业在竞争中居于有利的位置。

在政府的推动下开展因地制宜战略，促进产业结构转型升级，海外有关经验表明，需要在政府主导下，以一定政策支持的方式来开展产业结构升级。如此可以缓和因缺少社会保障机制导致的医疗、养老等诸多社会问题。

（四）韶关市

1. 城市概况

韶关是"中国有色金属之乡"，被称为"中国锌都"，全市目前探明矿产达到 55 种，其中 23 种的保有储量处于全省首位。

韶关煤炭的开采历史可起源于西汉时期，手工业开采始于唐代后期。到唐宋时期有色金属的开采冶炼已经相当普遍。除煤炭外，唐代主要还有金、铁的开采和冶炼。宋代的韶州是我国的铜冶炼中心，南宋末年，韶关已开始使用煤炭炼铁。新中国成立后，1978 年 6 月经国务院、中央军委批准成立的核工业广东矿冶局，在 60 和 70 年代相继建成了全国第一座清液萃取铀水冶厂和国内首创的直接制取核纯产品铀水冶厂。1966 年至 1978 年，韶关钢铁厂等一批国营企业被建成。韶关冶金工业逐步形成生产和经济规模，并以国营企业为龙头，推动各县矿业的发展。1978 年实行改革开放后，能源工业摆上重要位置，一方面国家增加煤炭工业投资，扩大生产力；另一方面，对生产能力较弱的城市进行调整。

2. 资源开发导致的问题和困难

经济方面，韶关市城市化水平不高，产业集聚程度较低等问题。随着市场竞争的加剧，韶关只依赖粗放型经济发展的方式自然难以持续。

环境方面，随着矿产资的长期开采，以及工农业的发展，韶关的水资源污染严重，含氮量超标，在 2010 年被评价的 784.5 千米中，铁等重金属普遍超标。

资源方面，韶关矿产资源由于经过长年的开采，矿产资源产量减少，可开采的资源出现下降，开采难度较大。社会方面，资源短缺带来的主要产业的衰败导致当地失业率和就业人数下降，下岗人数激增，大量的矿工无处就业，再就业压力很大。

3. 转型路径选择和配套政策政策

（1）城市定位

韶关已具备较为坚实的物质基础，体制机制较完善，随着主体功能区的建设，广东、香港、澳门确立了连接内陆地区的主导地位，韶关地区土地等资源储量丰富的比较优势将更加明显。从韶关的发展定位出发，探索出一条生态文明发展路子，从而突出大旅游、大交通、大产业三个重点，加快生态建设系统化、特色资源产业化和新型工业化建设。

（2）转型路径选择

一是积极建设"中国锌都"，建设金属材料特色产业基地，支持发展配套环保产业。二是以万达等企业集团为龙头，重点发展塑胶等玩具产品，支持玩具企业抓住机会，开拓国内市场。三是加快发展先进制造业。建设优势产业链，优化重大产业布局构。重点发展资金技术密集产业。四是完善装备制造业发展政策，提高整机生产能力，使其从零部件向整机生产进行转变。依靠当地企业，发展船用铸钢件、冶金和工程机械液压缸等产品。促进装备制造向高端制造发展，提高自主创新比重。

（3）配套政策

金融税收等行政政策。按照主体功能区建设的思想，对公共财政体系进行完善，建立和完善省直管县的财政管理体制。学习先进国家经验，创新监管模式。加快金融市场改革，增强信用体系的建设

民生社会资源环境等政策。一是建立统筹城乡的就业促进体系，采取更加积极的就业援助政策，增强对高校毕业生、就业困难群体的扶持力度。二是加快推进社会保障体系建设。加快推进新型农村社会养老保险制度，提高医疗保障水平，增强社会保障能力，缩小地区差距。

4. 转型结果及分析

（1）经济方面

2015年，经济发展稳中有进。城乡居民收入差距继续缩小。全市地方财政预算收入超过8亿元。东莞对韶关对口帮扶成果明显，共有125个签约项目，总投资额为316.9亿。新增加6家国家高新技术企业，专利申请和授权的数量连续10年居全省市首位。

（2）社会方面

民生支出占财政总支出的比重有所提高，社会保障体系不断进步。农村劳动力技能培训工作在全省保持了领先的水平。人均养老保障金等民生标准有所提高，城乡间医疗保健均等化取得突出进展。完成国家和省文化惠民工程任务，积极组织文化性活动，新媒体等文化建设拓展，地方文化品牌的培育有新成果。建成20个乡镇农民体

育健身工程，在省综治创平考核中名列第一，群众安全感测评位居全省第四。

（3）资源环境方面

全年规模以上工业综合能源消耗量661.34万吨标准煤，同比下降5.9%。全年用电量111.27亿千瓦小时，下降6.7%。位居国家生态文明先行示范区行列，生态建设和节能减排成效明显。

（4）转型存在的问题

2015年经济发展未达预期，原因既包括经济下行压力加大又包括对新常态发展新特征的认识不够深刻。导致了区域发展不平衡，经济发展质量不高，能源资源约束力加大；基本服务在数量上供给不足，政务服务水平不能达到广大群众的要求

5. 可供借鉴的经验和教训

一是主动调整发展思维，积极融入"珠三角"。韶关作为粤北重要的矿业城市，积极顺应时代的变化，依靠先天的资源禀赋和历史上的倚重在今天的转型中发展得相当可观。二是进行产业升级，发展绿色新兴产业。韶关市在改革开放时没有紧跟发展的步伐，在过去的发展过程中，没有把资源保护和环保作为附带条件，导致资源枯竭。现在韶关着力打击"非采"，为建造绿色之城发展绿色新兴产业。

（五）石嘴山市

1. 城市概况

石嘴山位于宁夏回族自治区北部，2015年全市地区生产总值共计482.38亿元，第一产业、第二产业、第三产业分别为25.92亿元、308.33亿元、148.13亿元。先后被列为国家资源枯竭型城市转型试点市、国家生态文明先行示范区、国家承接产业转移示范区等。

石嘴山的现代工业起步于20世纪50年代，1955年，以石嘴山为中心的贺兰山北段煤田被建立。为了达成"三五"计划期间煤炭工业的要求，科学调整煤炭矿业机械制造业的布局，西北煤矿机械工厂兴建完成。随着煤炭产业的发展，大量的配套设施被建设起来。在90年代，石嘴山地区的煤炭资源逐渐减少，由国家出资建设的7个大型矿井逐一闭井，亟待转型。

2. 资源开发导致的困难和问题

资源枯竭，矿区沉陷问题突出。石嘴山市的采煤历史达到50余年，为国家经济建设做出重大贡献，矿区煤炭资源面临着无煤可采的问题。2000年以后，原石炭井矿务局许多矿坑现已全面停产。煤炭生产矿区出现严重塌陷，目前已形成的沉陷区面积为41.35平方公里，涉及总人口达十万余人，住户共有三万余人。

产业结构单一，轻重工业比例严重失衡。由于其依靠采矿及矿产品加工，石嘴山

市经济结构单一，易受到外界的冲击，轻、重工业比例严重失衡，造成了以农产品为原料的加工制造业发展滞后，不利于农业发展和农民收入提高。

职工下岗，社会保障压力大。石嘴山的城市区是依附煤炭企业而建。产业结构的改革导致就业岗位的减少。随着煤矿及相关企业的停产，有3万多煤炭职工下岗或转岗。这些失业员工只能滞留社会，为社会的发展带来了严重的影响。

环境污染严重。石嘴山市高耗能占全市50%以上。石嘴山市大气中二氧化硫等有害气体均超过国家标准；矿区乱采引起水土流失。

3. 转型路径选择及配套政策

（1）城市转型战略定位

石嘴山市是重要的能源和原材料基地。全市工业企业超过5000家，钢及钢材等主要工业产品产量在全区第一，煤基炭材产量占全区总产量的80%以上；因此石嘴山市的煤炭资源优势十分明显，这便为加快推进产业集群发展奠定了基本条件。

石嘴山拥有自治区级高新材料产业开发区，全市骨干企业中有80%设立了企业研发机构。全市拥有各类专业人才25717人形成了雄厚的人才优势。沿海经济发达地区产业转移为石嘴山市的转型提供了机会，近5年来，全市承接产业转移有了进一步的提升。截至2012年，全市共引进项目237项，国电集团年产5000吨多晶硅等一批重大产业转移项目，涉及化工、能源等多个领域。

（2）产业转型路径选择

基于以上现状，石嘴山市制定了抓好传统行业的基础上，开拓新兴行业的转型模式。2004年，石嘴山市决定实施"兴六补六"战略。2010年，在《石嘴山市资源枯竭城市转型规划中》，进一步规定了发展方向。

据国家主体功能区划分，石嘴山市属于沿黄城市带上重点开发建设主体功能区。依据不同定位，石嘴山市设立了"4+4"产业集群和特色产业的发展目标。

大武口区为石嘴山市政治、经济中心，国家核准的省级经济开发区，集中了国家三线建设布局的稀有金属材料等产业。其他领域也取得了稳定的发展。因此，大武口区被定为机械装备制造业、新材料产业和服务业发展区。

惠农区工业水平较高，被称为"宁夏工业重镇"。区域内拥有国家发改委核准的自治区级工业园区，主要工业产品有煤等产品。惠农区同时拥有公—铁—海货运枢纽型陆路口岸。惠农区因此定位为以传统产业改造提升为主导的陆港经济区。

新材料产业依托中色东方等龙头骨干企业，建设国家级新材料产业示范基地。近几年，石嘴山市招商引资，以大项目促转型。石嘴山经济开发区先后引进了蓝天网架钢结构等26个配套项目，实施了科通冶金等58个产业升级和循环化改造项目。

（3）转型的配套政策

石嘴山市在政策方面受到大力扶持。在产业政策方面，优先支持重点项目，并在项目审核等方面给予支持。鼓励地方各级方政府通过建立担保基金、资本金注入和落实税费减免政策等方式，鼓励金融机构进行专项贷款，从而促进转型与发展。在土地资源方面，2009年国土资源局签发相关规定支持新能源产业发展，能源项目用地采用划拨方式供地，免收土地出让金，土地供应方面对廉租房等地免收新增建设用地有偿使用费，以支持石嘴山市的经济转型。在民生方面，石嘴山市从2000年开始实施小额贷款制度，发放贷款1200万元至1600万元不等；同时实施了减免税收政策，只要是持有"再就业优惠证"的下岗人员经营网点，则免交营业税和所得税。

4. 转型结果分析

据2015年石嘴山市国民经济和社会发展公报统计，石嘴山市生产总值达到482.38亿元。第一产业、第二产业、第三产业的增加值分别为25.92亿元、308.33亿元、148.13亿元。2014年以来，石嘴山市入规企业59家。至2016年8月，占工业比重达到45.5%，为经济的增长做出了突出贡献。四大特色产业中，新能源产业的产值达到20亿元，占全部工业总产值比重的1.7%。生物医药产业工业总产值达到60亿元，占总产值比重的5%。生态方面，规范发展煤炭市场成效显著，破坏生态环境的开采行为得到治理。城市环境质量得到提升，饮用水水质全部达标石嘴山社会经济的是典型的投资驱动型，依靠招商引资的项目来促进产业的"扩链"与增值，就业岗位的提升。石嘴山市尚未形成自我积累与发展的能力，支撑转型的经济基础仍不够牢固。

5. 可供借鉴的经验教训

石嘴山市充分吸取国内外资源型城市转型正反两方面教训，以政策为辅，通过对生态改善、产业持续发展、民生保障等多维度的转型，取得了一定成效。

合理选择替代产业，平稳实现转型。充分考虑煤炭资源正在枯竭的现状，从延拓煤炭产业链的角度寻求接替产业，重点做强做大新材料等四大产业，同时培育发展光伏产业等新兴产业。石嘴山市根据自身优势将其建设成以煤炭为主的，具有较强辐射力和吸引力的区域工业城市，巩固传统产业的基础地位。

合理规划，强化中心居民点功能。石嘴山市在工业园区的规划时，充分基于"以人为本，以方便生活、有利生产、有助于促进城市功能多样化"的基本思路，开展城镇建设。如将作为经济、政治文化中心的大武口区定为新材料产业等行业发展区。将具有雄厚工业基础的惠农区，定位为以发展物流发展为主导的陆港经济区。这样的规划定位，充分利用了区域自身的优势特点，在形成新的产业聚集区时能大大的缩减成本。

狠抓节能减排，发展循环经济。通过对园区产业综合配套升级等产业链进行延伸和技术改造，串起循环经济链条，培育了 50 多家循环经济示范企业，并列为国家循环经济示范区。循环经济将生产得到的废渣废液进行充分利用，实现企业产品间的内部循环。

四、再生型资源型城市

（一）盘锦市

1. 城市概况

盘锦是中国最大的超稠油、稠油、高凝油生产基地，辽河油田就位于此市。盘锦市也是首批 36 个率先进入小康的城市，其人均 GDP 连续八年居全省首位。至 2015 年，地区生产总值达到 1267.9 亿元，同比增长 4.6%。三次产业增加值占地区生产总值的比重分别为 9.5%、54.0% 和 36.5%。

盘锦市的发展大致分为艰苦创业和转型发展两个阶段。1999 年提出转型发展的理念。自 2007 年盘锦被国家确定为资源型城市转型试点市，把握全面转型、向海发展、以港强市"一条主线"，奋力实施沿海开发，统筹推进"四个转型"，实现了城市由内陆资源型到沿海开放型的突破、产业由单一支撑到多元发展的跨越。

2. 资源开发导致的困难和问题

产业结构单一，制造业发展仍有优势。在 24 个工业部门中，只有 5 个工业部门的增加值比重大于 1% 的，各工业部门间发展的不平衡，工业经济增速波动性较大，经济增速缓慢。

地方财力不足。资源随开采而减少，资源型产业能够提供的税收也相应减少，对城市经济拉动作用下降，地方收入降低，引致对重大基础建设、企业改制、社会保障等一系列问题的资金短缺。

"大企业、小政府"问题。辽河油田、盘锦集团作为资源型产业的大集团，对盘锦经济发展有极大影响，造成政府管控力度降低，降低对经济的调节能力。

企业创新能力不足。大型资源企业缺少对高新技术发展的动力，对人才的引进和重视程度不足，使得经济失去活力，形成恶性循环。

3. 转型路径选择及配套政策

做大做强港口。一是规划建设亿吨级大港，建设陆上分运带、港口社区、海内外物流网带、港区和综合电子信息平台五大物流平台。二是构建高效的网络化集疏运体系，建成疏港铁路，促进沈盘、疏港和沟海三大铁路在渤海站连接，形成海铁联运路网基本格局，港口与新城建设互促促进。

重点发展临港临海产业。以港强市，紧抓两头在外、大进大出为特征的临港工业。力推装备制造业，培育港口物流业，打造东北地区石油装备物流中心、化工物流中心和海工装备物流中心。

发展现代农业。盘锦的大米、河蟹闻名全国。一要促进农民增收，加快农业对外开放的步伐，多渠道吸引外资，推进农业产业化、规模化。二要大力加强基础建设，保护耕地，提高抗灾水平。三要进一步发挥科技的作用，提高机械在农业生产中的应用。

实施向海发展战略，加快建设具有吸引力的国际旅游胜地。盘锦有着珍贵的生态旅游资源如红海滩、芦苇荡、丹顶鹤、黑嘴鸥。推进旅游基地建设，加大力推进商品交易市场建设，以旅游促消费。

转型的配套政策。盘锦市主要在四个方面制定并推行了相应的转型政策：一、坚持向海开发开放战略，推动建设沿海经济带，建成"一核、一带、一轴、多点"的战略性布局。二、推动石化及精细化工业及新材料产业发展，促进产业结构升级。积极发展油气采掘的上下游工业，促进结构优化与升级。同时大力发展新能源、生物制药等新兴产业，积极提升产业支撑体系建设能力。三、推进农村城镇化、工业化和农业现代化，统筹城乡发展，在全市 395 个行政村实施了道路建设、造林绿化等九类农村环境的整治工程。四、推动体制机制创新。推进行政区划调整，实行市政府垂直管理，形成"4＋2"的发展格局，努力下放行政管理权限。

4. 转型结果分析

经济增长提速，向海发展切实有效，旅游业成果喜人。"十二五"期间，地区生产总值年均增长率达到 8.9%，人均地区生产总值达到 8.7 万元，公共财政预算收入累计达到 651.5 亿元。居民收入增加，社会保障建设改善。居民人均可支配收入达到 31083 元，财政用于民生领域支出占比 66.7%。在全省率先开展医疗保险并轨工作，低保的标准提升 10%，居全省首位，完成了 1.1 万名贫困人口脱贫。

转型存在的问题。一是开放程度不高，产业链延伸程度不够民营经济规模较小，难以满足群众需求，社会治理水平与领导治理水平仍然需要提高。二是接替产业发展面临困难，周边城市竞争激烈，由于在辽宁省内盘锦市的特色和体量不足，造成约束，无法和其他体量更大的城市竞争，高校对人才资的培养不足，影响企业创新能力。

5. 可供借鉴的经验教训

着眼于本市实际情况和条件，制定可靠并有切实可行性的方案。盘锦对依海地利的利用和由湿地、景区发展的旅游业可谓典范。

不过度依赖非可再生资源等，走可持续发展道路。盘锦大力扶持建设港口及其配套工业，将核心产业由石油转向港口值得城市借鉴。

加大人才吸引力度，形成良性循环。改善交通设施，为产业的发展打好基础。

（二）克拉玛依市

1. 城市概况

克拉玛依是我国重要的石油石化基地、新型工业化城市，是世界石油石化产业的聚集区。克拉玛依油田所处的准噶尔盆地自然资源非常丰富。该市石油石化产业链完整、实力雄厚，独山子石化、克拉玛依石化两大石化公司具备年122万吨乙烯生产和2200万吨炼油加工的能力。

克拉玛依市境内的资源具有开采时间早、发展时间长的特点。1909年，新疆商务总局在独山子钻凿开第一口工业油井，与甘肃玉门、陕西延长齐名的三大油矿之一。1956年，克拉玛依油田迎来了大规模发展时期，第一个的石油工业城市初具雏形。经过40多年的发展，至2002年，克拉玛依油田变成了西部第一个年产油量千万吨级油田。2015年，生产总值达到670.1亿元，较上年增长0.5%，三次产业结构比例为0.76:67.51:31.73。

2. 资源开发导致的困难和问题

产业结构极度不均衡，经济成分单一，发展受石油资源型企业影响较大。克拉玛依市与周边融合度差，产业结构不均衡。石油开采和加工占工业总产值的92.95%，只与少数配套产业形成了主导产业链，产业链条较短，对当地居民生活与就业的拉动有限，大型国企占比较大，中小企业发展落后。

城市区位不佳，市场有限。克拉玛依区位远离发达地区，产品运输成本较大，难以受到经济中心的积极影响。当地石化产品有限的市场需求制约发展，石化产品的运输受铁路运能和距离的限制，产品附加值低。

生态和环境保护的难度大。地处古尔班通古特沙漠的西部边缘，生态环境脆弱、自然条件艰苦，生态保护的难度大。在克拉玛依长期高强度、长期的开采导致当地的土壤、水喝空气受到影响，生态修复任重道远。

3. 转型路径选择及配套政策

（1）城市转型战略定位

资源优势突出。克拉玛依拥有多样化的资源能源，包括天然气2.5万亿立方米，石油86亿吨。当下，已探明石油地质储量仍较少，勘探仍处于初级发展阶段，具有不小的发展潜力，是内陆石油"稳定东部、发展西部"的战略接替地带。

向西开放战略中的区位优势。克拉玛依地处泛中亚地区的中心区，具重要区位优势，是不可或缺的交通枢纽、区域中心城市。随中哈原油管道和中亚天然气管道贯通克拉玛依，克拉玛依对油源的供应承担着重要战略地位。

丝绸之路经济带来的新机遇。随"一带一路"推进和丝绸之路经济带核心区的构建，对外投资环境改善，沿带国以能源资源换取资金技术的愿望更加迫切。

（2）产业路径选择

2010 年初，克拉玛依市提出了"打造世界石油城"的构想、"632"发展战略及"三步走"的目标。建设"炼油化工、油气生产、机械制造、石油储备、技术服务、工程教育"六大基地，在发展核心产业链之时突出"信息、金融、旅游"三大新兴产业，打造"安全城市、宜居城市"两大平台。三大新兴产业中值得一提的是信息产业，丰富的煤炭资源满足持续电力供应；广袤空地为大规模的数据中心的建立提供了低成本的土地；优越的地理位置使克拉玛依成为铺设光纤的最经济位置。在"632"发展战略提出后，市政成立了信息化管理局，"数字油田"、"智能油田"相继启动。

（3）转型的配套政策

中央在投资、财政补贴方面有相应政策倾斜，2015 年，上海市综合克拉玛依地区的发展战略，在教育、医疗等领域提供支持，还将把上海旅游、金融等优势产业，推广至克拉玛依，促进当地发展。人才引进方面，克拉玛依市委提出了"1+4"人才政策，吸引科技型人才，补上高层侧领军及专业型人才的缺口，创新能力。招商引资方面，对产业结构调整的重大项目前期由财政给予30%比例的补贴，对符合要求的信息产业企业，不动产投资贷款给予年限最长三年，100%的贴息扶持。为提升民生保障能力，财政向民生投入的比例不断上升。教育、医疗卫生、社会保障和就业支出均超过财政收入的增幅。

4. 转型结果分析

目前，六大基地已初具规模，为城市转型打下了坚实基础，产业链也初具规模。一方面产业多元化发展，引进了 96 家国内外知名企业落户，石化园区开始出现聚集效应，成为国家新型工业化产业示范基地和城市矿产示范基地。中国石油大学（北京）克拉玛依校区被建成，为克拉玛依市的发展增添了新的动力。新兴产业发展较快，年均增速分别达到 19%、22% 和 25%。2015 年，地方生产总值达到 176.5 亿元，地方经济占全市 GDP 比重达到 26.3%。同时面对着新挑战。一是国际油价仍处于低位，石油石化工业增长速度缓慢，替代性能源得到迅猛发展。二是产业转型遇到困难，新兴产业仍然处于新兴阶段，受到了各种因素的制约。三是区域辐射能力不足，产业协作不紧密。四是缺少相应的人才，这导致地方企业的创新能力不够。

5.可供借鉴的经验教训

立足自身，发展"主副结合"多元经济结构。抓住当地丰富的石化资源储备的特点，通过延长产业链并适当发展替代产业，形成"主副结合"的多元经济结构，保证经济的可持续性。

科技创新，培育特色化城市。将制度和技术创新作为新的发展动力。制定"世界石油城"的现代产业体系目标，大力发展石油衍生的第二、三产业；以科技创新为动力，提高信息化水平，建设"智能油田"。在丝绸之路经济带的规划下，加强克拉玛依和世界其他油城的联系，形成技术和服务的纽带。

与经济发达城市对接，弥补缺口。面临转型过程中的问题，克拉玛依借助与上海市形成的一对一援助，利用经济发达城市带来科技、信息、医疗等方面的专业人才，促进克拉玛依市各方面的项目合作及投资建设。

第十三章 案例透析：资源型城市转型的内生动因

过去 20 多年中，资源型城市对可持续发展的路径进行着不断的探索和尝试，创造了有中国特色的资源型城市转型发展的历史篇章，其为资源型城市的探索转型发展积累了丰富的实践经验。然而，不同的资源禀赋和基础条件决定了有多少个城市就有多少种不同的转型发展模式，找出散落在不同城市、不同阶段的直接推广和借鉴的转型经验，并通过"抽丝剥茧"剖析驱动转型的共性动因和普遍障碍，从而归纳总结具有普遍适用性的转型经验和模式，关系着进一步提升城市转型的内在动力，从而决定了资源型城市转型的效果，这些方面的研究是专业学术机构责无旁贷的职责。为此，在本书的最后部分，选择了涵盖成长、成熟、衰退、再生四个阶段，矿业、森工两个资源类型，以及地级市、县级市、县级、自治州等不同行政区的 36 个资源型城市，结合"中国资源型城市转型指数"评价结果，对其转型的主要动因和目前存在的普遍障碍进行分析，并进一步归纳出符合我国资源型城市转型实践的转型发展模式，以指导城市转型发展实践。

一、案例城市的选择与构成

基于"中国资源型城市转型指数"——效果指数、创新指数、能力指数、压力指数、预警指数等评价结果，从 115 个资源型城市中选择了 26 个具有典型特色的城市，同时从自治州、县级市、县级以及管理区等选取了 10 个城市进行案例分析。这些案例城市主要基于以下三大标准进行选取：一是转型总体效果突出或转型创新指数、转型能力指数等得分突出；二是在五类转型指数中，某项二级或三级指标表现突出，且对转型评价的影响相对较大；三是转型评价得分不突出（过高或过低），但在城市转型探索中选择或应用了具有一定代表性的举措。

表14-1　36个案例城市的基本情况与资源特点

序	名称	所在省	资源情况		转型指数得分及排名				
			资源类型	发展阶段	转型效果 指数／排名	转型创新 指数／排名	转型能力 指数／排名	转型压力 指数／排名	转型预警 指数／排名
1	咸阳	陕西	煤、铁	成长型	0.498 81	0.495 25	0.505 31	0.164 116	0.33 115
2	延安	陕西	煤、油、气	成长型	0.521 69	0.400 59	0.454 56	0.270 90	0.408 83
3	榆林	陕西	煤、油、气	成长型	0.571 38	0.368 83	0.452 57	0.346 48	0.447 51
4	大庆	黑龙江	油、气、 地热	成熟型	0.638 11	0.536 9	0.576 9	0.297 81	0.360 108
5	鸡西	黑龙江	煤	成熟型	0.424 107	0.202 111	0.252 116	0.439 15	0.594 3
6	东营	山东	石油	成熟型	0.602 21	0.669 2	0.645 3	0.323 60	0.339 112
7	三门峡	河南	煤等矿产	成熟型	0.535 60	0.447 39	0.500 34	0.298 79	0.399 87
8	湖州	浙江	煤、铁等	成熟型	0.675 4	0.631 7	0.605 6	0.309 69	0.352 110
9	云浮	广东	硫等金属矿	成熟型	0.595 23	0.374 77	0.400 84	0.266 92	0.433 63
10	百色	广西	铝土、水能	成熟型	0.483 88	0.290 108	0.534 18	0.328 58	0.397 90
11	七台河	黑龙江	煤等	衰退型	0.339 115	0.185 115	0.318 111	0.512 2	0.597 2
12	伊春	黑龙江	森工、矿产	衰退型	0.588 26	0.226 112	0.337 106	0.430 18	0.546 6
13	抚顺	辽宁	煤、金属矿 等	衰退型	0.544 53	0.391 65	0.456 53	0.307 72	0.426 71
14	阜新	辽宁	煤等矿产	衰退型	66	0.299 107	0.423 74	0.450 11	0.513 12
15	焦作	河南	煤等矿产	衰退型	0.491 84	0.5 22	0.545 15	0.405 21	0.430 68
16	濮阳	河南	油、气等	衰退型	0.419 109	0.383 68	0.423 73	0.294 86	0.427 69
17	枣庄	山东	煤等	衰退型	0.444 100	0.466 31	0.599 7	0.301 77	0.351 111
18	攀枝花	四川	铁等	衰退型	0.596 22	0.425 47	0.490 40	0.448 12	0.479 28
19	韶关	广东	锌等金属矿	衰退型	0.642 9	0.503 20	0.467 48	0.354 41	0.444 55
20	石嘴山	宁夏	铁矿等	衰退型	0.627 16	0.310 104	0.440 67	0.524 1	0.542 8

续表

序	名称	所在省	资源情况		转型指数得分及排名				
			资源类型	发展阶段	转型效果指数／排名	转型创新指数／排名	转型能力指数／排名	转型压力指数／排名	转型预警指数／排名
21	铜川	陕西	煤等矿产	衰退型	0.572 37	0.268 111	0.477 43	0.332 54	0.428 70
22	鞍山	辽宁	铁矿等	再生型	0.425 105	0.448 38	0.423 75	0.383 32	0.480 26
23	盘锦	辽宁	石油	再生型	0.522 68	0.375 76	0.529 17	0.388 28	0.425 72
24	通化	吉林	煤等矿产	再生型	0.565 43	0.425 46	0.382 93	0.343 49	0.48 25
25	克拉玛依	新疆	油、气等	再生型	0.565 44	0.508 19	0.500 33	0.387 33	0.443 59
26	徐州	江苏	煤、铁等矿产	再生型	0.514 71	0.664 3	0.521 23	0.302 76	0.391 93
27	灵武	宁夏	煤、气、油等	成长型—县级市	—	—	—	—	—
28	鄯善县	新疆	煤炭等	成长型—县级	—	—	—	—	—
29	延边	吉林	黄金、煤等	成熟型—自治州	—	—	—	—	—
30	神农架	湖北	磷矿等、森工	成熟型—林区	—	—	—	—	—
31	任丘	河北	油、气等	成熟型—县级	—	—	—	—	—
32	遵义县	贵州	煤等矿产	成熟型—县级	—	—	—	—	—
33	大冶	湖北	金等金属矿	衰退型—县级市	—	—	—	—	—
34	个旧	云南	锡等有色金属	衰退型—县级市	—	—	—	—	—
35	灵宝	河南	黄金等矿产	衰退型—县级市	—	—	—	—	—
36	石家庄	河北	焦煤、石灰岩等	衰退型—矿区	—	—	—	—	—

　　这 36 个城市，行政区级别上，含有地级市 26 个，县级市 5 个，县 2 个，自治州、林区、矿区各 1 个。资源型城市成长阶段方面，有成长型城市 5 个、成熟型 11 个、衰退型 15 个、再生型 5 个。从城市的资源类型来看，主要资源是矿产类的城市有 25 个，油气类的城市有 9 个，森工类城市 2 个。从省域来看，36 个案例城市分布在 17 个省份中，覆盖东、中、西部地区。

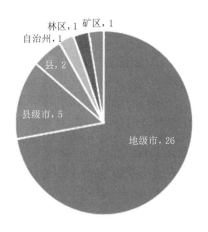

图 14-1　36 个案例城市的行政区级别构成

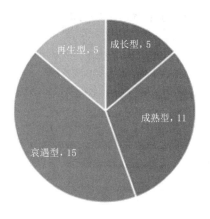

图 14-2　36 个案例城市的成长阶段构成

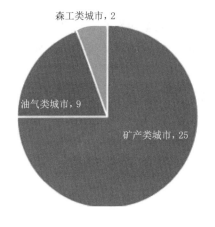

图 14-3　36 个案例城市的资源类型构成

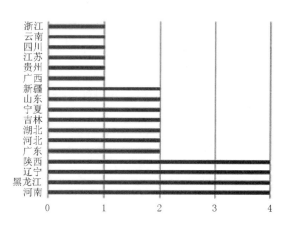

图 14-4　36 个案例城市的省域分布

二、案例城市的主要特点分析

对 26 个案例城市的"中国资源型城市转型指数"的得分进行分析，可看出当前案例城市转型发展中所呈现的主要特点：

一是衰退型城市面临较大的资源压力，但主体资源利用能力相对较高。如今经过不断开采、挖掘，衰退型资源城市均面临较大资源压力。在 11 个资源型城市中，过半数的城市主体资源压力大于 26 个城市的平均值，其中七台河市、石嘴山市、铜川市的资源压力尤为突出。但面对较大的资源压力，衰退型城市主体资源利用能力得分普遍较高，均高于其他类型城市的平均值，其中阜新、焦作、枣庄、韶关的主体资源利用率是 26 个城市平均值的近 3 倍之多。

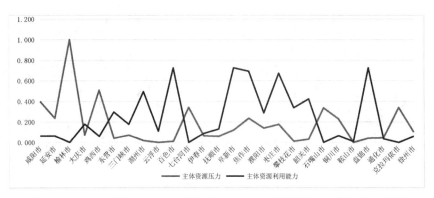

图 14-5　26 个案例城市的主体资源压力和主体资源利用能力评价得分情况

二是成长型资源型城市经济增长压力小，但是经济效率相对高。与其他成长阶段的城市相比，案例城市中处于成长阶段的资源城市其经济压力平均值得分相对低于其他类型，但其经济效率却最高，一定程度上说明成长型资源型城市在面临转型方面，对于提高其经济效率的任务相对较小，重点是要解决其资源利用率。相反，衰退型城市的经济压力最大，但经济效率却最低，其面临的经济转型任务十分迫切。

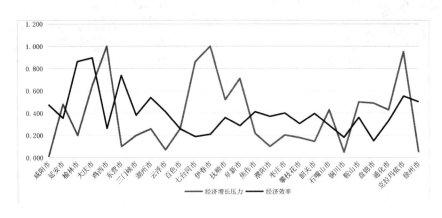

图 14-6　26 个案例城市的经济增长压力与经济增长效率评价得分情况

三是成长型和衰退型城市的财政压力较大，同时社会保障和就业问题突出。通过比较发现，成长型和衰退型城市的财政压力较大，表明当地财力与面对转型所需的政府财政支出需求相比相对较弱。但更为突出的是，与财政压力较大共存的是社会保障和就业问题十分突出，尤其是对于衰退型城市来说，因此如何合理分配有限的政府财政资源，在经济转型和社会发展水平提升方面达到效果最佳，是此类资源型城市政府部门所必须首先要考虑的问题。

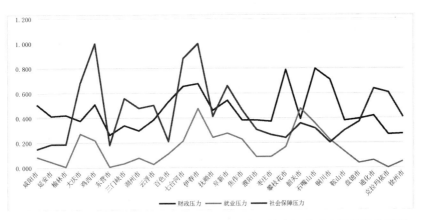

图 14-7　26 个案例城市的财政压力、就业压力、社会保障压力评价得分情况

四是油气类城市的经济结构转换能力普遍弱于森工城市和矿产类城市。对不同的资源类型城市进行比较，可以发现，油气类（延安、大庆、东营、濮阳、盘锦、克拉玛依）城市经济结构转换能力普遍弱于森工城市（伊春）、矿产类资源型城市，表明在产业转型方面寻找和培育替代产业的任务较重。

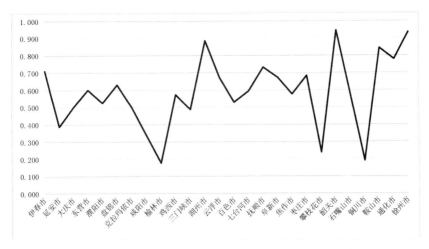

图 14-8　26 个案例城市的经济结构转化能力评价得分情况

三、不同类型资源城市的转型动因分析

（一）基于城市转型评价的动力因素分析

第一，发展环境。不同的发展压力决定了资源型城市转型的基础和发展环境。从转型压力指数的二级指标中关于资源压力、环境压力、经济压力、社会压力四个方面的评价可以看出，成长型城市面临的资源压力相对较小，但相比之下环境压力和经济压力突出，因此某种程度来说，触发成长型城市探索转型发展的原始动力是对于可持续发展的一种主动力量，相对而言其转型的外在约束性和迫切性较弱。成熟型、衰退型和再生型的部分城市均面临较大的资源压力和环境压力，尤其是衰退型城市，从各类压力的平均值来看，其资源、环境、经济、社会压力均相对较高，转型任务异常艰巨和迫切。相对于成长型城市来说，衰退型城市转型的内在动力源于经济、社会、环境的不可持续性，是一种当正常发展步伐难以维系时，城市的主体（政府、企业、个人）所被动应对危机的一种原始动力。

表14-2　不同类型城市的发展环境分析

类型	城市	发展环境			
		资源压力	环境压力	经济压力	社会压力
		（转型压力指数二级指标）			
成长型	咸阳市	0.10	0.30	0.16	0.10
	延安市	0.09	0.24	0.33	0.41
	榆林市	0.06	0.57	0.47	0.28
成熟型	大庆市	0.53	0.00	0.27	0.39
	鸡西市	0.14	0.45	0.69	0.48
	东营市	0.69	0.28	0.18	0.14
	三门峡市	0.17	0.58	0.19	0.25
	湖州市	0.38	0.35	0.15	0.36
	云浮市	0.22	0.28	0.15	0.42
衰退型	百色市	0.34	0.54	0.25	0.18
	七台河市	0.36	0.46	0.79	0.44
	抚顺市	0.05	0.51	0.60	0.56
	伊春市	0.39	0.26	0.28	0.30
	阜新市	0.31	0.62	0.47	0.39

续表

类型	城市	发展环境			
		资源压力	环境压力	经济压力	社会压力
		（转型压力指数二级指标）			
衰退型	焦作市	0.77	0.45	0.17	0.23
	濮阳市	0.33	0.42	0.26	0.14
	枣庄市	0.39	0.48	0.20	0.14
	攀枝花市	0.57	0.40	0.64	0.18
	韶关市	0.25	0.48	0.16	0.52
	石嘴山市	0.74	0.34	0.46	0.56
	铜川市	0.22	0.41	0.38	0.32
再生型	鞍山市	0.76	0.32	0.25	0.21
	盘锦市	0.70	0.26	0.28	0.31
	通化市	0.21	0.51	0.42	0.23
	克拉玛依市	0.52	0.06	0.40	0.54
	徐州市	0.62	0.27	0.12	0.20

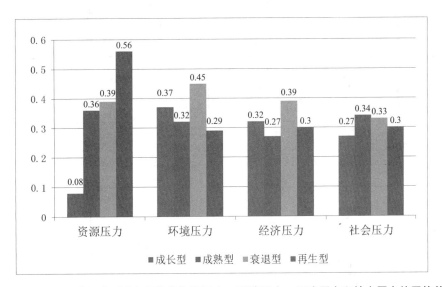

图 14-9　不同成长类型城市面临的资源压力、环境压力、经济压力和社会压力的平均值

第二，要素投入效率及相关因素。从资源要素的投入来看，不同城市的资源利用效率有所不同，总体来看，再生型城市和成熟型的部分城市资源利用效率较高，如大庆、东营达到 0.9，克拉玛依和徐州达到 0.76，这样确保在同样投入量的情况下获得较高的产出。此外，经济结构转换能力来看，成长型城市仍除以要素投入为主的经济增长阶段，其经济结构转换能力较弱，相比之下，成熟型和再生型城市的经济转化能力相对较强，且劳动力结构也相对完善，有助于提升要素投入效率。而衰退型城市由

于面临着较强的资源环境约束，在产业结构调整方面的转型力度较大，因此部分城市具备较强的经济结构转换能力，是促进其转型的主要动因，但部分城市劳动力结构优化程度不够，未能有效提高要素投入的生产率。

表14-3　不同类型城市的要素投入效率和经济结构优化情况

类型	城市	资源使用	结构优化	
		资源利用效率（创新指数二级指标）	经济结构转换能力（转型能力指数二级指标）	劳动力结构（转型效果指数二级指标）
成长型	咸阳市	0.70	0.338	0.54
	延安市	0.65	0.388	0.39
	榆林市	0.39	0.178	0.56
成熟型	大庆市	0.90	0.500	0.34
	鸡西市	0.32	0.573	0.31
	东营市	0.90	0.601	0.44
	三门峡市	0.70	0.488	0.35
	湖州市	0.60	0.886	0.60
	云浮市	0.55	0.671	0.69
衰退型	百色市	0.57	0.530	0.73
	七台河市	0.40	0.594	0.08
	抚顺市	0.68	0.714	0.43
	伊春市	0.45	0.732	0.50
	阜新市	0.54	0.673	0.35
	焦作市	0.52	0.576	0.61
	濮阳市	0.51	0.525	0.52
	枣庄市	0.70	0.683	0.49
	攀枝花市	0.32	0.239	0.51
	韶关市	0.60	0.946	0.65
	石嘴山市	0.50	0.575	0.58
	铜川市	0.42	0.191	0.34
再生型	鞍山市	0.58	0.843	0.54
	盘锦市	0.59	0.631	0.41
	通化市	0.70	0.778	0.56
	克拉玛依市	0.76	0.500	0.23
	徐州市	0.76	0.938	0.74

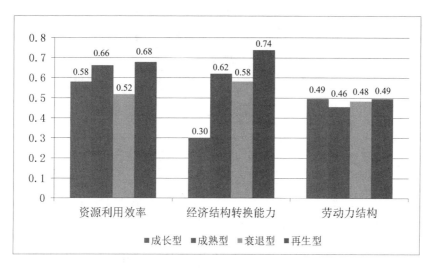

图 14-10 不同成长类型城市的资源投入效率及相关因素评价平均得分情况

第三，创新驱动。总体来看，所有案例城市的创新驱动能力均不够突出，未能有效形成以创新来推动转型发展的局面。相比之下，成长型城市的创新驱动能力最弱，再生型城市的创新驱动能力最强。其中，在技术创新方面，成熟型城市的技术创新能力较强，反映出技术创新已成为成熟型城市转型发展的重要动因。

表14-4 不同类型城市的创新得分情况

类型	城市	创新因素	
		创新驱动能力	技术创新
		（转型能力指数二级指标）	（转型效果指数二级指标）
成长型	咸阳市	0.26	0.09
	延安市	0.31	0.10
	榆林市	0.22	0.10
成熟型	大庆市	0.26	0.16
	鸡西市	0.30	0.11
	东营市	0.37	0.28
	三门峡市	0.39	0.53
	湖州市	0.52	0.35
	云浮市	0.43	0.78

续表

类型	城市	创新因素	
		创新驱动能力	技术创新
		（转型能力指数二级指标）	（转型效果指数二级指标）
衰退型	百色市	0.71	0.08
	七台河市	0.17	0.10
	抚顺市	0.13	0.18
	伊春市	0.25	0.12
	阜新市	0.26	0.16
	焦作市	0.50	0.13
	濮阳市	0.25	0.08
	枣庄市	0.65	0.13
	攀枝花市	0.40	0.24
	韶关市	0.45	0.49
	石嘴山市	0.15	0.14
	铜川市	0.26	0.14
再生型	鞍山市	0.35	0.18
	盘锦市	0.27	0.18
	通化市	0.46	0.17
	克拉玛依市	0.39	0.30
	徐州市	0.59	0.11

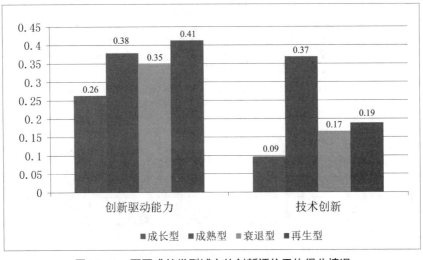

图 14-11　不同成长类型城市的创新评价平均得分情况

第四，政府及市场因素。总体来看，加强环境治理是当前资源型城市的普遍做法，也是资源型城市促进环境改善的重要手段，评价得分相对较高。相对于其他城市，衰退型城市由于经济发展的波动和社会发展、环境治理的任务，地方财政面临的压力较大，单纯依靠自身财力无法支撑转型发展。从市场效率来看，所有城市的市场效率偏低，也即社会投资、市场竞争和金融环境秩序相对较差，无法有效发挥市场手段支撑城市的转型发展，是当前资源型城市转型面临的普遍问题。

表14-5　不同类型城市的政府和市场因素评价得分情况

| 类型 | 城市 | 政府因素 | | 市场因素 |
| | | 环境治理 | 财政压力 | 市场效率 |
		（转型效果指数二级指标）	（转型压力二级指标）	（转型效果指数二级指标）
成长型	咸阳市	0.91	0.51	0.167
	延安市	0.81	0.41	0.101
	榆林市	0.84	0.42	0.096
成熟型	大庆市	0.90	0.38	0.254
	鸡西市	0.72	0.51	0.188
	东营市	0.97	0.26	0.103
	三门峡市	0.78	0.34	0.290
	湖州市	0.90	0.30	0.365
	云浮市	0.78	0.39	0.225
衰退型	百色市	0.72	0.53	0.245
	七台河市	0.78	0.66	0.156
	抚顺市	0.76	0.68	0.337
	伊春市	0.77	0.46	0.707
	阜新市	0.84	0.54	0.385
	焦作市	0.81	0.38	0.273
	濮阳市	0.92	0.38	0.130
	枣庄市	0.95	0.37	0.171
	攀枝花市	0.48	0.79	0.259
	韶关市	0.85	0.39	0.230
	石嘴山市	0.93	0.80	0.322
	铜川市	0.93	0.71	0.290

续表

类型	城市	政府因素		市场因素
		环境治理	财政压力	市场效率
		（转型效果指数 二级指标）	（转型压力 二级指标）	（转型效果指数 二级指标）
再生型	鞍山市	0.63	0.38	0.158
	盘锦市	0.91	0.39	0.108
	通化市	0.84	0.42	0.306
	克拉玛依市	0.95	0.27	0.130
	徐州市	0.92	0.27	0.214

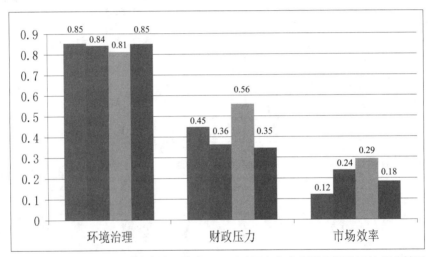

图 14-12　不同成长类型城市的环境治理、财政压力和市场效率评价平均得分情况

（二）基于城市转型实践的转型动因分析

第一，成长型城市的转型举措及主要贡献因素分析。总体来看，成长型城市保持着第二产业占绝对优势的经济结构，这说明这类城市的增长模式仍以资源投入型为主，与其所处的成长阶段相符。从转型举措来看，普遍选择在做大做强现有资源型产业（如能源、化工）的基础上，一方面进行产业链延伸，提高资源型产业的经济附加值，另一方面围绕自身区位优势，以重点项目、产业园等为依托、积极培育第一、三产业的发展后劲，进行产业结构的优化。其中，促进经济转型的方面主要源自于产业结构的优化、资源利用率的提高、人才的投入，得分均较为突出，但需要注意的是由于经济增长依然是资源依赖，其经济结构转换的能力不够突出。而环境改善则来源于环境治理能力的提高。

表14-6　成长型城市的经济特点及转型举措

名称	《资源型城市可持续发展规划》确定的重要战略	2015 GDP（亿）	2015 年三产结构	城市特点及问题	经济转型发展的战略及举措
咸阳	—	2155.91	15:58:27	不依赖煤炭发展，是高新技术集中的城市，农业科技创新好，西北地区唯一一个国家级的综合配套改革实验区	一是做大做强以能源化工为龙头的优势产业。二是积极改造和提升传统产业。三是大力发展战略性新兴产业。四是促进服务业加快发展。五是以"升一融二延三"为抓手，切实推进"三农"工作
延安	天然气后备基地、资源型城市重点旅游区（红色、人文）	1198.63	9:62:29	获得中央支持力度较大，属于资源依赖强烈的资源城市	围绕"能源化工强市、绿色产业富民、红色旅游兴业"三大战略，做优以油煤气为支撑的能源化工产业，构建新型工业体系；做大以苹果为主体的绿色产业，构建现代农业体系；做强以红色旅游为特色的文化旅游产业，构建现代服务业体系
榆林	石油后备基地、煤炭后备基地	2621.29	8:62:32	依托煤炭资源，曾经发展快，但限采后遭受冲击较大	以推进资源深度转化和加快产业多元化为核心，以构筑优势产业链为重点，以产业园区为载体，以重大项目为抓手，着力构建以能源化工为主导、现代服务业和特色农业为支撑高端低碳现代产业体系
灵武	矸石山污染综合治理试点工程：灵武市磁窑堡煤矿区	357.45	3:85:12	煤炭城市，煤的深加工做得很好，社会民生发展领域做的也不错，县级中比较有代表作用，靠资源深加工发展	通过"兴工强市和特色优势产业带动"两大战略，以园区为载体、产业为支撑、项目为保障，突出发展煤电化、羊绒、有色金属、粮食加工等支柱产业和优势特色产业，加快建设以优势特色产业为支撑的新型工业体系。同时，推进宁东基地建设，重点建设火电产业、煤化工产业、循环经济产业等产业集群

　　第二，成熟型城市的转型举措及主要贡献因素分析。与成长型资源型城市相比，成熟型资源型城市经过资源的开采和利用，目前存在的产业结构单一、环境污染问题以及社会保障压力等逐步凸显，因此结合当地资源禀赋和环境承载力不同城市选择了不同的经济转型路径。如鸡西、百色、遵义等通过突出农业、旅游业，来不断提升第一、三产业的比重，以此来弱化对资源的依赖，创造新的经济增长点，

大庆、三门峡、湖州等则借助于区位优势和区域经济发展战略，选择了以外向型发展模式来延长产业链的转型模式。在经济转型中，需要注意的是，东营、湖州、云浮的劳动力结构、创新驱动的得分相对较高，而产业结构的优化则来自于经济结构转换能力的不断提升。

表14-7　成熟型城市的经济特点及转型举措

名称	《资源型城市可持续发展规划》确定的重要战略	2015 GDP（亿）	2015 年三产结构	城市特点及问题	经济转型发展的战略及举措
大庆	大庆市石油石化装备制造产业集群精神文化设施（大庆油田历史陈列馆）	4070	7:65:28	成熟型，曾经是中国最大的油气田，现在是最大的油田，现在依靠石油经济发展得还可以，但对于石油的依赖程度高，石油技术输出这方面发展得也较好，算是产业链延长	面对内"油"外困的经济发展窘境，大庆提出了"依靠油但不依赖油"的口号，目标是形成多元接续产业，建立可以独立直面市场波动与消费终端的产业链体系。目前，大庆共梳理出25条重点产业链，力图实现产业链的精深整合来拉动经济转型，依托产业链增强发展要素的产业内生力
鸡西	鸡西市石墨精深加工产业集群，鸡西市煤炭资源综合利用产业集群，矸石山污染综合治理试点工程：鸡西市大恒山煤矿区	571	29:39:32	产业结构单一、产品附加值低、企业竞争力不强的问题仍然突出；立市、立县（市）区的大项目、好项目少，部分在建项目进展迟缓	实施"两个转变"战略，做优第一产业。坚持以工业化理念发展农业，推动传统农业向绿色品牌农业战略转变、种植业向畜牧业战略转变；实施"双轮驱动"战略，做强第二产业；实施"旅贸牵动"战略，做大第三产业
东营	—	3450.64	3:65:32	条件艰苦，开采成本高，社会负担严重	出台《东营市人民政府关于调整化工产业布局的意见》（下称《意见》）。《意见》有三个突出特点：一是发展思路清晰，产业布局定位准确。二是严把项目关。三是制定强有力地保障措施，强化督导落实

名称	《资源型城市可持续发展规划》确定的重要战略	2015 GDP（亿）	2015 年三产结构	城市特点及问题	经济转型发展的战略及举措
三门峡	—	1260.55	9:60:31	三类产业结构不合理，面临着一产不优、二产不强、三产不大的现状，工业占了全部经济总量的67%，而资源性工业占据了工业总量的70%	三门峡市目前已确立优先发展高新技术企业、先进制造业、新能源开发和环保产业，优化经济结构，促进产业升级的发展战略。同时，建设"大通关"与"大交通"，大力发展商贸业和旅游服务业，促进对外开放
湖州	—	2084.3	6:49:45	国家发改委等六部委联合下发了《关于印发浙江省湖州市生态文明先行示范区建设方案的通知》，决定在浙江省湖州市开展生态文明先行示范区建设。据悉，这是目前浙江省唯一一个国家级生态文明先行示范区，湖州也是全国首个获批建设生态文明先行示范区的地级市	湖州正加快南太湖一体化规划建设，形成南太湖生态经济产业集群。2016年起，湖州市又进一步升级了产业结构体系，确定了加快发展信息经济、高端装备、健康产业和休闲旅游四大重点主导产业，改造提升金属新材、绿色家具和现代纺织散打传统优势产业，并积极培育地理信息、新能源汽车、特色金融、节能环保、电子商务、生物医药和文化创意等若干新兴增长点
云浮	—	710.07	21:44:35	受区位条件、资源禀赋、原有基础等因素制约，经济社会发展比较落后，社会管理面临巨大压力	为改变这种局面，云浮将基层作为着力点，探索出一条具有自身特色的社会管理路子。一是大力发展现代生态农业。二是大力发展旅游业，深度发掘整合各种文化旅游资源，推动旅游、文化、文物和生态融合发展
百色	铝土矿后备基地，百色市左右江红色旅游系列景区（点）	980.35	17:53:30	矿产开采是露天采矿场、尾矿，具有"分布散、规模小、水平低"的特点。同时城市城镇化率偏低，劳动力的文化教育水平与全国的平均水平存在不小的较大，对经济增长的支持偏弱	市场拉动转、改革推动转、创新驱动转、政府引导转、要素跟着转，加快传统优势产业转型升级。同时，促进外贸稳增长。加快周边国家口岸升格开放。争取国家批复当地口岸升格为国际性口岸、水果进境指定口岸。对接国家、自治区实施口岸通关便利化改革，提升贸易便利化水平

名称	《资源型城市可持续发展规划》确定的重要战略	2015 GDP（亿）	2015 年三产结构	城市特点及问题	经济转型发展的战略及举措
延边	木材后备基地	915.1	8:49:43	延边州作为少数民族边境地区，一直面临经济总量不足、结构不优、生产粗放、产品不优、经济发展相对迟缓的问题	以发展"绿色经济"为主题，以实现"绿色转型"为主线，向"绿色生态"要红利，构筑"一核、两轴、多节点"的产业空间布局，努力在吉林省率先实现绿色转型发展
任丘	—	565	4:59:37	华北油田的所在地，原来非常富有，现在石油逐渐枯竭。但环境问题突出，2006 年曾爆发大规模水域污染问题，所属 9.6 万亩水域受到污染，水色发黑	任丘市根据各区域自身的区域优势，并依托传统优势产业，为各区域制定了相应的转型计划。倾力壮大四大特色战略性新兴产业（能源装备制造产业、新型功能材料业、通用航空产业、新一代电子信息产业）
遵义	—	242.41	17:46:37	资源方面开发利用与勘查存在突出问题：如勘查工作不足，勘查程度偏低，特别是煤矿和铝土矿。已有勘查工作仅涉及含矿地层出露的部分地段，对覆盖较浅的隐伏矿有较多地段尚未进行工作	围绕"千年古县，最美田园"发展定位，以实施重大项目为抓手，建设"千亿园区"为载体全力加快新型工业化、新型城镇化、农业现代化和信息化进程，对外以补充完善产业链条和发展新兴产业来抓招商引资，对内以做大做强传统产业来推动产业转型升级

第三，衰退型城市的转型举措及主要贡献因素分析。与其他成长阶段的城市相比，衰退型城市面临的转型压力较大，并且是经济、社会、环境全方位的。从转型效果来看，除铜川、石嘴山、攀枝花、韶关外，多数城市的转型效果不佳，尤其是七台河、鞍山、枣庄等，其转型效果排名较为靠后，依然面临着较大的压力排名靠后。其中，焦作是旅游资源开发利用的典范，通过自然资源的挖掘和培育实现了优势产业支柱的转移，攀枝花则通过城市布局和产业优化的同步实施，有效地提升了城市功能，优化了产业结构，是"矿在城内"类城市转型的典范。

表14-8　衰退型城市的经济特点及转型举措

名称	《资源型城市可持续发展规划》确定的重要战略	2015 GDP（亿）	2015年三产结构	城市特点及问题	经济转型发展的战略及举措
七台河	—	220	16:37:47	面临困难最严重的资源型城市，东北地区经济塌陷，经济负担负担大，已经开采很多年，交通区位偏远，依赖国企，社会矛盾激化，下岗率高	坚持"依托煤、延伸煤、不唯煤、超越煤"的思路，立足煤炭资源型城市转型实际，坚持复合式渐进式转型模式，计划在巩固全省重要的能源基地和煤电化基地的基础上，进一步将七台河打造成国家"城市矿产"示范基地、国家煤化工产业基地、国家信息惠民示范城市等，积极融入黑龙江陆海丝绸之路经济带建设
抚顺	红色旅游：抚顺战犯管理所旧址 先进制造业产业集群：抚顺市工程机械装备制造产业集群 大型矿坑重点治理工程：抚顺市西露天煤矿区 重点精神文化设施：抚顺雷锋纪念馆	1216.5	8:49:43	抚顺对煤炭的过度开发也造成了大量生态和社会问题。因采煤形成的地质灾害影响区域达到57.07平方公里，地质灾害频发，导致占城区的45.3%居民企业搬迁，生态环境治理业务艰巨。截至2009年9月底，全市退休人员供养比达到3:1	2013年下半年，为顺应新形势的发展，抚顺市委做出决议：将抚顺转型为消费主导型城市。同期，抚顺市政府又提出建设"国家资源枯竭型城市可持续发展示范区"。（1）大力发展旅游业作为接替产业。（2）延长产业链，发展资源深加工。（3）发展多元化产业。（4）推进"沈抚同城"，依托沈阳发展经济
阜新	矿山工业旅游：辽宁阜新海州露天矿国家矿山公园 大型矿坑重点治理工程：阜新市海州煤矿区 精神文化：阜新万人坑死难矿工纪念馆	542.1	22:39:39	城市发展环境基础恶化，资源枯竭，产业效益下降，依赖资源，缺乏开发性，相对封闭	阜新作为全国经济转型试点城市，同时面临国家振兴东北老工业基地战略这一重大历史发展机遇。在对非金属矿产资源开发和二次资源的综合利用的决策上不仅符合国家产业政策，而且也符合经济转型的最终目标，得到了国家、省及有关部门在资金、技术、税收等方面的大力支持。（1）大力发展现代农业，突出农业特色。（2）大力发展第三产业和其他战略性新兴产业。（3）调整优化工业结构，优化发展能源产业

续表

名称	《资源型城市可持续发展规划》确定的重要战略	2015 GDP（亿）	2015 年三产结构	城市特点及问题	经济转型发展的战略及举措
焦作	焦作市云台山风景名胜区	1943.37	7:61:32	典型煤炭城市，可作为旅游样板的城市	焦作市以发展旅游业为产业转型主要接替产业。为此焦作市进行了煤矿产业的整治工作，使其向着绿色化发展，减少对环境的污染同时。焦作市制定并实施了《矿产品流通通行证制度》
濮阳	吸纳就业的产业集群（濮阳市清丰家具产业集群） 地下水破坏重点治理工程（中原油田濮阳油区）	1333.64	12:57:31	濮阳市的产业发展除了原油和天然气产品，其他工业制品也多为初级加工产品，都存在加工深度不够，产品档次低，产业链条短的问题	濮阳市结合城市本身特点，将产业转型定位于工业强市与旅游城市。（1）以旅游产业作为濮阳市接替产业。（2）科技创新推进产业转型
枣庄	山东枣庄中兴煤矿国家矿山公园，枣庄市台儿庄大战遗址，枣庄市煤炭深加工产业集群，枣庄市机床产业集群，枣庄市台儿庄文化创意产业集群，塌坑治理（枣庄市枣陶煤田闭坑矿）	2030	8:52:40	指数排名靠前，煤炭加工方面做得好	传统产业不断优化升级，战略性新兴产业形成优势，工业化与信息化深度融合，产业迈上中高端水平。新产业新业态不断成长，服务业比重进一步上升，消费对经济增长贡献明显加大，基本实现农业现代化。主要经济指标更加平衡协调，空间布局进一步优化
攀枝花	—	925.18	4:71:25	攀枝花市是一座先有企业、后建城市的典型资源型城市，具有"矿在城中，城中有矿"的特殊布局，影响了中心城市综合功能的发挥，对外开放和吸引外来投资的能力	整个城市的产业升级与转型中主要包括：积极做大做强钒钛产业、钢铁产业、能源产业、化工产业、机械制造业、矿业这六大优势产业。重点打造新能源、清洁能源与可再生能源等多元化高附加值产业。依靠南亚热带立体气候资源发展阳光生态旅游和现代特色农业

续表

名称	《资源型城市可持续发展规划》确定的重要战略	2015 GDP（亿）	2015 年三产结构	城市特点及问题	经济转型发展的战略及举措
韶关	稀土矿后备基地：韶关市 自然风光旅游：广东省韶关市丹霞山景区 先进制造业产业集群：韶关市轻型装备制造产业集群等 滑坡泥石流重点治理工程：韶关市乐昌五山镇萤石矿区 重金属污染重点治理试点工程：韶关市仁化凡口铅锌矿区	1111.5	13:41:46	经济总量偏小，城市化水平不高，产业集聚程度较低，自主创新能力不强，城乡区域发展不平衡，扶贫开发任务较重	狠抓人力资源培训和配置、提高城市和产业聚集度两个关键，突出大交通、大旅游、大产业三大重点，加快推进新型工业化、新型城市化、特色资源产业化和生态建设系统化
石嘴山	石嘴山市沙湖旅游景区 石嘴山市脱水蔬菜加工产业集群（吸纳就业）	482.38	5:64:31	石嘴山时面临的社会压力最为突出，其中安全压力和就业压力非常突出	2010 年，在《石嘴山市资源枯竭城市转型规划中》，进一步明确了传统产业和接替产业的发展方向。依据不同区县区域功能定位，石嘴山市设立了"4+4"产业集群和特色产业的发展目标。其中，四大产业集群分别为新材料产业、装备制造产业、电石化工产业与冶金产业，四个特色产业为新能源产业、生物医药产业、新型煤化产业与现代纺织产业

名称	《资源型城市可持续发展规划》确定的重要战略	2015 GDP（亿）	2015 年三产结构	城市特点及问题	经济转型发展的战略及举措
铜川	铜川市川口石灰岩矿区（滑坡泥石流重点治理工程）	324.54	7:59:34	市场主体单一，国有企业主导城市发展。这种大企业、小市政的局面，使其难以形成完整的以地方社会经济为主体的城市功能圈，由此甚至还产生了市矿的条块割据	按照"依托资源、突出特色、彰显优势、延伸产业链、提高附加值"的思路，以重大项目为抓手，大力发展煤电、铝业、水泥和接续产业四大产业集群，着力打造能源重化工、现代建材、铝工业和农产品加工四大基地，围绕支柱产业、重点发展企业，成立技术和产品研发中心，鼓励企业转化利用科研成果，推动煤、电、铝、水泥、陶瓷联产联营，实现资源深度综合开发利用和多层次转化增值，全面推进新型工业化进程
大冶	大冶市还地桥矿区矿山地质环境重点治理工程，大冶市铜绿山铁矿区污染物防治重点治理工程	509.98	10:64:26	经济结构欠佳，产业发展极度不平衡。传统采掘业劳动力随着产业转型带来的产业规模缩小，结构优化带来的劳动力需求下降而下岗失业。主要矿产资源开采量的下降直接导致大冶市5万多资源产业工人失业。	大冶经济转型要依托现有经济开发区和灵成工业园这"两个平台"，做大做强钢铁、水泥、保健食品加工"三大产业"，围绕结构调优、机制调优、生态创优、环境创优这"四大重点"。（1）大力发展现代农业，发展农副产品深加工。（2）改造升级传统产业，培育新的经济增长点。（3）利用当地特色发展旅游业。（4）加强园区建设，大力招商引资
个旧	重金属污染重点治理试点工程：个旧市个旧锡矿区	224.72（2016）	6:68:26	旧市锡矿，在铁矿前就已经生产，之前比较富裕，但现在交通区位不便，发展滞后	利用东盟自由贸易区建设的契机，实施资源外向战略，鼓励和支持有条件、有实力的企业走出去开拓资源新领域，不断扩大企业资源配置空间

名称	《资源型城市可持续发展规划》确定的重要战略	2015 GDP（亿）	2015 年三产结构	城市特点及问题	经济转型发展的战略及举措
灵宝	重金属污染重点治理试点工程：灵宝市金矿区	481.7	—	由于历史原因，小秦岭地区矿山企业形成了"多、小、散"的状况而矿业权人众多，隶属关系复杂，矿业权设置极其分散。由于矿业开发集中度较低，最终导致的是企业恶性竞争和效益下滑的不利局面	作为矿产资源大市，灵宝市选择了矿业循环经济的发展模式。（1）提高资源利用水平，保障矿业持续发展，通过建立综合利用评价体系，确保资源最大限度地充分利用。（2）区内整合优化布局，区外开发走出效益区内以优化矿业权布局，提高矿业开发集中度为目的，确保黄金资源向优势骨干企业聚集，做大做强黄金企业，着力打造灵宝黄金"航母"。区外以开发资源，增加储备为目的，实施走出去战略，实现再造一个"灵宝黄金"的目标。（3）实施深部外围找矿。（4）拉伸矿业产业链条，打造有色加工基地
石家庄井陉区	—	60.5	—	采煤沉陷区面积大，居民住宅、学校、医院等大部分基础设施不同程度受损，近6000户居民的民房倾斜开裂成危房，抗震保安、防汛避险能力极差。井陉矿区塌陷区面积达2.8万多亩，不少农民因采空区塌陷而弃耕	2013 年，石家庄市人民政府发布《关于加快井陉矿区资源枯竭城市转型升级的实施意见》。第一，支持井陉矿区构建循环经济产业体系，同时鼓励新兴产业创新引领，重点支持生物医药、绿色建材等行业加快发展。第二，支持井陉矿区工业园区建设，以矿区工业园区纳入省级园区为契机，着力推进园区水、电、气、公路、铁路等基础设施建设。第三，支持井陉矿区大力发展现代服务业

　　第四，再生型城市的转型举措及主要贡献因素分析。与成长型城市相类似，再生型城市转型的主要阵地仍在工业领域，其重点是提高经济附加值和资源使用效率。其中，充分整合现有城市所具备的矿产类资源以及其他非矿类资源是城市转型的主要思

路。如盘锦通过发展海洋经济，拓展新的增长空间，鞍山、通化等则通过发展现代服务业、先进制造业等，建立与矿产经济并重的非资源类产业，有效地促进了其产业的优化和提升了经济的可持续发展后劲。

表14-9　再生型城市的经济特点及转型举措

名称	《资源型城市可持续发展规划》确定的重要战略	2015 GDP（亿）	2015 年三产结构	城市特点及问题	经济转型发展的战略及举措
鞍山	鞍山市滑石和方解石深加工产业集群	2349	6:48:46	鞍山国有大型矿山都是五十年代和六十年代初期建成投产的老矿山，经过四十多年开采，都进入深凹露天开采，矿体形态、地质构造、矿石质量等都有很大变化，如鞍钢所属四大铁矿山普遍出现硅酸铁、碳酸铁等难选矿石，给矿山开采和选矿造成难题，矿山产量逐年滑坡，采矿成本居高不下	本着增量调结构的原则，以"三转型一创新"作为鞍山经济社会全面转型的主线，围绕创新"四个共同发展"，采取有效措施，推动鞍山经济持续现代化转型。工业是鞍山市转变经济发展方式的主战场。（1）大力发展现代服务业，尤其是生产性服务业的发展。（2）推进钢铁产业和非钢产业共同发展，将"五业并举"作为鞍山经济现代化转型的重中之重。（3）围绕五大支柱产业、农业产业化和现代服务业的发展来关注支持相关中小企业的发展
盘锦	盘锦市船舶配套产业集群（先进制造业）盘锦市塑料和新型建材产业集群（资源综合利用集群）辽河油田盘锦油区（地下水治理）	1267.9	9:54:37	油气产量并不少 1000 万吨，经济发展情况还可以	"向海发展、以港强市"，加快由"内陆型"经济向"海洋型"经济转变。向海发展，先要做强港口，重点发展临港临海产业，实施向海发展战略，加快建设具有吸引力的国际旅游胜地

名称	《资源型城市可持续发展规划》确定的重要战略	2015 GDP（亿）	2015 年三产结构	城市特点及问题	经济转型发展的战略及举措
通化	—	1034.45	9:51:40	通化的矿业企业大部分均为小型企业，为了获得经济利益，存在大范围的盲目开采，无序竞争的状况，使得包括煤炭在内的部分自然资源面临枯竭。不仅如此，大部分小型矿业企业生产技术落后，生产效率低，出产的产品以低附加值的石材、原矿为主，产品附加值低，导致"增产不增值"现象的发生，企业效益水平较低	在城市发展战略的引领下，通化市积极实施企业提质增效工程，推动重点企业释放产能、扩产提效，促进工业稳定增长。同时，启动谋划布局千亿级产业扩容集群项目，加强规模企业培育，不断优化产业结构；大力发展服务业，加快产业转型升级步伐
克拉玛依	石油后备基地	670.1	1:68:31	经济发展程度高，GDP 排名靠前，在沙漠当中，只靠石油发展，依赖程度高，出路是和地方上和城市对接	"632"发展战略：建设"油气生产、炼油化工、石油储备、机械制造、技术服务、工程教育"六大基地，进一步做大做强核心产业链，同时突出"金融、信息、旅游"三大新兴产业，促进经济的多元化发展，并打造"安全城市、宜居城市"两大平台，营造良好的发展环境
徐州	徐州市文化创意产业集群	5319.88	9:45:46	徐州经济发展最大优势和劣势都在于依托资源。随着徐州现有矿产资源的日益枯竭，资源采掘业进入衰退期，不但逐渐失去了对徐州市发展的推动力，反而可能成为城市发展的阻力	大力发展低碳技术、节能环保产业，全面推进循环经济、清洁生产，实行"三废"集中处理，加快构建绿色产业链和资源循环利用链，培育绿色经济增长的新亮点。（1）大力发展新能源产业，建设"新能源之都"。（2）发展现代服务业，打造区域性服务业高地。（3）升级发展传统工业，改造传统农业

（三）资源型城市转型发展的共性动因分析

第一，资源使用效率提升。资源利用率相对较高的城市转型的效果普遍较好，这说明在普遍存在的资源、环境约束下，资源型城市对于资源利用的能力和重视程度均有所提升，促使资源开采和利用从粗放式向集约化转变。如在河南灵宝，政府通过加强对矿产资源开采的管制，对提高矿产资源的使用效率发挥了重要的作用。其主要做法是建立健全矿产资源开采利用的监督管理体系，并通过综合利用评价手段最大程度地提高资源开采效率，做到"吃干榨净"，使"贫矿变富矿"、"一矿变多矿"，让有限的资源生产了更多的产品。

第二，多元产业的培育。彻底扭转资源型城市所面临的"一产独大"的局面，是资源型城市转型发展的重点。在资源型城市的转型探索中，多数城市或者通过延伸产业链的形式，或通过整合资源培育新产业的形式，进行了多元化产业的培育探索，一定程度上使得产业结构得到优化，是促进其转型发展的主要贡献力量。如大庆市改变了原有的只出产初级石油产品的产业发展战略，积极发展橡胶产业和合成纤维等高附加值石油产品，并且引进了与石油相关的汽车制造业等产业，在石油减产的情况下，实现了经济的一定程度增长，值得借鉴。

第三，通过产业聚集区建设优化产业布局。在产业布局规划方面，多数城市充分利用自身区域优势特点及基础设施，推动建立新的产业聚集区，不断提高产业规模和产业聚集度，大大的缩减成本以及提高效率。如咸阳以新兴纺织工业园、乾礼泾现代建材产业板块建设为支撑，引导企业合理重组，提升产业聚集度。

第四，加强环境治理。案例城市中，环境治理能力的得分普遍较高，说明在城市的转型发展中，政府十分注重对于环境的规制，确保环境改善与经济发展同步实现，缓解经济发展和社会发展所面临的环境束缚。如陕西榆林通过立法的形式，先后推动出台了能源法，并修订完成煤炭、电力法，并加快天然气、石油以及核能等相关领域的立法出台，形成了以法律保护环境的强制化管理模式，提高了政府加强环境规制的力度。此外，政府利用信息化手段，建立信息共享系统，能源行业进行监测，并形成预警机制，有效地加强了对资源和环境情况的宏观监测。

第五，出台转型规划进行指导。在案例城市中，多数城市结合自身发展特点和转型任务，提出了明确的转型口号，并通过政府规划或官方文件的形式加以明确，使得城市转型发展具有明确的方向性和计划性，提高了转型的效率。如石嘴山市出台的《石嘴山市资源枯竭城市转型规划》中，明确了传统产业和接替产业的发展方向，并依据不同区县区域功能定位，设立了"4+4"产业集群和特色产业的发展目标。大庆提出了"依靠油但不依赖油"的口号，通过接续产业的不断多元化，提升产业的市场化发展能力。鸡西市委提出了坚持以转型发展为主线，大力实施"三大战略"的发展思路，目的是实现第二、三产业发展战略，着力做优第一产业。

第六，政府政策支持。我国资源型城市的转型发展离不开政府的支持。从案例来看，在资源型城市转型发展中，政府往往通过行政手段、财政政策、金融政策等对产业转型、企业的转型等进行支持，对于促进资源型城市转型发展发挥了重要的作用。如为发展采油行业的接替产业，大庆市政府出台了一系列金融、税收、行政审批等政策推动产业转型，同时出台一系列保障民生的政策，维护社会稳定。在金融领域，引进银行入驻，同时通过政府引导基金吸引民间资本加入，推动产业升级和社会公共设施建设。在税收方面，大庆市积极实施"核定征收""加速折旧"等税收政策，推进企业税负征收的规范化，帮助企业做好税收筹划工作。在行政审批领域，大庆市通过公布政府权力责任清单，取消、下放和调整市级行政审批事项布了政府权力清单和责任清单等，提高了行政审批的实效。此外，为保障和改善民生，缓解社会矛盾，大庆市在面临经济下行压力的情况下，仍拿出大量财政资金保障和改善民生。

（四）不同发展阶段城市转型的差异化动因分析

第一，成长型城市转型的动因：资源型产业链条的延伸和多元化。成长型城市保持着第二产业占绝对优势的经济结构，这说明这类城市的增长模式仍以资源投入型为主。在这种发展模式下，其经济转型发展的主要动因来自于产业链的延伸和多元化。因此在产业转型发展中，普遍建立起以资源深度转化为核心、以提升资源使用效率为导向的机制，进行产业链的延展，使得产业结构得以优化。如咸阳在发展中，注重因地制宜，振兴传统产业，同时强调产业链延伸与产业集群优势互补，不断促进产业结构优化。延安在转型发展中坚持三类产业并举、能源与化工并举、新兴产业与传统产业并举，大力推进能源深度转化发展和产业结构的多元化。榆林则凭借自身的资源优势，选择了能源产业深化，新兴产业培育等策略，推动产业发展的多元化、循环化和集群化，促进产业结构从单一向多元化转变。

第二，成熟型城市转型的动因：技术创新和外向型发展。成熟型城市的创新驱动能力培育出现了一定的成效，如大庆、东营、湖州的创新指数得分相对较高，且对人才的投入力度较大，表明创新城市促进成熟型城市转型的重要因素。如湖州通过实施以"南太湖精英计划"为龙头的系列引才工程，加快人才引进工作，为科技创新提供强有力的人才支撑。

值得注意的是，成熟型城市借助于资源开采的优势，部分开展了外向型发展模式，通过产业链的外延和资源的引进，借助外部机遇和力量缓解自身资源约束，促进转型发展。如任丘充分发挥其铁路、公路的交通区位优势，以交通为纽带，串联、激活全市产业链、价值链、分工链，建立起南北互动、经济互联、优势互补的产业纽带，构成了全市产业转型升级和可持续发展的主导带。而大庆依托原有石油工业体系和石油专业人才，积极开展对外石油技术输出，现已相继完成孟加拉国输油管道建设工程、伊拉克基尔库克油田设备维护、中俄输油管道二期等重大海外建设工程，创造了较大的经济效益。三门峡发挥地处黄河金三角地区的交通区位优势，通过大力发展商贸业和旅游服务业，吸引外来资源支持转型发展。

第三，衰退型城市转型的动因：产城布局优化并行以及非资源替代产业发展。对于衰退型城市来说，资源、环境、经济发展的问题并重，因此部分城市通过对城市功能进行重新布局和规划，通过产城同步优化的方式为转型发展注入了新的动力。如石嘴山市本着"促进城市功能多样化"思路，进行了城镇规划和产业园区建设，将作为经济、政治、文化中心的大武口区定为新材料产业、机械装备制造业和服务业发展区。在规划中，石嘴山市把具有雄厚工业基础的，且拥有港口的惠农区，定位为以传统产业改造提升、新能源产业发展物流发展为主导的陆港经济区。这样的规划定位，充分利用了区域自身的优势特点及基础设施，在形成新的产业聚集区时能大大的缩减成本以及提高效率。

此外，通过挖掘自身资源优势发展非资源类产业也是衰退型城市转型发展的动力。如焦作在探索转型发展中，依托其自身拥有的里有资源优势，把旅游业作为产业转型的主要方向，通过资金投入、制定政策和建设设施等多方面措施引导市场资源转向旅游业，同时通过实施"旅游带动"战略，形成了以旅游业带动产业转型和城市转型的"一带多"的引领式转型模式。如云南个旧则依托其自身在生物资源方面的优势，明确了接续产业的构成，并推动实施了茶多酚等一批生物资源加工项目的建设，有效地实现了经济的转型发展。

第四，再生型城市转型的动因：创新驱动能力。再生型城市转型发展中创新发挥了重要的作用。如克拉玛依把创新作为新的发展动力，以科技创新为动力，提升信息化水平，建立云计算园区，将创新技术运用到油田当中，建设"智能油田"。在丝绸之路经济带的规划下，将自身发展为信息中心，加强克拉玛依和世界其他油城的联系，形成技术和服务的纽带。徐州则抓住新能源产业发展的政策机建立健全了新能源产业技术创新体系，提升了产业可持续发展能力。目前，徐州经济技术开发区通过光伏产业链的发展带动了一大批配套企业的进驻，为徐州赢得了"亚洲硅都"的美誉。

四、基于案例分析的转型模式总结

（一）攀枝花模式：以原有产业的升级改造为主的集约化转型模式

多数资源型城市转型的特点可以用攀枝花作为代表，就是并不彻底摒弃原有的资源产业，仅仅单纯从资源型城市转变成非资源型城市，而是通过资源综合开发及利用，在资源产业内部探索转型，包含产业技术升级、产业链延伸等。这种模式的最大特点是通过技术提升和结构优化，通过传统产业的改造提升来培育接续产业，提高资源的综合利用率，优化产业结构，进而形成新的经济增长点。因此，这种模式不适应于资源储量十分有限或接近枯竭的城市。

（二）伊春模式：构建把非资源产业作为主导的转型模式（第一产业）

在林业资源匮乏的现实状况下，伊春市积极开发生态经济，提升产业层次。基于伊春地区多年来农业开采和林业开采底子较好，自然资源丰富的独特自然环境优势，伊春市把森林食品药品业作为其主要产业，重点围绕延伸畜牧、林药等六大主产业链，抓龙头、建基地、上项目，并结合各区优势建立不同的发展策略，推动辖区内各区域因地制宜发展做强第一产业，从而形成了从林业资源开采到农林资源有效利用的非资源化转型发展模式。

（三）焦作模式：构建把非资源产业作为主导的转型模式（第三产业）

在面临资源枯竭和巨大的环境压力时，焦作市结合自身资源禀赋，建立起以旅游业为主导的转型发展模式。焦作的成功转型可作为我国资源型城市经济转型的一种典型模式，此模式发展旅游业来接替传统资源能源产业，把当地旅游资源优势转化为经济优势，成为了"焦作模式"。此模式在我国如今的资源型城市的转型中有普遍借鉴意义，但仍要注意，此模式重视因地、因时、因人制宜，所以必须充分把握自身的条件，并进行前瞻性的谋划和筹备，并坚定不移的实施方可实现效果。

（四）盘锦模式：拓展外向型经济发展模式

不过度依赖非可再生资源等，不躺在资源上吃老本，而是发展新产业，找到新的增长点是盘锦模式的重要特点。盘锦在探索转型发展中，确立了"向海发展、以港强市"模式，同时要依靠盘锦荣兴港区亿吨吨级港口的建设，进而焕发优势，将连接东北的老工业基地与蒙东的最近的出海通道打造好，通过"内陆型"经济向"海洋型"经济的转变来摆脱对于资源的依赖，同时实现城市功能的再造。

五、当前资源型城市转型存在的制约因素

（一）政府面临较大的财政压力

从评价结果来看，多数城市的财政压力较大，表明当地财力与面对转型所需的政

府财政支出需求相比相对较弱。但更为突出的是，与财政压力较大共存的是社会保障和就业问题十分突出，尤其是对于衰退型城市来说，因此如何合理分配有限的政府财政资源，在经济转型和社会发展水平提升方面达到效果最佳，即资源型城市政府部门首先要考虑的问题就在于此。

（二）市场机制不够健全且投资环境差

如今我国的资源型城市转型一般都面临着市场机制不够完善的问题。大多数资源城市的成长和发展是在国家投资的推动下，在外部力量的植入下启动对资源的开采利用，从而形成的资源依赖型发展模式。因此其经济主体多以大型骨干资源型企业为主，并且经济发展资源向中央计划直接调控的中央级国有企业倾斜，导致地方企业发展实力偏弱，经济主体活力不足，市场难以有效发挥作用。

（三）资源型地方国有企业有待进一步改革

部分资源型城市在过去的发展中，逐步演变形成了"大企业、小市政"的特殊局面，其分割了市矿的布局，使得难以构成以地方社会经济为主体的完整的城市功能圈，同时也造成政府管控力度降低，降低对经济的调节能力。故加大对资源型国有企业改革的任务是十分艰巨的。同时，在市场经济条件下，大型矿产业国有企业由于治理结构的不完善，转型发展压力较大。在适当的条件下，应该对这类企业进行体制机制改革，增加股权结构的多样性。同时也必须注意解决下岗职工再就业的问题，还要预防国有资产流失。

（四）城市转型产生的新的同质化竞争问题

从区域角度，一般情况下，和某资源型城市毗邻的城市通常有相同的资源禀赋及区域特点，因此在转型发展中存在着一定的产业布局重复等同质化问题，可能会影响转型的效果。如榆林地区与鄂尔多斯、宁东等周边地区资源禀赋相同、产业布局重复、区域地位相近，应对同质化竞争也是榆林面临的现实挑战。在盘锦发展海洋经济之时，多数在辽宁沿海经济带上的城市都提出"以港兴市"目标，故盘锦市面临大连及营口在资源、人才、政策方面的竞争。由于在辽宁省内盘锦市的特色和体量不足，对转型造成了一定负面影响。

（五）技术型等专业人才不足

人才缺失也是资源型城市转型发展中所面临的普遍性问题。例如大冶，其企业在产业链升级改造方面亟需专业技术型与综合管理型人才，这会导致在部分产业园区内，存在企业间互挖人才。但另一方面，此处存在过剩的对知识、技术要求低的一般工人。这些都体现了新兴产业开发区之中的用工结构性问题。

（六）潜在的金融风险问题

目前部分资源型城市在发展中存在着一定的金融风险，一旦暴露将波及整个城市乃至区域经济发展。以铜川为例，其总投资中的 1/3 份额是需要银行提供信贷的支持的。客户及市场高度集中化使得金融资产质量与该产业兴衰有着高度相关性，在金融资源配置上很难做到分散，所以隐性金融风险可由产业缺位风险直接导致。

第十四章 结论与建议

　　培育资源型城市转型发展的新动能是供给侧改革的要求，同时也是实现资源型城市进行转型升级的必经道路。基于内生增长理论，本书从投入要素和行为主体展开分析，其中要素主要考虑了资源型城市具有相对优势的自然资源，行为主体考虑到了企业、政府和市场环境，通过理论或者实证研究分析其对于资源型城市的转型发展所起到的作用和影响。对于资源的要素，产权制度的完善、自然资源的资产负债表的推行都将利于资源节约利用与环境保护，实现资源型城市可持续的绿色发展，矿业资本市场的发展能够更好地提高资源配置效率和分散市场风险，以保障资源型城市经济的健康稳定。国内的市场化程度和国际市场分工格局是资源型城市发展和转型的根基，而企业和政府是中国资源型城市转型的主要推动者，对资源型城市的转型与发展起到不同的作用及影响。资源型企业需要主动转型和积极寻求外部资金技术支持，探索产业链的横向拓展和纵向延伸，发掘资源的多种价值实现企业多元化发展，同时需要通过海外并购和投资布局转移国内过剩产能，实现企业资源在全球的有效配置。政府在城市转型过程中具有引导作用，资源税改革和环境规制等政策措施对资源型产业具有直接和长期的影响，良好的制度环境与公共服务水平对于内生增长动力的提升至关重要。

一、中国资源型城市转型发展的动力来源

　　资源型城市最大的特点是形成了以存量资源投入为主的经济增长模式，但在资源、环境的承载力约束下暴露或隐藏着经济、社会、环境的发展矛盾，导致了可持续发展极难以维持，所以转型的需要是迫切的。从近年来资源型城市转型实践看，其转型发展的参与主体包含了政府、市场、企业，探索转型发展的阵地既体现在经济领域，也发生在社会、环境领域，其探索转型的行为既包括了对产业链的延伸，产业结构的升级，接续产业的培育，也包含了对城市功能的重新定位、环境的规制以及各类体制机制的完善。这一过程既形成了对原有转型发展动力的巩固，又在机制、制度、环境的不断调整中形成了发展的新动能。为此，本书在分析资源型城市转型发展动能时，将要素投入和政府、市场、企业等主体行为有机结合，对资源型城市转型发展

动能进行深度剖析和提炼。总而言之，如今资源型城市的转型发展动力主要来源于以下几方面。

（一）转型的压力影响了转型的决心，而转型的决心则决定了转型的动力

资源型城市的转型是应对发展风险的被动之举，并根据风险暴露程度的不同，不同城市所面临的转型压力是不同的。总体来看，资源型城市转型压力比较大的城市通常面对的困难也较多，其经济的增长很难维持，大量资源型企业的发展困境所带来的就业、稳定压力普遍存在，环境与发展的矛盾日益突出，因此无论是政府或企业，其转型的决心相对较大，对于转型发展的投入也相对较大。换而言之，某资源型城市所面临的转型压力决定了其转型起点。故资源枯竭型城市一般会成为第一批探索转型发展的城市，如果从中国的资源型城市的转型压力指数出发，目前东北地区面临着较为突出的转型压力，其获得的政府资源支持也相对较多，这对增加资源型城市转型的动力会发挥重要作用。这一结论的警示在于，资源型城市的转型发展要在一定的压力环境下进行，无论是当前已经出现资源枯竭的城市，还是资源储量仍相对充足的城市，需要对城市发展当前以及潜在的压力和风险进行全面衡量和评估，建立起"壮士扼腕"的转型决心，进而通过资源的投入和体制机制的传导，形成合力最大的转型发展动力。

（二）经济转型引领了城市的综合转型，决定着城市未来的发展方向

经济转型是资源型城市转型的主要领域，而资源型产业转型则是经济转型的核心。当资源型城市正在面临愈加突出的资源和环境约束时，产业的转型身先士卒，使得其处于转型发展第一梯队。在产业转型及结构调整过程中，随产业转移与新产业培育，在一方面通过对劳动力的结构与城市发展的布局进行调整，直接或间接地推动了社会、环境的转型发展，另一方面通过产业转型所带来的经济效益，也间接地为其他领域的转型提供保障。因此，从城市转型面临的经济、社会和环境转型任务来看，往往是经济转型，尤其是产业结构调整引领着资源型城市转型的其他方面，是引领资源型城市转型发展的旗帜，其转型与否不仅直接关系着转型的直接成效，并且经济转型所释放出的可持续发展动力则关系着其他方面动能的培育，某种程度上也成为转型发展的动能来源。

资源型城市产业布局与城市格局密切相关，产业转型路径对城市的格局及功能调整起到直接的影响。如一些资源型城市根据不同区域资源禀赋和区位优势的特点，将产业布局和城市规划有机结合，在重新布局产业的同时也重新定位了城市的功能，对城市的转型方向起到了深远的影响。

（三）创新驱动下要素投入结构优化和使用效率提升是当前转型发展的主要动因

与中国的资源型城市的转型指数及案例分析相结合可得，无论是从矿产资源的开采利用，还是产业的转型升级，资源型城市转型均呈现一种从资源利用粗放型向着集约型转变的大趋势，这是如今驱动城市转型发展的主要动因。通过采掘手段的优化和提升，确保资源最大程度地开采，提高了资源开采的效率。同时，通过产业升级优化了要素投入的结构，使得有限的资源产出更多、更高附加值的产品，提升了资源的经济效益，形成了在资源集约利用和经济转型升级方面的转型合力。这一切都得益于创新。创新驱动的形成离不开研发资金的投入、设备的引进和人员的培养，在转型发展的任务面前，政府、企业不断加强对创新的重视和投入，为创新驱动的培育提供了有效的支持和发展环境。

（四）市场和企业将成为下一步资源型城市转型发展新动能的主要来源

市场是中国特色社会主义经济建设中可以起到决定性作用的行为主体，其可以发挥无可比拟作用。当前我国市场在城市经济发展和资源配置方面面临着许多阻力。首先，在与同样作为重要行为主体的政府的协调和配合中，市场时处于弱势地位，政府对于市场失灵的调整有时"矫枉过正"或者"无病呻吟"，对市场配置生产要素的效率产生了不利影响。其次，我国许多城市在进行发展或者实现转型的过程中，由于面临薄弱的产业基础和低下的技术水平，无法形成有效的市场机制和规范。最后，市场本身存在很大不足，决定其发挥作用的前置条件欠缺，因此无法实现有效运转，不适应城市发展和资源合理配置的现象时有发生。因此，如何从产权着手，进一步捋顺市场发挥作用的先决条件和关键要素，使市场在资源配置中发挥更为重要的作用，将决定着市场主体的行为，是下一步培育资源型城市转型发展新动能的主要领域。因此，加强市场机制建设任重道远，意义重大。

此外，企业作为城市经济发展的最微观、最具体的行为主体，是多种要素的实际运用者，是创造经济财富的源头和实现经济增长或者产业转型的攻坚力量。从我国发展实际情况看，部分资源型城市在过去的发展中，形成了国有企业主导城市发展的模式。这种大企业、小市政的局面，一方面造成政府管控力度降低，降低对经济的调节能力。同时，这类企业往往股权结构单一，公司治理结构臃肿，在市场经济条件下，发展面临较大的压力，盈利能力较低。因此加大对资源型国有企业改革的任务十分艰巨，但同时也会释放出更多的发展动能。

（五）政府的治理行为和水平影响着未来城市转型发展的新动能培育

政府是我国资源型城市转型的参与主体，扮演着"掌舵人"、"服务者"、"监督者"等多个角色，其治理水平的提升成为下一步资源型城市转型发展的新动能来源。通常情况下，城市的转型发展离不开的经济规范化发展，必须要有高效、透明的行政监督体系以及行之有效、有约束力的经济运行规章，如果没有强有力的监管体系和规章，那么所制定的发展路径很可能变成"一纸空文"，本应有效发挥作用的要素也会变成一盘散沙。而作为有为的政府，在市场机制并非完全健全的情况下，要通过政策和监管，为转型发展创造良好的外部条件，配合多种要素发挥作用，实现转型发展的合力最大化。而目前，政府作为发挥核心作用的行为主体，在与其他的行为主体的配合方面仍存在不足，在要素投入的把握和综合管理水平方面仍有不小差距，因此认清自身角色、积极做好各要素的引导和监督工作，政府是实现城市经济内生稳步增长和实现城市产业升级与转型的关键所在。

二、资源型城市培育转型发展新动能的对策建议

（一）完善制度建设

针对资源型城市经济转型中内生动力不足的问题，政府应当采用创新驱动机制来推进。首先，在全民创业、万众创新的时代背景下，对于资源型城市转型问题，也应该有创新的解决方式。在党的十八届三中全会的报告中，明确提出了要建立起自然资源资产的产权制度、有偿使用制度及生态补偿制度。产权制度是其他制度的保障，明确产权并建立有偿使用，可以有效地解决资源型城市过度依赖自然资源的问题。可以借鉴我国碳交易市场的成功经验，通过将二氧化碳的排放产权化，在政府确定一级市场配额后，剩下的问题交给市场来解决，企业和个人在二级市场自由交易形成合理的碳价格。通过市场机制来治理环境问题，不仅降低了企业节能减排的成本，而且解决了企业在处理污染物时内生动力不足的问题。应在产权制度的保障下，创新制度供给、创新公共品投入和完善市场机制建设。

1. 完善自然资源产权制度

中国经过 30 多年的发展期，自然资源产权制度已经基本成型，使用权制度化发展，经营权和流转权不断放开，管理制度也不断优化。但当被拿来和国际自然资源大国的产权制度进行对比的时候，仍会暴露出很多问题。通过对中国古代以来的自然资源产权制度进行梳理，与全球主要自然资源大国进行对比分析，我们认为，下一步的

自然资源产权制度建设可以在以下方面有所作为。

（1）要继续推进自然资源的有偿使用的制度，并建立起各类自然资源的有偿使用市场的交易机制。现有的自然资源市场，价格信号释放不够，例如水的使用价格偏低，很大程度上引发了水资源的利用效率低下和浪费。而随着社会用水需求增加、水污染等现象频仍，有必要对水价进行重新评估，从而体现自然资源的有偿使用制度。同时在自然资源的征收上，部分地方政府未能给予被征收方合理的补贴，从而引发严重的社会矛盾，例如近年来在城乡接合部地区较为严重的拆迁问题。因此政府征收土地等自然资源时要予以被征收者合理的补偿。

（2）积极推进资源税全面改革。现在的资源税的税率太低，所以对自然资源的价格的影响并不大，且征收的范围只是局限于矿产品及盐，森林资源、水资源、海洋资源、野生动物资源等并未纳入征税的范围。在自然资源产权制度的下一步建设中，要充分利用好经济手段，通过资源税让资源体现其市场属性，从而有利于提高资源的使用效率和加强保护。

（3）推进自然资源精细化管理。现阶段中国的自然资源管理已经较为完善，但和西方发达国家相比，精细化管理仍然有待加强。在自然资源权利上，为了进一步提高资源使用率，所以很有必要细化产权。例如对于土地问题，可积极借鉴英国等的土地发展权制度，对土地的可能权益进行充分考量，力争促进土地资源精细化管理。

（4）加强对非正式制度在自然资源管理中作用的重视。从古代梳理和全球对比两方面看，非正式制度均在自然资源管理中发挥重要作用。一方面法律法规等正式制度具有一定的辐射范围和使用成本，乡规民约、社会组织等非正式制度和群体则可以起到很好的补充。例如 Ostrom（2009）提到的渔业互助组织，通过制定一套简要可执行的规则，实现了个人利益与社会利益的结合。

（5）健全和完善生态补偿制度，并建立资源耗竭的补贴机制。现阶段中国的自然资源产权重利用轻管理，近年来随着发展观念的变化，对于生态文明建设的重要性认识逐步加大，但仍然有待加强。"绿水青山就是金山银山"，自然资源的利用必须用生态补偿制度作为重要支撑，从而确保资源可持续利用。

2. 创新制度供给

创新制度供给是资源型城市体制机制改革关键。在国务院印发的《全国资源型城市可持续发展规划（2013—2020 年）》中明确强调，为了实现资源型城市的可持续发展的目标，必须从根本上破解经济社会发展中所存在的体制性、机制性矛盾，统筹兼顾，改革创新，并加快构建利于可持续发展长效机制。本书在创新环境的背景下，从生产要素的角度分析资源型城市转型中体制建设需求，通过优化资源配置，激发创新创业活力，推动大众创业、万众创新，焕发新产业、新技术、新业态的活力。

（1）资金方面，要推进金融体制的改革，并提高金融服务实体经济的效率。我国资源型城市经济实力较差，内部资金积累能力较弱，信用等级较低，导致外部融资不畅通，融资成本高。投融资制度缺陷导致了金融资源配置效率低和财政资金，严重阻碍资源型城市成功转型。因此，亟须加快推进融资的市场化改革，将市场竞争机制引入投融资体制中，充分调动社会各类资金参与到转型中。一是加快投融资主体市场化，充分发挥财政性金融作用，建立起投融资平台的联动机制。通过共同搭建新兴融资平台或是联合贷款，提升融资规模，协调区域内投融资主体的功能整合，提高平台运行效率。二是要尽量加快投融资项目走向市场化。对于融资项目尽可能要采取市场化的融资模式，增进融资来源之独立性，更多地通过金融市场吸引更多地社会资本进入。三是加快融资条件的市场化，增强项目现金流管理，加快建设信用体系。要加快政府的债券体系的建设，进而提高非经营性项目的资金支持能力。四是加快投融资工具的市场化，除了银行贷款，更多地引入股权融资、债券融资和资产证券化融资等多途径融资。

（2）劳动力方面，应加强人力资本建设。高素质人才是实现经济社会高质量发展的关键，资源型城市应重视人才引进，不断夯实城市经济发展的软实力，为经济转型奠定人才基础。政府及企业要采取有效的措施，做好科技人才、企业经营者、劳动者及后备军等几支队伍建设，不断提高市民的科技文化、民主法治、市场意识、思想道德及身体心理五方面素质，同时解决好教育与培训、自我学习与提高、人才引进、人才使用、人才合理流动五个关键的问题；要进一步转变观念，用可持续发展观做指导，使人们的思想观念能跟上并适应新常态下的万众创新的新形势。所以，要进一步增强市场意识、创新意识，努力提高竞争能力和竞争水平。

（3）技术方面，增强自主创新的能力，其关键分为两个方面：改善创新环境和营造创新氛围，并且重点破除制约创新的机制体制的障碍。一方面，要加强知识产权的保护，维护科技创新者合法权益，也要激发其创新的热情。通过积极创新的保护机制，不断扩大宣传的教育，把知识产权的保护工作落实到各环节。另一方面，也要加大财政、金融对科技创新支持的力度。除财税支持体系，还需建立并且实施和鼓励科技创新金融政策。加快科技创新投融资平台建设，成立创新风险投资基金，开展如知识产权质押贷款、科技保险等金融创新产品试点，来带动社会资金投向科技创新领域。

3. 创新公共品投入

创新公共品投入，是资源型城市体制机制改革的强有力的支撑。唯有把创新的成果转化为现实生产力，才能有效推动资源型城市经济转型的发展。同时应尽快搭建以企业为主体、以市场为导向的科技服务的平台，促进和加速创新成果的转化与及推广利用。首先，应当强化企业与高等院校以及科研研究所的合作，强化企业在科技创新中的主导地位，在优势领域布局建设一批国家级的研究中心，实验室和企业的技术研发中心。通过在高等院校、研究所与企业之间建立桥梁，可以为创新发展提供更多地可能性。另外，应加快科技成果转化基地的建设，建立以高新科技产业园我中心、科技企业孵化器为依托的孵化网络，完善从科研开发过程，到科研成果转化，再到科技服务的产业链条。最后，应建立并完善促进科研成果转移转化的公共服务平台和中介服务市场。尝试建立一批科技创新创业投资公司，来支持科技成果转化相关的产业园等建设。加快建立并完善生产力促进中心、专利事务所等中介机构，为科技型中小民营企业提供成果转化、信息咨询、项目申报、技术合作等服务。互联网的迅猛发展，给企业创新提供了更多的机会和选择，政府应该在鼓励"互联网＋"的创新发展模式的同时，完善法律法规，创新监管机制；不断优化政府的服务，推广电子政务与网上办事，提供公平和可及的公共服务。

4. 完善市场机制建设

完善市场机制的建设，是资源型城市机制体制改革落脚点。处理好政府和市场的关系是市场机制建设的核心，在资源配置之中，市场应发挥决定性作用，也应发挥政府的正面作用。一方面，政府要优化企业的发展环境。各级政府应完善和促进资源型城市转型的相关支持制度和政策度，减少政府对企业微观决策干预，由此可以不断地激发企业创新，依照法律保护企业技术及路径的创新及创新收益。再通过规范化的税负征收、行政事业性的收费，从而推动企业积极的实现成功转型。政府鼓励、企业自主创新一些降低成本的生产或交易活动，改变传统的运营模式，增强企业的效益。另一方面，应当加快形成公开透明、竞争有序的市场体系，促进资源、人才、技术等要素的自由流动。建立一致的市场准入条件，打破行业垄断和地域限制，使得要素流向具有优势的企业；推进户籍改革制度，改善重新配置人才的机制；进一步完善知识产权的制度，推动技术创新导向机制。政府应当在资源型城市的转型过程中，积极主动转变职能。在转型初期，对城市发展进行统筹规划，适当使用政府管制手段促进城市转型；在转型中期，政府应当逐步减少管制手段，将职能重心转向为经济发展引进科技支持、建立平台以及健全社会保障体系等方面；转型后期，政府应当强化市场化原则，让市场机制发挥资源配置机制，而将政府的权限集于市场失灵的部分以及社会保障等服务职能。

总体上，我国资源型城市的转型是为了实现城市经济的可持续发展。在解决资源型城市经济转型的问题时，也应当着力健全制度，让市场在资源配置中发挥决定作用，也要发挥政府的积极作用，建立有效市场和有为政府相协调的模式，加快经济发展转型，实现顾公平和效率的可持续性发展。

（二）完善中国多层次矿业资本市场

中国急需建立矿业资本市场。1998年国务院《探矿权采矿权转让管理办法》等三个文件的实施开启了中国矿业资本市场改革的进程。国土资源部在全国统一推行矿业权招标拍卖挂牌管理，并着手全国矿产资源储量登记数据库建设。2006年，国务院下发《关于加强地质工作的决定》，正式将建立全国统一、开放、竞争、有序的矿业权市场和建立矿产勘查资本市场列入矿业资本市场改革的重要工作；2010年国土资源部在全国推动建立矿业权市场，到2011年，全国384个地级市建立矿业权一级市场，国土资源部颁布矿业权交易规则和信息公示标准，推动矿业权资本市场的初步形成。2012年，国土资源部与天津市政府签约，共同在天津滨海新区建立天津国际矿业金融改革示范基地。按照规划建立以战略统筹、规划调节为核心的矿业金融市场宏观调控体系；建立健全以市场配置为基础的矿业权融资制度体系；以商业化储量信息披露规范、注册地质师和行业自律为基础的矿业金融规则体系；形成机构集中、市场发达、设施先进、服务高效、信息汇聚、管理规范的天津矿业的金融聚集区；基本建成政府管理和市场需求相适应的矿业权、矿业资本市场、矿业服务体系"三位一体"的矿业金融改革示范基地。由于各方面的因素影响，国土资源部和天津市政府的愿景并没有实质性履行，各项改革试点工作裹足不前，给中国矿业资本市场建设蒙上阴影。

从国家矿产资源战略的角度出发，以国内为主，积极利用国外矿产资源支撑中国经济可持续发展是既定的国策。面临的问题是由于勘查资金供给不足，重要矿种资源储量无法满足中国经济发展需要，个别矿种甚至影响到国家战略安全。从解决上述问题的角度出发，结合中国多层次资本市场取得的成果及矿业权资本市场实践，建议如下：

一是建议在全国中小企业股份转让系统下设立矿产资源勘查资本市场或设独立业务板块，利用市场的力量，吸引民间资本投资矿产资源勘查开发，建设与中国矿业强国梦想相一致的矿产资源勘查资本市场。

二是建议从中国建设矿业强国的角度出发，改革中国矿政管理体制机制，规范矿业相关法律法规政策环境，建立国家矿业权统一交易登记制度，促进矿业市场出清。

三是建议以设立的矿产资源勘查资本市场或设立的独立业务板块为契机，制定并完善中国矿产资源勘查开发国际化规则、矿产资源勘查开发信息披露准则、矿产资源资产定价方法、矿产资源财务制度准则等诸多标准规则体系，形成中国在国际矿业领域标准规则的国际话语权。

四是建议以设立的矿产资源勘查资本市场或设立的独立业务板块为基础，以市场化的方式引导战略性矿产资源，如稀土、石墨、钨、锑等产业健康发展，避免或减少由于中国矿产资源进出口管制引发的国际贸易纠纷。

（三）探索建立市县级国有资本投资运营公司

我国资源型城市转型，离不开中央政府的有效引导和必要投入，但归根到底仍需要地方政府和当地企业自身努力和探索。近年来，在矿产资源原材料价格持续波动和生态环境约束日益趋紧的情况下，多数城市出现政府财力不断收紧与产业改造升级资金需求急剧攀升间矛盾日益突出的问题，尤其是当东北、西北等部分城市出现政府财政收入大幅下降、国有企业债券违约等危机信号时，使得金融资源难以有效下沉，培育转型发展新动能面临较大的资金约束。为此，建议从调动地方积极性、培育发展新动能的角度出发，根据当前我国全面深化改革和国有企业改革总体部署，允许符合条件的资源型城市先行先试，探索建立市县级国有资本运营管理公司，搭建"资产"到"资本"的转化平台，"盘活存量、优化质量、争取增量"，摆脱对中央政府资金的绝对依赖，为资源型城市探索新的、内生的发展动能。

1. 培育资源型城市转型发展新动能面临严峻的资金约束问题

资源型城市转型，无论是产业转移，民生改善还是环境治理都离不开政府的政策和资金引导，中央政府的支持和投入十分必要，但相比之下城市转型发展最终仍需要依赖地方政府。在我国，资源型城市转型的阵地往往集中在市县一级，按照《全国资源型城市可持续发展规划（2013—2020年）》界定的262个资源型城市，其中有126个城市来自于县级。与当地经济社会转型面临的巨大资金缺口相比，县域政府财力普遍有限，金融要素也难以有效下沉，转型发展面临巨大的资金约束，往往陷入过度依赖中央政府转型补贴和税收优惠的被动局面，难以主动把握转型机遇，培育内生发展动力。由北京大学国家资源经济研究中心主持完成的《中国资源型城市转型指数系列研究》，通过对116个地级资源型城市进行测评发现，当前有47.4%的城市位于转型警戒水平以上，即转型压力突出但转型能力欠缺。其中，43.1%的城市面临巨大的财政压力，51.7%的城市经济结构转型能力低于全国平均线，并且往往财政压力越大，经济转型的能力越低。

因此，探索一种符合地方实际发展情况，同时又能克服财力有限所导致的资金投入不足问题，是培育资源型城市转型发展新动能的先决条件和关键因素。

2. 探索建立市县级国有资本投资运营公司进行资产和资本重整有助于形成地方经济发展的内生原动力

党的十八届三中全会做出全面深化国有企业改革以来，中央层面随即启动了从"管资产"到"管资本"的国有资本运营公司改组改革。从当下的安排和定位看，国有资本投资公司兼有资本投资运营和产业经营职能，通过"资产重整、资本运作、产融结合"，优化国有资本布局结构，进而实现培育战略型新兴产业和促进传统产业改造升级的目的。这与当前资源型城市产业转型升级的诉求相吻合。

对市县级资源型城市来说，与产业转型中的巨大资金缺口相对应的，一方面是政府有限的财力和国有资产的沉淀闲置的矛盾，一方面是金融资源大量空转难以下沉和中小企业融资难融资贵的矛盾，从而导致沉淀的资产难以转化为资本，而优质的金融资本又难以主动流向转型升级需求迫切的中小微企业主体，进而引发了地方政府违规举债、企业融资成本抬升等新的问题。因此，如何盘活当地存量资产，加快产业链企业重整和优化，并引导金融资源向地市下沉，是资源型城市解决转型自身动力不足的破题之举。

因此，组建国有资本投资运营公司对于资源型城市转型发展现实意义重大。

3. 采取"省市政府与驻地央企共建"原则组建市县级国有资本运营公司

资源型城市组建市县级国有资本投资运营公司，最大的目的在于建立"资产与资本"、"政府与市场"、"金融与产业"的纽带，为资源型城市培育发展新动能提供"原动力"支持。因此，其业务重点应集中在以下四个方面：一是通过并购重组，对传统行业企业进行优势整合，提高核心竞争力；二是通过担保、债转股等解决企业短期资金需求，降低企业资金成本；三是通过基金形式进行股权投资，吸引金融资源和社会资本，共同培育具有发展潜力的新技术，新业态，培育新的经济增长点；四是盘活存量国有资产，实现国有资本流转和价值增值。

为了充分提升国有资本运营公司的投融资水平和市场化竞争能力，在公司组建时，以资源型城市为主，采取省级政府（省级国有资本运营公司）、参与当地资源开采的央企共建的形式，由当地政府相对控股，省级公司、驻地央企共同出资持股，同时鼓励具有投融资项目管理经验的社会第三方专业机构参与，发挥各参与主体的专业水平和资源优势。

三、需要注意的几个问题

在案例分析中，我们注意到资源型城市在转型发展中暴露出的一些潜在风险和问题，需要引起高度重视：

（一）临近城市转型中产生的路径同质化问题

从区域的角度来看，与某一资源型城市相邻的城市往往资源禀赋相同、产业布局重复、区域特点相似，因此在转型发展中，存在着一定的产业布局重复等同质化问题，可能会影响转型的效果。如盘锦在探索发展海洋经济时，辽宁沿海经济带上的多数城市都提出了以港兴市的目标，因此盘锦市面临大连和营口在资源、人才、政策方面的竞争，对转型造成了一定负面影响。因此，如何结合自身特点，在制定自身转型发展时，一方面突出自身特色，另一方面加强区域协同，避免转型动力的抵消，是下一步发展中需要面临的突出问题。

（二）产业转型与城市布局的割裂问题

在资源型城市转型的发展中，产业转型和城市功能是紧密衔接的，不能就产业转型而谈转型。因此，在制定城市转型发展规划时，需要把产业的转型，包括接续产业的选择、产业链的延伸等与城市的功能定位，把城市布局和产业布局进行有效衔接，在实现产业转型的同时，优化提升城市功能布局，形成"产城融合"的局面，从而最大程度地提升转型的效果。

（三）潜在的金融风险问题

目前部分资源型城市在发展中存在着一定的金融风险，一旦暴露将波及整个城市乃至区域经济发展。由于市场机制的不完善，资源型城市转型发展中社会资本并不活跃，由此导致多数资源型城市在产业转型发展中，相当比例的投资资金来源于银行信贷。客户和市场的高度集中使产业的兴衰与金融资产质量高度相关，在金融资源配置难以做分散化处理，产业缺位错位将导致隐性金融风险。因此，需要加强资源型城市金融市场建设，有效吸引社会资本的广泛参与，避免出现系统性金融风险。

主要参考文献

[1]Acharyya J. "FDI, Growth and the Environment: Evidence From India on CO_2 Emission During the Last Two Decades". *Journal of Economic Development,* 2009, 34(1): 43-58.

[2]Apicella, C. L., et al. "Evolutionary Origins of the Endowment Effect: Evidence from Hunter-Gatherers". *American Economic Review ,* 2014, 104(6): 1793-1805.

[3]Arrow, Kenneth Joseph. "The Economic Implications of Learning by Doing". Readings in the Theory of Growth. *Palgrave Macmillan UK,* 1971. 131-149.

[4]Atkinson, G. and K. Hamilton. "Savings, Growth and the Resource Curse Hypothesis". *World Development,* 2003.

[5]Bjorvatn, K. and M. R. Farzanegan. "Demographic Transition in Resource Rich Countries: A Blessing or a Curse?" *World Development,* 2013.

[6]Brunnschweiler C N, Bulte E H. "The Resource Curse Revisited and Revised: A Tale of Paradoxes and Red Herrings". *Journal of Environmental Economics and Management,* 2008, 55(3): 248-264.

[7]Cai X, Lu Y, Wu M, Yu L. "Does Environmental Regulation Drive Away Inbound Foreign Direct Investment? Evidence from a Quasi-natural Experiment in China". *Journal of Development Economics,* 2016, 123(11): 73-85.

[8]Che C M. "Panel Threshold Analysis of Taiwan's Outbound Visitors". *Economic Modelling,* 2013, 33(7): 787-793.

[9]Chung S. "Environmental Regulation and Foreign Direct Investment: Evidence from South Korea". *Journal of Development Economics,* 2014, 108(5): 222-236.

[10]Ding N, Field B C. "Natural Resource Abundance and Economic Growths". *Land Economics,* 2005, 81(4): 496-502.

[11]Dong S, Li Z, Li B, Xue M. "Problems and Strategies of Industrial Transformation of China's Resource-Based Cities". *China Population, Resources and Environment,* 2007, 17(5): 12-17.

[12]Du J, Yu B, Yao X. "Selection of Leading Industries for Coal Resource Cities

Based on Coupling Coordination of Industry's Technological Innovation". *International Journal of Mining Science and Technology,* 2012, 22(3): 317-321.

[13]Gylfason T, Zoega G. "Natural Resources and Economic Growth: The Role of Ivestment". *World Economy,* 2006, 29(8): 1091-1115.

[14]Gylfason, T., et al. "A Mixed Blessing: Natural Resources and Economic Growth." *Macroeconomic dynamics,* 1999, 3(2): 204-225.

[15]Hansen B E. "Threshold Effect in Non-Dynamic Panels: Estimation, Testing and Inference". *Journal of Econometrics,* 1999, 93(2): 345-368.

[16]He J. "Pollution Haven Hypothesis and Environmental Impacts of Foreign Direct Investment: The Case of Industrial Emission of Sulfur Sioxide (SO$_2$) in Chinese Provinces". *China economic Review,* 2006, 60(1): 228-245.

[17]Herb, M. "No Representation Without Taxation? Rents, Development,and Democracy".*Comparative Politics,* 2005,37(3), 297–316.

[18]Kheder S B, Zugravu N. "Environmental Regulation and French Firms Location Aboard: An Economic Geography Model in an International Comparative Study". *Ecological Economics,* 2012, 77(5): 48-61.

[19]Li, H., et al. "Economic Transition Policies in Chinese Resource-Based Cities: An overview of Government Efforts." *Energy Policy,* 2013, 55(0): 251-260.

[20]Long R, Chen H, Li H, Wang F. "Selecting Alternative Industries for Chinese Resource Cities Based on Intra- and Inter-Regional Comparative Advantages". *Energy Policy,* 2013, 57(6): 82-88.

[21]Lucas R E. "On the Mechanics of Economic Development". *Journal of Monetary Economics,* 1988, 22(1): 3-42.

[22]Oskarsson, S., & Ottosen, E. "Does Oil Still Hinder Democracy?" .*Journal of Development Studies,* 2010, 46(6), 1067–1083.

[23]Peng K, Li W, Cheng R, Cheng G. "An Application of System Dynamics for Evaluating Planning Alternatives to Guide a Green Industrial Transformation in a Resource-Based City". *Journal of Cleaner Production,* 2015, 104(1): 403-412.

[24]Romanelli E, Kesinna M O. "Regional Industrial Identity: Cluster Configurations and Economic Development". *Organization Science,* 2005,16(4): 344-358.

[25]Romer P M. "Increasing Returns and Long-Run Growth". *Journal of Political Economy,* 1986, 94(5): 1002-1037.

[26]Shao J, Zhou J. "Study on the Influences of Industry Transformation on the

Sustainable Development of Resource-Exhausted City Space". *Procedia Engineering,* 2011, 21: 421-427.

[27]Ulrich J W, Christopher D T. "Agglomeration Effects in Foreign Direct Investment and the Pollution Haven Hypothesis".*Environmental and Resource Economics,* 2009, 43(2): 231-256.

[28]Young A A. "Increasing Returns and Economic Progress". *The Economic Journal,* 1928, 38(152): 527-542.

[29]Zhou Y, Zhu S, He C. "How do Environmental Regulations Affect Industrial Dynamics? Evidence from China's Pollution-Intensive Industries". *Habitat International,* 2017, 60(2): 10-18.

[30] 白雪洁、汪海凤、闫文凯：《资源衰退、科教支持与城市转型 —— 基于坏产出动态 SBM 模型的资源型城市转型效率研究》，《中国工业经济》2014 年第 11 期。

[31] 边燕杰、张展新：《市场化与收入分配 —— 对 1988 年和 1995 年城市住户收入调查的分析》，《中国社会科学》2002 年第 5 期。

[32] 陈建宝、乔宁宁：《地方利益主体博弈下的资源禀赋与公共品供给》，《经济学》2016 年第 2 期。

[33] 崔志：《基于生命周期理论的企业转型路径研究》，《预测》2006 年第 6 期。

[34] 樊纲、王小鲁、马光荣：《中国市场化进程对经济增长的贡献》，《经济研究》2011 年第 9 期。

[35] 冯宗宪、姜昕、赵驰：《资源诅咒传导机制之"荷兰病" —— 理论模型与实证研究》，《当代经济科学》2010 年第 4 期。

[36] 干春晖、郑若谷、余典范：《中国产业结构变迁对经济增长和波动的影响》，《经济研究》2011 年第 5 期。

[37] 耿建新、胡天雨、刘祝君：《我国国家资产负债表与自然资源资产负债表的编制与运用初探 —— 以 SNA 2008 和 SEEA 2012 为线索的分析》，《会计研究》2015 年第 1 期。

[38]《全国资源型城市可持续发展规划》，http://www.gov.cn/zwgk/2013-12/03/content_2540070.htm，2013 年 12 月 3 日。

[39] 胡炳清、覃丽萍、柴发合等：《环境压力指数及我国大气环境压力状况评价》，《中国环境科学》2013 年第 9 期。

[40] 黄溶冰、赵谦：《自然资源核算 —— 从账户到资产负债表：演进与启示》，《财经理论与实践》2015 年第 1 期。

[41] 李虹等：《中国资源型城市转型指数：各地级市转型评价 2016》，商务印书

馆 2016 年版。

[42] 林毅夫：《中国经济增长仍要靠投资不能靠消费》，《中国证券报》2013 年 5 月 31 日。

[43] 卢峰：《产品内国际分工：一个分析框架》，《经济学》2004 年第 1 期。

[44] 邵帅、杨莉莉：《自然资源丰裕、资源产业依赖与中国区域经济增长》，《管理世界》2010 第 9 期。

[45] 威廉·配第：《政治算术》，中国社会科学出版社 2010 年版。

[46] 谢地：《论我国自然资源产权制度改革》，《河南社会科学》2006 年第 5 期。

[47]《中共中央关于全面深化改革若干重大问题的决定》，http://news.xinhuanet.com/politics/2013-11/15/c_118164235.htm，2013 年 11 月 15 日。

[48]《中华人民共和国国民经济和社会发展第十三个五年规划纲要》，http://news.xinhuanet.com/politics/2016lh/2016-03/17/c_1118366322.htm，2016 年 3 月 17 日。

[49] 熊彼特：《经济发展理论：对于利润、资本、信贷、利息和经济周期的考察》，商务印书馆 2009 年版。

[50] 原毅军、谢荣辉：《环境规制的产业结构调整效应研究 —— 基于中国省际面板数据的实证分析》，《中国工业经济》2014 年第 8 期。

[51] 张杰、李克、刘志彪：《市场化转型与企业生产效率 —— 中国的经验研究》，《经济学》2011 年第 2 期。

[52] 张宇、蒋殿春：《FDI、政府监管与中国水污染 —— 基于产业结构与技术进步分解指标的实证检验》，《经济学》2014 年第 2 期。

后 记

对中国资源型城市的转型发展进行一系列开创性的研究和探索，是北京大学国家资源经济研究中心自 2013 年成立之初就长期持续关注并重点投入的研究工作之一。

自 2016 年 5 月北京大学国家资源经济研究中心发布和出版了首个资源型城市转型综合评价指数之后，中心陆续发布了"中国资源型城市创新指数"、"中国资源型城市转型能力指数"、"中国资源型城市转型压力指数"、"中国资源型城市转型预警指数"等 4 套指标体系。与此同时，依据国家提出的"分类引导培育资源型城市转型发展新动能"的政策导向，中心对其中部分资源型城市和企业进行重点调研，总结典型案例、典型经验和典型措施，分别从要素投入，政府、企业、市场三个行为主体的作用等角度，对资源型城市转型的内在动因及其作用机理等进行了系统深入理论分析和政策研究，形成了一个初步的阶段性成果：《资源型城市转型新动能：基于内生增长理论的经济发展模式与政策》，希望本部专著的出版，能为中国资源型城市培育转型发展新动能提供一定的科学借鉴。

本专著是国家资源经济研究中心关于"资源型城市转型系列"研究工作的一个阶段性成果，还有很多有待完善和深化的方面，今后中心团队也将会更加努力工作，进一步更广泛地深入调研，进一步更加深入地进行相关理论和政策地分析挖掘，力争尽快拿出更好的成果服务政府决策。

谢谢为此部专著给予指导的专家顾问，谢谢参与此项目的博士生和博士后，也感谢张培元、李真、李佩、董昱含、李灿、王瑞琦、陆春华、汪若宇等实习生同学们，极其认真地完成了每一次数据和资料查找整理。

李 虹

北京大学国家资源经济研究中心 主任

北京大学首都发展研究院 副院长

2017 年 5 月 17 日

课题组成员

熊振兴　邹　庆　付　阳　张文彪　张先琪

王　镝　李进学　石　琳　李　丹　王永健